René König Schriften. Ausgabe letzter Hand

Band 13

Reihe herausgegeben von
Heine von Alemann
Köln, Deutschland

Hans-Joachim Hummell
Duisburg, Deutschland

Oliver König
Köln, Deutschland

Hans Peter Thurn
Düsseldorf, Deutschland

Mit der Edition der Schriften wird der Versuch unternommen, dieses inhaltlich reiche und formal vielgestaltige Lebenswerk René Königs erstmals im Zusammenhang vorzustellen und der Öffentlichkeit in geschlossener Form zugänglich zu machen. Dabei werden die wichtigsten deutschsprachigen Bücher jeweils in der Fassung letzter Hand ediert, wird eine Vielzahl von Abhandlungen in thematischer Gruppierung neu veröffentlicht, sollen bisher weit verstreute Studien, zum Teil auch bisher unpublizierte Arbeiten, ihren angemessenen Platz in der Gesamtedition finden. Jede der aufgenommenen Schriften wird ungekürzt und in der Form präsentiert, die René König selbst ihr gegeben hat. Mit diesen Editionsprinzipien und der Gesamtanlage nach stellen die „Schriften" René König in authentischer Weise als bedeutenden deutschen und international renommierten Gelehrten des 20. Jahrhunderts vor sowie als namhaften Neubegründer der Soziologie in der Periode der Rekonstruktion einer zivilen demokratischen Gesellschaft nach dem Zweiten Weltkrieg in Deutschland und Europa.

Weitere Bände in der Reihe http://www.springer.com/series/12709

René König

Materialien zur Kriminalsoziologie

Herausgegeben von Aldo Legnaro und Fritz Sack. Mit einem Nachwort versehen von Fritz Sack

2. Auflage

René König
Köln, Deutschland

Aldo Legnaro
Köln, Deutschland

Fritz Sack
Berlin, Deutschland

Frontispiz: René König, Japan 1965 (Foto: Privatbesitz der Familie König)

René König Schriften. Ausgabe letzter Hand
ISBN 978-3-658-28214-1   ISBN 978-3-658-28215-8   (eBook)
https://doi.org/10.1007/978-3-658-28215-8

Die Deutsche Nationalbibliothek verzeichnet diese Publikation in der Deutschen Nationalbibliografie; detaillierte bibliografische Daten sind im Internet über http://dnb.d-nb.de abrufbar.

© Springer Fachmedien Wiesbaden GmbH, ein Teil von Springer Nature 2005, 2020
Das Werk einschließlich aller seiner Teile ist urheberrechtlich geschützt. Jede Verwertung, die nicht ausdrücklich vom Urheberrechtsgesetz zugelassen ist, bedarf der vorherigen Zustimmung des Verlags. Das gilt insbesondere für Vervielfältigungen, Bearbeitungen, Übersetzungen, Mikroverfilmungen und die Einspeicherung und Verarbeitung in elektronischen Systemen.
Die Wiedergabe von allgemein beschreibenden Bezeichnungen, Marken, Unternehmensnamen etc. in diesem Werk bedeutet nicht, dass diese frei durch jedermann benutzt werden dürfen. Die Berechtigung zur Benutzung unterliegt, auch ohne gesonderten Hinweis hierzu, den Regeln des Markenrechts. Die Rechte des jeweiligen Zeicheninhabers sind zu beachten.
Der Verlag, die Autoren und die Herausgeber gehen davon aus, dass die Angaben und Informationen in diesem Werk zum Zeitpunkt der Veröffentlichung vollständig und korrekt sind. Weder der Verlag, noch die Autoren oder die Herausgeber übernehmen, ausdrücklich oder implizit, Gewähr für den Inhalt des Werkes, etwaige Fehler oder Äußerungen. Der Verlag bleibt im Hinblick auf geografische Zuordnungen und Gebietsbezeichnungen in veröffentlichten Karten und Institutionsadressen neutral.

Planung/Lektorat: Cori A. Mackrodt
Springer VS ist ein Imprint der eingetragenen Gesellschaft Springer Fachmedien Wiesbaden GmbH und ist ein Teil von Springer Nature.
Die Anschrift der Gesellschaft ist: Abraham-Lincoln-Str. 46, 65189 Wiesbaden, Germany

Inhaltsverzeichnis

I. Die Kriminalsoziologie im Schnittpunkt der Disziplinen

Einige Bemerkungen zur Stellung des Problems der Jugendkriminalität in der Allgemeinen Soziologie	3
Rede zur Verleihung der Beccaria-Medaille	15
Vorwort – Filippo Gramatica: Grundlagen der Défense Sociale	21
Theorie und Praxis in der Kriminalsoziologie	25
Recht	31
Soziologische Anmerkungen zum Thema „Ideologie und Recht". Von René König und Wolfgang Kaupen	39
Marginality, Marginalization and De-Marginalization. A Theoretical Reorientation	57
Benjamin Fine: 1.000.000 Delinquents	63
Marshall B. Clinard: Sociology of Deviant Behavior	65
Wolf Middendorf: Soziologie des Verbrechens	69

II. Theoretische Konzepte

Das Recht im Zusammenhang der sozialen Normensysteme	77
Soziale Kontrolle	93
Anomie (I)	97
Anomie (II)	105
Soziale Normen	109
Normen, soziale	117

III. Theorie und Praxis

Strafrecht oder Gesellschaftsschutz	125
Einleitender Bericht zur soziologischen Abteilung des IV. Kongresses für Gesellschaftsschutz über Prävention der Verbrechen gegen Leib und Leben	129
Heinrich Meng: Psychohygiene und Verbrechen	145
Die überorganisierte Familie als kriminogenes Feld	147
Die Pioniere der Sozialökologie in Chicago	157

IV. Soziologie ausgewählter Delikte

a) Sexualdelikte	173
Sexualdelikte und Probleme der Gestaltung des Sexuallebens in der Gegenwartsgesellschaft	173
Harold Greenwald: Das Call Girl. Eine psychoanalytische und sozialpsychologische Studie	197
b) White-collar Delikte	201
Zur Frage der Marginalität in der Alltags-Moral der fortgeschrittenen Industriegesellschaften	201
c) „Hass"-Delikte	215
Zum Geleit: Gibt es noch Antisemitismus in Deutschland?	215
Antisemitism and Ethnocentrism in Germany	221
d) „(Sub)"kulturelle Delikte	229
Über einige ethno-soziologische Aspekte des Drogenkonsums in der Alten und der Neuen Welt	229
Alexandre Vexliard: Introduction à la sociologie du vagabondage	241
Alexandre Vexliard: Le Clochard. Etude de psychologie sociale	243
Kleine Vagabunden. Begegnungen mit italienischen „sciusciàs"	245
Henner Hess: Mafia. Zentrale Herrschaft und lokale Gegenmacht	251
Peter O. Chotjewitz: Malavita. Mafia zwischen gestern und morgen	255
Roland Girtler: Der Adler und die drei Punkte	259

Editorische Notiz	263
Nachwort von Fritz Sack	269
Personenregister	307

I. Die Kriminalsoziologie im Schnittpunkt der Disziplinen

Einige Bemerkungen zur Stellung des Problems der Jugendkriminalität in der Allgemeinen Soziologie

Der kritische Beobachter wird immer wieder erstaunt sein über das völlig unausgeglichene Pendeln der öffentlichen Meinung zwischen Gleichgültigkeit und höchster Alarmbereitschaft, sobald das Problem der Jugendkriminalität zur Sprache kommt. Auf der einen Seite steht die Routine der alltäglichen Rechtspraxis, wie man sie etwa am Jugendgericht erleben kann, sowie die nicht weniger ausgefahrene Oberflächlichkeit einer soziologisch ahnungslosen Pädagogik; auf der anderen Seite ein tiefes Erschrecken vor einzelnen Geschehnissen, das darum um so nachhaltiger wirkt, als die Öffentlichkeit nicht gewöhnt ist, in soziologischen und noch weniger in sozialpsychologischen Kategorien zu denken. Dazu kommt dann auch noch gelegentlich die Einwirkung bestimmter Soziologen, deren Augen angesichts der restaurativen Tendenzen der gegenwärtigen Gesellschaft teilweise blind geworden sind für die Probleme der sozialen Desorganisation. So konnte ich vor einigen Jahren am gleichen Tage lesen, daß die Jugendkriminalität im Nachkriegsdeutschland nur unwesentlich gestiegen sei, während gleichzeitig ein Polizeibericht aus München die Aushebung eines Kinderbordells meldete. Offensichtlich stimmen beide Feststellungen nicht ganz überein. Aber dies ist gerade der Ausdruck der erwähnten Unsicherheit auf diesem Gebiet.

Wie groß diese tatsächlich ist, konnte man noch jüngstens erfahren, als es ziemlich kurz nacheinander in mehreren Großstädten Westdeutschlands zu schweren Zusammenstößen zwischen Rotten Jugendlicher und der Polizei kam. Die Presse überstürzte sich in Kommentaren, die im Tone von der üblichen Litanei über die böse Jugend von heute bis zu allgemeinsten kulturellen Anklagen reichten. Damals erfüllte das Klischee von den „Halbstarken" die Funktion aller Stereotypen, nämlich durch Bannung eines besonderen Tatbestandes in eine Wortformel die Gemüter ganz unmittelbar zu beruhigen, was natürlich auch zur Folge hatte, daß damit jegliche Erforschung dieser an sich ungemein interessanten plötzlichen Massenaktionen zusammengerotteter Jugendlicher im Keime unterbunden wurde. In diesem Sinne könnte man der Formel von den „halbstarken" Jugendlichen das Wort von den „halbschwachen" Erwachsenen entgegenhalten, die in ihrer saturierten Unbeweglichkeit und moralischen Unbekümmertheit jegliche billige Schablone gierig aufgreifen, wenn sie nur dazu beiträgt, eine unbestimmte Unruhe durch eine scheinbar treffende Antwort zu beseitigen. Wir möchten es ernsthaft in Zweifel ziehen, ob die eben erwähnten Ereignisse an irgendeiner Stelle Deutschlands eine systematische Untersuchung soziologischer oder sozialpsychologischer Art nach sich gezogen haben.

Die ältere Soziologie war in ihrem Verhalten dieser Einstellung der heutigen öffentlichen Meinung nicht unähnlich, indem sie sich speziell an einzelnen dramatischen Aspekten der modernen Industriegesellschaft entzündete: Pauperismus, überfüllte Wohnungen, Alkoholismus und Drogensüchtigkeit, Prostitution, Sexual- und Gewaltverbrechen sowie Jugendkriminalität, Selbstmord und Ehescheidung waren beliebte Themen, die anhand eines mehr oder weniger hilflosen Inventars an soziologischen oder besser: quasi-soziologischen Kategorien variiert wurden. Speziell in Italien, dann aber auch in Deutschland und Frankreich wurden ganze Bibliotheken solcher Literatur produziert, in der einzelne Erklärungsmittel, wie etwa die somatischen (um nur ein Beispiel unter vielen zu nennen), von einem kurzen sensationsartigen Aufblühen zu immer eklektischer werdenden Theorien verflachten, ohne daß jemals ein wirklich soziologischer Erklärungsversuch unternommen worden wäre. Als Beispiel weisen wir nur auf die jüngstens wieder aufgefrischte Hypothese hin (Hans von Hentig), welche die vielen Outlaws in der amerikanischen Grenzerzeit und im „Wilden Westen" mit einem überdurchschnittlichen Auftreten von Rothaarigen zu erklären unternimmt, die ein besonderes Temperament besitzen sollen[1]. Abgesehen davon, daß die Rothaarigkeit physisch gar nicht zuzutreffen scheint, sondern ebenfalls zu einer sozialen Schablone wird, wäre das eigentliche Problem nur dann zu fassen gewesen, wenn man die sozialen Konsequenzen der Tatsache in Erwägung gezogen hätte, die eine solche Verschiedenartigkeit vom Gewohnten und Durchschnittlichen nach sich zieht. *Dann wird*

---

[1] Vgl. dazu Hans von Hentig, Redhead and Outlaw, in: Journal of Criminal Law and Criminology, Mai–Juni 1947; dagegen siehe Philip J. Rasch, Red Hair and Outlawing, in: ebenda, November–Dezember 1947. Allgemein dazu heute Marshall B. Clinard, Sociology of Deviant Behavior, New York 1957, Part 1, Chapter 5. Die Primitivität solcher Ansätze zeigt sich auch darin, daß etwa im Grenzbereich Brasiliens genau die gleichen Verhältnisse bestehen wie früher im amerikanischen Westen, wobei in diesem Falle überhaupt keine Rothaarigen zu finden sind (nach einer mündlichen Mitteilung von Emilio Willems). Die Neigung zu massenhaften Gewalttaten und Selbsthilfeaktionen scheint vor allem auf die spezielle soziale Konstellation der Grenzerexistenz zurückzuführen zu sein.

es aber völlig gleichgültig, ob einer rote oder blonde Haare hat, es kommt einzig darauf an, daß er anders ist als die anderen, was sowohl ein besonderes Verhalten von seiten der anderen wie eine entsprechende Reaktion von seiten des Betreffenden nach sich zieht. Entscheidend bleibt also die besondere Art der sozialen Konstellation, die für das veränderte Verhalten verantwortlich ist. Dies kann dann reichen von einem leicht abweichenden Verhalten über Unsicherheit, Charakterlabilität bis zur offenen Aufsässigkeit und zum Verbrechen im eigentlichen Sinne. Wenn nun auch erst die kriminelle Aktion, wie sie mehr oder weniger willkürlich vom Gesetz definiert wird, die bunten Farben und die dramatischen Aspekte ins Bild bringt, so ist doch für den Soziologen das *Entstehen* und die *Entwicklung* eines solchen abweichenden Verhaltens der eigentlich interessierende Tatbestand. Denn erst damit wird die wirklich soziologische Problematik sichtbar, welche aufweist, daß sich auch die kriminelle Aktion wie jedes andere Verhalten erst als Folge eines umwegreichen Prozesses des Lernens entwickelt, bis aus leichten Verhaltensschwankungen feste Verhaltensmuster erwachsen, die das Handeln des Verbrechers genauso bestimmen wie das Handeln dessen, der die geltenden Normen durchschnittlich befolgt. Dieser Prozeß bereitet sich aber in der Stille vor und ist seiner Bedeutung nach viel gewichtiger als die spektakulären Endpunkte einer solchen Entwicklung. Man vergleiche nochmals mit einer solchen hochkomplizierten Analyse die Primitivität der Erklärungsversuche durch irgendwelche somatischen Eigentümlichkeiten, und man wird die ganze Distanz ermessen können, welche die soziologische und die sozialpsychologische Behandlungsweise von solchen Versuchen unterscheidet.

Ein anderes Beispiel von ähnlicher Primitivität, das besonders für das Problem der Jugendkriminalität relevant ist und das seit den zwanziger Jahren zu einem Hobby der eifernden Kulturkritiker wurde, ist z. B. die Frage nach der Beeinflussung des Verhaltens Jugendlicher durch den Film, die heute etwa noch auf das Fernsehen und das Lesen von Bildergeschichten ausgedehnt wird. Schon vor mehr als zwanzig Jahren hat eine sehr eingehende Untersuchung von Herbert Blumer und Philipp M. Hauser in Chicago gezeigt, wie hinfällig diese Annahmen sind, und vor allem, auf wie schwachen methodologischen Grundlagen sie ruhen[2]. Es hat sich erwiesen, daß keinerlei unmittelbare Beziehung zwischen Kinobesuch und abweichendem Verhalten aufgewiesen werden kann. Wohl aber können

---

[2] Herbert Blumer und Philipp M. Hauser, Movies, Delinquency and Crime, New York 1933; siehe heute auch Marshall B. Clinard, a.a.O., S. 175–177. Jüngstens noch das vielbeachtete Zeugnis von Benjamin Fine, 1.000.000 Delinquents, Signet Books 1957 (Originalausgabe 1955), das wegen der Stellung des Verfassers als pädagogischen Beraters der New York Times von besonderer Bedeutung ist und hoffentlich dazu beitragen wird, die vielen falschen Vorstellungen in der öffentlichen Meinung zu korrigieren. Er faßt seine Ansicht folgendermaßen zusammen: „Certainly from reading and looking at pictures, a child learns how to be bad, but it is false to call this a cause. The desire to be bad, the need to be bad is already formed" (S. 84).

bereits vorhandene Tendenzen dadurch weiter entwickelt werden. Diese sind ihrerseits nicht anlagebedingt, sondern erst in einem relativ lang währenden Prozeß ausgebildet worden. Damit fällt die Alternative anlagebedingt-umweltbedingt völlig dahin und muß durch den Begriff eines sozialen Prozesses ersetzt werden, in dem sich die menschliche Person entwickelt. Im gleichen Sinne fand Frederic M. Thrasher, daß seine Gangs von Kindern und Jugendlichen oft ihre Ideen für irgendwelche Akte des Vandalismus aus Comic Strips bezogen[3]; das ändert aber nichts an der entscheidenden Tatsache, daß sie schon *vorher* ein abweichendes Verhalten entwickelt hatten. Wenn man überhaupt die Frage des Kinobesuchs ernst nehmen will, so muß man von vornherein einräumen, daß sie höchstens symptomatisch, aber nicht sachlich relevant ist, insofern etwa ein abweichendes Verhalten einen erhöhten Kinobesuch zur Folge haben kann. Andererseits aber müssen wir uns immer vergegenwärtigen, daß Millionen und Abermillionen von Kindern und Jugendlichen in der ganzen Welt regelmäßig Kinos besuchen, Comic Strips lesen und Gruselstücke am Fernsehapparat verfolgen, ohne darum allesamt zu Verbrechern zu werden. Rein methodologisch besehen, leiden alle diese Untersuchungen an einem entscheidenden Fehler; denn noch nie wurde die kriminelle Anfälligkeit eines Samples von Kinobesuchern mit dem Verhalten einer Kontrollgruppe von Nichtbesuchern verglichen. Sondern man schloß ohne weiteres von der oft erhaltenen Auskunft eines starken Kinobesuchs jugendlicher Krimineller auf diesen Umstand als eine wesentliche Ursache ihres Verhaltens. Dies ist aber ein völlig unstatthaftes Verfahren. Denn wir wissen, daß auch ein massenhafter Konsum von Verbrechens-, Kriminal- und Wildwest-Geschichten in Druck, Bild oder Film auf Durchschnittskinder nicht den geringsten Einfluß ausübt. Im Gegenteil: diese Dinge können umgekehrt auf eine höchst heilsame Weise bestimmte aggressive Tendenzen und Stauungen ableiten und zerstreuen. Umgekehrt wissen wir aber auch, daß die Anklagen der Sittenprediger und der ewig Entrüsteten sehr häufig die verborgene Funktion haben, die uneingestandenen aggressiven Tendenzen bestimmter Gruppen in unserer Gesellschaft zum Ausdruck zu bringen. Diese pflegen sich übrigens auf besondere Punkte festzulegen, wie etwa auf die Tatsache eines heute allgemein sich erweiternden Konsumfeldes oder auf die wachsende Bedeutung der Freiheit und ähnliches mehr[4]. Es steht dann also in Wahrheit überhaupt nicht zur Diskussion, ob Kinobesuch oder Fernsehen ein kriminelles Verhalten erzeugen, sondern vielmehr der geheime Wunsch, diesen Konsum an sich zu unterbinden oder die Freizeit als solche zu diskriminieren, denn „Müßiggang ist aller Laster Anfang", wie es so schön beruhigend heißt ... Die sachlich einwandfrei durchgeführten

---

[3] Frederic M. Thrasher, The Gang, rev. ed., Chicago 1936.
[4] Vgl. René König, Masse und Vermassung, in: Gewerkschaftliche Monatshefte, August 1956.

Untersuchungen des freizeitlichen Verhaltens zeigen übrigens, daß unser Mitmensch wesentlich vernünftiger ist, als die Sittenapostel meinen[5]. Im übrigen ist diese Einstellung relativ ähnlich jener gegenüber dem Alkoholismus als einem wesentlichen Auslösefaktor für kriminelles Verhalten. Man könnte geradezu sagen, daß sich die Frage von Kino und Fernsehen heute an die Stelle geschoben hat, die noch vor fünfzig Jahren der Alkoholismus einnahm. Auch in diesem Falle wird gern vergessen, daß der Alkoholismus ebenfalls nur ein Symptom ist, dem eine lange Entwicklung vorausgeht. Abweichendes Verhalten durch Bekämpfung des Alkoholismus regulieren zu wollen, bedeutet so viel, wie das Thermometer und nicht den Patienten zu heilen[6]. Vor rund fünfzig Jahren schon bemerkte Georges Sorel dazu in seinen Versuchen der Entwicklung einer Arbeitermoral in den modernen Industriegesellschaften, daß ein „point d'honneur" den Arbeiter am Lohntag in die Kneipe treibe, so daß man ihn auch nur über diesen „point d'honneur" vom Alkohol fernhalten könne. Damit war gleichzeitig angedeutet, daß es eine lange Entwicklungsgeschichte des Alkoholismus im Einzelnen gibt; zahlreiche Erniedrigungen gehen dem Bedürfnis nach gesteigerter Euphorie voraus: zuerst ist da ein gebrochener Mann, danach erst wird ein Trinker aus ihm. Für den sozialen Trinker dagegen gilt wie für die meisten Formen des abweichenden Verhaltens, daß eine eigentliche Norm entwickelt wird, auf Grund derer geselliges Trinken als eine Art von Verpflichtung erscheint, die man lernt wie andere Formen des Verhaltens. Damit wird im übrigen das Problem des Alkoholismus in keiner Weise verharmlost: der Beobachter wird nur von der äußeren Symptomatologie auf die sachliche Vorgeschichte und vielleicht auf eine der entscheidenden Ursachen für abweichendes Verhalten hingewiesen. Damit aber beginnt erst die eigentlich soziologische Analyse.

Unsere Absicht liegt hier jedoch nicht primär in der Entwicklung der Grundzüge der Kriminalsoziologie, sondern vielmehr in der Umreißung ihrer Stellung im Rahmen der allgemeinen Soziologie. Dabei soll das Problem der Jugendkriminalität eine besondere Beleuchtung erfahren. In der Tat hat die Jugendkriminalität als solche eine eigenartige Doppelstellung, indem sie einerseits in sich selber von höchster Bedeutung ist, andererseits aber auch darum, weil sie zur Vorform des Gewohnheits- und Berufsverbrechers wird. Daß sie dies werden kann, also zugleich Endergebnis und Anfang einer Entwicklung ist, ist im wesentlichen durch ihre Eigenart bestimmt, im Laufe

---

[5] Diese Bemerkung stützt sich unter anderem auf Untersuchungen, die in der Soziologischen Abteilung des Forschungsinstituts für Sozial- und Verwaltungswissenschaften an der Universität zu Köln durchgeführt worden sind. Sie betreffen nicht nur allgemeines Freizeitverhalten, sondern z. B. auch sehr spezielles Verhalten wie Musikhören am Radio durch Erwachsene und Jugendliche.
[6] Vgl. dazu René König, Bericht zum IV. Kongreß für Gesellschaftsschutz in Mailand, April 1956.

eines mehr oder weniger langen Prozesses herangebildet zu werden, der sich in nichts von den Prozessen unterscheidet – insofern damit vor allem ein soziales Lernen beinhaltet ist – in denen das sogenannte „normale" Verhalten entwickelt wird.

Diese Einsicht brachte schon in den neunziger Jahren des vorigen Jahrhunderts Emile Durkheim sowohl in seinem Werk über den Selbstmord wie in seinen „Regeln" der soziologischen Methode und an anderen zerstreuten Stellen dazu, das Verhältnis von „normal" und „anormal" im sozialen Verhalten einer ganz grundsätzlichen Überlegung zu unterziehen[7]. Als Ergebnis läßt sich sagen, daß negative soziale Akte wie Verbrechen, Selbstmorde, Scheidungen und so weiter keineswegs an sich „anormal" sind, sondern sie gehören notwendig zu jeder Gesellschaft mit dazu. Es gibt eben keine Gesellschaft, in der alle Individuen dem Kollektivtyp konform sind; darum ist abweichendes Verhalten völlig normal. Von „anormalen" Entwicklungen sprechen wir erst dann, wenn der Anteil bestimmter negativer sozialer Akte einen gewissen Durchschnitt überschreitet oder unterschreitet. Wenn der Durchschnitt *überschritten* wird, so ist das ein Anzeichen, daß sich die Struktur der betreffenden Gesellschaft in krisenhafter Umformung befindet; wird er *unterschritten,* so ist das aber keineswegs ein Anzeichen für eine Besserung, da eben ein bestimmter Prozentsatz an negativen sozialen Akten zu jeder Gesellschaft gehört: ein Beispiel dafür ist etwa das Fallen der Selbstmordraten in Kriegszeiten, das als Ergebnis einer übermäßigen und gewaltsamen Vereinfachung des gesamten sozialen Systems anzusehen ist. Die Vollzieher negativer sozialer Akte sind also keineswegs unsoziale Wesen innerhalb der Gesellschaft, sondern ein wesentlicher Bestandteil dieser Gesellschaft, in der sie eine ganz bestimmte Rolle spielen (Regeln, Kap. III; Suicide, Buch III, Kap. I).

Dies ist für Durkheim und überhaupt für viele spätere Soziologen der entscheidende Einstieg nicht nur in die Kriminalsoziologie, sondern überhaupt in die Lehre von den negativen sozialen Akten geworden. Gewiß können hier in keiner Weise alle damit zusammenhängenden Probleme aufgerollt werden; nur soviel soll gesagt werden, daß nämlich damit die Untersuchung negativer sozialer Akte eine völlig neue Orientierung erfährt. Um ein Beispiel zu geben: Nicht jeder Selbstmord ist ein anormales Phänomen, das der sozialen „Pathologie" zuzuordnen wäre, sondern nur jene Zahl von Selbstmorden, die einen bestimmten Durchschnitt, der für eine Gesellschaft bezeichnend ist, über- oder unterschreitet; nicht jede Ehescheidung ist ein anormales Phänomen, sondern wiederum nur jene, die von einem bestimmten Trend abweichen, welcher der Struktur der betreffenden Gesell-

---

[7]Vgl. Emile Durkheim, Le Suicide, 2. Aufl., Paris 1930: Les règles de la méthode sociologique, 11. Aufl., Paris 1950.

schaft entspricht. Dem schließt sich konsequent die Folgerung an, daß nicht jedes „Verbrechen" als anormal zu kennzeichnen ist, sondern daß jede Gesellschaft die für sie kennzeichnenden Verbrechen besitzt. Einzig plötzliche Entwicklungsänderungen können als „anomisch" angesehen werden. Es sind dies jene Entwicklungen, die wir allein im strengsten Sinne unter dem Begriff „soziale Desorganisation" zusammenfassen sollten, während die übrige Masse schon darum nicht unter diese Überschrift gebracht werden kann, *weil die negativen sozialen Akte die notwendige Folge einer bestimmten sozialen Organisation sind.* So werden etwa in einer Wettbewerbsgesellschaft mit deren außerordentlich hoher Wertung des Individuums, seines Eigentums und seiner psycho-physischen Integrität alle Akte gegen die Person im eigentlichen Sinne zu „Verbrechen", während sie es in primitiven und auch in vielen vorindustriellen Gesellschaften nicht sind. Ähnliches gilt im Bereich der Sexualvergehen. Umgekehrt führt die Empörung über die Vergehen dieser Art zu einer ausgesprochenen Integration dieser Gesellschaft, so daß nicht nur das Verbrechen zu ihr gehört, sondern auch die Strafe. Diese trifft natürlich in keiner Weise einen „Schuldigen", sondern sie richtet sich einzig gegen ein Verhalten, das in einer gegebenen sozialen Organisation als „abweichend" angesehen werden muß.

Die ganze Frage spitzt sich also zu auf den Ursprung des abweichenden Verhaltens und seine Entwicklung zu einem festen Verhaltensmuster. Dies kann im einfachsten Sinne verstanden werden, daß in keiner Gruppe ein absolut konformes Verhalten erreicht wird. Darum kann sich abweichendes Verhalten auch in ausgesprochen primitiven und stark traditionalistischen Gesellschaften entwickeln, wie insbesondere Bronislaw Malinowski hervorgehoben hat[8]. Immerhin kann gesagt werden, daß in „segmentären Gesellschaften" die Chancen für ein abweichendes Verhalten noch relativ gering sind, während diese Chancen mit wachsender Komplikation der Gesellschaft immer mehr zunehmen. Die Ausbildung von Untergruppen in einem komplexen sozialen System muß notwendigerweise immer häufiger die Situation erzeugen, daß diese Untergruppen, obwohl sie in regelmäßigen Interaktionen mit dem Rest der Gesellschaft stehen, eigene Verhaltensmuster und Normen entwickeln. Auf diese Weise erklärt sich, weshalb die gegenwärtigen höchst komplexen Großgesellschaften regelmäßig ein abweichendes Verhalten in statistisch meßbaren Massen erzeugen. Dies ist – es sei nochmals hervorgehoben – in keiner Weise anormal, sondern strukturell bedingt.

Um möglichen Mißverständnissen entgegenzuwirken, sei hier bemerkt, daß eine solche Betrachtungsweise keineswegs etwa alles erklären, damit „verstehen" und „entschuldigen" will. Wohl aber fällt angesichts der soziologischen Betrachtungsweise die eigentliche Schuldfrage dahin. Sie mag den

---

[8] Bronislaw Malinowski, Crime and Custom in Savage Society, London 1926.

Juristen interessieren, indem er bestimmte Verhaltensweisen sucht und dann zusieht, ob sich diese Definitionen unter die Regeln des positiven Rechts subsumieren lassen. Die Schuldfrage mag auch den Moralisten interessieren, der abweichendes Verhalten nach abstrakten Maßstäben beurteilt, dabei allerdings zumeist nur zum Agenten unbewußter Aggressionen wird. Aber sie interessiert den Soziologen in keiner Weise. Dies heißt wiederum nicht, daß damit zu einem passiven Gewährenlassen aufgerufen würde; ganz im Gegenteil: unangesehen der juristischen Schuldfrage und aller moralischen Verdikte entwickelt sich ein rationales System des „Gesellschaftsschutzes" (défense sociale), mit dessen Hilfe abweichendes Verhalten soweit wie irgend möglich zu einer Durchschnittsnorm zurückgeführt wird. Es liegt auf der Hand, daß damit der Begriff der Strafe zunehmend verschwindet; alle fortgeschrittenen Rechtssysteme haben demzufolge die Tendenz, immer mehr ohne diesen Begriff auszukommen.

Unangesehen dieser erklärenden Bemerkungen liegt das ganze Schwergewicht der Forschung auf der *Ätiologie des abweichenden Verhaltens,* die sowohl soziologisch wie psychologisch ausgerichtet zu sein pflegt. Jüngstens umschrieb Marshall B. Clinard dieses Programm mit folgenden Worten[9]: „The scientific study of deviant behavior, like the scientific approach to any data, is an attempt to describe the processes producing the behavior and to classify the behavior into types. A criminal career is generally found to have resulted from a long series of circumstances and incidents, usually beginning with juvenile delinquency and progressing to more serious acts. Likewise, the admission of a psychotic patient to a mental hospital is not the result of one episode but rather is the culmination of a complex development going back usually into childhood. The series of steps which have brought the chronic alcoholic into the alcoholic ward may extend back many years. A divorce is seldom the product of a single argument. Perhaps it may never be possible for social scientists to describe processes in human behavior with exact precision, but it is reasonable to expect, on the basis of present knowledge, that continual advance will be made."

Es sei der Kuriosität halber darauf hingewiesen, daß Emile Durkheim auch dieses Problem schon früh entwickelt hat, wie man im Besprechungsteil der ersten Jahrgänge der „Année Sociologique" unter der Rubrik Kriminalsoziologie nachlesen kann. Er zeigt, daß ausgesprochene Prozesse des Lernens an der Wurzel des abweichenden Verhaltens sehen, gelegentlich geradezu Prozesse des Trainings, indem etwa alte Vagabunden Jugendliche zum Diebstahl oder verwahrloste Familien die Mädchen zur Prostitution abrichten. Später ist man, mit speziellem Bezug auf Jugendkriminalität, mehr und mehr auf die Bedeutung der Spielgruppen und Banden von Kindern und

---

[9] Marshall B. Clinard, a.a.O., S. 25.

Jugendlichen gestoßen, nachdem die große Bedeutung der „Primärgruppen" für den Aufbau der menschlichen Person erkannt worden war. Dieser Gesichtspunkt, dem F. Thrasher und William F. Whyte klassisch gewordene Behandlungen zuteil werden ließen[10], ist vielleicht in den letzten Jahren unter dem Einfluß der Psychoanalyse etwas in den Hintergrund getreten. Jüngstens wurde er von Albert K. Cohen wieder ins Zentrum der Diskussion gerückt[11].

In der Tat wirken die Banden und Rotten von Kindern und Jugendlichen wie eigentliche Subkulturen, in denen ein ganz bestimmtes Verhalten eingeübt und zur Norm erhoben wird, das sowohl von den Normen der Erwachsenen wie von denen der sonstigen Umwelt (etwa anderer Banden) abweicht. Selbst dort, wo solche Gruppen institutionalisiert sind, zum Beispiel als Bünde von Jugendlichen oder jungen Männern, zeigt sich häufig der gleiche Charakter einer Subkultur, indem vom übrigen Verhalten abweichende Normen eintrainiert werden. So wenn die Jugendlichen beim Eintritt in die Gruppe einen Diebstahl als Mutprobe begehen müssen. In unseren Gesellschaften leben diese Gruppen vielleicht mehr am Rande, an den „Poren" der Gesellschaft, aber ihre Funktion ist um nichts weniger da. Dies um so mehr, als die Reichweite der Familie heute ungemein geschrumpft ist, so daß sehr häufig, speziell in den wirtschaftlich untersten Gruppen, die Kinder- oder Jugendlichenbande zu einem eigentlichen „Familienersatz" wird, in dem die Kinder und Jugendlichen jene Unmittelbarkeit der Kommunikation und der gemeinsamen Bewegung im Raum erfahren, die sie in der Familie vermissen. Aber es sei darauf hingewiesen, daß sich diese Entwicklung nicht nur mit einer defizienten Familie anbahnt, sondern ebenso häufig auch mit einer „überorganisierten" Familie, in der Kinder gewissermaßen an der natürlichen Emanzipation und Abnabelung von der Familie vor ihrem selbständigen Eintritt in die Erwachsenenwelt verhindert werden. Diese Situation mag sehr entscheidend werden für die Entwicklung ganz bestimmter Formen des abweichenden Verhaltens, speziell auch bei den Mittel- und Oberklassen, wie wir das an anderem Orte, wenigstens im Umriß, zu beschreiben versucht haben[12]. Wir bemerken ausdrücklich, daß wir dabei nicht jene Singulärformen der Entwicklung, des Infantilismus und der Regression, im Auge haben, wie sie die Psychoanalyse so oft gezeichnet hat, sondern genau im Sinne von Durkheim das strukturell bedingte massenhafte Auftreten bestimmter Familiensituationen, die zum Anlaß der geschilderten „Überorganisation" werden.

---

[10] F. Thrasher, a.a.O.; William F. Whyte, Street Corner Society, Chicago 1943.
[11] Albert K. Cohen, Delinquent Boys: The Culture of the Gang, Glencoe, Ill., 1955.
[12] René König, Überorganisation der Familie als Gefährdung der seelischen Gesundheit, in: Federn-Meng, Handbuch der Psychohygiene, Band 1, Bern 1949.

Es gibt grundsätzlich zwei Möglichkeiten soziologischer Betrachtung der Adoleszenz: entweder man sieht sie als eine Stufe des menschlichen Lebens, die in sich selber relevant ist, oder im Hinblick auf den Eintritt in die Erwachsenenwelt, wobei sie zum bloßen Durchgangsstadium wird. Beide Betrachtungsweisen sind gleich legitim, führen aber – speziell in bezug auf unseren Gegenstand – in ganz verschiedene Richtungen. Wenn wir abweichendes Verhalten von Jugendlichen in Richtung auf die fortlaufende Entwicklung eines abweichenden Verhaltens beim Erwachsenen betrachten, dann verfolgen wir einen zunehmenden Verhärtungsprozeß des abweichenden Verhaltens, an dessen Ende der eigentliche Verbrecher als Berufsverbrecher steht. Dies ist die spezifische Aufgabe der Kriminalsoziologie. Die soziologische Behandlung der Jugendlichenkriminalität kann aber noch eine ganz andere Ausrichtung haben, die zunächst einmal davon absieht, ob und daß abweichendes Verhalten bei Jugendlichen, selbst wenn es im eigentlichen Sinne des Wortes kriminell wird, notwendigerweise zu einer Verhärtung eines solchen Verhaltens im Sinne einer „Karriere" als Verbrecher führen muß. Je mehr wir in unseren modernen Gesellschaften eine eigentliche Jugendkultur sich entwickeln sehen, eine Teenager-Kultur, desto mehr können wir einen *Normenkonflikt* zwischen der Welt der Jugendlichen und der Erwachsenen erwarten. Dabei ist, angesichts der veränderten Lage der Familie, die Situation heute grundsätzlich verschieden von früher. Während früher die Jugendlichen zentral in der Familie wurzelten und nur marginal in den Jugendgruppen und Banden, leben heute bereits Kinder nur marginal in der Familie, wohl aber zentral in Spielgruppen, Gruppen von Gleichaltrigen im Kindergarten, in der Schule, beim Sport, in der Freizeit, in der Berufsschule, beim Studium und so fort. Dies gibt den Normen dieser Subkultur eine ganz ungewöhnliche Chance, sich differenzierter auszubilden und zu einem System zu werden. In bestimmten sozialen Klassen gilt dies in ganz ausnehmendem Maße, zum Beispiel beim jungen Arbeiter. Der Übergang von der Welt des Jugendlichen in die der Erwachsenen kann also unter diesen Umständen gar nicht gleitend und allmählich vor sich gehen, sondern er muß konfliktgeladen sein. Dies soll und kann natürlich nicht heißen, daß darum alle Jugendlichen zur Kriminalität oder zum abweichenden Verhalten vorbestimmt seien. Wohl aber heißt dies, daß die Jugendkriminalität insgesamt insofern ein „normales" Phänomen ist, als sie einer strukturellen Verfassung unserer fortgeschrittenen Industriegesellschaften entspricht. Überdies kann auch gesagt werden, daß nur ein verschwindender Teil dieser Jugendlichenkriminalität in allgemeiner Kriminalität endet, denn es sind ja genügend Kanäle institutioneller Art vorhanden, die den Übergang von der Jugendkultur zur Erwachsenenkultur vermitteln. Schließlich aber heißt dies, daß wir auch hier lernen müssen, von den dramatischen Aspekten extremer Handlungen abzusehen und diese vielmehr in ein umfassendes System abweichender Normen einzuordnen. Zwischen dem abweichenden Verhalten und der eigentlichen Kriminalität gibt es zahllose Übergänge, deren Eigencharakter nicht genug hervorgehoben werden kann (Gefährdung – Verwahrlosung – Kriminalität). Die eigentlichen extremen Akte sind dagegen nur noch als Schlußpunkte langer Entwicklungen anzusehen, deren Kenntnis wichtiger ist als das ungebührliche Unterstreichen des Endes dieser Entwicklung, wenn sie auch gelegentlich Akte von ungeheuerlicher Grausamkeit und fast unbegreiflichem Vandalismus zeugt, wie es etwa in dem faszinierenden Film des Spaniers Luis Buñuel „Los Olvidados" oder in minderem Maße in dem jüngeren Film „Blackboard Jungle" dargestellt worden ist. Im übrigen bietet das Material der Jugendgerichte in aller Welt eine nur allzu umfangreiche Illustration dafür.

Wenn wir also das Problem der Jugendkriminalität in der allgemeinen Soziologie lokalisieren wollen, müssen wir es zunächst anschließen an die Lehre vom abweichenden Verhalten, was notwendigerweise eine strukturelle Betrachtung der Gegenwartsgesellschaft voraussetzt. Damit muß zugleich die Frage der Jugendkultur insgesamt aufgerollt und müssen die Kanäle untersucht werden, welche die Überführung in die Erwachsenengesellschaft kontrollieren. In dieser Hinsicht findet übrigens die Untersuchung des abweichenden Verhaltens von Jugendlichen eine Parallele in einer entsprechenden Behandlung des abweichenden Verhaltens bei alten Menschen. Auf Grund der gegenwärtigen Enwicklung läßt sich auch hier ein analoger Konflikt voraussehen, wie er heute schon zwischen Jugendkultur und Erwachsenenkultur besteht; man kann sich durchaus eine von allgemeinen Normen abweichende Reaktion der alternden Menschen in einer gegebenen Gesellschaft vorstellen, die an Schärfe den alten Klassenkämpfen nicht viel nachzustehen braucht, falls etwa eine allgemeine Altersgrenze für jede Art wirtschaftlicher Aktivität zur Regel werden sollte, wie es sich bereits hier und da abzeichnet. Schließlich aber hängt die Lehre von der Jugendkriminalität auch ganz allgemein mit der Untersuchung des Berufsverbrechers und des erwachsenen Kriminellen zusammen. Dieser letztere Aspekt pflegt wegen seines mehr dramatischen Charakters sehr oft im Mittelpunkt der Betrachtung zu stehen. Wir hoffen indessen gezeigt zu haben, daß dies die wesentlichen Perspektiven in gewisser Weise verschieben heißt. Gewiß läuft eine kriminelle Karriere fast immer auf die Jugend zurück. Aber nicht jedes abweichende Verhalten in der Jugend, auch nicht das im Sinne des Gesetzes kriminelle Verhalten, muß notwendigerweise zu einer Laufbahn des Verbrechens werden. Nicht etwa weil unsere Mittel der Therapie so vollkommen wären (im Gegenteil: man möchte ob der Unvollkommenheit unserer Aktionsmöglichkeiten auf diesem Gebiet manchmal verzweifeln), sondern weil einerseits der Konflikt zwischen den Normen der Jugendkultur und denen der Erwachsenenkultur unausweichlich, weil strukturell bedingt ist, andererseits aber auch die Überwindung dieses Konfliktes für die überwiegende Majorität in nahezu institutionalisierten Kanälen verläuft, was bereits einen ersten Schritt zur Anpassung bedeutet. Es versteht sich von selbst, daß dies unsere Aufmerksamkeit weder von den Konfliktsituationen der Vielen ablenken darf noch von den ungelösten Konflikten der Minorität, welche diese Spannung nicht zum Ende durchzustehen vermag.

Rede zur Verleihung der Beccaria-Medaille

Wenn ich die Rechtfertigung der Ehre überdenke, die man mir heute mit Verleihung der goldenen Beccaria-Medaille erweist, so kommt mir zunächst in den Sinn, daß drei der geladenen und aktiven Personen sich seit neunzehn Jahren kennen. Es war im November 1947, als ich meinem hochverehrten Kollegen Jean Graven von der Universität Genf und meinem Freund Armand Mergen von der Universität Mainz zum ersten Mal bei dem Internationalen Kongreß der Vereinigung für Gesellschaftsschutz (Difesa Sociale) in San Remo begegnete. Wir versuchten damals, einen Überblick über den internationalen Stand der Kriminologie zu gewinnen, wobei meine Aufgabe darin bestand, den Beitrag der Soziologie zur Kriminologie zu umreißen.

Seit jenen Jahren habe ich die Aktivitäten sowohl der italienischen Gruppe als auch der auf internationaler Basis auf das angelegentlichste verfolgt und an einigen Kongressen teilgenommen, wobei mich mit den Jahren eine immer engere Beziehung mit dem Richter Beria di Argentine, dem verdienstvollen Leiter des Centro Nazionale per la Difesa Sociale in Mailand verband. Ich hatte auch die Ehre, dem Buch des Grafen Filippo Gramatica ein Vorwort vorauszuschicken, als auf Grund der Bemühungen von Professor Mergen eine deutsche Ausgabe seines Hauptwerkes erschien. Das ist eine kurze Umschreibung meiner Beziehungen zu jenen theoretischen Bemühungen, die sich um den Begriff der Difesa Sociale kristallisieren, wobei ich die Übersetzung „Gesellschaftsschutz" der anderen „Soziale Verteidigung" vorziehe, und zwar sowohl aus sprachlichen als auch aus sachlichen Erwägungen.

Ich habe mich ferner interessiert für die verschiedenen internationalen Bestrebungen zur Strafrechtsreform und mich beteiligt an einer Sammelschrift „Sexualität und Verbrechen", die u. a. von dem mir in seinen Ideen sehr nahestehenden Generalstaatsanwalt Fritz Bauer und von Professor Hans Bürger-Prinz, den Sie heute ebenfalls ehren, herausgegeben worden ist.

Schließlich habe ich aber vor Jahren gemeinsam mit Peter Heintz ein Sonderheft der Kölner Zeitschrift für Soziologie und Sozialpsychologie über Jugendkriminalität (3. Aufl. 1965) herausgegeben, das ganz im Sinne der leitenden Idee Ihrer Gesellschaft konzipiert ist.

Das ist, wenn ich so sagen darf, die äußere Biographie meiner Beziehungen zur Kriminologie, die auf Grund meiner Verbundenheit mit Armand Mergen durch all die Jahre hindurch immer gleich intensiv geblieben sind. Es wäre jedoch völlig unzureichend, wollte ich mich mit diesen Bemerkungen begnügen. Denn es ist ein leichtes nachzuweisen, daß die Soziologie mit der Kriminologie notwendigerweise zusammenstoßen muß, wenn man von einer bestimmten Konzeption der Soziologie ausgeht, wie sie heute überwiegt. Leider sind über diese Konzeption sehr viele Mißverständnisse verbreitet, so daß Sie mir gestatten müssen, einige Erörterungen mehr grundsätzlicher Art hier anzustellen, um die – speziell bei den Gegnern einer Strafrechtsreform – obwaltenden Mißverständnisse, ja völlig verzerrten Darstellungen der Soziologie auszuräumen, die nur von der Unkenntnis der Beteiligten zeugen.

Die Begegnung zwischen Kriminologie und Soziologie ist eine *doppelte,* darin sind die Verhältnisse hier ganz ähnlich wie bei der Familiensoziologie. Beide Disziplinen spielen eine ganz besondere Rolle bei der Konstitution der allgemeinen Soziologie einerseits und als spezielle empirische Teildisziplinen der Soziologie andererseits. Das trifft für keine der anderen Teildisziplinen der Soziologie in auch nur annähernd gleichem Ausmaße zu, so daß man in der Tat sagen darf, daß die Kriminologie eine Schlüsselfunktion im Aufbau der Soziologie hat, die ich im folgenden in kurzen Worten umschreiben möchte.

Die moderne Konzeption der Dimension des Sozialen, die sich seit Emile Durkheim immer mehr durchgesetzt hat, definiert ihren Gegenstandsbereich, das soziale Handeln, als Handeln nach gewissen Normen. In der Tat ist das soziale Handeln weitgehend geregeltes Verhalten, was natürlich nicht ausschließt, daß auch andere Arten des Handelns soziologisch relevant werden können. Sie sind aber nicht zentral relevant wie die Tatsache der Regelung des sozialen Handelns.

Nun hatte schon Durkheim erkannt, daß mit diesem Begriff des sozialen Handelns als geregeltem Verhalten eine merkwürdige ontologische Aporie insofern verbunden ist, als das System sozialer Regelungen, denen wir alle in unserem Handeln unterworfen sind, trotz seiner zentralen Bedeutung für die Konstitution der sozialen Dimension insgesamt einen merkwürdig „hinfälligen" Charakter beweist. Dort nämlich, wo alle Normen adäquat befolgt werden, geschieht es regelmäßig, daß das Bewußtsein von der Bedeutung dieser Normen immer mehr abblaßt, bis es bei totaler Konformität des Handelns gewissermaßen verdämmert. Durkheim prägte dafür den Begriff vom „prekären Charakter" des Sozialen, das offensichtlich in sich selber bei völliger Konformität eine nur höchst unvollkommene Überlebenschance hätte, wenn nicht – und hier erscheint die außerordentliche Bedeutung der Kriminologie für die allgemeine Soziologie – die ständige Möglichkeit des abweichenden Verhaltens nicht nur die *Sanktionsgewalt* der bestehenden Normen immer wieder aktivieren, sondern damit auch *das Bewußtsein von ihrer Geltung* immer wieder schärfen würde.

Mit einem Wort: normgerechtes und abweichendes Verhalten sind gleichursprünglich, wobei dem abweichenden Verhalten die spezielle Funktion zukommt, das normgerechte Verhalten immer wieder zu sich selbst zurückzurufen und damit wachsam zu erhalten, was ohne die ständige Möglichkeit des abweichenden Verhaltens sich gar nicht realisieren könnte.

Hat es die allgemeine Soziologie mit den axiomatischen Voraussetzungen und den Konstituentien des sozialen Geschehens zu tun, so zeigt sich bereits hier die zentrale Bedeutung der Kriminologie für die allgemeine Soziologie. *Während die Familiensoziologie in diesem Zusammenhang den Aufbau der sozial-kulturellen Person verfolgt, die für soziale Normen ansprechbar ist, eröffnet die Kriminologie die entgegengesetzte Dimension der ständig möglichen Abweichung vom gebotenen Verhalten, die nicht nur soziale Sanktionen hervorruft, sondern darüber hinaus eine ganze Reihe anderer Mechanismen, die den Fortbestand des sozialen Systems in der Zeit garantieren.* Hierzu gehört alles, was wir unter dem Titel der *sozialen Kontrolle* zusammenzufassen pflegen, aber auch die Dimension der *sozialen Symbole*, welche das Erlaubte und das Verbotene für die Gesellschaft im ganzen oder für Teile von ihr augenfällig macht.

Es kommt hinzu eine weitere bedeutsame Funktion des abweichenden Verhaltens im Aufbau des sozialen Systems. Das abweichende Verhalten schärft nicht nur das (kognitive) Bewußtsein von der Geltung der Normen, sondern lädt gewissermaßen dieses System mit neuer Kraft wie eine Leidener Flasche mit Elektrizität. Die mit der Anwendung von Sanktionen verbundene gesamtgesellschaftliche Empörung ist das Resultat dieser Funktion. Genau an diesem Ort scheiden sich die Geister, indem die traditionellen Strafrechtssysteme und -theorien weiter nichts darstellen als die Verlängerung dieser gesamtgesellschaftlichen Empörung in den Rahmen einer Disziplin, deren wissenschaftlicher Charakter gelegentlich höchst fragwürdig ist, während die anderen unter Aufdeckung des angedeuteten Zusammenhangs die Notwendigkeit einer rationalen Erkenntnis der angegebenen Umstände und gleichzeitig einer daraus sich herleitenden rationalen Bekämpfung des abweichenden Verhaltens postulieren. Es liegt auf der Hand, daß der soziologische Ansatz in der Kriminologie in keiner Weise „wertfrei" ist, wenn sie sich auch von jenen „Werturteilen" befreit, die aus der Perspektive der gesellschaftlichen Akteure erfolgen und damit immer interessiert sind, so daß von einer Idee der Gerechtigkeit überhaupt nicht die Rede sein kann, sondern, wie es bei den Vertretern dieser Einstellung lautet, nur von einem „Strafanspruch des Staates", von dem ich mir absolut nicht vorstellen kann, was das heißen soll außer einer nur dürftig durch Redensarten verbrämten Racheaktion derer, die zufällig die Macht innehaben.

Der zweite Begegnungsort von Soziologie und Kriminologie eröffnet sich uns, wenn wir die Entfaltung der solchermaßen umschriebenen allgemeinen Soziologie in einer Reihe von empirischen Einzeldisziplinen ins Auge fassen. Es genügt also nicht nur, die axiomatische Bedeutung der Kriminologie für die allgemeine Soziologie hervorzuheben; genau wie neben der allgemeinen Bedeutung der Familiensoziologie für die Entwicklung der soziologischen Kategoriensysteme noch eine davon unabhängige empirische Erforschung der Familie in ihrer tatsächlichen Verfassung steht, genauso erhebt sich auch die Aufgabe einer empirischen Begründung der Kriminalsoziologie als spezifische Einzeldisziplin der Soziologie. Hier ist die Aufgabe wiederum eine doppelte: einmal bedarf die Kriminalsoziologie der Entwicklung eines eigenen Instrumentariums der Forschung, da hier der Erkenntnis ganz ungewöhnliche Schwierigkeiten im Wege liegen, wie der Begriff der „Dunkelziffer" lehrt, dem der von Ihnen heute ebenfalls geehrte Bernd Wehner eine sehr wichtige Schrift gewidmet hat. In der Tat steht die Kriminalsoziologie bei vielen ihrer Feststellungen vor der schwierigen Frage, ob es sich bei bestimmten Verhaltensweisen um eine echte Zunahme oder nur um einen Rückgang der Dunkelziffer handelt. Jüngstens kam es in größter Öffentlichkeit zu einer Diskussion über Altersdelinquenz; es wurde damals mit Recht hervorgehoben, daß die Altersdelinquenz schon seit mehr als hundert Jahren nachweisbar sehr hoch ist, daß aber heute mehr Fälle als früher von der Umwelt und von den zuständigen Organen zur Kenntnis genommen werden. Man kann also nicht sprechen von einer Zunahme der Altersdelinquenz, sondern nur von einer Zunahme der Aufmerksamkeit, welche die öffentliche Meinung diesem Phänomen zuwendet. Die Fachleute wissen alle, vor welchen manchmal unübersteigbaren Schwierigkeiten die Forschung auf diesem Gebiet steht. Ich habe selber im Zusammenhang mit Sexualverbrechen darauf hinzuweisen Gelegenheit gehabt, daß wegen der allgemeinen Stigmatisierung des Sexuellen in der öffentlichen Meinung zahllose Fälle von Vergewaltigung und ähnlichen Handlungen von den Opfern nicht zur Anzeige gebracht werden.

Die soziologische Methodenlehre ist zweifellos imstande, der Kriminalsoziologie technisch zur Hand zu gehen, um in den unbekannten Raum der tatsächlichen Frequenz bestimmter Formen des abweichenden Verhaltens vorzustoßen. Damit ist aber nur ein Teil des Beitrages der Soziologie zur Entwicklung der Kriminalsoziologie berührt. Ein zweiter ebenso wichtiger Beitrag liegt in der Entfaltung angemessener Theorien für die Erklärung der verschiedenen Formen abweichenden Verhaltens. Gewiß sind wir heute noch weit entfernt von einer allgemeinen Theorie, die alle Formen des abweichenden Verhaltens bis zur Berufskriminalität zu erfassen erlauben würde; das ist aber in anderen Teildisziplinen der Soziologie auch nicht viel anders. Trotzdem aber läßt sich sagen, daß bereits eine ganze Reihe von

Theoriestücken bzw. von Theorien mittlerer Reichweite vorliegt, die uns mindestens eine Klassifikation der relevanten Phänomene erlauben. Es kann hier nicht der Ort sein, diese Theoriestücke im einzelnen zu erwähnen und zu diskutieren. Ich möchte nur hervorheben, daß der Begriff der „Anomie" in der soziologischen Theorie seit seinem ersten Auftreten bei Durkheim bis heute eine immer weitergehende Verfeinerung und Differenzierung erhalten hat, die sich gerade bei der Kriminalsoziologie äußerst fruchtbar ausgewirkt hat.

Wenn sich die Soziologie mit Kriminologie beschäftigt, so ist das in der Tat keine Nebenhandlung der Soziologie, vielmehr hat die Kriminalsoziologie zentrale Bedeutung sowohl für die allgemeine Soziologie als auch für die Forschung. Ein Soziologe, der sein Geschäft recht versteht, kann sich also dem Zusammenstoß mit der Kriminalsoziologie nicht entziehen. Genau wie die Familiensoziologie ein zentrales Bewährungsfeld der allgemeinen Soziologie wie der soziologischen Forschung ist, hat die Kriminalsoziologie gleichermaßen Bedeutung für die Klärung der obersten Bedingungen des sozialen Verhaltens in Konformität und Abweichung von den Regeln; zugleich aber ist sie ein Forschungsgebiet, auf dem die Leistungsfähigkeit der Forschungstechniken nicht nur besonders strapaziert wird, sondern auf dem diese gewissermaßen entscheidend erprobt werden, ob sie dazu imstande sind, den Schleier zu zerreißen, den Unwissenheit, Verstellung, böser Wille, ideologische Maskierung und gelegentlich auch politische Selbstrechtfertigung über mehr oder weniger fragwürdige Handlungen zu breiten versuchen.

Vorwort – Filippo Gramatica: Grundlagen der Défense Sociale

Es war unmittelbar nach dem 2. Weltkrieg, als im November 1947 eine kleine Gruppe von Gelehrten in San Remo zusammentrat, um die Probleme des Gesellschaftsschutzes zum ersten Mal in einer internationalen Diskussion zu erörtern. Die Verhandlungen standen unter dem Vorsitz des Grafen Filippo Gramatica von Genua, heute Präsident der „Société Internationale de Défense Sociale". Dies soll nicht heißen, daß der Begriff des „Gesellschaftsschutzes" (die beste Übersetzung für italienisch „difesa sociale" oder französisch „défense sociale") von Filippo Gramatica geschaffen worden sei: der Begriff ist älter und spielt sowohl in der juristischen als auch in der soziologischen Literatur eine bedeutende Rolle. Wohl aber kommt Filippo Gramatica ganz eindeutig das Verdienst zu, in der unmittelbaren Nachkriegssituation die ganze Frage des Gesellschaftsschutzes einer internationalen und gleichzeitig theoretisch vertieften Diskussion zugeführt zu haben, bei der ihn so bedeutsame Männer wie Marc Ancel von Paris und Jean Graven von Genf unterstützt haben. Seit jenem Kongreß von 1947 hat die Diskussion um den Begriff des Gesellschaftsschutzes nicht mehr aufgehört, und die Verwirklichung der von Filippo Gramatica erstrebten Ziele ist mindestens in einigen Ländern Europas (z. B. in Skandinavien) um einige wichtige Schritte vorangegangen. Dazu haben auch weitere Kongresse über das Problem des Gesellschaftsschutzes beigetragen, später mehrheitlich organisiert durch das „Centro Nazionale per la Difesa Sociale" in Mailand, das vom Richter Beria di Argentine geleitet wird. Wir verweisen hier z. B. auf die eingehende Diskussion der Probleme der Prävention, die unter größter internationaler Teilnahme im Jahre 1956 in Mailand stattfand. Es ließe sich noch viel über die Auswirkung der verschiedenen Unternehmungen Filippo Gramaticas sagen. Dafür ist jedoch hier nicht der Ort. Wir möchten vielmehr darauf hinweisen

– und das ist wohl die einzige Rechtfertigung dafür, daß ein Soziologe ein Vorwort zu einem juristischen Werk schreibt –, daß gerade hier eine sehr interessante Verbindung zwischen Rechtswissenschaft und Soziologie gegeben ist. Ich möchte dazu sagen, daß das Problem des Gesellschaftsschutzes einer der nächstliegenden Ausgangspunkte für die Entwicklung einer soziologischen Strafrechtstheorie sein könnte. Da Juristen und Soziologen vorläufig leider noch immer weitgehend aneinander vorbeireden, scheint es mir äußerst erwünscht, wenn die auf die Veröffentlichung dieses Buches in deutscher Sprache folgenden Diskussionen dazu beitragen könnten, daß Juristen und Soziologen einander endlich näherkommen.

Die Verbindung zwischen Soziologie und Strafrechtstheorie liegt offen auf der Hand, wenn man nur einen Blick wirft auf das Hauptwerk von Emile Durkheim über die Arbeitsteilung und einige weitere Schriften von ihm und von seinen Schülern über das Problem der Strafe (G. Richard), das Problem der Verantwortung (P. Fauconnet, der als Durkheim sehr nahestehender Schüler ein Manuskript von diesem zu einem Buch ausgearbeitet hat) und ähnliches. Im Gegensatz zwischen repressiven und restitutiven Sanktionen klingt bereits das Problem des Gesellschaftsschutzes deutlich an. Noch deutlicher wird es, wenn man bedenkt, daß mit der Entwicklung der Ideen der sozialen Kontrolle auch für die Sicherung der Normen geplante Einrichtungen entwickelt werden, deren Hauptfunktion in der Prävention liegt. Leider muß aber gesagt werden, daß diese autonome Entwicklung einer Strafrechtstheorie in der Soziologie, die von Durkheim bis Theodor Geiger reicht, von den Rechtswissenschaftlern nicht rezipiert worden ist. Hier scheinen schwer zu überwindende Barrieren zu liegen, die einer interdisziplinären Kooperation leider noch im Wege stehen.

Gegenüber gewissen Kritikern der soziologischen Strafrechtstheorie von rechtswissenschaftlicher Seite mag das Prinzip des Gesellschaftsschutzes wesentlich dazu beitragen, ein altes Vorurteil zu zerstreuen, als bedeute die soziologische Behandlungsweise der Strafe eine extreme Anwendung der Umwelttheorie. Davon kann überhaupt keine Rede sein: Der Ausgangspunkt der soziologischen Strafrechtstheorie sind die Normen, die Abweichungen von ihnen und die darauf folgenden Sanktionen. Ziel dieser Sanktionen kann aber niemals die Strafe selber sein, sondern ausschließlich die soziale Reintegration des Abweichenden. Ein Begriff wie der vom „Strafanspruch des Staates" erscheint für den Soziologen als Ausdruck einer Geisteshaltung, die charakteristisch ist für die irrationalen Reaktionen primitiver Gesellschaften, für die jede Abweichung von der Norm eine Störung des Gleichgewichts von Natur und Gesellschaft beschwört. In Gesellschaften, die in gewissem Ausmaß einen Rationalisierungsprozeß durchgemacht haben, macht sich dagegen ein stärkeres Bedürfnis bemerkbar, die Person entweder zu schützen vor einer möglichen Abweichung (Prävention) oder aber die Reintegrationsvorgänge rational zu lenken, wobei Maßnahmen verschiedenster Art vorgeschlagen worden sind. Unter allen Umständen sollte aber der Begriff der Strafe als Rache der Gesellschaft am Missetäter gebannt werden.

Angesichts dieser Situation wird es überragend deutlich, wie wir oben sagten, daß wir hier vor einem wirklichen Begegnungspunkt zwischen Rechtswissenschaft und Soziologie stehen, und wir möchten zum Abschluß den Wunsch aussprechen, daß diese Diskussion möglichst bald, möglichst unbefangen und auf möglichst breiter Linie in Gang kommen möge.

Theorie und Praxis in der Kriminalsoziologie

Wenn man die Probleme der Kriminalsoziologie ausschließlich aus soziologischer Perspektive betrachtet, gibt es Gründe genug, die der Entwicklung dieser wichtigen Teildisziplin im Wege stehen, und das noch ganz unangesehen der rechtlichen Problematik. Wir haben schon in anderem Zusammenhang darauf hingewiesen, daß die Kriminalsoziologie für die Soziologie eine doppelte Funktion hat: Einmal stellt sie nämlich ein besonderes Forschungsgebiet der Soziologie dar, das andere Mal aber kommt ihr eine wichtige Rolle zu in der Begründung der Allgemeinen Soziologie[1]. Ihre Situation ist darin ganz ähnlich der der Familiensoziologie, die ebenfalls diese doppelte Funktion hat, was nicht immer eingesehen zu werden pflegt und häufig auch gewisse Unzuträglichkeiten schafft, wenn die beiden Perspektiven miteinander verschmolzen werden[2]. Da beide nach ganz verschiedenen systematischen Vorstellungen ausgerichtet sind, muß ihre Vermengung notwendigerweise Unklarheiten schaffen.

Die besondere Bedeutung der Kriminalsoziologie für die allgemeine Soziologie tritt bereits bei Emile Durkheim hervor, wenn er dem Begriff des normgerechten Verhaltens den des abweichenden Verhaltens gegenüberstellt[3]. Dabei zeigt sich, daß die Sicherung des Regelungscharakters sozialen

---

[1] Siehe dazu meine Bemerkungen in: Armand Mergen (Hrsg.), Kriminologische Aktualität, Bd. 11, Hamburg 1967, S. 41–45.

[2] Vgl. René König, Art. Familie und Familiensoziologie, in: Wilhelm Bernsdorf, (Hrsg.), Wörterbuch der Soziologie, 2. Aufl., Stuttgart 1969.

[3] Siehe dazu Emile Durkheim, Die Regeln der soziologischen Methode, Hrsg. René König, 2. Aufl., Neuwied 1965. 3. Kapitel.

Handelns gerade durch die Analyse des abweichenden Verhaltens erfolgt. Wenn alles Handeln normkonform wäre, dann wäre die ständige Gefahr eines völligen Verdämmerns der Normen gegeben, weshalb Durkheim vom „prekären" Charakter der Normstruktur des sozialen Verhaltens spricht[4]. Dieser prekäre Charakter verschwindet in der Tat erst in dem Augenblick, wo das Handeln von gewissen akzeptierten Normen abweicht und durch die Reaktion der Umwelt auf die Abweichung aufmerksam gemacht wird. Man spricht dann von Sanktionen, in denen sich die Tatsache der allgemeinen Akzeptiertheit der Normen ausdrückt.

Durkheim selber widmete darum in seinen „Regeln der soziologischen Methode" dem Problem des kriminellen Verhaltens interessante Ausführungen, die allerdings nicht so sehr für die Kriminalsoziologie als Teilwissenschaft der Soziologie, sondern nur für die Allgemeine Soziologie und die soziologische Methodenlehre relevant sind. Daneben befaßte er sich gleichzeitig mit den Problemen der Kriminalsoziologie als Einzelwissenschaft, wobei er einige interessante Feststellungen traf, die für uns heute noch gelten, so zum Beispiel, daß unter bestimmten Voraussetzungen Zustände der Regellosigkeit (Anomie) sich häufen und daß kriminelles Verhalten genau wie das normgerechte Verhalten ein „erlerntes" Verhalten ist, wobei es insbesondere darauf ankommt, die Situationen zu analysieren, in denen sich das Erlernen eines abweichenden Verhaltens anbahnt. Diese Ausführungen Durkheims waren damals die ersten relevanten Beiträge zur Kriminalsoziologie im modernen Sinne[5].

Ganz anders hat sich die amerikanische Kriminalsoziologie entwickelt, die im vorliegenden Band mit wichtigen Proben dargestellt wird. Die amerikanische Kriminalsoziologie entstand primär aus den ganz praktischen Bemühungen der Bekämpfung des Verbrechens, insbesondere der Jugenddelinquenz in den großen amerikanischen Städten, d. h. also vor allem zunächst in New York, dann aber auch in Chicago, wo der Aufschwung der soziologischen Abteilung an der Universität Chicago engstens verbunden ist mit der Entwicklung der Kriminalsoziologie. Die entscheidenden Gründe sind also gewissermaßen sozialpolitischer Natur: Verbrechensbekämpfung und Prävention, um – wenn irgend möglich – jene Institutionen zu stärken, die bei der Verminderung von Verbrechen und abweichendem Verhalten eine Rolle spielen. Das charakterisiert auch die besondere Art, in der damals Kriminalsoziologie betrieben wurde. Sie stand durchweg im Zeichen der Gemeindeforschung, wobei die entscheidenden Schritte und Anregungen angebahnt wurden einerseits von Robert E. Park, andererseits von Ernest

---

[4] Zu diesem Thema allgemein René König, E. Durkheim, in: Kölner Zeitschrift für Soziologie und Sozialpsychologie 10 (1958).

[5] Man findet die entsprechenden Ausführungen Durkheims im Besprechungsteil der Année Sociologique, zu dem er außer einigen grundsätzlichen Bemerkungen auch eine Reihe von Besprechungen beigesteuert hat, die implizit eine ganze Theorie der Kriminalität enthalten.

W. Burgess und denen, die mit ihnen gemeinsam die Großstadtsoziologie in Chicago aufgebaut haben. Zu ihnen stieß dann auch Edwin H. Sutherland, einer der Pioniere der Kriminalsoziologie. Natürlich waren bei diesen Forschern auch theoretische Ideen wirksam, wie man im Nachhinein deutlich erkennen kann an den gesammelten Essais von Park[6] und insbesondere an den gesammelten Essais von William I. Thomas[7], dessen Buch über delinquente Mädchen[8] nicht nur ein Klassiker der Forschung, sondern gerade auch der theoretischen Ausgestaltung dieser Probleme ist und darum eine Art von Markstein in der Entwicklung darstellt. Dennoch kann gesagt werden, daß die theoretischen Leitideen dieser Generation nicht sehr ausgeprägt sind. Viele der Publikationen der Chicago University Press, die unter dem Einfluß von Park entstanden sind, haben weithin rein beschreibenden Charakter. Die theoretischen Ideen finden sich zumeist in den Vor- und Nachworten von Park und auch in vielen einzelnen Abschnitten innerhalb dieser Bücher, die deutlich seine Handschrift zeigen, obwohl man natürlich nicht sagen kann, daß er sie selbst geschrieben hat. Aber wir werden den Verdacht nicht los, daß sein Beitrag zu den Werken seiner Schüler wesentlich größer ist, als man gemeinhin meint. Ihm lag nicht daran, den Ruhm für irgendwelche theoretischen Ideen für sich zu buchen; er war einzig und allein an der Sache interessiert.

Auch ein Hinweis auf die soziale Herkunft der älteren Mitarbeiter der Schule von Chicago mag hier weiterhelfen. Sie kommen im Grunde zumeist aus der Sozialarbeit, wenn sie nicht gar dem geistlichen Beruf entstammen. Sie versuchten aber alle gleichermaßen, sich von der Wirklichkeitsenthobenheit geistlicher Fürsorge zu befreien und sie mit einem gesunden realistischen Unterbau zu versehen. So wurden aus vielen Geistlichen die ersten Pioniere der Soziologie in Chicago. Entsprechend dieser Ausrichtung steht auch das praktische Interesse im Vordergrund. Deutlich gibt das der Titel einer Aufsatzsammlung von Louis Wirth „Community Life and Social Policy" wieder[9]. Sie alle sind im Grunde die wissenschaftlichen Fortführer der „muckrakers" aus den achtziger Jahren und repräsentieren den gleichen Geist der sozialen Hilfe, der auch im englischen Community Survey Movement seit Charles Booth lebendig gewesen ist und klassische Beiträge zur sozialwissenschaftlichen Forschung produziert hat, deren methodischen Ertrag wir bei Sidney und Beatrice Webb zusammengefaßt finden. Hier gehen also Forschung und Praxis, gelegentlich sogar Politik, unmittelbar Hand in Hand.

---

[6] Robert E. Park, The Collected Essays: Bd. I: Race and Culture, Glencoe, Ill., 1950; Bd. II: Human Communities. The City and Human Ecology, Glencoe, Ill., 1952; Bd. III: Society. Collective Behavior. News and Opinion, Glencoe, Ill., 1955.

[7] William I. Thomas, Social Behavior and Personality, Hrsg. Edmund H. Volkart, New York 1951.

[8] William I. Thomas, The Unadjusted Girl, Boston 1923.

[9] Chicago 1956.

Wenn wir jetzt aber zurückdenken an den Ansatz der allgemeinen Soziologie bei Emile Durkheim, zu dem noch die weiteren Entwicklungen bei Max Weber, Georg Simmel, Vilfredo Pareto, Leonard T. Hobhouse und anderen kommen, dann wird es verständlich, daß man sich auf die Dauer nicht mit diesem naiven Ansatz der ersten Generation von Chicago begnügen konnte. Sie selbst hatte übrigens schon das Bedürfnis nach Vertiefung empfunden, so daß etwa sehr bald die Kategorie der „Primärgruppe", die Charles H. Cooley am Anfang des Jahrhunderts entwickelt hatte, speziell zur Erklärung des Sozialisierungsprozesses übernommen wurde[10]. Gleichzeitig war damit ein erster Schritt in Richtung einer ursächlichen Analyse der Voraussetzungen für abweichendes Verhalten gegeben: Die „Desorganisation" der Primärgruppen, insbesondere der Familie, erwies sich als ein wichtiges Argument zur Erklärung des abweichenden Verhaltens. Damals kam es zu der ersten Annäherung zwischen Familiensoziologie und Kriminalsoziologie. Andere theoretische Ansätze fanden sich in der Theorie der „differentiellen Kontakte" von Edwin H. Sutherland, welcher im Grunde – trotz aller Unklarheiten – die gleichen Gedanken wiederaufnahm, die hinter Cooleys Begriff der Primärgruppe gestanden hatten. Wie sich allgemein die Primärgruppe der Familie als zentraler Faktor im Sozialisierungsprozeß erwiesen hatte, d. h. in dem Prozeß der Internalisierung der Normen, die in einer Gesellschaft gelten, so erwiesen sich die „differentiellen Kontakte" als Sozialisierungsmedien für abweichendes Verhalten. Weitere theoretische Ansätze kamen insbesondere von seiten George H. Meads und auch von seiten der Ökologen, insbesondere der Großstadtsoziologen und von einigen anderen weniger wichtigen Seiten (insbesondere der Sozialarbeit). Allerdings kam es damals nur zu sporadischen Versuchen einer Integration von Allgemeiner Soziologie, soziologischer Theorie und Forschung. Der wichtigste Begriff, der hierbei leitend wurde, war der der „sozialen Desorganisation", der seine Wirkungen in vielen Einzeldisziplinen der empirischen Soziologie bemerkbar machte. Eine grundsätzliche Änderung konnte in dieser Hinsicht erst auftreten, nachdem die theoretische Neuorientierung der Allgemeinen Soziologie begonnen hatte, was ziemlich genau mit dem logischen Ende der Chicago-Schule zusammentrifft.

Schon das letzte wichtige Buch der Chicago-Schule von William F. Whyte, Street Corner Society[11], ließ neben den beschreibenden Elementen eine starke Tendenz zur strukturellen Analyse hervortreten, die bereits im Ansatz bei Frederick Thrasher vorbereitet war. Damit erfährt der Begriff der „Desorganisation" seine erste Kritik. Das Buch von Whyte ist zuerst 1943 erschienen, das klassische Werk der theoretischen Neuorientierung in der Soziologie, „The Structure of Social Action" von Talcott Parsons, erschien

---

[10]Charles H. Cooley, Human Nature and the Social Order, New York 1912; ders., Social Organization, New York 1912. (Neuausgabe beider Werke in einem Band, Glencoe, Ill., 1956).

[11]Chicago 1943.

1937. Genau zwischen diesen Daten kam es zu einem totalen Revirement in der Analyse der soziologischen Fundamentalkategorien, wovon auch die Kriminalsoziologie nicht unberührt bleiben konnte. Das lag ja im Grunde schon vorgebildet bei dem Ansatz von Durkheim, von dem auch wir unseren Ausgang genommen haben. So hebt in der Tat in dieser Periode eine intensive Neudiskussion der Grundbegriffe der Kriminalsoziologie an, wobei sie von jetzt ab weitgehend im Licht der allgemeinen Soziologie und nicht so sehr im Licht einer empirischen Einzeldisziplin gesehen wird. In vielen Fällen gehen selbstverständlich beide Tendenzen durcheinander, aber das trägt nicht immer und überall zur Klärung bei: Ganz im Gegenteil ist diese Verbindung wohl wesentlich mitverantwortlich für viele in der modernen Kriminalsoziologie noch immer aufdringliche Zweideutigkeiten. Für uns kann es jedoch hier nicht darauf ankommen, diese Probleme in sich selbst zu verfolgen; denn das wäre bereits die Darstellung der heutigen Situation, die durch ausgewählte Texte in diesem Band umschrieben wird. Wir wollen uns hingegen darauf beschränken zu zeigen, daß jetzt mit ganz ähnlicher Einseitigkeit wie früher der Gesichtspunkt der Allgemeinen Soziologie im Vordergrund steht, während die soziale Praxis so gut wie ganz von der Bühne verschwunden ist.

Dieser Umstand mag die Fragestellung der modernen amerikanischen Kriminalsoziologie für den Nichtsoziologen besonders belasten; denn er vermag es nicht einzusehen, daß es offensichtlich notwendig ist, zur Aufrollung der Probleme des abweichenden Verhaltens nicht mehr und nicht weniger als die ganze Theorie des sozialen Handelns und damit die einzelnen Grundbegriffe der Allgemeinen Soziologie zu mobilisieren[12]. Speziell wären wohl handgreiflichere Kategorien und Rezepte viel lieber, die ihm zeigen würden, wie er sich in seiner Arbeit orientieren muß. Für den Juristen gilt ein Ähnliches. Da speziell der deutsche Jurist ganz auf Kasuistik ausgerichtet ist, wäre ihm eine Detailanalyse „sozialer Probleme", wie sie früher die Regel war, nützlicher als weitgespannte Theorien, die ihm nicht geläufig sind und die er daher mit Mißtrauen betrachtet. Aber das ist genau das Problem. Die unmittelbare Beschäftigung mit den sozialen Problemen der Zeit, die das Werk von Robert E. Park und allen seinen Mitarbeitern so intensiv mit Leben erfüllt, ist verdrängt worden durch eine z. T. hochabstrakte theoretische Auseinandersetzung um die obersten Voraussetzungen des normgerechten, des abweichenden und des kriminellen Verhaltens, sowie der ursächlichen Faktoren, die jeweils zur Erklärung der gegebenen Erscheinung herangezogen werden müssen. Während diese Situation aber in den Vereinigten Staaten dadurch ausgeglichen wird, daß die Beschäftigung mit den „sozialen Problemen" der Zeit unentwegt weitergeht, gibt es in Deutschland vorläufig noch nichts Entsprechendes.

---

[12] Siehe zum Verhältnis Allgemeine Soziologie und soziologische Theorie René König, Soziologie (Fischer-Lexikon), Neuausgabe 173.–202. Tsd., Frankfurt 1967, die betreffenden Artikel.

Wir wollen mit diesen Bemerkungen in keiner Weise die theoretischen Bemühungen der Allgemeinen Soziologie heute diskriminieren. Wir sind in der Tat der Meinung, daß ohne diesen Ansatz auch die Forschung völlig in der Luft hängen bzw. auf eine beständige Wiederholung früher gemachter Untersuchungen hinauslaufen würde, die sich nur noch in Einzelheiten voneinander unterscheiden, aber nicht einmal Trends sehen lassen könnten, zu deren Definition mehr erforderlich ist als die bloße Anhäufung statistischer und deskriptiver Materialien. Aber trotzdem müssen wir uns mit dem Gedanken vertraut machen, daß demnächst eine Neuorientierung erforderlich sein wird, die mit einem neuen Begriffsinstrumentarium an die alten sozialen Probleme herantritt und sie einer vertieften Analyse zu unterziehen haben wird. Erst dann wird die Kriminalsoziologie das leisten können, was z. B. auf ihrem Gebiet die Familiensoziologie bereits seit geraumer Zeit leistet. Es ist nicht zu verhehlen, daß die Kriminalsoziologie in dieser Hinsicht der Familiensoziologie etwas hinterherhinkt. Andererseits aber gibt es dafür keinen prinzipiellen Grund. Diese Situation ist wohl mehr oder weniger von gewissen Zufällen abhängig.

Zu diesen Zufällen gehört u. a., speziell in Deutschland, die mangelnde Rezeption der in den Vereinigten Staaten geleisteten Vorarbeit. Es geht nicht an, wie es leider noch von vielen Seiten geschieht, über die vorliegenden Leistungen der amerikanischen Kriminalsoziologie einfach abwertend zu urteilen und sie mit ein paar törichten Adjektiven zu charakterisieren, was leider auch häufig bei berufenen Autoren geschieht, von denen man etwas Besseres erwarten sollte. Es kommt insgesamt darauf an, die vorliegenden Ergebnisse, zusammen mit den theoretischen Ansätzen, zur Kenntnis zu nehmen und gleichzeitig die Anwendung im europäischen Rahmen vorzubereiten. Darüber hinaus wird nicht nur ein vertieftes Diskutieren der allgemein-soziologischen Voraussetzungen der Kriminalsoziologie erforderlich, sondern gleichzeitig eine Entwicklung der Sozialarbeit im Sinne einer Durchdringung mit theoretischen Ideen, die letzten Endes gleichzeitig der Forschung zugute kommen werden. Damit bleibt nach wie vor die Doppelfunktion der Kriminalsoziologie erhalten: einmal ein wichtiges Gedankenglied in der Entwicklung der Allgemeinen Soziologie und gleichzeitig einen besonderen Zweig der Forschung darzustellen, dessen überragende Bedeutung für die Praxis unübersehbar ist. Ging ursprünglich der Weg von den sozialen Problemen zur Allgemeinen Soziologie, so muß jetzt die Rückkehr angebahnt werden aus der mit Hilfe allgemeinsoziologischer Kategorien erleuchteten soziologischen Theorie des abweichenden Verhaltens und des Verbrechens zurück zur sozialen Praxis der sozialen Hilfe und der Prävention. Dazu kommt noch die besondere Frage einer Verbindung der Kriminalsoziologie mit dem Strafrecht und der Praxis des Strafvollzugs, was aber zusätzlich derart komplexe Probleme aufrollt, daß wir sie hier nur erwähnen, aber nicht behandeln können.

Recht

Trotz mancher vielversprechender Ansätze ist die Entwicklung der Rechtssoziologie auf Grund gewisser Einflüsse der allgemeinen Rechtswissenschaft sowie der Rechtsphilosophie noch nicht zur gleichen Anerkenntnis gediehen wie die anderen Teildisziplinen der Soziologie. So zeigt sich, wenn man die einschlägige (vor allem die kontinental-europäische) Literatur durchgeht, ein Übermaß an methodologischer Grundlagendiskussion, dem auf der Seite der empirischen Forschung nichts Entsprechendes gegenübersteht, was immer ein Zeichen für mangelnde Reife darstellt.

Die wesentlichen Begründer der Rechtssoziologie sind Karl Marx (1818–1883), Ludwig Gumplowicz (1838–1909) und Eugen Ehrlich (1862–1923). Schon früh (25. Okt. 1842) hatte Marx in seinem Artikel in der „Rheinischen Zeitung" über die „Debatten über das Holzdiebstahlsgesetz" in ausgesprochen soziologischer Weise Stellung genommen, indem er das Gewohnheitsrecht gegen das geltende Recht ausspielte (Sammeln von Raffholz ist nicht Holzdiebstahl, der ausschließlich gegenüber der „Entwendung von stehendem grünen Holz" gilt). In der „Deutschen Ideologie" (1845/46) werden die außerrechtlichen Voraussetzungen des Rechts wesentlich stärker unterstrichen. Dies geschieht auf zweierlei Weisen, und zwar 1. dadurch, daß die Verfügung über Eigentum nicht willkürlich ist (ius utendi et abutendi), sondern überhaupt erst „im Verkehr, und unabhängig vom Recht zu einer Sache, zu wirklichem Eigentum wird"; damit ist gewissermaßen die soziale Begrenzung der rechtlichen Eigentumsverhältnisse ausgesprochen. 2. Es wird aber auch allgemein gezeigt, daß das Recht ein wesentlicher Bestandteil der bürgerlichen Gesellschaft ist. Es sei eine Illusion, daß das Gesetz auf dem „von seiner realen Basis losgerissenen, dem freien Willen beruhe", vielmehr ist es weiter nichts „als die Form der Organisation, welche sich die Bourgeois sowohl nach außen als nach innen hin, zur gegenseitigen

Garantie ihres Eigentums und ihrer Interessen notwendig geben". Versucht Marx hiermit die außerrechtlichen Voraussetzungen des Rechts vor allem in polemischer Absicht herauszuarbeiten, so ist Gumplowicz sachlicher, wenn auch nicht weniger extrem. Für ihn liegt die Entstehung des Staates in Verhältnissen der „Überschichtung" insbesondere von Bauernvölkern durch Großviehhirten. Diese Idee wurde später von Franz Oppenheimer (1864–1943) weiter ausgebaut. Ist der Staat erst einmal begründet, so kann man in ihm ein doppeltes Leben betrachten: nach außen handelt er als einheitliches Gebilde; im Inneren aber bleibt er eine Vielheit, wobei die herrschende Klasse danach drängt, die beherrschte möglichst für ihre Zwecke zu verwenden. In diesem ständigen Zusammenstoß zwischen herrschender und beherrschter Klasse entsteht dann das Recht. „Die soziologische Staatsidee leitet daher das Recht weder aus dem Geiste des Individuums, noch aus einem aktiven Gesamtwillen ab, sondern aus dem Kampfe der sozialen Bestandteile, die den Staat bilden, indem sie die in diesem Kampfe zwischen dem einen Bestandteil und dem oder den anderen jeweilig festgestellten Schranken ihrer Machtausübung als das Recht dieses Staates auffaßt." Die Aufgabe der Soziologie des Rechts ist dementsprechend die Untersuchung der „gegenseitigen Auseinandersetzungen dieser ... konstitutiven Bestandteile, wobei die jedesmaligen Grenzen der erkämpften Machtsphäre identisch sind mit dem im Staate gesetzten Rechte". Damit wird jedes Gesetz nur Ausdruck eines andauernden sozialen Kampfes, der Ausdruck eines Sieges einerseits, einer Niederlage andererseits. „Das scheinbar friedlichste Gesetz ist der momentane Abschluß einer Periode des Kampfes, worauf die gegenseitigen Parteien zu neuem Kampf sich rüsten." Um eine weitere Nuance neutraler bringt Ehrlich den Sinn dieser Entwicklung in der „Vorrede" seines Hauptwerkes zum Ausdruck: „Der Schwerpunkt der Rechtsentwicklung" (liegt) „auch in unserer Zeit, wie zu allen Zeiten, weder in der Gesetzgebung noch in der Jurisprudenz oder in der Rechtsprechung, sondern in der Gesellschaft selbst. Vielleicht ist in diesem Satze der Sinn jeder Grundlegung einer Soziologie des Rechts enthalten" (1912).

Allerdings stehen einer Entwicklung dieser Gedanken die größten Schwierigkeiten im Wege, die sowohl aus der Rechtswissenschaft wie aus der älteren Rechtssoziologie stammen. Insbesondere fällt auf, wenn man die Entwicklung der Rechtswissenschaft mit der der Nationalökonomie vergleicht, wie verschieden die Konzeption von „reiner" Rechts- und „reiner" Wirtschaftswissenschaft sind. So hatte schon Anton Menger (1841–1906) bemerkt, die Rechtswissenschaft sei die zurückgebliebenste aller Kulturwissenschaften, „einer Provinzstadt vergleichbar, wo die abgelegten Moden der Residenz noch immer als Neuheiten getragen werden". Umgekehrt ist aber das Verhältnis zwischen Rechtswissenschaft und Soziologie auch durch eine Reihe randseitiger Erscheinungen belastet worden, die sich insbesondere im Gebiete der Kriminalsoziologie breit gemacht hatten. Die naturwissenschaftliche Ausrichtung eines Cesare Lombroso (1836–1909) oder eines

Enrico Ferri (1856–1929) hatte in der Tat eine völlig abwegige Vorstellung von der soziologischen Methode als einer Art natürlichen Determinismus gezeugt, die von der Rechtswissenschaft mit vollem Rechte abgelehnt wurde. Dabei entging der Rechtswissenschaft nur eines, daß nämlich diese Schule von der Soziologie kritisch völlig aufgelöst und abgelehnt wurde, wobei insbesondere der Durkheimschüler Gaston Richard vorangegangen war. Daneben hatte gleichzeitig Emile Durkheim (1858–1917) begonnen, eine soziologische Rechtslehre auszubauen, deren Systematisierung später Paul Fauconnet (1874–1938) in seinem Werk über die „Verantwortung" (1920) zum Abschluß brachte. Eine weitere Schwierigkeit lag darin, daß die Soziologie häufig abgestoßen wurde durch den juristischen Positivismus, der fest an den gegebenen Rechtssätzen haftet und aus ihnen zu allgemeinen Theorien aufzusteigen sucht. Damit konnte das Problem der eigentlichen Rechtsnorm überhaupt nicht in den Blick kommen, das erst den entscheidenden Übergang zur Rechtssoziologie eröffnet, nachdem sich herausgestellt hat, daß Gesellschaft im wesentlichen ein Verhalten nach Normen darstellt; allerdings kennt die Soziologie neben der Rechtsnorm noch viele andere Normensysteme (Brauch, Sitte, Gewohnheitsrecht, allgemeine Moralvorstellungen usw.). Eine Abklärung dieses Mißverständnisses konnte erst erfolgen nach Auflösung des Rechtspositivismus.

Hierbei übte das spezifische Problem vom Verhältnis des Richters zum Gesetz eine wichtige Vermittlungsfunktion aus. Der Rechtspositivismus ordnet den Richter dem Rechtssatz unter. Diese Auffassung geht von der Fiktion aus, daß alle denkbaren Lebensverhältnisse durch das Gesetz geregelt seien. Unter dem Einfluß beschleunigter sozialer und wirtschaftlicher Entwicklungen mußte diese Fiktion immer mehr zusammenbrechen. Statt dessen wurden die zahlreichen Lücken im Gesetz und das Problem der „Auslegung" des Gesetzes sichtbar, ohne daß darum gesagt würde, das Recht selber sei lückenhaft. Damit rückte die Gestalt des Richters in den Vordergrund, der – um nicht willkürlich zu handeln – seine Entscheidung sowohl auf allgemeinen Prinzipien als auch auf der Kenntnis der sozialen Entwicklung aufbauen muß. Genau an diesem Orte wird aber wiederum der Ansatz der Soziologie des Rechts sichtbar, die mit ihrer Strukturanalyse der Gegenwartsgesellschaft dem Richter die Kenntnisse verschafft, die weder im gesatzten Recht noch in den Rechtsprinzipien enthalten sind. Dies war insbesondere der Ausgangspunkt der sog. Schule der Freirechtler, der auch Ehrlich (neben vielen anderen) angehörte. Ihre wesentlichste Leistung war der Hinweis auf die Notwendigkeit der Erforschung des „lebendigen Rechts" im Gegensatz zur Begriffsjurisprudenz. Deutlich hebt Ehrlich die „Verspätung" der Rechtssysteme hinter den sie tragenden sozialen Systemen hervor, die außerdem notwendig eintreten müsse, wenn anders Rechtssicherheit herrschen solle; damit wird er zu einem Vorläufer der Lehre von der „Verspätung" der sozial-kulturellen Anpassung in bezug auf die tatsächliche Entwicklung, die man nach William F. Ogburn (1886–1959) als „cultural lag" bezeichnet. Das Ergebnis sei, daß uns in der Tat „unser heutiger Rechtszustand zum großen Teile unbekannt" sei. Dies eröffnet den legitimen Eintrittspunkt der Soziologie in die Rechtswissenschaft.

Allerdings machte sich die Schule der Freirechtler auch einer Reihe von Übertreibungen schuldig, indem sie meinte, mit ihrer berechtigten Kritik am Rechtspositivismus und den Rechtssätzen unter Umständen auf den Begriff der Rechtsnorm verzichten zu können, der ganz und gar durch die Rechtswirklichkeit ersetzt werden sollte. Es muß hervorgehoben werden, daß auch die Soziologie nicht ohne den Begriff der Norm auskommt, da sich ihr ja das soziale Geschehen als solches nicht als reine Faktizität, sondern als ebenfalls genormtes Geschehen darstellt, und zwar gerade auch auf allen Gebieten, die nicht spezifisch rechtlicher Natur sind. So ist also auch zu unterscheiden zwischen der Rechtswirklichkeit im Sinne der Rechtswissenschaft und der sozialen Wirklichkeit des Rechts. Die Rechtswirklichkeit erwächst aus der Rechtsverwirklichung, der Rechtsanwendung, die überall die Rechtsnorm voraussetzt; die soziale Wirklichkeit des Rechts dagegen bezielt den sozialen „Unterbau" von Regelungen, aus denen nach mannigfaltigen Umwegen auch die Rechtsnormen erwachsen, wenn sie sich zum Kultursystem des Rechts verdichten. Die einzige Schwierigkeit, die hier auftritt, liegt darin, daß die Rechtswissenschaft, insbesondere die Rechtsphilosophie, häufig der Meinung ist, daß es Normen einzig in den Dimensionen des Rechts und der Sittlichkeit, nicht aber im Rahmen des sozialen Geschehens geben könne. Dieser Gesichtspunkt kommt z. B. auch bei Hans Kelsen zum Ausdruck, der allerdings in dem Augenblick, wo er bei Durkheim auf eine Auffassung des Sozialen als eines geregelten Verhaltens stößt, einfach erklärt, dann sei die Soziologie eben Rechtswissenschaft. So spricht er von der „spezifisch juristischen Sphäre, innerhalb deren sich die Begriffe Durkheims bewegen". Der Grund dafür liegt darin, daß die Normen des Rechts sich einbauen in einen viel weiteren Kosmos sozialer Normen, von denen die ersteren ein zwar wichtiger Bestandteil, aber eben doch nur ein Teil unter vielen anderen sind. Und zwar gilt dies im strengen Sinne. Wenn einer Rechtsnorm zuwidergehandelt wird, so löst dies staatlich organisierten äußeren Zwang als „negative Sanktion" aus. Die Übertretung sozialer Normen zieht genauso Sanktionen nach sich, wenn diese auch verschiedene Formen annehmen können, die nicht staatlich organisiert sind, vom Lachen bis zur Ächtung. Damit ist gezeigt, daß sich die Soziologie des Rechts aufbaut als die spezialwissenschaftliche Behandlungsweise eines Teiles von sozialen Normen, die eine ganz besondere Bedeutung für das Ganze der Gesellschaft haben, aber dennoch von den anderen Normen und Regelungssystemen rein sozialer Natur nicht abgelöst werden können. Damit erhebt sich zunächst die Aufgabe, diese verschiedenen Regelungssysteme voneinander zu unterscheiden und die Soziologie des Rechts darin einigermaßen zu lokalisieren. Dabei ist, um Mißverständnisse zu vermeiden, deutlich hervorzuheben, daß Norm im soziologischen Sinne nicht als Soll-Norm der Ethik zu verstehen ist, wie es etwa Rudolf Stammler (1856–1938) unterlief, der sich damit einer violenten Kritik von Max Weber (1864 bis 1920) aussetzte, sondern nur als das, was nach einer Regel tatsächlich geschieht. Damit kommt diese Auffassung der Bestimmung der „Sitte" durch Ferdinand Tönnies (1856–1936) außerordentlich nahe, die als „tatsächliche Übung" bezeichnet wird, und die demzufolge als zum Unterbau der Rechtsordnung gehörend angesehen werden kann.

Wenn man ein Einteilungsprinzip der verschiedenen sozialen Regelungssysteme aufbauen will, unterscheidet man wohl am besten mit Theodor Geiger (1891–1952) zwischen der Tatsache der Regelhaftigkeit des Verhaltens an sich und dem Geregeltsein als dem Ergebnis normierender Tätigkeit. Dabei ist der erstere Begriff, bei dem die Regelung das Leben „durchwaltet", zweifellos der allgemeinere. Es gibt in der Tat eine Herrschaft von Regeln des Verhaltens, ohne daß sie dem Menschen bewußt würden. Man verspürt ihre Existenz nur indirekt an den Sanktionen, die auftreten, sowie von den Regeln abgewichen wird. Das fundamentalste Regelungssystem dieser Art ist der Brauch, auf dem sich dann Sitte und Recht aufbauen.

Brauch. Brauch und Sitte sind nicht dasselbe, obwohl sie meist in einem Atem genannt werden. Der Brauch ist völlig unreflektiert und nicht systematisiert. Damit kommt er in nächste Nähe zum reinen Gewohnheitshandeln. Mit Weber kann man hier auch von rein traditionalem Handeln sprechen, das auf der Grenze sinnhaften Handelns gegen ein bloß reaktives steht. Die bedeutendste Darstellung dieser Probleme gab der Amerikaner William Graham Sumner (1840 bis 1910), der mit seinem Neologismus „Folkways" (1906) im Gegensatz zum älteren Begriff des „Folklore" zeigte, daß es beim Brauch nur um die tatsächlich beschrittenen „Wege" geht, die ganz unbewußt befolgt werden. im Ausdruck Folklore steckt dagegen die Wurzel „lar" = Lehre, was einen höheren Grad an Bewußtheit voraussetzt. Um die unbewußte Anpassung an technische Notwendigkeiten in einer Industriegesellschaft vom traditionalen Handeln zu unterscheiden, hat Howard Odum (1884–1954) später den Begriff der „Technic ways" geprägt. Der Brauch wird befolgt, bloß weil er in Übung ist, eine weitere Begründung gibt es nicht für ihn, was die Erforschung des Brauchtums so außerordentlich erschwert, weil es seine Anregungen überall hernimmt. Dementsprechend beschränken sich auch die negativen Sanktionen bei Verletzung eines Brauchs auf mindere Sanktionen wie etwa das Lachen (R. König), während positive Sanktionen als entgegengesetzte Art der sozialen Kontrolle im Vordergrund stehen.

Sitte. Auch die Sitte lebt in tatsächlicher Übung wie der Brauch, aber sie unterscheidet sich doch insofern von ihm, als sie zu einem emphatisch bejahten Gegenstand wird. Die Sitte ist im Sprachgebrauch von Weber nicht nur traditional, sondern auch affektuell bestimmt. Deutlich klingt dies an in dem latein. Ausdruck „mores majorum". Während der Brauch in stillschweigender Übereinkunft lebt, erhält die Sitte bereits einen gewissen Grad von Ausdrücklichkeit. Von den älteren Formen des Rechts ist sie aber ebenfalls unterschieden. Sitte sagt also nicht, die „Väter" hätten sie geboten, und darum müsse man sie befolgen; sondern sie ist geboten, weil sie die Väter tatsächlich geübt haben. Gleichzeitig beginnt die Sitte, bereits ein gewisses System zu entwickeln: sie haftet insbesondere den wichtigen Momenten der menschlichen Generationsordnung an, vom Ahnenkult über Geburt, Heranwachsen, Jünglings- und Mädchenweihen, Verlöbnis, Heirat bis zum Tod. Man tut gut, das latein. Wort mores dafür zu verwenden, wenn man wissenschaftlich exakt sprechen und das deutsche Wort Sitte vermeiden will; das wegen seiner Nähe zur Sittlichkeit eher irreführend ist. Von hier aus laufen dann verschiedene Linien einmal in das allgemeine öffentliche Moralbewußtsein einer Gesellschaft (von Sumner im Gegensatz zu „mores" als „morals" bezeichnet), dann aber auch zum Gewohnheitsrecht. Entsprechend der höheren Bewußtheit der Sitte sind die negativen Sanktionen bei ihrer Verletzung stärker, sie reichen von Akten der ausgesprochenen Mißbilligung und Ermahnung bis zu Ächtung und Boykott. Es ist noch zu bemerken, daß das öffentliche Moralbewußtsein eine zweideutige Stellung hat, indem es einerseits unter den Normen des Rechtes liegt, andererseits aber gelegentlich über sie hinausgehen kann, indem es etwa ergangene Entscheidungen des Rechts wieder aufhebt und Taten, die das Strafrecht verurteilt, entschuldigt. Das Strafrecht kennt zwar „mildernde Umstände", aber es kann niemals entschuldigen. Im gleichen Sinne spielte auch Marx das Gewohnheitsrecht gegen das geltende Recht aus. Umgekehrt kann auch die öffentliche Moralität manchmal schärfer verdammen als das geltende Recht, das etwa früher Delikte gegen die guten Sitten kaum kannte, heute dagegen unter dem Druck einer wachsenden Empfindlichkeit der öffentlichen Moralität insbesondere gegen die öffentliche Darstellung des Sexuellen (J. Haesaert) immer heftiger reagiert.

Rechtsnormen. Damit ist sichtbar geworden, daß die Normen des Rechts auf außerrechtlichen Normen aufruhen, die ihnen sowohl unter- wie übergeordnet sind, sie mildern oder verschärfen können. Man kann auch sagen, daß kein einziges Rechtsinstitut allein kraft rechtlicher Normen in der sozialen Wirklichkeit bestehen kann; sie bedürfen alle einer Ergänzung und Erweiterung durch außerrechtliche Normen. Andererseits aber sind die Normen des Rechts auch ganz eindeutig von allen anderen zu unterscheiden: 1. Sie blicken nicht zurück, sondern nach vorwärts und treten dementsprechend auch immer als etwas Neues auf, woraus das Problem der Gesetzesschöpfung seine außerordentliche soziologische Bedeutung erhält (mythische Kulturheroen, religiöse Gesetzgeber u. a.), indem das Recht als solches – insbesondere im Augenblick der Entstehung – sich oft in Gegensatz zur Tradition stellen muß, selbst wenn es später selber Traditionsbestandteil wird. 2. Die Normen des Rechts sind immer ausdrücklich und sprachlich auf „Sätze" abgezogen. Gleichzeitig versuchen sie, ein „System" zu bilden, das nach dem Grundsatz der inneren Widerspruchslosigkeit geordnet ist.

Damit treten starke wert- und zweckrationale Momente beim Recht hervor, wie sonst wohl in kaum einem anderen Teil des sozialen Systems. Dies drückt sich auch in ständiger Androhung der staatlichen Gewaltmittel als Sanktionen bei Übertretung der Rechtsnormen aus. In dieser Hinsicht greift das Recht oft auch über alle Wirklichkeit als Gegenwart insofern hinaus, als es dispositiv in die Zukunft zu wirken sucht, um bestimmten erwarteten Erscheinungen zu begegnen oder sie gar zu steuern. So liegt im Recht neben dem organisatorischen und dem dispositiven Element auch eine ausgesprochene Planung für die Zukunft. Ob das Recht freilich in jedem Fall die wirksamste oder wichtigste Art der sozialen Kontrolle darstellt, ist eine andere Frage, die noch eingehender empirischer Untersuchung bedarf. Mit diesen Eigenheiten kommt es im allgemeinen Auffächerungsprozeß der Kultur zu einer wachsenden Autonomie der Rechtsnormen, die aber selber nichts anderes ist als das Ergebnis eines ausgedehnten gesamtgesellschaftlichen Entwicklungsprozesses. Genau wie bei der Wirtschaft muß aber auch in diesem Falle das Rechtssystem in das soziale System integriert werden, was hier wie dort die bekannten Schwierigkeiten geschaffen hat. An diesem Punkte hat in jüngster Zeit die empirische Forschung angesetzt, indem sie die soziale Organisation des Rechtssystems und die Beziehungen zu den anderen Teilsystemen der Gesellschaft studiert.

Die weitere Entwicklung der Soziologie des Rechts läuft auf verschiedenen Linien. Zunächst dient auch hier die Rechts-Ethnologie (wie bei der Wirtschaftssoziologie) dazu, „die Verflochtenheit der Rechtsordnung mit Gesellschaft und Geistesverfassung" zu illustrieren (R. Thurnwald). Dazu tragen ebenfalls bei die Rechtsgeschichte, vor allem vergleichende Rechtsgeschichte und überhaupt die vergleichende Rechtsbetrachtung, wie schon Ehrlich hervorgehoben hatte. Dazu gehört auch die mehr institutionelle Betrachtung, die sich mit der Entstehung des ganzen Rechtssystems als eines zusammenarbeitenden Personals von Experten mit eigenen Einrichtungen wie zeitweilig zusammentretenden Schiedsgerichten, regelmäßig arbeitenden Gerichten verschiedener Art befaßt. Dabei treten, wie Max Weber zeigte, bestimmte Züge in der Entwicklung hervor wie Rationalisierung und insbesondere Bürokratisierung des Rechts- und Verwaltungswesens. Davon trennt sich dann die mehr systematische Behandlung der Rechtssoziologie, die Th. Geiger sehr mit Recht in den allgemeinen Zusammenhang der Ideologiekritik stellte, womit heute die Soziologie des Rechts gewissermaßen an ihren Ursprung bei Marx wiederanknüpft, wenn auch in gleichsam geläuterter Weise und nicht mehr in nur polemischer Absicht. Dies tritt klar hervor, wenn Geiger die Normen des Rechts aus dem „Unterbau" der sozialen Interdependenz herauswachsen läßt, wobei sich ihm – wie oben schon angedeutet – verschiedene Zwischenstufen ergeben: die habituelle Ordnung und das unreflektierte Gebaren, die subsistente Norm, die latente Norm mit potentieller Reaktion, schließlich die statuierte Norm (Satzung). Zugleich entfaltete G. Gurvitch (1894–1965) eine Soziologie des Rechts, die nicht mehr den traditionellen Einteilungen der Rechtswissenschaft, sondern ausschließlich denen der Soziologie folgt. Daneben wirkt seine Warnung sehr heilsam, daß Soziologie des Rechts nicht mit einer soziologischen Theorie des Rechts verwechselt werden dürfe, wie es häufig geschieht, womit eine klare Scheidung zwischen Rechtswissenschaft, Rechtsphilosophie und Rechtssoziologie angebahnt ist. Damit soll aber keineswegs ausgeschlossen werden, daß sich die soziologische Analyse des Rechts fruchtbar auf die Weiterentwicklung der Rechtswissenschaften auswirken kann.

Soziologische Anmerkungen zum Thema „Ideologie und Recht". Von René König und Wolfgang Kaupen

Die Absicht der folgenden „Anmerkungen" soll nicht darin liegen, die im Titel angedeutete Frage in ihrer ganzen Breite anzugehen. Das würde viel umfangreichere Ausführungen erfordern, als wir hier geben können, würde außerdem eine eingehendere Beschäftigung mit der Rechtswissenschaft voraussetzen, als sie uns möglich ist. Darum möchten wir uns auf einige der zentralen soziologischen Aspekte beschränken, um damit anzudeuten, in welcher Richtung weitere empirische Forschung nötig erscheint, um eine tragfähige Diskussionsgrundlage zu den vorliegenden Fragen zu schaffen.

Unter „Ideologie" verstehen wir eine *unangemessene Verallgemeinerung partiell sinnvoller Aussagen* zu einem holistischen System. Eine solche Verallgemeinerung ist jedoch darum um so bedenklicher, weil sie sich vordergründig meist als rein kognitives Verfahren ausgibt, das jedoch in Wahrheit auf bestimmten *Bewertungen* beruht, mit denen der Betrachter, um mit

---

Diese Abhandlung ist die überarbeitete Fassung eines Vortrags, der anläßlich einer Tagung der Deutschen Sektion der Internationalen Vereinigung für Rechts- und Sozialphilosophie im März 1966 in Köln gehalten worden ist. Als empirische Grundlage für diese Ausführungen dienten umfangreiche Erhebungen unter deutschen Juristen; vgl. dazu Wolfgang Kaupen, Zur Soziologie der deutschen Juristen. Vorbericht über eine empirische Untersuchung, in: Recht und Politik, Mitteilungen der Arbeitsgemeinschaft Sozialdemokratischer Juristen, H. 2, 1966, S. 21–25; auszugsweise auch in: Deutsche Richterzeitung 44 (1966), S. 373–375. Der vorliegende Artikel sollte ursprünglich im ‚Archiv für Rechts- und Sozialphilosophie' erscheinen, das freundlicherweise den Abdruck in diesem Sonderheft [Anm. d. Hrsg.: vgl. Editorial] gestattete, wofür die Verf. Herrn Prof. Th. Vieweg und Herrn Prof. W. Maihofer danken.

Theodor Geiger[1] zu sprechen, durch einen Vitalantrieb eine besonders enge, meist völlig a-theoretische, d. h. unreflektierte Verbindung eingegangen ist. Derartige Prozesse der Ideologisierung lassen sich bis in Zusammenhänge verfolgen, die sogar als naturwissenschaftlich „exakt" nachgewiesen gelten, die also nicht nur dem vorwissenschaftlichen Alltagsverständnis zuzurechnen sind. So ist zum Beispiel die heute kaum mehr haltbare Vorstellung von der Erblichkeit der Intelligenz nichts anderes als eine – unbewußte – Legitimation der bestehenden Herrschaftsstruktur, die sich mit Hilfe dieser kognitiven Aussage „zwanglos gemäß natürlicher, vorgeordneter, im Menschen selbst liegender Naturtatsachen"[2] rekapitulieren kann, indem sie den Beherrschten von vornherein jede Chance einer besseren Ausbildung vorenthält. Damit dient der kognitive Gehalt der Ideologie als ein Schleier, hinter dem in Wahrheit ein Kampf um politische Macht geführt wird. Mit einem Wort von Karl Marx aus der „Deutschen Ideologie": „Jede nach der Herrschaft strebende Klasse (muß) ... sich zuerst die politische Macht erobern, um ihr Interesse ... als das allgemeine ... darzustellen."[3] Das partikuläre Interesse einer Gruppe muß sich als allgemeines darstellen, was nur durch die Eroberung der Macht möglich ist oder dadurch, daß die betreffende Gruppe bereits über die Machtmittel[4] in einer Gesellschaft verfügt bzw. sich als Diener der bestehenden Macht betrachtet.

Der soeben zitierte Satz von Karl Marx enthält freilich seinerseits ideologische Momente im Sinne einer „unangemessenen Verallgemeinerung", wie wir oben sagten, indem er von der Annahme ausgeht, daß der Teil der Bevölkerung, der sich für das Ganze setzt, notwendigerweise eine „soziale Klasse" sein müsse. Inzwischen ist man aber zu der Einsicht gekommen, daß „soziale Klassen" zwar fundamentale Differenzierungsmerkmale und damit eine wichtige Grundlage für partikuläre Ansätze in globalen Gesellschaften darstellen („Klassenvorurteile"), daß aber Marx selbst diese empirisch gesicherte Erkenntnis ideologisierte, als er von nichts anderem als nur von sozialen Klassen sprach und damit eine partikulär sinnvolle, nämlich historisch begründbare Aussage unangemessen verallgemeinerte. Selbstverständlich stellten und stellen die sozialen Klassen und ihre Konflikte, insbesondere im 19. Jahrhundert, wichtige Differenzierungssysteme der Gesellschaft dar; aber es gibt außer ihnen noch viele andere. Was wir heute als „pluralistische Gesellschaft" bezeichnen, ist – wenn überhaupt ein Sinn mit diesem Wort verbunden ist – eine Art von Inbegriff für die vielen möglichen und wirklichen Untersysteme der „großen Gesellschaft", die sich keineswegs in einer

---

[1] Theodor Geiger, Ideologie und Wahrheit, Stuttgart–Wien 1953, Kap. VII.
[2] Vgl. hierzu z. B. Otto Walter Haseloff, Zur Soziologie der Begabung, hektographiertes Manuskript nach einem Vortrag im Rias Berlin vom 9. März 1966, S. 11.
[3] Karl Marx, Die deutsche Ideologie, in: K. Marx, Die Frühschriften, herausgegeben von S. Landshut, Stuttgart 1953 (Ausg. Kröner), S. 360.
[4] Zu den „Machtmitteln" muß man auch die Kontrolle der kognitiven Inhalte der Kultur, mit anderen Worten: des Wissens und der Wissensvermittlung rechnen.

vertikalen Klassenschichtung erschöpft. Im folgenden werden wir zudem einer besonderen Ideologie nachgehen, nämlich einer Berufsideologie, die ebenfalls aus einem fundamentalen Differenzierungssystem der Gesellschaft, dem arbeitsteiligen System der Berufswelt, erwächst.

Die „unangemessene Verallgemeinerung" kommt bei Marx in einer klassisch gewordenen Wendung zum Ausdruck, mit der er seine an sich richtige Auffassung zu realisieren sucht, daß wir uns nicht mit der Erfassung „des Menschen" begnügen können, sondern auf den „wirklichen historischen Menschen" ausgehen müssen. „Die Gedanken der herrschenden Klasse sind in jeder Epoche die herrschenden Gedanken, d. h. die Klasse, welche die herrschende materielle Macht der Gesellschaft ist, ist zugleich ihre herrschende geistige Macht. Die Klasse, die die Mittel zur materiellen Produktion zu ihrer Verfügung hat, disponiert damit zugleich über die Mittel zur geistigen Produktion, so daß ihr damit zugleich ... die Gedanken derer, denen die Mittel zur geistigen Produktion abgehen, unterworfen sind. Die herrschenden Gedanken sind weiter nichts als der ideelle Ausdruck der herrschenden materiellen Verhältnisse ...; also die Verhältnisse, die eben die eine Klasse zur herrschenden machen, also die Gedanken ihrer Herrschaft."[5] Aus diesen Sätzen löst aber Marx selber sehr klar *den formalen Vorgang der Ideologisierung* heraus, wenn er historisch zeigt, „daß immer abstraktere Gedanken herrschen, d. h. Gedanken, die immer mehr die Form der Allgemeinheit annehmen". Dann heißt es erklärend: „Jede neue Klasse nämlich, die sich an die Stelle einer vor ihr herrschenden setzt, ist genötigt, schon um ihren Zweck durchzuführen, ihr Interesse als das gemeinschaftliche Interesse aller Mitglieder der Gesellschaft darzustellen, d. h. ideell ausgedrückt: ihren Gedanken die Form der Allgemeinheit zu geben, sie als die einzig vernünftigen, allgemein gültigen darzustellen."[6] Das Verfahren der unangemessenen Verallgemeinerung ist damit klar gezeichnet: allerdings kommt auch der ideologische Dogmatismus in dem Augenblick zum Vorschein, wo Marx den Begriff der sozialen Klasse nicht nur zur „Illustration" des Verfahrens benutzt, sondern ihm „substantielle Allgemeinheit" zuweist, indem er schließt, daß dieser Vorgang nur dann ein Ende finden könne, wenn „die Herrschaft von Klassen überhaupt aufhört, die Form der gesellschaftlichen Ordnung zu sein". Marx sieht nicht, daß sowohl vor als auch nach seiner Zeit andere Differenzierungssysteme der Gesellschaft auftreten können, die in der gleichen Weise um die Macht kämpfen, daß sie ihre partikuläre Stellung im gesamtgesellschaftlichen Entwicklungsprozeß als die „allgemeine" erklären und damit genau im Sinne des Marxschen Ideologiebegriffs ideologisieren. Mit anderen Worten: Selbst wenn die sozialen Klassen verschwinden, wäre die Tendenz zur Ideologisierung bestimmter partieller Aussagen zu einem holistischen System darum noch keineswegs verschwunden. Die Marxsche

---

[5] Karl Marx, a.a.O., S. 373/374.
[6] Karl Marx, a.a.O., S. 375.

Ideologieanalyse und Ideologiekritik sieht zwar im Ansatz richtig, aber sie ist viel zu eng, da sie das Problem auf eine bestimmte historische Situation festnagelt. Damit beginnt auch bei ihm der Ideologisierungsprozeß, der bei den meisten Marxisten bis heute noch nicht aufgehört hat.

Das ist aber eine andere Geschichte, die uns im vorliegenden Zusammenhang nichts angeht; wir möchten vielmehr versuchen, aus diesem modifizierten Ansatz die allgemein theoretischen Annahmen für den Gegenstand unserer Analyse abzuleiten. Eine Grundannahme, die oben bereits ausgesprochen wurde, die gleichzeitig auch eine Grundeinsicht der allgemeinen Soziologie ist, lautet folgendermaßen: Eine Globalgesellschaft mit einem real-historisch auch nur minimalen Grad an Komplexheit wird *notwendig zu einem System aus Systemen, die von vornherein in der dauernden Möglichkeit des Konflikts stehen.* Es kann zwar sein, daß unter besonderen Umständen, etwa „langer Eingelebtheit", ein derartiges Maß an innerer Anpassung erreicht wird, daß diese Konflikte verschwinden. Das können aber nur Ausnahmen sein, weil das zugleich einen Zustand der Isoliertheit, also Ungestörtheit von Außen voraussetzen würde, auf den normalerweise nicht zu rechnen ist. Wenn aber jede Globalgesellschaft ein System aus Systemen darstellt, dann ist damit gleichzeitig mitgesetzt, daß die Untersysteme in differenzierten Machtverhältnissen zueinander stehen müssen. Jedes Teilsystem sucht sich als das Ganze zu setzen bzw. aus seiner Stellung zum Ganzen ein Höchstmaß an Vorteilen für sich herauszuholen. Macht ist also gleich ursprünglich mit dem Konsens. Ralf Dahrendorf[7] spricht in diesem Zusammenhang mit Recht vom „ubiquitären" oder „universellen" Charakter der Macht, was gleichzeitig die Chance erhöht, daß sich unter diesen Umständen immerfort partikuläre Aspekte zu generalisieren suchen werden, also Ideologien ausbilden müssen. Der Sinn dieser Wendung, also der beständigen Produktion von Ideologien, ist dann aber nicht nur kognitiver Natur, sondern dient jeweils der Rechtfertigung besonderer Machtkonstellationen. So darf man sagen, daß der komplexe Charakter globaler Gesellschaften nicht nur eine Voraussetzung für Ideologienbildung darstellt, sondern gleichzeitig als Folge dieser Situation mit der fortwährenden Verallgemeinerung partikulärer Aspekte notwendigerweise immer mehr Reaktionen anderer Aspekte ideologischer Natur von immer mehr Seiten provozieren muß. *Auf eine Ideologie folgen immer neue Gegenideologien.*

Allerdings wäre es durchaus ungerechtfertigt, wenn man von hier aus auf einen allgemeinen zentrifugalen Charakter globaler Gesellschaften schließen wollte, indem die Auseinandersetzungen zwischen ihren verschiedenen Teilgruppen letztlich jede Integration aufheben würden. Vielmehr ist leicht zu erkennen, daß mit wachsender Konkurrenz von Ideologien der Grad ihrer Verallgemeinerung zurückgehen muß, was nichts anderes bedeutet als eine fortschreitende Aushöhlung der ideologischen Substanz bzw. letztlich eine

---

[7] Ralf Dahrendorf, Gesellschaft und Freiheit, München 1961, S. 216 et passim.

Reduktion der holistischen Ansprüche auf den jeweils partiell sinnvollen Aussagenzusammenhang.

Hier können wir die allgemeine und sehr kursorische Diskussion der Beziehungen zwischen Ideologien und Gesellschaftssystemen abbrechen und uns im nächsten Schritt der Funktion des Rechts in diesem Zusammenhang zuwenden. Die Institutionen des Rechts entwickeln sich in dem Augenblick, in dem die ideologischen Auseinandersetzungen in den Teilsystemen der Globalgesellschaften die Integration der Gesellschaft ernsthaft gefährden. Durch *Institutionalisierung der Konfliktlösungen,* die in ein geregeltes Verfahren gepreßt werden, verlieren die Konflikte ihre gefährdende, diffuse Brisanz. Dieser Gesichtspunkt ist nicht nur von systematischem, sondern auch von historischem Interesse: Genau hier setzen nämlich Rechtsethnologie und Rechtsgeschichte an, die sich mit dem sozialen Aufstieg der Institutionen des Rechts befassen.

Aber es ist nicht unsere Absicht, die Frage in aller Breite aufzurollen, wie schon zu Beginn bemerkt wurde. Vielmehr wollen wir hier einzig in ganz praktischer Weise zusehen, wo für den Soziologen die Probleme liegen und wie sie empirisch angegangen werden können, das heißt aber auch aufweisen, in welchem systematischen Zusammenhang das Recht als Medium der Konfliktlösung mit den Ideologien steht. Der Rechtswissenschaftler könnte hier nämlich einwenden, daß auch die soziologische Analyse ideologische Momente enthält, und gewiß ist das häufig der Fall gewesen. Aber wir möchten meinen, daß dies durch die strukturell-funktionale Analyse weitgehend überwunden wird. Diese schaltet allerdings nicht die Ideologien als holistische Gedankensysteme aus, die in unangemessener Verallgemeinerung weiter miteinander um die Macht ringen: in dieser Hinsicht steht unser Zeitalter keineswegs schon jenseits der Ideologien, im Gegenteil: Mit der Differenzierung der Partner im Kampf um die Macht erleben wir eine wahre Inflation an Ideologien. *Einzig die kritische Sozialwissenschaft versucht, sich diesem unabgerissenen Kampf zu entziehen,* was ganz etwas anderes ist. Während sonst die Beschäftigung mit Ideologien und Gegenideologien einzig der Selbstrechtfertigung bzw. der Demaskierung entgegengesetzter Ideologien dient, hat sie für die Soziologie der Erkenntnis ausschließlich kognitiven Sinn, was für die Ideologie grundsätzlich nicht zutrifft. Und wenn die Soziologie bestimmte Verhältnisse und Zusammenhänge aufweist, so ist sie darum keineswegs willens und imstande, Ideologien aufzulösen. Diese haben vielmehr im geschichtlich-gesellschaftlichen Geschehen eine ganz andere Funktion, eben die der Selbstrechtfertigung. Ihre wesentliche Funktion ist im Grunde Sicherung eines Entscheidungsprozesses, also praktischer Natur, während die soziologische Theorie zunächst praxisenthobene Analytik ist. Ideologieunabhängigkeit gilt also (als ideales Ziel) einzig für die soziologisch-analytische Tätigkeit; eine solche kann aber in der Wirklichkeit nicht die geringste Ideologie auflösen, da die Vitalantriebe, die diese steuern, für jene unerreichbar sind. Alles, was sie tun kann, ist, mit Hilfe einer

„Metasprache" die Strukturen aufzuweisen, aus denen immer neue Formen von Ideologien aufsteigen, und gleichzeitig ihren Funktionen im geschichtlich-gesellschaftlichen Lebensprozeß nachzugehen.

In diesem Sinne hat jüngstens Dahrendorf das Thema wieder aufgegriffen, als er betonte, daß zunächst Recht immer an Macht gebunden ist und daß ferner *der Jurist als Verwalter des Rechts* damit notwendigerweise daran gebunden ist, die geltende gesellschaftliche Ordnung zu verteidigen[8]. Wenn diese partikuläre Funktion zu einem holistischen System verallgemeinert wird, wenn hier also eine über die spezifische Funktion des Rechts hinausgehende Ideologie entsteht, handelt es sich nicht um eine „Klassenideologie", sondern um eine ausgesprochene *„Berufsideologie"*. In unserem Fall ist diese Berufsideologie dadurch gekennzeichnet, daß die Berufsträger zwar ein besonders enges Verhältnis zur Macht haben, daß der Beruf selbst aber nur über geringe Machtmittel verfügt; sofern er beamtet ist, gehören ihm nicht einmal die Betriebsmittel, mit denen er arbeitet. So ist der Berufsträger in unserem Fall also zunächst ein Anhängsel der Macht; der Jurist im wahrsten Sinne des Wortes ist vor allem ein Diener der Macht, sei es als „Staatsdiener" oder Beamter, sei es als „Diener am Recht".

Freilich wird zu prüfen sein, ob eine solche Identifikation der Juristen mit der staatlichen Macht, falls sie überhaupt vorhanden ist, für alle juristischen Berufe gilt. Es könnte sein, daß auch der juristische Beruf heute bereits derart differenziert ist, daß ganz neue Aspekte sichtbar werden. Dahrendorf hat wohl etwas ähnliches im Sinn, wenn er bemerkt: „Wenn man vom besonderen Verhältnis des Juristen zum ‚Bestehenden' spricht, führt man damit ja nur scheinbar einen bestimmten Bezug ein. Was ist denn das Bestehende? Könnte es nicht sein, daß dieses Bestehende selbst eine erhebliche Dynamik hat, in die es daher seine Diener notwendig hineinzieht? Haben nicht gerade die modernen Gesellschaften in der Regel eine solche Dynamik, die Konservatismus gar nicht gestattet? Hier ließen sich noch viele Fragen formulieren, die doch recht skeptisch stimmen im Hinblick auf die These vom prinzipiellen Konservatismus der Juristen."[9] Er weist dabei sehr mit Recht darauf hin, daß die Juristenberufe vieles gemeinsam haben mit den sogenannten „freien Berufen", und auch von diesen wissen wir, wie sehr sie sich unter dem Einfluß der erwähnten gesellschaftlichen Dynamik verändert haben.

Als Beispiel bietet sich hier der *Beruf des Arztes* an, der sich in den letzten Jahrzehnten immer mehr vom Muster der „Selbständigkeit" in der freien Praxis gelöst hat, so daß heute bereits die Mehrzahl der Ärzte in Deutschland in größeren Organisationen, also unselbständig tätig ist. Neben den

---

[8] Ralf Dahrendorf, Zur Soziologie der juristischen Berufe in Deutschland, in: Anwaltsblatt 14 (1964), S. 216–234.

[9] Ralf Dahrendorf, a.a.O., S. 217.

natürlich immer noch existierenden frei praktizierenden Ärzten müssen wir mindestens die beamteten Ärzte der verschiedenen (privaten und staatlichen) Gesundheitsorganisationen, bis hin zu den Versicherungen, die Werksärzte, die Spezialärzte, die Leiter der großen Kliniken, die technischen Spezialisten, die Universtätsmediziner und ihre Ober- und Assistenzärzte rechnen, also eine enorme Varietät von Berufsformen mit sehr verschiedener beruflicher und sozialer Stellung. Demgegenüber geht die Berufsideologie noch immer von dem Bild des frei praktizierenden „selbständigen", nicht spezialierten Arztes aus: Sowohl die Studiengänge als auch die Berufsethik sind darauf ausgerichtet. Die Frage ist aber, wie sich der Arztberuf unter dem Einfluß moderner Entwicklungen verändert hat, wie groß z. B. die Anteile der verschiedenen neuen Arztkategorien gegenüber dem alten frei praktizierenden Arzt eigentlich geworden sind.

Die berufsständischen Verbände haben oft eine konservativere Einstellung als die meisten Berufsangehörigen. Vielleicht liegt es bei den Rechtsberufen genauso, nur daß man sich dessen nicht bewußt ist, weil dem ebenfalls eine alte Standesideologie im Wege steht, die von den Analytikern des Berufs übernommen worden ist. Das ist die Frage, die wir aufrollen müssen. Damit blicken wir eher auf die Gegenwart und in die Zukunft als in die Vergangenheit. Insbesondere wird dabei unsere Aufmerksamkeit dem Anteil der Wirtschaftsjuristen im Vergleich zu den Justizjuristen gelten, da sich herausgestellt hat, daß sich ganz im Gegensatz zur Standesideologie auch hier ganz neue Entwicklungen angebahnt haben, deren Bedeutung man bisher völlig unterschätzt hat.

Wenn wir im folgenden untersuchen, inwieweit solche Differenzierungsprozesse auch bei den juristischen Berufen zu beobachten sind, dann gewinnen wir damit gleichzeitig einen Einstieg in die Rechtssoziologie, die sich absichtlich nicht in die Rechtswissenschaft einmischt, sondern – ausgehend von den Rechtsberufen – die betreffende soziale Wirklichkeit und ihre Funktionen analysiert. So soll also unter der Bezeichnung Rechtssoziologie *nicht etwa eine soziologische Rechtstheorie, sondern eine Soziologie des Rechtswesens* entwickelt werden, die zentral an den *Rechtsberufen* ansetzt. Dieser Ansatz läßt die Rechtswissenschaft und ihren Gegenstand gewissermaßen ungeschoren und setzt erst in einer zweiten Ebene an, die als *die soziale Wirklichkeit des Rechts* im Gegensatz zur *Rechtswirklichkeit im Sinne der Rechtswissenschaft* bezeichnet werden kann. Die Rechtswirklichkeit erwächst aus der Rechtsverwirklichung. der Rechtsanwendung, die überall die Rechtsnorm voraussetzt. Die soziale *Wirklichkeit des Rechts* dagegen umfaßt den sozialen Unterbau von Regelungen und sozialen Normen, aus denen nach mannigfaltigen Umwegen auch die Rechtsnormen erwachsen, bis sie sich zum Kultursystem des Rechts verdichten. Bei der Analyse der sozialen Wirklichkeit des Rechts werden natürlich die Rechtsberufe sichtbar, *die in der Mitte zwischen den Ansprüchen des Rechts und der sozialen Wirklich-*

keit stehen. Darum spricht Talcott Parsons hier von „interstitial positions"[10], also von Vermittlerrollen, die ganz allgemein Kennzeichen vieler freier und akademischer Berufe, der Heilberufe, der Lehrberufe, der Ingenieurberufe u.v. a. sind[11].

Die Vermittlerfunktion der juristischen Berufe zwischen den Ansprüchen des Rechts und der Wirklichkeit wurde lange Zeit durch den Rechtspositivismus, der einseitig an den gegebenen Rechtssätzen haftete und aus ihnen zu allgemeinen Theorien aufzusteigen suchte, unterdrückt. Gleichzeitig verhinderte der Rechtspositivismus, daß der soziale Charakter der Rechtsnorm überhaupt wahrgenommen wurde, was erst den entscheidenden Übergang zur Rechtssoziologie eröffnet hätte, nachdem sich gezeigt hatte, daß das Soziale allgemein ein Verhalten nach Normen ist. Allerdings kennt die Soziologie neben den Rechtsnormen noch viele andere Normensysteme (Brauch, Sitte, Gewohnheitsrecht, allgemeine sozial-moralische Leitvorstellungen usf.). Hinter der Beschränkung des Rechtspositivismus auf die gesatzten Normen des Rechts steht die Fiktion, daß alle denkbaren Lebensverhältnisse durch das Gesetz geregelt seien – eine Vorstellung, die sich bereits auf den ersten Blick als unangemessene Verallgemeinerung, also ideologisch im Sinne unserer Definition erweist. Unter dem Einfluß der sozialen und wirtschaftlichen Entwicklungen der letzten Jahrzehnte ist diese Fiktion zwar theoretisch völlig zusammengebrochen, doch gibt es Anzeichen dafür, daß der Rechtspositivismus in der Praxis der Rechtsanwendung noch keineswegs überwunden ist. Wie bei den Ärzten das Leitbild des selbständigen, frei praktizierenden Arztes immer mehr zur ideologischen Generalisierung längst überholter Strukturen wird, so ist die Tätigkeit des Juristen im Selbstbild der Berufsträger – oder zumindest in der Interpretation ihrer Berufsverbände – nach wie vor auf die staatliche „Rechtspflege", das heißt auf die zentrale Stellung der Justiz bezogen.

Das kommt z. B. deutlich in der Interpretation der „Stellung des Rechtanwalts in der Rechtspflege"[12] zum Ausdruck: „Rechtspflege ist die Ordnung und Entscheidung rechtlicher Fragen in einem rechtsstaatlich umgrenzten Verfahren. Die Entscheidung erfolgt durch den Richter, in gewissem Umfang und näher bestimmten Bereichen durch den Staatsanwalt. Der Rechtsanwalt hat an der Erfüllung dieser Aufgaben der Rechtspflege mitzuwirken. Seine *Mitwirkungsbefugnis und Mitwirkungspflicht* gibt ihm zugleich seinen Platz im Rechtsleben und seine Stellung neben Richter und Staatsanwalt." Und: „Unabhängigkeit bedeutet ... nicht etwa, daß der Rechtsanwalt nicht auch an den Staat gebunden ist. Diese Bindung ergibt sich vielmehr aus seiner Stellung in der Rechtspflege, die staatliche Aufgabe

---

[10] Talcott Parsons, A Sociologist Looks at the Legal Profession, in: T. Parsons, Essays in Sociological Theory, Revised Edition, New York und London 1954, S. 375.

[11] Vgl. dazu Heinrich Stieglitz, Der soziale Auftrag der freien Berufe, Köln 1960, S. 277 ff.

[12] Siehe §1 der Bundesrechtsanwaltsordnung: „Der Rechtsanwalt ist ein unabhängiges Organ der Rechtspflege".

ist[13] „und findet seine praktische Konsequenz in einer weitgehenden Selbstbeschränkung der Anwaltschaft auf die forensische Tätigkeit. Eine Rechts-*beratung*, die sich an den Problemen der Klientel orientiert, wie sie etwa von den wirtschafts- und steuerberatenden Berufen geübt wird, ist den Rechtsanwälten in gewissem Ausmaß sogar durch die beruflichen Normen untersagt[14]. Es ist daher auch keineswegs verwunderlich, daß wir in einer ökologischen Analyse in mehreren deutschen Städten folgende typische Unterschiede in der räumlichen Lage der Büros von Rechtsanwälten einerseits und Wirtschafts- und Steuerberatern andererseits feststellen konnten: Während sich die Anwälte zum überwiegenden Teil in unmittelbarer Nähe (selten weiter als einige hundert Meter entfernt) der Gerichte niederlassen, bevorzugen die Wirtschafts- und Steuerberater sowohl ausgesprochene Wohngebiete (vor allem die Steuerberater) als auch Gewerbe- und Industrieviertel[15].

Diese sehr extrem ausgeprägte Orientierung der Juristen an der staatlichen Autorität ist nicht auf die Anwaltschaft beschränkt; sie läßt sich bis in die Ausbildung der Studenten an der Universität und sogar – wie weiter unten noch gezeigt werden soll – bis in die Erziehung im Elternhaus zurückverfolgen. Daß während des juristischen Studiums die richterliche Funktion der Rechtsprechung im Vordergrund steht, geht daraus hervor, daß sich die Berufsziele der Studenten mit zunehmender Semesterzahl von der Tätigkeit in der Wirtschaft entfernen und einer Justizkarriere den Vorzug geben[16]. Das mag damit zusammenhängen, daß sowohl die Staatsprüfungen als auch der praktische Vorbereitungs- und Referendardienst von den Justizverwaltungen kontrolliert werden; die Tatsache der „unangemessenen Verallgemeinerung eines Einzelaspekts" bleibt von dieser Erklärung jedoch unberührt.

Bei der Ideologisierung der Funktion der „Rechtspflege" im weitesten Sinne werden sogar die grundsätzlichen Prozesse der Wahrnehmung in eine falsche Richtung gelenkt: Bis vor kurzem war nicht einmal die Gesamtzahl und -verteilung der deutschen Juristen bekannt; im Blickfeld der Betrachtung

---

[13] Werner Kalsbach, Kommentar zur BRAO, Köln 1960, S. 1–5.

[14] So wird etwa die Vereinbarung eines „jour fixe", an dem der Rechtsanwalt seinen Klienten in dessen Betrieb aufsucht und die angefallenen Rechtsfragen bespricht, von 55 % der im Rahmen unserer Erhebung befragten Rechtsanwälte verurteilt oder mißbilligt. Nur 29 % würden einen solchen Schritt billigen.

[15] Gegen einen solchen Vergleich wird von Juristen häufig eingewandt, daß es für den Rechtsanwalt praktischer sei, sich in der Nähe des Gerichts niederzulassen, weil er dann die gerichtlichen Termine ohne großen Zeitverlust wahrnehmen könne. Dieser Einwand läßt deutlich erkennen, daß der Schwerpunkt der Anwaltstätigkeit ganz einseitig auf die Teilnahme an Gerichtsverfahren gelegt wird; die Alternative einer überwiegenden Beratungs-Praxis, in der die prozessuale Vertretung des Mandanten kaum jemals vorkommt, wird überhaupt nicht als Möglichkeit wahrgenommen.

[16] Vgl. z. B. die große Hochschulstatistik für das Wintersemester 1959/60, in: Veröffentlichungen des Statistischen Bundesamtes, Reihe: Bevölkerung und Kultur, Stuttgart und Mainz 1963, S. 80–87 und 92–95.

standen typischerweise nur die Justizjuristen, allenfalls noch die Rechtsanwälte und Notare. Die Anzahl der Juristen in der öffentlichen Verwaltung und in der freien Wirtschaft – sie wurde mit je zwei- bis dreitausend geschätzt – hielt man offensichtlich für zu klein, um sie explizit zu berücksichtigen. Erst der Umstand, daß sich die Verwaltungsjuristen in den Plänen zur Reform der juristischen Ausbildung vernachlässigt fühlten, führte zu einer genaueren Erfassung der in diesem Bereich tätigen Juristen: Statt der vermuteten zwei- bis dreitausend zählte man annähernd 16.000 Volljuristen in der öffentlichen Verwaltung[17]. Damit erhöhte sich die bisherige Schätzung der Gesamtzahl der Juristen in der Bundesrepublik bereits von 45.000 auf rund 60.000, wobei aber auch nach den Recherchen der (ebenfalls an der staatlichen Autorität orientierten) Verwaltungsjuristen für den Bereich der Wirtschaft weiterhin nur eine Zahl von 2600 Juristen angenommen wurde[18]. Erst die Volks- und Berufszählung des Statistischen Bundesamtes von 1961 konnte das ganze Ausmaß der ideologischen Wahrnehmungsverzerrung, die bereits bei einem Blick auf die Studentenzahlen der vergangenen Jahrzehnte hätte sichtbar werden müssen und auch schon 1936 nicht mehr mit der Wirklichkeit übereinstimmte[19] aufdecken: Im Jahre 1961 gab es in der Bundesrepublik 93.600 Akademiker mit abgeschlossenem juristischem Studium, darunter 82.000 Erwerbstätige. Demnach müssen zur Zeit in der Wirtschaft über 20.000 Juristen tätig sein[20], ohne daß die Ausbildungsinstitutionen oder die juristischen Berufsorganisationen jemals Notiz von ihnen genommen hätten.

Diese ideologische Verzerrung in der Wahrnehmung als Folge einer „unangemessenen Verallgemeinerung" des staatsgebundenen Rechtspositivismus hat wohl auch dazu geführt, daß die wirtschaftsrechtliche Ausbildung

---

[17] Gutachten über die juristische Ausbildung unter besonderer Berücksichtigung der Interessen der Verwaltung – der Ständigen Konferenz der Innenminister und dem Bundesminister des Innern erstattet, Köln und Berlin 1965, Seite 40 f.

[18] Ebenda.

[19] Der „Bund nationalsozialistischer deutscher Juristen" verzeichnete bereits vor 30 Jahren neben 19.000 Justizjuristen, 16.500 Rechtsanwälten und Notaren sowie 11.500 Verwaltungsjuristen auch etwa 11.000 Wirtschaftsjuristen; vgl. die Juristische Wochenschrift, 65, 1936, S. 1275.

[20] Die Gesamtheit der 82.000 erwerbstätigen Juristen läßt sich grob folgendermaßen nach den Tätigkeitsgebieten gliedern:
20.000 Rechtsanwälte.
20.000 Wirtschaftsjuristen.
16.000 Verwaltungsjuristen.
14.000 Justizjuristen.
12.000 Referendare.
Folgt man Schätzungen (siehe Anwaltsblatt 1966, Seite 55), nach denen etwa 25–35 % der Rechtsanwälte ebenfalls als Angestellte in der Wirtschaft oder bei Verbänden tätig sind, dann stellen heute die Wirtschaftsjuristen mit fast einem Drittel des Totals die weitaus stärkste Fraktion unter den deutschen Juristen.

– wie überhaupt die wissenschaftliche und praktische Bearbeitung neuer Rechtsgebiete – in Deutschland eine sekundäre Rolle spielt. Vor 1933 waren es vorwiegend jüdische Rechtswissenschaftler und Anwälte, die sich mit neuen Rechtsgebieten, vor allem mit den wirtschaftsrechtlichen Problemen, beschäftigten[21]. Das ist nicht zuletzt auf die unterschiedliche Rekrutierung der jüdischen im Vergleich zu den übrigen Juristen zurückzuführen, wie folgende Zahlen erkennen lassen: Im Jahre 1907 waren von der erwerbstätigen Gesamtbevölkerung in Deutschland 49 % in Industrie, Handwerk, Handel oder Verkehr beschäftigt, bei den Erwerbstätigen jüdischer Herkunft waren es 73 %. Darüber hinaus rekrutieren sich die deutschen Juristen seit Jahrzehnten zu 40 bis 50 % aus Beamtenfamilien, was für die jüdischen Juristen schon deshalb nicht gelten kann, weil Angehörige der jüdischen Religion nur in Ausnahmefällen in den Staatsdienst aufgenommen wurden[22]. So ist also mit ziemlicher Sicherheit anzunehmen, daß den jüdischen Juristen bereits im Elternhaus das offenere und dynamischere Wert- und Weltbild der Wirtschaft vermittelt wurde, das sie später in die Lage versetzte, sich leichter neuen wirtschaftlichen und sozialen Entwicklungen anzupassen. Demgegenüber haben die aus Beamtenfamilien (wie auch die aus dem traditionellen Mittelstand) stammenden Juristen in Elternhaus, Schule, Universität und Staatsdienst immer eine feste, patriarchalisch-autoritäre Ordnung[23] erlebt, die ihnen später auch in ihrer beruflichen Tätigkeit als Bezugspunkt dient[24]. Von hier aus wird erst richtig verständlich, was Dahrendorf im Anschluß an einen Vergleich zwischen dem angelsächsischen und dem deutschen Recht ausführt: „Wer Gewißheit nicht kennt und nicht braucht, kann auf Diskussion und Kritik vertrauen; aber dem deutschen Recht wohnt eine unbändige Sehnsucht nach einer Gewißheit inne, für die jede Diskussion die Wahrheit in den Schmutz des Alltags zieht und verfälscht ... Die Wissenschaft, zu der (der Jurist) erzogen wird, ist nicht experimentell, sondern hermeneutisch; denn ihr ist die Interpretation der Texte wichtiger als der freie Umgang mit den relevanten Realitäten von Geschichte und Gegenwart. Das Verhalten, das solcher Wissenschaft entspricht, ist daher auch nicht polemisch, sondern dienend und eher ein wenig subaltern; die Gewißheit der deutschen Juristen

---

[21] Vgl. hierzu z. B. Horst Göppinger, Der Nationalsozialismus und die jüdischen Juristen, Villingen 1963, insbes. S. 93 ff., oder auch Willehad Paul Eckert, Jüdische Wissenschaftler des 19. und 20. Jahrhunderts im Rheingebiet, in: Monumenta Judaica, Hrsg. Konrad Schilling, 2. Aufl., Köln 1964, S. 556 ff.

[22] Siehe die Zahlen bei Hans Martin Klinkenberg, Zwischen Liberalismus und Nationalismus, in: Monumenta Judaica, a.a.O., S. 371 und S. 608.

[23] Man beachte dazu den sehr geringen Anteil der Frauen unter den Jurastudenten und in den Rechtsberufen. Trotz rechtlicher Konstruktion der Gleichberechtigung gibt es kaum Frauen unter den Juristen.

[24] Eine systematische Analyse dieser Zusammenhänge versucht Wolfgang Kaupen, Die soziale Herkunft, Erziehung und Ausbildung der deutschen Juristen.

beruht ja nicht auf eigener Einsicht, sondern auf vorgegebenen Unverrückbarkeiten."[25]

Das rollt ein weiteres Problem auf, das neben Dahrendorf von den verschiedensten Seiten aufgegriffen worden ist und zu dem wir unbedingt Stellung beziehen müssen, weil es zentral relevant ist für die Frage nach „Recht und Ideologie". Ohne hier die Gesamtfrage der sozialen Herkunft der deutschen Juristen in allen Einzelheiten aufrollen zu können, bemerken wir nur, daß die oberen sozialen Schichten allgemein unter den Studenten, aber am meisten bei den Rechtsstudenten überrepräsentiert sind. Bei rund 52 % Angehörigen der Unterschicht in der Bundesrepublik finden sich nur 5,3 % unter den Studenten im allgemeinen und sogar nur 3,5 % unter den Jurastudenten[26]. Aus den oberen 5 % der Bevölkerung rekrutieren sich weit über 50 % aller Jurastudenten. Darin sind sich bisher fast alle Untersuchungen einig. Dabei stammen wieder die meisten Juristen, insbesondere Richter, von *Beamten* ab, wie bereits Dietrich Rüschemeyer zeigen konnte[27]. Dahrendorf kritisiert mit Recht die groteske Feststellung von Albrecht Wagner in seinem Buch über den Richter[28], wo er auf Grund falscher statistischer Operationen von einer „geringen" Zahl von Juristenkindern unter den Richtern spricht, während diese in Wahrheit außerordentlich stark[29] *überrepräsentiert* sind. Ohne weiter auf Einzelheiten einzugehen[30], möchten wir betonen, *daß – soziologisch gesehen – genau hier ein wesentlicher Ort für das Eindringen einer Standesideologie in das Recht und in die Rechtsausübung gegeben ist.* Die angedeutete Situation wird noch durch die von Wolfgang Zapf (unter dem Einfluß von Dahrendorf) entwickelte These gestützt[31], daß die Homogenität der alten Verwaltungselite zwar durch viele Umstände gebrochen worden ist, ungebrochen aber bei den Richtern weiterlebt, wie die Untersuchung von Johannes Feest[32] über die Bundesrichter zeigt. Hier ist die soziale Herkunft

---

[25] Ralf Dahrendorf, Gesellschaft und Demokratie in Deutschland, München 1965, S. 269 f.

[26] Ralf Dahrendorf, Zur Soziologie der juristischen Berufe in Deutschland, a.a.O., S. 221.

[27] Dietrich Rüschemeyer, Rekrutierung, Ausbildung und Berufsstruktur, in: David Glass und René König, Hrsg., Soziale Schichtung und soziale Mobilität, 2. Auflage Opladen 1965 (zuerst 1961).

[28] Albrecht Wagner, Der Richter. Geschichte, aktuelle Fragen, Reformprobleme, Karlsruhe 1959.

[29] Ob die aus Juristenfamilien stammenden Richter genau hundertfach oder „nur" fünfzigfach – was Hans Thierfelder in seiner polemischen Berufsapologetik (Zur Soziologie der juristischen Berufe in Deutschland. Eine Erwiderung, in: Deutsche Richterzeitung, 43, 1965, S. 41–55) Dahrendorf entgegenhält – überrepräsentiert sind, braucht uns in diesem Zusammenhang nicht weiter zu beschäftigen.

[30] Ralf Dahrendorf, Zur Soziologie der juristischen Berufe in Deutschland, a.a.O., S. 221 oben.

[31] Wolfgang Zapf, Die Verwalter der Macht. Materialien zum Sozialprofil der höheren Beamtenschaft, in: W. Zapf, Hrsg., Beiträge zur Analyse der deutschen Oberschicht, 2. erw. Auflage, München 1965, S. 77–94.

[32] Johannes Feest, Die Bundesrichter: Herkunft, Karriere und Auswahl der juristischen Elite. in: W. Zapf, Hrsg., Beiträge zur Analyse der deutschen Oberschicht, 2. erw. Auflage. München 1965, S. 95–113.

aus den oberen Schichten und den Beamtenfamilien noch ausgeprägter als bei den Richtern an Oberlandesgerichten. So stammen aus Beamtenfamilien 50 % aller Oberlandesrichter (1959), 51 % aller Bundesrichter (1962), 56 % aller Richter des Bundesgerichtshofes (1962) und 63 % aller Präsidenten und Senatspräsidenten der Bundesgerichte (1962). Noch eindringlicher wird das Ganze, wenn man nur die Herkunft aus Familien höherer Beamter berücksichtigt. Das ist der Fall bei 17 % aller Studenten, 19 % aller Jurastudenten, 24 % aller Oberlandesrichter, 28 % aller Bundesrichter, 29 % aller Richter des Bundesgerichtshofs, sowie 50 % aller Präsidenten und Senatspräsidenten der Bundesgerichte. In diesem Sinne sagt Dahrendorf: „Die Richterschaft stammt, je höher ihre Position desto ausgeprägter, aus einer schmalen oberen Mittelschicht und Oberschicht. Aus eigener Anschauung kennt sie zwei Drittel der Gesellschaft nicht, oder doch nicht im heilen Zustand. Für sie muß daher – wie für so viele andere Teile der deutschen Oberschicht – die Gesellschaft eine halbierte Gesellschaft sein, in der die Vielen nach wie vor im Dunkeln leben. Es ist wichtig zu betonen, daß dies, wenn es zutrifft, nicht bedeuten muß, daß richterliche Urteile deshalb ungerecht werden oder zu verwerfen sind. Gerechtigkeit ist als solche nicht an Sozialbiographien oder psychische Dispositionen derer gebunden, die sie verwalten. Aber wenn schon das Gesellschaftsbild der Richter in Frage steht, liegt doch der Verdacht sehr nahe, daß es nicht durch die Fülle der leidvollen persönlichen Erfahrung aller Untiefen der sozialen Schichtung geprägt ist."[33]

In einer Fußnote hierzu bemerkt Dahrendorf noch: „Die in einem früheren Aufsatz von mir formulierte These ist nicht unbestritten geblieben. Eine Reihe von Zuschriften aus Richterkreisen betonen die Weite des sozialen Horizonts von Richtern. Doch handelt es sich hier ja nicht um einen Bereich der Argumentation, sondern um der empirischen Prüfung zugängliche Thesen, die mir zumindest bislang nicht widerlegt scheinen."[34] Uns scheint diese Wendung reichlich vorsichtig. Damit droht das Entscheidende zu entschwinden, nämlich die Anerkenntnis, daß gerade hier der Ort ist für das Eindringen der Ideologie auf dem Umweg über standortbedingte Vorurteile. Außerdem erhebt sich die Frage, ob die von Dahrendorf erwähnten Zuschriften wirklich die allgemeine Stimmung repräsentieren. Wir erhielten z. B. auf unseren Fragebogen genau umgekehrt oft seitenlange ergänzende Ausführungen von Richtern, die sich darüber beklagten, daß sie sich häufig, insbesondere in Wirtschaftsfragen, überfordert fühlten. Wäre es auf Grund dessen nicht angemessen zuzugestehen, daß ein normaler Jurist sowohl in der Bewertung von Wirtschafts- als auch in der von sozialen Fragen überfordert

---

[33] Ralf Dahrendorf, Zur Soziologie der juristischen Berufe in Deutschland, a.a.O., S. 229.

[34] Die frühere Schrift, auf die er sich bezieht, ist: R. Dahrendorf, Bemerkungen zur sozialen Herkunft und Stellung der Richter an Oberlandesgerichten. Ein Beitrag zur Soziologie der deutschen Oberschicht, in: Hamburger Jahrbuch für Wirtschafts- und Gesellschaftspolitik, 5. Jahrg. (1960), wieder abgedruckt unter dem Titel: Deutsche Richter. Ein Beitrag zur Soziologie der Oberschicht, in: R. Dahrendorf, Gesellschaft und Freiheit, a.a.O.

ist? Denn es ist – Ausnahmen zugestanden – ausgeschlossen, daß ein nicht spezialwissenschaftlich Vorgebildeter sich seinen „sozialen Horizont" selber adäquat erweitern kann, *d. h. ohne den Selbstverständlichkeiten und Vorurteilen seines Standes zu erliegen.* Übrigens geschieht es bei der Bewertung eines solchen Verhaltens häufig, daß als „Konservatismus" mißverstanden wird, was in Wahrheit nur „Verspätung" der sozial-kulturellen Anpassungsmittel des Juristenstandes an die neue Situation darstellt. Da sich aber Ideologien in der *Antizipation der Deutung noch vor einer hinreichenden empirischen Nachprüfung* auswirken und damit zu einem *wichtigen Moment des Entscheidungsprozesses werden,* geschieht es dann schließlich, daß die Wirklichkeit durch Vorurteile verdrängt wird. Bei der beruflichen Ideologie des Juristen werden zusätzlich noch Machtmittel mobilisiert, die das als selbstverständlich Erscheinende sichern sollen. Das Selbstverständliche ist aber keineswegs immer das Richtige! So scheint das deutsche Recht schon allein durch die Rekrutierung seiner Diener in mehrfacher Hinsicht von der sozialen Wirklichkeit der modernen, durch technische, wirtschaftliche und soziale Dynamik gekennzeichneten Gesellschaft distanziert und einer ideologischen Verallgemeinerung des „staatstragenden", d. h. auf Autorität und Ordnung ausgerichteten Selbstverständnisses der Juristen ausgeliefert zu sein.

Die Konsequenzen dieser Entwicklung sind in vielen Bereichen der Gesellschaft zu beobachten. Von der Wirtschaftsfremdheit, um nicht zu sagen -feindlichkeit weiter Kreise der Anwaltschaft war bereits die Rede. Sie hatten im Frühjahr (!) 1933 nichts Eiligeres zu tun, als im Anwaltsblatt „Wider den Händlergeist"[35] ihrer jüdischen Kollegen zu polemisieren und sie in den darauffolgenden Monaten aus der Anwaltschaft zu vertreiben. Zum Schutz gegen eine unliebsame Konkurrenz von außen wurde ferner 1935 ein „Rechtsberatungsmißbrauchsgesetz"[36] erlassen, das noch bis vor einigen Jahren in der Auseinandersetzung mit den wirtschafts- und steuerberatenden Berufen, die nach 1945 in das Vakuum wirtschaftsrechtlicher Beratung eingedrungen waren, eine bedeutende Rolle spielte.

Ein ähnliches Bild zeigt sich in der Justiz, wo – wie oben bereits angedeutet – häufig darüber geklagt wird, daß die Richter ihren Aufgaben, insbesondere in wirtschaftlichen Fragen[37], nicht gewachsen sind. So schrieb z. B. ein Bundesrichter in einem Begleitbrief zu dem Fragebogen, der ihm im Rahmen unserer Untersuchungen zugegangen war: „Ihre Anfrage gibt

---

[35] Vgl. Hermann Voss, Wider den Händlergeist, in: Anwaltsblatt, 20, 1933.

[36] Gesetz zur Verhütung von Mißbräuchen auf dem Gebiete der Rechtsberatung von 1935.

[37] Erst unlängst monierte ein Richter in der Zeitschrift seines „Standes" die Lebensfremdheit der deutschen Justiz und wies auf die Schwierigkeiten hin, die sich dem einseitig an Paragraphen ausgebildeten Richter in der Praxis entgegenstellen. Das gilt etwa für die Beurteilung von Wirtschaftsstraftaten, „die ein unerfahrener, nicht entscheidungsfreudiger und in Wirtschaftsfragen unbewanderter Richter kaum zu meistern vermag." Theo Rasehorn. Hierarchische Strukturen in der Richterschaft, in: Deutsche Richterzeitung, 45. Jg., 1967, S. 180.

mir den Mut, auf eine Sorge hinzuweisen, die mich ... seit längerem bewegt. Und ich weiß mich in dieser Sorge nicht allein. Das Gesetz verlangt von uns wiederholt Entscheidungen, die wir m. E. im Grunde genommen nur nach sorgfältigster und gewissenhaftigster Beratung durch Wirtschaftswissenschaftler und Soziologen treffen könnten. ... Man hat den Eindruck, daß die Gerichte ... sich daran gewöhnt haben, reichlich ‚freischwebend' über wirtschaftliche und vor allem soziologische Fragen zu entscheiden. Vielleicht treffen wir oft instinktiv das Richtige. Selbstverständlich befragen wir auch Sachverständige ... Häufig und in einer großen Zahl von Fällen bleibt aber die ‚Unlust des Zweifels'. Es wird mit erahnten und vermuteten Wahrscheinlichkeitsmaßstäben gearbeitet."

Die fehlende Sachkenntnis führt also dazu, daß die Richter auf ihren „gesunden Menschenverstand" und auf ihre persönlichen Erfahrungen zurückgreifen *müssen,* um ein Kriterium für die Entscheidung zu finden. Daß hierbei unter der Hand die Selbstverständlichkeiten und Vorurteile ihrer Umgebung sowie das gesamte Wert- und Weltbild, das der einzelne im Verlauf der Sozialisierung in Elternhaus, Schule und Beruf erworben hat, in die Entscheidung mit hineinfließen, ist eine Selbstverständlichkeit. Das ideologische Denken beginnt beim Richterberuf demnach spätestens in dem Augenblick, wo die genaue Kenntnis der Strukturen und Prozesse der Gesellschaft fehlt. Bei den Juristen stützt sich, wie wir aufgezeigt haben, das ideologische Denken überwiegend auf Erfahrungen, die in den geordneten Strukturen des Mittelstandes gesammelt wurden. Es kommt hierbei noch zu einer zusätzlichen Paradoxie, die den Beteiligten bisher noch nicht aufgefallen ist, *daß man nämlich vom Richter selbstverständlich erwartet, daß er seine Interpretation des Rechts auf einer wissenschaftlichen Basis aufbaut, aber seine Kenntnis der sozialen und wirtschaftlichen Entwicklung ebenso selbstverständlich dem vorwissenschaftlichen Verständnis entnimmt.* Genau wie der Jurist protestieren muß, wenn ein Soziologe einzig auf Grund seines persönlichen Rechtsbewußtseins entscheiden wollte, muß der Soziologe den gleichen Protest anmelden, wenn der Jurist das gleiche tut, und zwar ganz unangesehen seiner besonderen Funktion als Richter, als Staatsanwalt, als Rechtsanwalt, als Verwaltungsjurist usf. Wichtiger noch aber ist die einseitige Ausrichtung des Wertsystems auf die Subkultur der traditionellen Mittelschichten.

Es ist daher auch nicht erstaunlich, daß die herrschende juristische Berufsideologie sich Werten wie Ordnung, Sauberkeit oder Gehorsam verpflichtet fühlt und in Konsequenz dieser Einstellung jeder gesellschaftskritischen Tendenz, die die bestehende Ordnung in Frage stellt, abhold ist. Ein oft genanntes Beispiel für diese Neigung zum Konservatismus in seiner wörtlichen Bedeutung ist die Haltung der deutschen Richter in den zwanziger Jahren gegenüber den Angehörigen links- bzw. rechtsextremer politischer Gruppen. Bei gleichen Straftaten wurden die Revolutionäre der „Linken" unverhältnismäßig härter bestraft als die Vertreter der rechtsextremistischen

Gruppen[38], die vorgeblich Ordnung in das „Chaos" der Weimarer Demokratie bringen wollten. Auch die weitgehend widerspruchslose Hinnahme der nationalsozialistischen Machtergreifung und -ausübung durch die deutschen Juristen läßt sich aus ihrer Grundhaltung heraus erklären. Nachdem diese Grundhaltung durch das Dritte Reich diskreditiert worden war, zogen sich die Juristen nach 1945 zunächst auf die abstrakte Basis des Naturrechts zurück[39], um jedoch von 1958 ab, nachdem der Schock des Zusammenbruchs überwunden war, wieder die gesellschaftliche „Sicherheit und Ordnung" in den Vordergrund des Selbstverständnisses treten zu lassen[40].

Mit dieser ideologischen Einstellung entfernen sich die deutschen Juristen immer mehr von den Strukturmustern der dynamischen Wirtschaftsgesellschaft. Ernst Forsthoff hat mit Recht darauf hingewiesen, daß bereits der wirtschaftliche Aufstieg in der Bundesrepublik nach dem 2. Weltkrieg weitgehend auf der Dynamik der Wirtschaft und nicht auf einer staatlichen oder rechtlichen Initiative beruht: „Als im Jahr 1949 die Staatlichkeit mit der Bundesrepublik wiederhergestellt wurde, war der Wiederaufbau der Wirtschaft bereits so weit fortgeschritten, daß die Bahnen der weiteren Entwicklung festlagen. Weniger die ordnungstiftende Kraft gesetzten Rechts als eine zum ersten Mal in die Erscheinung tretende Selbstdisziplinierung der Beteiligten hat diesen Erfolg hervorgebracht. Auch der Staat ist ein Geschöpf dieses großen und von der Welt viel bestaunten Reintegrationsprozesses. Daraus ergibt sich eine grundlegend veränderte Stellung des Staates zur organisierten Gesellschaft, die nicht mehr von alten Autoritätsvorstellungen her faßbar wird[41]." Forsthoff sieht auch, daß der Jurist heutiger Prägung immer mehr von der „tätigen Verwaltung" ausgeschlossen und zu einem „als eine Art Unfallverhütungsstation fungierenden Justitiar"[42] wird. In den Führungspositionen der Wirtschaft ist bereits deutlich dieser Wandel zu erkennen. Während 1953 noch 19 % der akademisch ausgebildeten Wirtschaftsführer[43] ein juristisches Studium absolviert hatten, lag der Anteil 10 Jahre später nur noch bei 12 %. In der gleichen Zeit war der Prozentsatz der Wirtschaftswissenschaftler von 17 % auf 22 % gestiegen.

[38] Ilse Stag, Hrsg., Justiz im Dritten Reich, Frankfurt 1964, S. 17–49.

[39] Über entsprechende Einstellungen und Haltungen der italienischen Richter berichtete Ezio Moriondo in seinem Beitrag „The Value-System of Italian Judges" für den 6.Weltkongreß für Soziologie in Evian 1966, hektographiertes Manuskript, Mailand o. J.

[40] Eine umfangreiche Inhaltsanalyse von juristischen Veröffentlichungen zum Themenkreis „Der Jurist in der Gesellschaft" in juristischen Fach- und Berufszeitschriften ergab von 1945 bis 1958 ein Schwergewicht für abstrakte Begriffe wie „Gerechtigkeit", während seit 1958 zunehmend wieder die Kategorien „Sicherheit und Ordnung" zahlenmäßig in den Vordergrund treten.

[41] Ernst Forsthoff, Der Jurist in der industriellen Gesellschaft, in: Neue Juristische Wochenschrift, 1960, S. 1274.

[42] Ebenda, S. 1275.

[43] Mitglieder der Geschäftsführung von Unternehmen, ausgezählt in den Handbüchern „Leitende Männer der Wirtschaft", Darmstadt 1953 und 1963.

Wir wollen diesen kurzen Überblick über die Ursachen und Konsequenzen einer ideologischen Verengung im theoretischen und praktischen Bereich des Rechts mit dem Resümee abschließen, das auch Dahrendorf an den Schluß seiner Gedanken „Zur Soziologie der juristischen Berufe in Deutschland" gestellt hat: „Man wird schwerlich sagen dürfen, daß Offenheit, Flexibilität, Bereitschaft für neue und überraschende Situationen, Toleranz für marktartig sich selbst steuernde Bereiche des sozialen Lebens, Skepsis gegenüber dem Anspruch des Staates auf die sittliche Idee und verwandte Haltungen zum Rüstzeug oder auch nur zum Studienziel des jungen Juristen gehören. Gesellschaft braucht Recht; Recht ist unter allen Umständen Beharrung; Gesellschaft braucht dieses Element der Beharrung – aber das kann nicht heißen, daß es mit der Beharrung Enge des Horizonts, Starre der Prozedur, defensive Sorge um den eigenen Stand statt des selbstbewußten Wirkens in die Gesellschaft hinein hinnehmen muß. Mag es am Rechtssystem oder an der Struktur der Gerichte, an den Prüfungsordnungen oder den Ausbildungsgängen liegen – die deutschen Juristen sind den Ansprüchen der modernen Gesellschaft vielfach nicht gewachsen."[44]

---

[44] Ralf Dahrendorf, Zur Soziologie der juristischen Berufe in Deutschland, a.a.O., S. 234.

Marginality, Marginalization and De-Marginalization. A Theoretical Reorientation

I have in mind to develop a few theoretical considerations to an old problem that has in some way run out of control, although it has been taken up again and again since Emile Durkheim discusses it for the first time in a proper way in his Rules of the Sociological Method (1894–95). This problem is the main topic of our Congress and has been summarized very well in the Preamble to the Theme of the Congress: "*the study of the phenomenon of the "Marginals"… (and) the complex problems associated with the etiology of marginality in their proper context, as well as the social processes deriving from it and the possible remedies to combat the injustices and harm which may result from it*". The Preamble very rightly points to the fact that recently important changes have occured in the interpretation of how marginality originates. Stanton Wheeler (1967) gives an interesting opposition of the older and the new approach: "It seems simple enough to agree that a deviant is one who violates social norms but, in practice, two different strategies have developed for the actual process of deciding who is deviant. The first strategy assumes that an observer looking at the behavior of people in society can detect which of it constitutes social deviancy and which does not … The second strategy assumes that the range of conduct that falls within the authority of the norm is so illusive and so subject to shifts in the social climate that the observer can do little more than note how other people in society react to the deviancies of their fellows and use this as his guide". This second approach has been known as *the labelling approach;* the Preamble summarizes the meaning of it in a few words: "A person is different to the extent that he is perceived to be so". The study of processes of stigmatization then becomes more important than the classification of supposed characteristics of deviancy and marginality.

I personally feel that this change in strategy has been one of the most important events in the development of criminal sociology. However, I also feel that in many cases people did definitely overshoot the mark. This is also the main motivation for these introductory remarks with the help of which I would like to open a reorientation in this field by a critical consideration of some of the basic terms.

As a matter of fact, I have been puzzled rather early by an obvious undecidedness in the use of the two terms of marginality and marginalization. The relation of the two can be defined by saying that marginality is the result of the process of marginalization. This does not create any real problems. However real problems do arise as soon as the meaning of marginality has to be defined in itself and not only in its relation to the processes of marginalization. Here we shall have to ask ourselves for the specific character of marginality. *Obviously, there are different grades of alterability.* A sick man who is both, a deviant and a marginal man, can either recover, and the marginality disappears; or he remains disabled and/or invalid, then his marginality remains final and inalterable.

Now, I wonder if the second sense of marginality as an unalterable social stigma or verdict has not in many cases been understood surreptitiously *in a purely naturalistic sense as an inevitable and irreversible "destiny"*. This would be a very serious *petitio principii* which can only be rejected from the standpoint of contemporary sociology. If there is one secure thing, it is the fact that there is no absolute determination in social life, but only (statistical) chances that this or that happens, only possibilities and no undisputed final decisions – with the only exception of death. Death is definitely permanent, but for any other kind of behavior of human beings there is always a great multitude of variations among which the subject has a choice.

Furthermore, if we look at certain kinds of marginal exigences, like e.g. youth, we understand most easily that they cannot be seen as a final state of marginality but rather as a temporary one, since youth unresistingly one day turns into adulthood. It may, of course, happen that we meet „dropouts", i.e. people who do never become adults. But first they are a very small minority, and then we cannot be too secure that one later day they will not change and become adults, only a little later than the other ones.

I would like to draw your attention to the fact that this argument has played an important role in criminal sociology a long time ago already. The essential insight of Frederic M. Thrasher's famous book on The Gang, another important marginal group, has been that most of the gangs he met in Chicago were relatively harmless given that life in the gangland lasts only a very short time, to the result that what I would propose to call demarginalization starts rather early. Studies of a student of mine carried through in the city of Cologne showed that the integration into youth gangs started to fade away as soon as a boy had found his girl. Then he shifted away and integrated into the adult society. The master gang can thus be defined as a gang that lasts until a critical age beyond youth properly speaking. Against that de-marginalization is to be found as a normal process in most of the cases of juvenile delinquency. Delinquency and crime can therefore be differentiated by the time factor: again, delinquency is temporary and by no means an irrevocable state. On the other hand, criminality is the result of a criminal career. The marginality of youth is therefore no final state of affairs, but can be, and in most of the cases actually is, taken back at a foreseeable date.

Another famous example of marginality is the condition of women in modern society. Since only very few human beings can change volontarily their sex, one could assume the inevitability of the state of marginality once discrimination and stigmatization are on the way. Furthermore, it has been proved by many instances that there are no equal chances for women in most contemporary societies, be it in education, or in economic opportunities and political life, or in culture. But one thing does exist, and that *is a high variability of the condition of women in different societies.* Even if perhaps we cannot yet point to a single country having resolved this elementary problem in a satisfactory way, there are definitely countries in which the marginality of women is much less accentuated that in other ones. Marginality of women can be at least counteracted by emancipation of women. In other words, the verdict does not mean to be unescapable, changes are definitely possible. Again, marginality can be followed up under certain conditions by de-marginalization.

It is interesting to remark that the deterministic concept of marginality goes back to the pioneers of criminal sociology like Robert E. Park and E.V. Stonequist with their term of the "marginal man". They looked at him as a naturalist looks at a rare species of animals and judged his marginality as a final one, as a point of no return. This is only to be compared with Skid Row or Old Bowery Street where human wrecks have accumulated. The "broken man" has been studied several times in his marginality, but the dramatic aspects of these cases cannot be generalized, not even romanticized as it happened several times with the "clochard" and other types of bums, hobos, tramps, and vagrants. Most of them actually represent the point of no return, like so many drug-addicts and drunkards, but as a matter of fact they only represent a petty minority and can therefore be considered a special case. Here I would like to emphasize and to make it very clear, that I do not ignore about the state of marginality, *I only refuse to accept that all the cases of marginality are of a final and unescapable character.* This also means, of course, that discrimination and labelling processes are by no means irrevocable.

This is perhaps the most important error of the representatives of the labelling approach that they look at it as a "natural" process which, once it has been started, cannot be stopped again. This is also the reason why I would definitely like to differentiate very distinctly the two terms of marginality and marginalization. Processes of marginalization are very frequent indeed, and so are prejudices and discrimination. But there is the essential difference between all these processes, as questionable as they may be, and the state of marginality: that they are reversible whereas marginality may not be suspended, especially in extreme cases.

For a sociologist the process of marginalization is, like ongoing education, a continuous exchange of actions between the subject involved and his environment. Again, the subject has definitely got a chance of selection between different possibilities. Long hair, a sloppy dress and an affected indifference to norms of "good" behavior may irritate the environment of a boy and provoke discriminatory actions doubled by prejudices of many kinds. The police force is particularly sensible to that experience and is clearly inclined to conclude to a deviant individual without looking for a palpaple "proof". It is also clear that this attitude considerably falsifies all our crime statistics. Lower class youngsters are always under the pressure of prejudices and in danger to be driven into a marginal position. Here the representatives of the labelling approach are perfectly right. They only begin to go astray in the moment when evaluation begins of how decisive this situation may be.

There is in particular one important fact that is more or less ignored by the labelling school, *that the labelling itself is by no means a unique happening but a series of subsequent actions and counteractions.* The labelling process could also be defined as a *dialogue* between the subject and his environment, a dialogue during which different situations may come up. Of course, we meet here the stubborn man who reacts violently to the first few acts of labelling and realizes what has been called by Robert K. Merton a self-fulfilling prophecy. But we also meet the more compliant type who may somewhat change his behavior without, however, yielding to any kind of pressure. There is, indeed, something like judicious turning in into the necessities of social life. A man can adjust to norms out of his own free will. Then the process of marginalization has lost its target, and there is a pretty good chance that it will come to an end or simply fade away. Besides these two kinds of reaction there is also ritualism and retreatism to quote once again Robert K. Merton. But the most important kind of reaction is surely innovation. We shall deal with it a little later.

An interesting study carried through recently in the city of Heidelberg in Western Germany looked for the (mainly discriminatory) ideas of the population toward mentally ill people. Among other results, this study showed very clearly that the attitudes of the population changed essentially as soon as they had learned that a mentally ill man had consulted a psychiatrist. Again, the prejudiced process of marginalization came to a temporary halt which turned in a final one as soon as it was known that the patient had followed trustfully the treatment. This is perhaps the most interesting case of demarginalization one can imagine. Of course, it does not mean that all the cases turn this way, but a rather important number actually does. In other words, the image of a mentally ill man is not immovable. When the observer perceives the will to overcome this condition he will also modify the labelling process and shift to a different attitude. Here, too, we can speak of a dialogue between the subject and his environment in the course of which originally detrimental judgements to the patient turn into a more positive, sometimes even sympathetic attitude.

This way of looking at things comes much nearer to real life situation than the average labelling approach. The latter has a remarkable tendency to reduce what in real life appears to be a continuing and complex process into a unique happening that decides about the fate of a man like the snapping of a guillotine. I personally feel that this kind of decisionism is everything but sociological, given that it ignores what seems to be most important in the development of deviant behavior, its gradual emergence. And this leaves open many alternatives before it gets definitely deviant, criminal, and marginal. Therefore, I would conclude that the labelling approach in criminal sociology is much more of a juridical than of a sociological kind, and that is symbolized in what I have just called its decisionistic character. In fact, the labelling approach sees things much too much in the light of control mechanisms of different kinds. They may be represented by the police force and its prejudices about deviant behavior, but also by social agencies of different kinds involved in youth delinquency, home education, etc. All of these institutions then actually add their part to the labelling process, and we all know their desastrous consequences in the penalizing procedure. But this is the end of the story and not its beginning. Before it comes to this last and decisive juncture, many other things may have happened, and to a sociologist they may be much more important than the action systems mentioned above, which correspond much more to the social reaction against deviant behavior than to the origins of deviant behavior and marginality as such.

In order to come to a conclusion, I would once again refer to Robert K. Merton. In his essay on Social Structure and Anomie he says: „In the same way, it is necessary to reiiterate that the typology of deviant behavior is far from being confined to the behavior which is ordinarily described as criminal or delinquent. From the standpoint of sociology, other forms of departure from regulatory norms may have little or nothing to do with violation of the established law of the land. Merely to identify some type of deviation is itself a difficult problem of sociological theory which is being progressively clarified". He, then, quotes Talcott Parsons who very rightly has defined illness as a form of deviant behavior, and also mentions „the types of compulsive conformity which are not socially defined as deviant". Robert K. Merton has given very interesting descriptions of „over-conformity" and „over-compliance" as deviant behavior, as paradoxical as this may appear. His conclusion is: „Finally, by way of preamble to this review of other types of deviant behavior, it should be noted once again that, from the standpoint of sociology, not all such deviations from the dominant norms of the group is necessarily dysfunctional to basic values and adaptation of the group. Correlatively, strict and unquestioned adherence to all prevailing norms would be functional only in a group that never was: a group which is completely static and unchanging. Some (unknown) degree of deviation from current norms is probably functional for the basic goals of all groups. A certain degree of "innovation", for example, may result in the formation of new institutionalized patterns of behavior which are more adaptive than the old in making for realization of primary goals".

With that we are back to the explanation Emile Durkheim gave in his Rules of the Method of Sociology by showing the functionality of deviance for the survival of the norms in a given society. What has been called innovation by Robert K. Merton also appears in Emile Durkheim's descriptions of ethical innovation and corresponds exactly to what I have called the reaction against the labelling process. There is, of course, in many cases the prejudices against marginal existences. But we also meet the contrary in different forms of resistance to the attempt at labelling by creating new modes of life. Very often these attempts appear in the form of social movements as e.g. youth rebellions, race riots, women's liberation movements, but also countercultures, national movements in decolonization and so on which try altogether to break the magic circle of marginality in which they have been enclosed so far. This breaking of the magic circle, however, cannot be adequately defined by saying that it „consists in the disaggregation of individuals and groups from the collective whole in society" as it reads in the Preamble to the Theme of the Congress, Correspondingly, the overcoming of this situation cannot be seen exclusively in the "reintegration" of the marginals (although this too plays a certain role in everyday social policy), *but rather in a general social change that makes away with at least some of the prejudices that have brought on the way the labelling process.* This cannot be achieved by means of social policy, but in the long run only through moral innovation.

Benjamin Fine: 1.000.000 Delinquents

Dieses ausgezeichnete Werk des Redakteurs für Erziehungsfragen an der *New York Times* ist als Buch 1955 erschienen und schon zwei Jahre später in einer der billigen Serien von Taschenbüchern, was in mehr als einer Hinsicht symptomatisch ist. Zunächst wird daraus das große Interesse der amerikanischen Öffentlichkeit an Fragen der Jugendkriminalität erkennbar. Außerdem zeigt sich aber auch das Eindringen besten soziologischen Geistes in eine Literatur, die in Europa, speziell aber in Deutschland, noch immer vollkommen der soziologischen „Aufklärung" ermangelt. Wir denken dabei an jene zeitkritische und zeitanalytische Literatur, die sich nicht an den Wissenschaftler, sondern an die große Öffentlichkeit wendet. Bei uns pflegt solche Literatur geradezu zu triefen von Anklagen und Predigten, von stereotyper Kulturkritik und billigen moralischen Exkursen oder auch Litaneien über die verworfene Gegenwart, wobei man nicht weiß, was man mehr bewundern soll, die Gedankenlosigkeit, die Unbildung und Uninformiertheit oder die pharisäerhafte Verlogenheit. Wie wohltuend sticht dagegen ein Buch wie das vorliegende ab. Ohne sich auch nur einen Moment Illusionen über die tatsächlich höchst alarmierende Lage hinzugeben, wird doch versucht, zunächst einmal ein nüchternes Bild dieser Lage, dann aber auch ihrer besonderen Bedingungen zu gewinnen. Es mag auch als typisch hervorgehoben werden, daß der Autor nicht nur ausgezeichnet über die bestehende Literatur zur Jugendkriminalität informiert ist, sondern es gleichzeitig noch für nötig befindet, eine eigene Erhebung durchzuführen, um die

---

Rezension des gleichnamigen Buches: Signet Book, New York 1957, VII + 286 Seiten; Preis $ 0,50.

theoretischen Kenntnisse praktisch zu erproben. So führte er eine schriftliche Befragung von mehreren hundert Schuldirektoren, Psychologen, Psychiatern, Fürsorgern, Richtern und anderen Beamten durch, die am Problem der Jugendkriminalität interessiert sind; dann besuchte er zahllose Erziehungsanstalten für delinquente Jugendliche, wo er sich eingehend mit den Zöglingen unterhielt. Aber er nahm auch teil an Sitzungen des Jugendgerichts und suchte die Jugendlichen in ihrem eigenen Milieu, in den dunklen Hinterhöfen der Slums auf. Dort gewann er die wesentliche Einsicht, daß es keine „schlechten" Jugendlichen gibt, sondern nur solche, die emotionell verwirrt und ganz einfach unglücklich sind. Damit entwickelt sich dann zumeist das abweichende Verhalten, das mit leichten Charakterstörungen beginnt und mit Akten des erschütterndsten Vandalismus endet. Trotzdem bleibt die Erleuchtung der Ursachen, die den Jugendlichen zum Verbrechen führen, eine zuhöchst menschliche Aufgabe. So ist eine ausgezeichnete Einleitung in die Probleme der Jugendkriminalität entstanden, die man allen Erziehern in Deutschland in die Hand drücken möchte, damit sie einmal eine rein sachliche Analyse dieser Fragen lesen, die sich trotzdem nicht der nur zu aufdringlichen Notwendigkeit entzieht, wachsam zu sein und zu bleiben.

Marshall B. Clinard: Sociology of Deviant Behavior

Schon lange bestand ein starkes Bedürfnis nach einem umfassenden Lehrbuch der Kriminalsoziologie, das die Ergebnisse der Forschung aus den letzten fünfundzwanzig Jahren mit einer Reihe wichtiger Fortschritte und Entwicklungen in der Theorie des abweichenden Verhaltens konfrontiert hätte. Man kann durchaus sagen, daß es Clinard von der University of Wisconsin gelungen ist, diese empfindliche Lücke zu schließen und ein ausgezeichnetes, hervorragend informiertes Orientierungsinstrument zu schaffen. Um mit einem Blick zu erfassen, wie sich die Dinge gewandelt haben, braucht man nur etwa die entscheidenden Abschnitte aus Mabel A. Elliott and Francis E. Merrill, Social Disorganization (3. Aufl., New York 1950, ursprünglich von 1934) mit diesem neuen Buch zu vergleichen. Dabei ist schon der Unterschied im Titel bezeichnend. Während man noch früher von „Social Problems" gesprochen hätte, um diesen Gegenstandsbereich zu bezeichnen, wobei deutlich das sozialpolitische Interesse durchscheint, stand in den dreißiger Jahren das Strukturproblem im Vordergrund, also die Frage von sozialer Organisation und Desorganisation. Aber schon in der berühmten Abhandlung von Robert K. Merton über „Social Structure and Anomie" (American Journal of Sociology, 1938) kam ein anderer Gesichtspunkt zum Vorschein, der sich seitdem immer mehr verstärkt hat, nämlich die Frage nach der Entwicklung des abweichenden Verhaltens. Es zeigt sich, daß manche Schichten der Gesellschaft anfälliger sind für den Druck sozialer Anomie als andere, wobei aber am Schluß deutlichst als nächstes Desideratum

---

Rezension des gleichnamigen Buches: New York: Rinehart and Co. Inc. 1957, XXI + 599 Seiten, Preis $6,50.

unterstrichen wurde, daß nunmehr die sozialpsychologische Untersuchung der Prozesse zu erfolgen habe, die zum abweichenden Verhalten führen. Dies ist genau der Ausgangspunkt von Clinard, wie er in den ersten beiden Kapiteln des Buches entwickelt wird.

In den komplexen Gesellschaften haben wir mit einer außerordentlichen Differenzierung der sozialen Gruppen zu rechnen. Diese mögen gelegentlich voneinander derart verschieden sein, daß sie eigentliche „Subkulturen" darstellen, in denen dann auch eigene Normen gelten. Jedermann versucht nun, sich die Normen der ihm am nächsten stehenden Subkultur zu eigen zu machen. In einer Nachbarschaft, in welcher die Polizei als der Feind schlechthin und Stehlen als ein wichtiges Mittel erscheint, um bei den Kameraden Ansehen zu gewinnen, wird ein ganz anderes Verhalten vorwiegen als in einer Nachbarschaft mit anderen Normen. So ist eine wesentliche Voraussetzung für die Erkenntnis abweichenden Verhaltens die Analyse dieses zuhöchst differenzierten Normensystems mit seinen vielen Konfliktstoffen. Je komplexer eine Gesellschaft ist, desto mehr wächst die Chance für die Begegnung mit abweichenden Normen und die Entwicklung eines abweichenden Verhaltens. Dabei zeigt sich, daß die Reaktionen der Gesellschaft auf ein solches Verhalten äußerst verschieden sind, und zwar sowohl in bezug auf die Intensität der Reaktion wie auf die Richtung von Billigung oder Mißbilligung. Von Interesse für die Forschung sind zunächst nur jene Verhaltensweisen, auf die eine so starke Reaktion erfolgt, daß sie zu „sozialen Problemen" werden, also Delinquenz und Verbrechen, Rauschgiftsüchtigkeit, Alkoholismus, Psychosen und Neurosen, Selbstmord, Familien- und Eheprobleme, Altersfragen usw. In der Analyse dieser Probleme ist an erster Stelle zu bedenken, daß Menschen mit abweichendem Verhalten nicht etwa abnorme Wesen darstellen; denn alles abweichende Verhalten ist menschliches Verhalten, das den gleichen Bedingungen unterliegt wie das Verhalten einer „normalen" Person. Dazu kommt eine Warnung vor der Konstruktion vorschneller Kausalbezüge, so wenn man etwa sieht, daß schlechte Wohnverhältnisse und Kriminalität oder das Lesen von Bildergeschichten und Delinquenz oft gemeinsam auftreten. Dabei vergißt man, daß zahllose Menschen in schlechten Wohnverhältnissen leben und Bildergeschichten lesen, ohne delinquent zu werden. So ist also die behauptete Kausalbeziehung gar nicht vorhanden. In gleicher Weise werden auch die oft diskutierten biogenetischen Bedingungen der Delinquenz zurückgewiesen, genauso wie rein persönliche Eigenschaften, etwa emotionelle Instabilität u. ähnl. Dagegen werden die eigentlich soziogenen Züge hervorgehoben, wobei von der Theorie der „Bezugsgruppe" entscheidender Gebrauch gemacht wird, in deren Rahmen dann auch persönliche Eigenheiten insofern an Bedeutung gewinnen, als sie darüber entscheiden, wie weit die Normen einer abweichenden Subkultur übernommen werden.

Mit diesem Rüstzeug werden in den folgenden Kapiteln viele der traditionellen Erklärungen des abweichenden Verhaltens zurückgewiesen, wobei der Verfasser sehr mit Recht darauf hinweist, daß die meisten Untersuchungen an der gleichen Unterlassungssünde kranken, indem sie keine Kontrollgruppen benutzen. Erst dann könnten die behaupteten Bedingungen als gültig angenommen werden, wenn man Gruppen von Menschen mit abweichendem Verhalten mit solchen verglichen hätte, die kein abweichendes Verhalten aufweisen. Der Hauptteil des Werkes dient der Detailbetrachtung der Kriminalität in ihren verschiedenen Erscheinungsformen, wie sie oben schon aufgezählt wurden. Wir heben als besonders interessant einzig hervor, daß auch Fragen der ehelichen Fehlanpassung und von Alterskonflikten mit in die Betrachtung einbezogen werden.

Ein letzter Teil greift noch das Problem der sozialen Kontrolle auf mit Bezug auf Verminderung des abweichenden Verhaltens, die soziale Reintegration und die spezielle Frage nach der Wirkung des Krieges auf abweichendes Verhalten. Das ganze Werk ist außerordentlich klar durchgeführt und weiß die neue Theorie des abweichenden Verhaltens so konsequent anzuwenden, daß man es nicht nur als eine Zusammenfassung der existierenden Forschung, sondern gleichzeitig als ein Panorama des angedeuteten theoretischen Rahmens ansehen kann, was erstens eine Rückbesinnung und kritische Kontrolle erlaubt, zweitens aber auch den Anschluß an den weiteren theoretischen Rahmen des sozialen Verhaltens überhaupt nahelegt. Darin liegt nicht zum letzten ein wesentliches Verdienst dieses sehr gelungenen Lehrbuchs.

Wolf Middendorf: Soziologie des Verbrechens

Erscheinungen und Wandlungen des asozialen Verhaltens[1]

„Der Sinn der vorliegenden Arbeit kann in einer Kombination der kriminologischen und soziologischen Methoden gesehen werden oder, anders ausgedrückt, in der unerläßlichen Ergänzung der Kriminologie in der Soziologie, da die Kriminologie allein dem Erfordernis der Erfassung auch des Vorfeldes des Verbrechens nicht gerecht werden kann." (S. 20) Mit diesen Worten entwirft Wolf Middendorf ein für die deutsche Kriminologie keineswegs selbstverständliches Programm. Daß überhaupt ein solches Programm entworfen wurde, ist an und für sich ein unleugbares Verdienst; davon ist natürlich die Frage zu trennen, ob das Programm durchgeführt worden ist. Nach eingehender Lektüre des vorliegenden Buches möchten wir der Meinung zuneigen, daß eine erste Fassung rein traditionell-kriminologischer Art durch spätere Umarbeitung soziologisch erweitert worden ist. Jedenfalls finden sich viele Züge, die einer ganz eindeutig nicht-soziologischen Betrachtungsweise angehören; wir kommen später darauf zurück.

Es ist ferner positiv hervorzuheben, daß sich der Verfasser zum Ziel gesetzt hat, sowohl die amerikanische Literatur wie die amerikanischen Verhältnisse zu berücksichtigen. Aber auch hier muß gesagt werden, daß es offensichtlich leichter ist, eine solche Forderung auszusprechen, als sie zu erfüllen. Man muß nur die Bibliographie und das Namensregister durchgehen, um zu sehen, daß die wichtigsten Namen der amerikanischen Kriminalsoziologie fehlen, während eine Erscheinung wie Hans von Hentig, der in den

---

[1] Rezension des gleichnamigen Buches: Düsseldorf–Köln: Eugen-Diederichs-Verlag 1959, 379 Seiten, Preis: DM 24,–.

Vereinigten Staaten als typischer Vertreter des reaktionären Denkens in der Kriminologie gilt, als wichtiger Kronzeuge immer wieder zitiert wird. Dabei wäre er in vielem als die eigentliche Gegeninstanz anzusehen, vor allem mit seinen starken Neigungen zur längst abgelegten Theorie vom „geborenen Verbrecher".

Das vorliegende Buch zerfällt in drei Teile. Der *erste Teil* untersucht die Grundlagen, also den Verbrechensbegriff in der Kriminologie und der Soziologie; der *zweite Teil* befaßt sich mit dem Verbrechen in unserer Zeit; der *dritte* schließlich mit einigen „soziologischen Gruppen", deren „Beziehungen" zum Verbrechen untersucht werden, ohne daß damit gesagt werden soll, daß darin die „Ursachen" zum Verbrechen liegen. Wir wollen nicht leugnen, daß viele theoretische Erörterungen im dritten Teil des Buches zu finden sind, möchten aber doch hervorheben, daß die Diskussion der „Grundlagen" recht blaß und vor allem recht kurz ausgefallen ist, was nach dem oben zitierten „Programm" des Verfassers nur verwundern kann. Die entscheidenden Ausführungen finden sich auf S. 9–21, was offensichtlich viel zu wenig ist. Dabei halten sich die Ausführungen durchwegs in großer Allgemeinheit, ohne die wesentlichen Probleme der Kriminalsoziologie auch nur zu berühren. Das entscheidet auch über die vage Unverbindlichkeit des Gebotenen, sowohl in methodologischer wie in sprachlicher Hinsicht. *Methodologisch* besteht überhaupt keine Beziehung zwischen einer „Theorie" und der „Empirie". Statt bestimmte klare Hypothesen am Material nachzuprüfen, werden einfach „Illustrationen" geboten, die das Ganze zwar gelegentlich ganz kurzweilig zu lesen machen, wie eine Aneinanderreihung von Polizeiberichten, aber eben doch meist keinen Zusammenhang ergeben oder gar auf völlig entgegengesetzten Voraussetzungen beruhen (daher auch unsere Meinung, daß in diesem Buch eine ältere Fassung durch eine neue hindurchscheint und durch diese nicht ganz verdrängt worden ist). Das schafft auch die Gefahr, daß man beim Lesen einfach versucht ist, ganze Abschnitte zu überspringen, weil durch sie sachlich nichts Relevantes ausgesagt wird. Darin ist dies Buch symptomatisch für das in der deutschen Soziologie allgemein nicht abgeklärte Verhältnis von Theorie und Forschung. Empirische *Regelmäßigkeiten* werden ständig mit theoretischen *Gesetzmäßigkeiten* verwechselt; statt gegebene Materialien methodologisch einwandfrei „auszuwerten", werden sie einfach als „Illustration" benutzt, ein Verfahren, das sachlich, d. h. theoretisch, völlig unverbindlich ist. Dabei ist dies Verfahren nicht ungefährlich, weil es beim Durchschnittsleser die Illusion einer empirischen Grundlegung zeugt, die in Wahrheit gar nicht vorhanden ist.

Diese Situation wird dadurch noch verschärft, daß die grundlegenden Bemerkungen alles andere als klar sind. Hier erheben sich die Probleme mehr *sachlicher Natur*. Es ist zweifellos sehr positiv zu werten und auf der Linie des eingangs zitierten Programms gelegen, wenn Middendorf betont, *das Verbrechen könne nicht nur aus strafrechtlicher Perspektive definiert werden,* das heißt aus dem geschriebenen Recht, sondern es müßten auch „moralische Anschauungen" mit berücksichtigt werden. Ferner (S. 20) sagt er, daß das Verbrechen „nur einen kleinen Teil des ebenso wichtigen abweichenden Verhaltens ausmacht", so daß ein dringendes Bedürfnis besteht, „dies abweichende Verhalten, insbesondere auf der Grenze zum Verbrechen hin, zu untersuchen", wobei die Soziologie wichtige Dienste leisten könne. Wenn man aber nach diesen Bemerkungen erwartet, daß etwas über die Entstehung des abweichenden Verhaltens, sein Verhältnis zum Verbrechen und den allgemeinen sozialen Normen einer gegebenen Gesellschaft zu einem gegebenen Moment ihrer Geschichte gesagt wird, sieht man sich getäuscht. Statt dessen fällt er zurück auf das unselige Problem der „Wertung", wobei hier wie anderswo nicht die geringste Klarheit darüber besteht, daß die Erwartungsnormen, die für alle sozialen Verhältnisse konstitutiv sind, mit Wertungen, die über diese und das konforme bzw. abweichende Verhalten gefällt werden, nicht das geringste zu tun haben.

Diese fundamentale Unklarheit ist verantwortlich dafür, daß alles folgende mehr oder weniger in der Luft schwebt. Der *zweite Teil* bringt eine einfache Aufzählung der verschiedenen Verbrechensformen in unserer Zeit, wobei – interessanterweise – neben den klassischen Formen der Bereicherungsdelikte, der Verbrechen gegen Leib und Leben und der Sittlichkeitsdelikte den Verkehrsdelikten als der „zahlenmäßig wichtigsten Gruppe von Straftaten" eine eingehende Betrachtung gewidmet wird. Zu Recht werden auch die „white collar"-Delikte unterstrichen, aber das alles bleibt aufgrund des erwähnten Mangels mehr oder weniger im Anekdotischen stecken. Gelegentlich kommt es geradezu zu falschen Urteilen, die im wesentlichen auf einer Unkenntnis der internationalen Literatur beruhen, besonders auffällig bei der Betrachtung des Selbstmords (S. 189 ff.). So scheinen dem Verfasser auch alle wesentlichen soziologischen Werke zur Selbstmordproblematik unbekannt zu sein (E. Durkheim, M. Halbwachs usw.). Dies führt dann zu so grotesken Feststellungen wie der, daß B. Clinard „für Europa wie für Amerika bei den Protestanten eine stärkere Selbstmordquote als bei den Katholiken" gefunden und damit die Feststellung Feddens bestätigt habe. Diese wesentliche Einsicht der Lehre vom Selbstmord geht zurück auf Morselli, der sie schon um 1879 entdeckt hatte; die soziologische Fortbildung dieser Fragen stammt vor allem von Durkheim (1895). Das gleiche gilt für die Selbstmordfrequenz von Soldaten, die Verteilung der Selbstmordfrequenz über die Jahreszeiten, die Wochentage und die Tagesstunden. Alles das sind uralte soziologische Lehrstücke, die andere Probleme sehen lassen (wie z. B. das der Gruppenkohäsion) als die hier bestenfalls besprochenen. Dagegen greift der Verfasser gern auf biologisch-rassische Momente zurück (unter dem Einfluß von Hans von Hentig, der die geringere Selbstmordquote amerikanischer Neger mit ihrer „Vitalität" erklärt) (S. 195). Daß dieses keine zufällige Bemerkung ist, wird auch durch die Feststellung bestätigt, daß bei internationalen Trickbetrügereien und Trickdiebstählen die „sehr beweglichen Täter überwiegend *Juden*" seien (S. 116). Wir fragen uns, woher das der Verfasser weiß, und wären für eine Angabe der Quelle dankbar. Wir möchten bemerken, daß man mit solchen Äußerungen besonders vorsichtig sein sollte, da sie im antisemitischen Sinne mißverstanden werden könnten. Eine grundsätzliche Auseinandersetzung über die Bedeutung der sozio-kulturellen resp. der biologisch-rassischen Determination wäre hier zweifellos von größerem Wert gewesen. Wir weisen auch auf die weitere Bemerkung (S. 105) hin, die Vertreiber falscher Rubelscheine im alten Deutschland (vor 1914) seien vor allem „russisch-polnische Juden" gewesen, die die falschen Noten zwischen „Gebet- und Gesangbüchern versteckt eingeschmuggelt" hätten, als ob es keine anderen Vertreiber von Falschgeld gäbe. Auf S. 266 wird der „angesehene deutsche Rechtslehrer", der in der Zeit des dritten Reiches in massiver Weise antisemitische Äußerungen von sich gab, diskreterweise nicht mit Namen genannt. Während der Verfasser an einer Stelle (S. 286/87) richtig sagt, daß die anteilsmäßig geringere Kriminalität der Juden in Los Angeles auf der „engen Familien- und Gemeinschaftszugehörigkeit der Juden" beruhe, spricht er in einem ganz ähnlichen Zusammenhang auf S. 277 oben von einer durch engen Familienzusammenhang bedingten geringen Verbrechensbeteiligung der Japano-Amerikaner (auch der Chinesen), während es unten auf der gleichen Seite – übrigens wiederum unter dem Einfluß von Hans von Hentig – heißt, „daß hierfür nicht nur Milieueinflüsse, sondern auch rassische Gegebenheiten verantwortlich" sind. Dabei kommt er noch zu der Feststellung, daß „sich der soziologische Status der Chinesen und Japaner oft nicht von dem der Neger unterscheidet". Dies kann man nur dann aufrechterhalten, wenn man von der Voraussetzung einer rassisch bedingten Stellung dieser Gruppen ausgeht; soziologisch gesehen zeigt sich dagegen, daß die Stellung der Orientalen in den Vereinigten Staaten völlig verschieden ist von der der Neger. Nebenbei gesagt: auch die Stellung der Familie ist bei den verschiedenen Minoritäten, speziell in der Vergangenheit, ziemlich verschieden gewesen wie auch andere Einzelheiten ihrer gesellschaftlichen Stellung, so daß die verschiedenartige Kriminalität nicht weiter verwundert.

Der *dritte Teil* kommt auch nicht zu einer Klärung der angeschnittenen Probleme, da er völlig verschiedenartige Dinge behandelt. Hier spricht der Verfasser von den „Beziehungen" verschiedener „soziologischer Gruppen" zum Verbrechen (S. 221), worunter er teils konzeptuelle (statistische) Gruppen versteht wie die Beteiligung der Geschlechter oder Lebensalter am Verbrechen, teils wirkliche Gruppen wie „rassische oder Minoritätsgruppen", teils kulturelle Einheiten wie religiöse Gruppen, teils ökologische Einheiten und schließlich sozio-kulturelle Großgruppen von gesamtgesellschaftlichem Charakter (Volkscharaktere). Die Abhandlung derart disparater Dinge auf einer Linie kann natürlich einer eigentlich theoretischen Durchleuchtung der verschiedenen Probleme nicht dienlich sein. Alles bleibt wieder auf halbem Wege liegen. So werden einzelne Theoriestücke wohl kurz erwähnt, wie

z. B. die Lehre von den kriminellen Subkulturen, von der differentiellen Assoziation, vom „Lernen" des abweichenden Verhaltens. Aber das ist auch alles. Im übrigen wird nicht spezifisch vertieft, sondern bestenfalls wird mit so allgemeinen Kategorien wie der vom „außengeleiteten" Menschen operiert. Es ist wirklich bedauerlich, daß man auf alle diese Mängel hinweisen muß; denn der Verfasser wäre sicherlich von den uns bekannten deutschen Kriminologen aufgrund seiner ausgezeichneten Kenntnis der zeitgenössischen Kriminalität in Deutschland und anderen europäischen Ländern am besten in der Lage gewesen, die Grundlagen für eine Kriminalsoziologie zu entwerfen, indem er die hiesigen Daten mit den existierenden Theorien konfrontierte und kontrollierte, d. h. methodisch einwandfrei und nicht nur „illustrativ", ob sie sich angesichts dieser Daten hielten oder ob andere Variablen angenommen werden müssen. Leider ist diese zentrale Frage völlig ungelöst geblieben, sie ist nicht einmal gestellt worden, trotz der klaren programmatischen Äußerung, die wir am Anfang zitiert haben. Diese allgemeine Feststellung ließe sich im übrigen an zahllosen Einzelheiten erklären; dafür fehlt uns hier leider der Raum, so daß wir uns auf eine Diskussion der Prinzipienfragen beschränken mußten.

II. Theoretische Konzepte

Das Recht im Zusammenhang der sozialen Normensysteme

Wenn es wahr ist, daß soziales Dasein durch und durch von Normen gestaltet ist und daß die Regeln des Rechts ebenfalls normativen Charakter haben, dann erhebt sich für eine soziologische Betrachtung des Rechts als *erste Frage* das Problem, wie sich die Regeln des Rechts von den anderen Normensystemen des sozialen Verhaltens unterscheiden. Die *zweite Frage* müßte dann darauf zielen, ob die verschiedenen Normensysteme eventuell in gesetzmäßig bestimmten Verhältnissen zueinander stehen, welches darin der spezifische Ort für die Normen des Rechts ist und ob daraus Folgerungen für die jeweilige Reichweite der verschiedenen Normensysteme, ihre Auswirkungsmöglichkeiten und Grenzen gezogen werden können. Diesen beiden wäre eine *dritte Frage* vorauszustellen, nämlich eine Beschreibung dessen, was der Soziologe unter dem Begriff der „Norm" (der Regelung oder der Obligation) versteht, und der Aufweis der eventuell darin enthaltenen Ansätze für eine solche Differenzierung der verschiedenen Normensysteme.

I

Allen Bestimmungen des Begriffs der sozialen Norm geht die Einsicht voraus, daß darunter nicht die Soll-Normen der Ethik zu verstehen sind, die ganz unangesehen dessen bestehen, ob irgendwo und irgendwann jemand sein Handeln nach ihnen richtet. Vielmehr beziehen sie sich immer nur auf das, was in einem gegebenen Kreise von Menschen nach einer Regel entweder tatsächlich geschieht oder wenigstens geschehen kann. Die sozialen Normen sind also im eigentlichen Sinne real als „Erwartungen", welche die Mitglieder einzelner Gruppen oder ganzer Gesellschaften unter bestimmten Umständen („Situationen") voneinander hegen. Diese Erwartungen sind für sie verbindlich, d. h. das Abweichen davon wird mit bestimmten Sanktionen und das Befolgen mit gewissen Belohnungen (z. B. sozialem Status) bedacht. Damit ist auch gesagt, daß sich diese Erwartungen immer auf ein bestimmtes Verhalten oder Handeln beziehen, wobei dieses sowohl in positiven Akten als auch im Unterlassen oder im Dulden bestehen kann.

Die soziologische Betrachtung des geregelten Verhaltens oder der sozialen Normen des Verhaltens setzt also im Gegensatz zur Ethik an dem an, was Ferdinand Tönnies als fundamentales Merkmal der „Sitte" (im Gegensatz zur „Sittlichkeit") ansprach, nämlich an die *tatsächliche Übung*. Wie noch gezeigt werden soll, schließt das allerdings nicht aus, daß es auch für den Soziologen neben jenen Normen, die ganz und gar an ein Verhalten gebunden sind (so daß es schwerfällt, sie von einem konkreten Verhaltensablauf zu trennen), noch andere „Leitbilder", Glaubensbestandteile und sozial-moralische Vorstellungen gibt, die sich in einer gewissen Absonderung oder Entfernung vom tatsächlichen Verhalten, ja unter Umständen geradezu in ausgesprochener Opposition dazu entfalten. Wir bemerken schon hier, daß ohne diese Möglichkeit kein Kontinuum zwischen den einfachsten Erwartungsnormen und den Normen des Rechts bestehen könnte. Dabei ist hinzuzufügen, daß diese Normensysteme, die sich gewissermaßen „spezialistisch" vom realen Geschehen trennen und als ihren eigensten Inhalt nicht so sehr ein besonderes Verhalten als vielmehr die Regelung überhaupt haben, ihrerseits wieder nach den verschiedensten Richtungen hin differenziert sein können (etwa Regeln des Rechts und der allgemeinen Moralität).

George C. Homans hat in diesem Sinne zwischen „Normen" und „Werten" geschieden, wobei sich die Normen auf das tatsächliche Verhalten beziehen, während die Werte in bestimmten Vorstellungen begründet sind, die einer Gesellschaft mehr oder weniger bewußt sind und die das Verhalten, vor allem aber das Bewußtsein, in gewissem Ausmaß bestimmen, ohne daß man sich aber immer daran gebunden hielte. Die Abweichung von diesen Werten wird gewissermaßen so lange toleriert, als man ihnen nicht offen zuwiderhandelt; auch wird dies nicht als „abweichendes Verhalten" wie beim Verletzen einer Norm qualifiziert. Vielmehr spricht daraus nur die Hinfälligkeit der menschlichen Natur, die sich nicht ständig zu dem Niveau dieser Werte zu erheben vermag, selbst wenn sie sie als Postulate eines höheren moralischen Bewußtseins grundsätzlich anerkennt.

Sowohl der Satz von Tönnies als auch diese Konzeption von Homans enthalten einen Hinweis auf eine eventuelle Differenzierbarkeit der verschiedenen Normensysteme. Offensichtlich spielt hierbei der Grad der Bewußtheit eine besondere Rolle, indem manche Normen sich so vollkommen dem tatsächlichen Verhalten einbetten, daß man ihrer als Normen gar nicht bewußt wird, während andere prinzipiell von höheren Bewußtseinsformen begleitet sind. In diesem Sinne sprach etwa Theodor Geiger von einer Entgegensetzung von Regelhaftigkeit des Verhaltens an sich und dem Geregeltsein als dem Ergebnis einer (bewußten) normierenden Tätigkeit. Mit einer außerordentlich illustrativen Wendung sagte er, daß die erstere Form der Regelung das Leben „durchwaltet"; sie ist gewissermaßen „unbewußt", wenn man sie mit dem hohen Grad an Bewußtheit vergleicht, mit dem andere Normen des sozialen Verhaltens (worunter z. B. die des Rechts) gelten. Das Kontinuum, von dem oben gesprochen wurde, würde also mit dieser kaum noch bewußten Form der Regelung beginnen und sich bis zu dem entgegengesetzten Pol mit dem Charakter höchster Bewußtheit erstrecken, wobei der „spezialistische" Charakter der Normen, nämlich der ausdrücklichen Regelung des Verhaltens zu dienen, immer deutlicher zum Vorschein kommt. Damit erhebt sich die Frage, ob nicht hier der Ansatz für eine Differenzierung der verschiedenen Normensysteme gegeben ist, von dem wir zu Beginn sprachen. Bevor wir dies aufgreifen (II), müssen wir jedoch noch einige andere grundsätzliche Fragen klären, die sich sowohl auf das Prinzip dieser Klassifizierung der Normensysteme als auch auf die Randphänomene des genormten Verhaltens, wo diese kaum mehr bewußt sind, beziehen.

Wenn wir wie Max Weber den höheren oder niederen Grad an Rationalität als Maßstab setzen, können wir sagen, daß die „Grenze" des genormten Verhaltens auf dem unbewußten Pol genau da liegt, wo das Verhalten rein reizreaktiv wird. Für Max Weber war die Frage damit erschöpft; für uns ist sie es nicht. Denn nachdem die Sozialpsychologie und die Kulturanthropologie gleichermaßen gezeigt haben, daß im sozialen Verhalten „das Erworbene das Ursprüngliche ist" (John Dewey), erweist es sich, daß das reaktive Verhalten weitgehend Ausdruck einer Sedimentierung früherer normativer Gestaltung ist, die zur „zweiten Natur" wurde. Die „normative Kraft des Faktischen" (G. Jellinek) ist dann in Wahrheit unter Umständen selber Produkt genormten Verhaltens, das zur Gewohnheit geworden ist. Hier kann man sagen, daß selbst da, wo ein scheinbar „mit einem subjektiv gemeinten Sinn nicht verbundenes" Handeln (M. Weber) auftritt, bei genauerem Zusehen und bei einem Zurückverfolgen dieses Verhaltens in die Vergangenheit ein solcher Sinn in Form einer einstmals wirksam gewesenen Normierung entdeckt werden kann. Wir betonen ausdrücklich, daß dies eine reine Möglichkeit ist; denn sehr häufig sind die Entstehungswege solcher sedimentierten Verhaltensweisen derart verschlungen und umwegreich, daß es nicht gelingt, ihnen bis zu ihrem Ursprung nachzugehen, wo sie Inhalt einer mehr oder weniger ausdrücklichen Normierung gewesen waren.

In diesem Sinne gibt es einen Bodensatz sinnhaft-adäquat nicht mehr verstehbarer, weil oft (oder sogar meist) inkohärenter Bestandteile der Kultur, deren Kraft des Überdauerns einzig in ihrer Faktizität liegt. Äußerlich besehen erscheinen sie wie bloße Gewohnheiten, deren Sinn und Funktion nicht mehr verständlich sind. Wenn wir etwa nach dem Essen eines gekochten Eies die Schale zerdrücken, so ist das Ausdruck einer archaischen Angst vor einem Speisezauber, der denjenigen trifft, der das Ei verzehrt hat, weil Speisereste eine magische Verbindung zu dem herzustellen erlauben, der diese Reste hinterlassen hat. Darum werden Speisereste vernichtet. Nachdem dieser magische Hintergrund nicht mehr bewußt ist, greift der Akteur zu Rationalisierungen, um dies unverständliche Verhalten zu erklären, und sagt etwa, man wolle mit dem Zerdrücken der Eierschalen verhindern, daß diese beim Abräumen des Tellers hinunterrollen. Hier sehen wir deutlich, wie ein einstmals normierter und (magisch) begründeter Zusammenhang zu einem Verhaltensschema reduziert ist, das äußerlich den Schein bloßer Gewohnheit bietet. Das genau verstehen wir unter traditionalen oder habituellen Kultursedimenten. Diese können dann übrigens auch sehr plötzlich verschwinden; so scheint uns gerade dieser Brauch in den letzten dreißig bis vierzig Jahren in Europa weitgehend verschwunden zu sein.

Wir können also sagen, daß, selbst wenn soziales Verhalten durch und durch normiert ist, der jeweilige manifeste Inhalt dieses Verhaltens nicht immer Gegenstand einer aktuellen Norm sein muß. Abgesehen von den *Sachverhältnissen*, die überall ins Verhalten hineinreichen und die ebenfalls Ergebnis normierender Aktivität sein können, wird soziales Dasein von einer Fülle von Verhaltensmustern kultureller Natur („patterns of culture") durchzogen, die als faktische Gewohnheiten auf der Gegenwart lasten und diese in bestimmte Kanäle lenken. Damit gewinnt der Ausdruck von der Normativität des Faktischen einen von der üblichen Interpretation beträchtlich abweichenden Sinn. Er entspricht jetzt genau dem, was William Graham Sumner mit einem kühnen Neologismus als „Folkways" bezeichnete, gewissermaßen die Wege, die im Verhalten tatsächlich begangen werden. Genau wie bestehende Verkehrswege mit ihrer Faktizität für die Zukunft wie normative Gebote wirken, haben auch kulturell zu Gewohnheiten gewordene Verhaltensmuster eine zwingende Kraft. Selbst wenn mit der Kenntnis der Umstände, unter denen diese Verhaltensmuster entstanden sind, ihre Sinnhaftigkeit für eine aktuelle Gegenwart verschwunden ist, so sind sie dennoch nicht rein reizreaktiver Art, sondern gewissermaßen sedimentierte Kultur.

Es ist unmöglich festzustellen, wieviele Bestandteile unseres alltäglichen sozialen Verhaltens ihren Sinnzusammenhang und ihre Funktion verloren haben (wie etwa die aufgenähten Knöpfe an unseren Jackenärmeln); aber sie drücken dennoch auf unser Verhalten, prägen es und lenken es mit der normativen Kraft des faktisch gewordenen Ergebnisses früherer normativer Tätigkeit. Wir bezeichnen dies normative System als *Brauch,* der entsprechend der oben geschilderten Struktur völlig unreflektiert und systemlos ist. Zu einem Gegenstand der Analyse wird der Brauch einzig für den Beobachter und nicht für den Akteur. Der Akteur begnügt sich, wenn er überhaupt das Bedürfnis für eine Begründung empfindet, mit Rationalisierungen der oben angedeuteten Art, oder er weist Fragen nach dem „Sinn" des Brauchs ganz einfach zurück mit dem Bemerken, der Brauch sei eben Brauch, weil er Brauch sei, d. h. weil man immer schon so gehandelt hätte. In der Tat scheut der Brauch jede Erklärung, weshalb auch ein unübersehbares Moment an Inkonsistenz in schlechterdings jedem Brauchtum liegt.

Genau wie gesagt werden mußte, daß es nicht mehr festgestellt werden kann, was alles in unserem alltäglichen Verhalten reiner Brauch ist, so müssen wir auch eingestehen, daß in keiner Weise vorausgesehen werden kann, was alles an unseren heute bewußt geregelten Verhaltensformen in irgendeiner nahen oder fernen Zukunft einmal zu einem bloßen Brauch wird. Bräuche entstehen immer neu. Höchst interessante Hinweise darauf finden wir etwa in der Mode, die einerseits dauernd neue Verhaltensformen schafft, um sie bald darauf wieder aufzugeben, andererseits aber auch gelegentlich ausgesprochene Dauergewohnheiten aus sich entläßt (so wurde etwa der Halbschuh von einer Modeneuheit zu einer Dauerform des Schuhs). Diese wirken dann ebenfalls mit der normativen Kraft des Faktischen auf die Zukunft.

Verglichen mit der Durchsichtigkeit eines rein rational geregelten Zusammenhangs erscheint somit der Brauch als zuhöchst „irrational". Wir betonen jedoch, daß dies primär nur für den Akteur gilt; für den Analytiker ergibt sich hier vielmehr ein unter Umständen durchaus rational auflösbarer Zusammenhang, selbst wenn es in vielen Fällen nicht gelingen sollte, ihn tatsächlich sichtbar zu machen. Aber der subjektiv gemeinte Sinn des Akteurs ist eben etwas durchaus Verschiedenes von den Begriffen des Beobachters und wissenschaftlichen Analytikers.

In allen den genannten Fällen ist die Norm unmittelbar dem Verhalten eingebettet und von diesem nicht zu trennen. Sie „durchwaltet" in der Tat das Leben, wie Geiger es ausdrückte. Darum kann auch keine Entfernung oder Absonderung der Norm vom unmittelbaren Verhalten eintreten, die etwa letzteres zum ausdrücklich bezielten Inhalt einer normierenden Aktivität machen würde. Trotzdem handelt es sich aber im strengen Sinne um genormtes Verhalten, wenn auch ein solches sehr besonderer Natur. Dies beweist letztlich der Umstand, daß die Einhaltung des Brauches selbstverständlich sanktioniert ist, selbst wenn die Sanktionen nicht sehr streng sind. Ein Abweichen vom Brauch wird meist nur belächelt. Man darf das allerdings nicht unterschätzen; denn wer wird es auf die Dauer ertragen, von seiner Umwelt belächelt zu werden? Trotzdem bleibt aber der durchgehende Zug der Inkonsistenz beim Brauch sehr aufdringlich, so daß es im gegebenen Fall auch immer brauchtümliche Alternativen gibt, die als Entschuldigung für ein eventuelles Abweichen von einer eingefahrenen Verhaltensweise genommen werden können. Damit wird dann auch die Toleranz der Sanktion begründet, weil eben immer mehrere Wege möglich sind.

Mit dem Mangel einer Trennung zwischen normierender Aktivität und dem Verhalten entscheidet sich beim Brauch der außerordentlich geringe Grad an Bewußtheit beim Handelnden. Für den Beobachter stellt sich brauchtümliches Verhalten durchaus als eine unbewußte Lebensorientierung dar, die – im Gegensatz zu anderen Normensystemen – nicht einmal dann ein Bewußtsein aus sich produziert, wenn etwa irgendwelche Hemmnisse der Befolgung eines Brauchs entgegenstehen oder regelmäßig und von einer großen Zahl von Menschen von ihm abgewichen wird. Während in anderen Zusammenhängen das abweichende Verhalten, wie schon Emile Durkheim erkannte, die Funktion hat, das Bewußtsein von den Normen und ihrer allgemein akzeptierten Geltung nicht einschlafen zu lassen und damit Sanktionen auszulösen, entfällt dies so gut wie ganz beim Brauch. Entweder man belächelt einfach eine Abweichung und geht darüber zur Tagesordnung über, oder man vergißt den Brauch, läßt ihn fallen. Dies Vergessen kann dabei so radikal sein, daß der Akteur überhaupt nicht mehr weiß, daß er einstmals einen bestimmten Brauch befolgt hat. Gerade darum ist der Weg der Forschung hier so außerordentlich schwer, weil unter Umständen im Bewußtsein der Akteure keine Spur des Vergangenen mehr aufzufinden ist, an der man sich zu den ursprünglichen Entstehungsbedingungen eines Brauchs zurücktasten könnte. Das Vergessen ist hier in der Tat ein totales.

II

Der Sinn der obigen Ausführungen ist leicht zu erkennen: Wir wollten damit nicht nur eine allgemeine Darstellung dessen geben, was der Soziologe unter Norm versteht, sondern gleichzeitig den Ansatz für eine Differenzierungsmöglichkeit verschiedener Normensysteme an einem Kontinuum entlang gewinnen und schließlich den einen Extrempol dieses Kontinuums genauer umschreiben. Das ist nunmehr geschehen, womit wir den zweiten Schritt beginnen können, nämlich eine Differenzierung verschiedener Normensysteme in ihre einzelnen Bestandteile vorzunehmen, was an Hand des wohl fundamentalsten und umfangreichsten Normensystems geschehen kann, nämlich des Brauchs, den wir im Vorgehenden geschildert haben. Auch ist die Richtung des Kontinuums klar, auf dem wir uns zu bewegen haben, so daß sich vor allem die anderen Normensysteme durch eine höhere Bewußtheit und auch eine höhere Rationalität beim Akteur auszeichnen müssen, während für ihn der Brauch höchst irrational, unverständlich und unbegründbar ist (dagegen kann ihn der Beobachter sehr wohl bestimmten sozialen Konstellationen rational zuordnen).

Die höhere Bewußtheit beginnt schon mit der *Sprache*. Es ist eine durchaus auffällige Erscheinung, daß man den Brauch gern inventarisiert; man „bespricht" ihn aber ungern, weil er eben unergründlich ist für den Akteur und dieser dauernd zugeben müßte, daß er eigentlich gar nicht weiß, warum er auf eine bestimmte Weise handelt. Der Brauch gehört dann gewissermaßen zum „Hintergrund" unseres Verhaltens, der uns auch sonst zumeist unbewußt bleibt. Der Brauch ist vielleicht auch darum nicht Gegenstand sprachlicher Auseinandersetzung, weil er einen wesentlichen Zug mit der Sprache gemeinsam hat, daß sie zwar obligatorisch ist, wenn einer nicht unverstanden bleiben will, daß aber auch ihre Struktur ein Hintergrundsphänomen bleibt (Benjamin Lee Whorf). Will man diesen Hintergrund erfassen, muß man schon aus einer Sprache heraus und in eine andere („metalinguistische") Dimension hinübertreten, aus der die Strukturen der gesprochenen Sprache sichtbar werden. Der Brauch gehört also zu jener Zone der Normierung, die man auch als „stillschweigende Übereinkunft" bezeichnet.

Davon völlig unterschieden ist die Sitte. Wie die Antinomie der Begriffe „Folkways" und „Folklore" zeigt, liegt in ihr ein höherer Grad an Bewußtheit. Die Wurzel „lar" = Lehre, die im Worte Folklore steckt, beweist, daß hier etwas ausdrücklich über ein Verhalten ausgesagt wird, mit der besonderen Bewandtnis, daß ein bestimmtes Verhalten obligatorisch ist und als solches erklärt wird. Mit einem Worte: Die Absonderung der Normen von einem konkreten Verhalten beginnt, sich bemerkbar zu machen; das ist gleichzeitig der Beginn einer spezialisierten Aktivität des Normierens, wie sie sich in einer „Lehre" kundtut. Während der Brauch befolgt wird, einfach weil er in Übung und Tradition ist, sagt die Sitte schon mehr zu ihrer Begründung aus. Allerdings verliert sie darum nicht den Zusammenhang mit der tatsächlichen Übung, wie die schon oben erwähnte Unterscheidung von Sitte und Sittlichkeit lehrt. Gegenüber der durchgehenden Unbewußtheit des Akteurs im Befolgen eines Brauches tritt hier eine emphatische Bejahung der Sitte hervor. Die Sitte ist im Sprachgebrauch von Max Weber nicht nur traditional, sondern auch „affektuell" bestimmt. Deutlich klingt dies in dem lateinischen Ausdruck der „mores majorum" an. Während sich der Brauch in der Zone stillschweigender Übereinkunft hält, erhält die Sitte bereits deutlich einen betonten Grad an Ausdrücklichkeit, der letztlich auch sprachlich greifbar wird. Die Sitte schlägt sich nieder in gewissen sprichwörtlich geprägten Sätzen, die selber als Sprachform insofern obligatorischen Charakter haben, als an ihrer Form nichts geändert werden darf. Der zwingende Charakter der Sprachmagie kommt vor allem in der Rhythmik dieser Sätze, schließlich auch in Reimformen (Stabreime), ritornellartigen Wiederholungen einzelner Worte und Satzteile u.ä. zum Vorschein. Damit gelangen wir bereits sehr in die Nähe gewisser niederer Formen des Rechts, die sich vornehmlich als Spruchweisheit äußern. Dennoch ist aber die Sitte von diesen Formen des Rechts deutlich zu unterscheiden. Denn die Sitte sagt nicht, die „Väter" hätten sie geboten, und darum müsse man sie befolgen; sondern sie ist geboten, weil sie die Väter tatsächlich geübt haben. Das Gebot der Väter kommt dagegen in den alten Offenbarungsreligionen mit außerordentlicher Wucht zur Aussprache, wobei die religiöse Offenbarung immer gleichzeitig auch ein „Gesetz" ist. Aber auch ohne monotheistische Religionsgründung finden wir religiös fundierte Rechtskodizes (wie im Gesetz des Hammurabi, im römischen Zwölf-Tafel-Gesetz u.ä.).

Wichtiger als diese Parallelen sind jedoch andere Züge der Sitte, die später im Recht immer stärker heraustreten. Die Sitte beginnt nämlich, im deutlichen Gegensatz zum immer inkohärenten Brauch, bereits einen gewissen systematischen Charakter zu entwickeln. Es ist schon oft hervorgehoben worden, daß die Sitte insbesondere an den wichtigen Stationen des menschlichen Lebenslaufes ansetzt, der ihrem System Einheit verleiht. So haftet sie vor allem den Stadien oder Phasen der menschlichen Generationsordnung an, vom Ahnenkult (als der emphatisch-bejahten und durch Vorstellungen von einer religiös-überzeitlichen Identität zwischen den Lebenden und den Geistern der Verstorbenen vertieften rituellen Verehrung des „Gebots der Väter"), über Geburt, Beschneidung, Namensgebung, Heranwachsen, Jünglings- und Mädchenweihen, Verlöbnis, Heirat bis zum Tod, zur Entrückung und zur Auferstehung. Kurz und gut, unter Sitte ist all das inbegriffen, wofür man sonst das lateinische Wort „mores" benutzt (als Abkürzung für „mores majorum"), ein Ausdruck, der im übrigen speziell im Deutschen der üblichen Sprachform vorzuziehen ist, die wegen der sprachlichen Nähe von Sitte und Sittlichkeit zu vielen Verwirrungen Anlaß gegeben hat. Der Ausdruck „mores", der sich seit W. Gr. Sumner im angelsächsischen und amerikanischen Kulturkreis durchgesetzt hat, betont gegenüber der metaphysischen Entrücktheit des Begriffs Sittlichkeit das Moment der tatsächlichen Übung, von dem auf dieser Stufe noch nicht abzugehen ist.

Von hier aus teilen sich die Linien und laufen nach verschiedenen Richtungen hin auseinander. So finden wir einerseits *das öffentliche Moralbewußtsein einer Gesellschaft* (das man wohl im Gegensatz zu den „mores" als „morals" bezeichnet), dann aber auch das *Gewohnheitsrecht*. Im ersteren Falle erhöht sich der Bewußtseinsgrad der Sitte nochmals, und zwar kontinuierlich aufsteigend, indem sich zahlreiche entwickeltere Denkformen bis hin zur Philosophie und philosophischen Ethik der Sitte bemächtigen und sie zu einem allgemeinen „Ethos" ausbauen, das für eine Gesellschaft, für eine Epoche, für eine soziale Schicht oder Klasse usw. verbindlich ist und nicht nur das soziale Verhalten, sondern darüber hinaus noch zahlreiche andere Lebensäußerungen in Kunst, Öffentlichkeit, Politik, Geselligkeit beeinflußt. Entsprechend der höheren Bewußtheit der Sitte sind die Sanktionen bei ihrer Verletzung bereits stärker; sie reichen von Akten der ausgesprochenen (verbalen) Mißbilligung und Ermahnung bis hin zur Achtung und zum Boykott. Wir weisen noch darauf hin, um später darauf zurückzukommen, daß das sich aus der Sitte entwickelnde öffentliche Moralbewußtsein insofern eine zweideutige Stellung hat, indem es einerseits unterhalb der Normen des Rechts, also näher dem faktischen Verhalten steht, andererseits – insbesondere nach ihrer philosophischen Weiterentwicklung und Diffusion durch die „öffentliche Meinung" – auch gelegentlich über die Normen des Rechts hinausgreifen kann, indem es etwa ergangene Entscheidungen des Rechts wieder aufhebt und auch Taten, die das Strafrecht verurteilt, entschuldigt. Das Strafrecht kennt zwar „mildernde Umstände", aber es kann gemeinhin nicht entschuldigen (nur im „Notstand"). Im gleichen Sinne spielt Karl Marx in seinem berühmten Aufsatz über das Holzdiebstahlgesetz (vom 25. Oktober 1842) das Gewohnheitsrecht gegen das geltende Recht aus. Umgekehrt kann aber auch die öffentliche Moralität manchmal schärfer verurteilen als das geltende Recht. Dabei können zahlreiche andere untergeordnete Normensysteme eine Wirkung entfalten, wie die Regeln des Zeremonials, der Konvention, der Mode, aber auch des Anstands, der Etikette, des guten Geschmacks, der Urbanität oder Höflichkeit. Mit diesen Fragen taucht schon ein anderes Problem auf, das ganz zu Anfang erwähnt wurde, nämlich das von der jeweiligen Reichweite der verschiedenen Normensysteme, von ihren Auswirkungsmöglichkeiten und Grenzen, die hier nicht alle behandelt, sondern nur erwähnt werden können.

Damit stehen wir jetzt unmittelbar vor der Umschreibung des besonderen Normensystems des *Rechts,* das an seiner Stelle des Kontinuums zwischen bloßer Tradition und höchster Rationalität eingeordnet und im Kontrast zu den anderen Normensystemen definiert werden muß. Bevor wir das jedoch tun können, müssen wir noch darauf hinweisen, daß in dieser Reihe von Normensystemen das Recht gewissermaßen aufruht auf außerrechtlichen Normen, die ihm sowohl unter- wie übergeordnet sind, es mildern oder verschärfen können. Man kann auch sagen, daß kein Rechtsinstitut allein kraft rechtlicher Normen in der sozialen Wirklichkeit bestehen kann; sie bedürfen alle einer Ergänzung und Erweiterung durch außerrechtliche Normen. Das gilt natürlich nur für den Soziologen, der eine Gesamtordnung aller Normensysteme zu entwerfen versucht. Für den Rechtswissenschaftler müssen dagegen diese Verhältnisse notwendigerweise anders liegen: Für ihn ist etwa Gewohnheitsrecht nur das, was durch das gesetzte Recht nicht gedeckt wird, während sich für den Soziologen das kodifizierte Recht aus dem Gewohnheitsrecht entfaltet. Aber die Verschiedenheit der Gesichtspunkte sollte kein Anlaß für eine Kontroverse sein, da beide etwas jeweils ganz anderes beziehen. Der Rechtswissenschaftler, der an der Kompetenz der bestehenden und kodifizierten Rechtsregeln interessiert ist, muß naturgemäß alle anderen Normensysteme in Funktion des für ihn einzig maßgebenden gesetzten Rechts sehen; so ist Gewohnheitsrecht für ihn definiert durch das, was das gesetzte Recht darüber bestimmt. Für den Soziologen dreht sich jedoch dies Verhältnis um, und das System des gesetzten Rechts erscheint im strengen Sinne als aufruhend auf dem Normensystem des Gewohnheitsrechts und anderer Normensysteme, wie vorher dargestellt.

Ein wesentlicher Unterschied besteht insofern zwischen allen Normen des Rechts und den bisher behandelten Normensystemen (mit Ausnahme der philosophischen Ethik), als die Rechtsnormen in der Regel eine andere Beziehung zur Zeit haben als die anderen Normensysteme. Selbst wo Präjudizien eine wesentliche Rolle spielen, müssen sie doch immer an eine Rechtsidee gebunden sein (wie etwa das angelsächsische „Equity Law", das im Gegensatz steht zum traditionalistischen „Common Law", indem es auf gewisse naturrechtliche Elemente zurückgreift), die ihrerseits die Wirklichkeit nicht übernimmt, wie sie ist, sondern an einem rechtsethischen Maßstab mißt. Normalerweise treten die ausgeprägten und spezialisierten Rechtssysteme immer als etwas Neues (und nicht bloß aus der Vergangenheit Überliefertes) auf. Daher auch die Wichtigkeit der Rolle des „Gesetzgebers" als Rechtsidee und als Wirklichkeit sowie der „Rechtsschöpfung". Soziologisch erweist sich damit, daß sich das Recht sehr häufig – insbesondere im Moment seiner Entstehung – in Gegensatz stellt zur Tradition und damit zu allen bisher behandelten Normensystemen (mit einziger Ausnahme, wie gesagt, der philosophischen Ethik), selbst wenn es später seinerseits wieder Traditionsbestandteil wird. Die großen Rechtsschöpfungen der Geschichte pflegen sich in ähnlicher Weise wie die Hochreligionen gegen die lokalen Geister, gegen die vielen regional verschiedenen Sitten im Sinne der Erschaffung eines einheitlichen Normensystems zu stellen. Diese Perioden der Rechtsschöpfung sind darum zumeist mit außerordentlichen inneren Umstellungen in einer gegebenen Gesellschaft verbunden, die sich über lange Perioden hinziehen können. Dies andere Verhältnis zur Zeit scheint uns für alle weiteren Züge dieses speziellen Normensystems fundierend zu sein, die alle mehr oder weniger direkt damit zusammenhängen. Dies weist auch auf einen neuerlich erhöhten Bewußtseinsgrad der Rechtsnormen hin, die dem Typus der Rationalität immer näher kommen.

Dazu gehört vor allem, daß Rechtssätze immer auf eine feste sprachliche und schriftliche Form abgezogen sind (1). Diese Art der Ausdrücklichkeit unterscheidet sich zugleich grundsätzlich von den nur sprichwörtlich überlieferten Weistümern der Sitte, indem eine rationale Darstellung der Rechtssätze unter wachsender Ablösung von den Glaubensbestandteilen des Systems des Ahnenkults erstrebt wird (2). Statt dessen wird vielmehr Systematik in Form klarer und miteinander zusammenhängender Definitionen (3) angestrebt, die – den Anforderungen der Rationalität folgend – nach dem Gesetz der inneren Widerspruchslosigkeit geordnet sein sollen (4). Damit treten im Sinne von Max Weber immer mehr wert- und zweckrationale Momente beim Normensystem des Rechts hervor, wie sonst wohl kaum in einem anderen Sektor des komplexen sozialen Systems (mit einziger Ausnahme vielleicht der Wirtschaft; daher auch die oft vermerkte innere Beziehung des römisch-rechtlichen Begriffs der „societas" mit dem Begriff der Wirtschaftsgesellschaft von Th. Hobbes über J. J. Rousseau, Adam Smith, Hegel bis zu Marx. Auch zeigen sich andere interessante Parallelen zwischen der Organisationsstruktur der Rechtsbehörden einerseits und den „Betrieben" der Wirtschaft andererseits.)

Ein weiterer damit zusammenhängender Zug des rechtlichen Normensystems (5) liegt darin, daß nicht mehr wie bei der Sitte die Gesamtgruppe diffus über die Einhaltung der Normen wacht, sondern ein spezialisierter Menschenstab, der zugleich (6) staatliche Gewaltmittel als Sanktionen bei Übertretung der Rechtsnormen androht. Damit wird das Normensystem des Rechts sowohl in Rechtssatzung wie in Rechtsprechung den organisatorischen Institutionen des Staates (7) eingebettet, mit denen es auch alle jene Züge gemeinsam hat, die Max Weber unter dem Begriff der „Bürokratisierung" (8) zusammenfaßte, also Delegation der Macht an Fachleute, Ausbildung von Behörden, Kompetenz, Instanzenzug, sachliche Erledigung nach abstrakten Regeln und ohne Ansehen der Person, formale Rechtsgleichheit, Konzentration der sachlichen Betriebsmittel in einer Hand usw.

In dieser Hinsicht geschieht es dann, daß das Normensystem des Rechts auch über alle Wirklichkeit als Gegenwart insofern hinausgreift, als es dispositiv in die Zukunft zu wirken sucht (9), um bestimmten vorausgesehenen, respektive erwarteten Erscheinungen zu begegnen oder sie gar zu steuern. Damit geschieht gleich ein Mehrfaches: zunächst wird mit diesem dispositiven Charakter der Rechtsnormen auch „sekundär" ein neues Verhalten geschaffen (10), während alle anderen Normensysteme immer nur am überlieferten, faktischen Handeln hafteten. Jetzt ist also der Zustand erreicht, daß bestimmte Normen spezialistisch die Regelung des Verhaltens als solche (als Ergebnis einer bewußten, normierenden Tätigkeit) zum Inhalt haben (11). Damit kommt neben dem systematisierenden Zug des Rechts, neben seiner dispositiven Funktion, plötzlich ein rational planendes Moment (12) für die Zukunft zum Vorschein, das aus dem System der Rechtsnormen ein wichtiges Instrument der sogenannten „sozialen Kontrolle" schafft. Entsprechend dem erreichten Grad an Rationalität wird im Laufe dieses Prozesses immer mehr über das Verhältnis von Haupt- und Nebenfolgen, von manifesten und latenten Wirkungen, vor allem aber von positiven Funktionen, Dysfunktionen und A-Funktionalität nachgedacht.

Mit Letzterem haben wir aber bereits die Grenze des Systems der Rechtsnormen in Richtung der rein rationalen Aktion verlassen. Zunächst muß gesagt werden, daß auf Grund ihres historischen Ursprungs und seiner Struktur immer auch Momente minderer Rationalität im System der Rechtsnormen enthalten sind, z. B. (philosophische) Ideen vom „richtigen" Recht im wertrationalen Sinne, die der reinen Zweckrationalität notwendigerweise als irrational erscheinen; dazu gehören noch andere Rechtsideen verschiedener (philosophischer oder christlicher) Herkunft. Die Ideen der (zweckrationalen) Aktion entwickeln sich jenseits dieser Dimension, und zwar in Richtung des reinen Organisierens einerseits und der extensiven Planung andererseits. Damit wäre das andere Ende des Kontinuums erreicht, das wir mit dem Handlungssystem der faktischen Übung nach einer immanenten Regel anheben ließen. Im Verhältnis zum reinen Organisieren und zur Planung, die idealtypisch ausschließlich der zweckhaften Handlung dienen wollen, woraus die Notwendigkeit resultiert, alle bloß traditionalen Momente auszuschalten, ist das Normensystem des Rechts letztlich noch insofern irrational, als es mit der Zeit selber zu einem Traditionsbestandteil wird und dann nicht nur kraft rationaler Struktur, sondern kraft symbolischer Autorität der überlieferten Lehre gilt. Angesichts der Rationalität von Organisieren und Planen erweist also das Recht noch immer einen Charakter relativer Irrationalität. Wir lassen hier die Frage außer acht, ob nicht die Wirklichkeit des Planens und Organisierens auf Grund der spontanen Entstehung informeller Strukturen dem Verhalten des konkreten Menschen angenähert werden kann. Im vorliegenden Zusammenhang konnte es einzig auf die Umreißung der idealtypischen Struktur dieser Normensysteme ankommen.

Über oder jenseits der Rechtsnormen gibt es also sowohl die Ideen der öffentlichen Moralität bis zur philosophischen Ethik einerseits als auch das planende Organisieren andererseits, womit das Normensystem des Rechts nicht nur in seiner Eigenart charakterisiert, sondern zugleich in einem umfangreichen und komplexen Zusammenhang verschiedener Normensysteme eingeordnet ist.

III

Was wir im Vorgehenden gezeichnet haben, ist die soziale Wirklichkeit des Rechts, die unter keinen Umständen mit der Rechtswirklichkeit im Sinne der Rechtswissenschaft zu verwechseln ist. Die Rechtswirklichkeit, die nur rein rechtswissenschaftlich relevant ist, erwächst aus der Rechtsverwirklichung, der Rechtsanwendung, die überall die Rechtsnorm voraussetzt. Die soziale Wirklichkeit des Rechts im Sinne der Soziologie bezielt dagegen den sozialen „Unterbau" von Regelungen, aus denen nach mannigfaltigen Umwegen auch die Rechtsnormen erwachsen, bis sie sich zum Kultursystem des Rechts verdichten. Damit kommt es im allgemeinen Auffächerungsprozeß der Kultur zu einer wachsenden „Autonomie" der Rechtsnormen und der Rechtssphäre, die aber selber nichts anderes ist als das Ergebnis eines ausgedehnten gesamtgesellschaftlichen Entwicklungsprozesses. Genau wie bei der Entwicklung der Wirtschaft wird dann schließlich Integration des Rechts in das soziale System zu einem besonderen Problem, was hier wie dort die bekannten Schwierigkeiten geschaffen hat.

Eine weitere Schwierigkeit, die sich aus der Autonomie des Rechts entwickelt, liegt darin, daß die Rechtswissenschaft, insbesondere die Rechtsphilosophie, häufig der Meinung ist, daß es Normen einzig in den Dimensionen des Rechts und der philosophischen Ethik, nicht aber im Rahmen des sozialen Geschehens geben könne. Dieser Gesichtspunkt kam mit besonderer Einseitigkeit bei Hans Kelsen zum Ausdruck, der allerdings in dem Augenblick, da er bei Emile Durkheim auf eine Auffassung des Sozialen als eines geregelten Verhaltens stieß, einfach erklärte, dann sei die Soziologie eben Rechtswissenschaft. So spricht Kelsen von der „spezifisch juristischen Sphäre, innerhalb derer sich die Begriffe Durkheims bewegen". Damit hat er aber sowohl die Position der Soziologie als auch die Durkheims mißverstanden. Die Begründung dafür ist eine vielfältige. Zunächst liegt die Meinung Durkheims darin, daß sich die Normen des Rechts in einen um ein Vielfaches größeren Kosmos sozialer Normen einbauen, von denen die Rechtsnormen zwar einen wichtigen Bestandteil, aber eben doch nur einen kleinen Teil unter vielen anderen darstellen. Und zwar gilt dies im strengen Sinne. Wenn einer Rechtsnorm zuwider gehandelt wird, so löst dies – wie wir gesehen haben – staatlich organisierten äußeren Zwang als „Sanktion" aus. Die Übertretung sozialer Normen zieht aber ebenso Sanktionen nach sich, wenn diese auch verschiedene Formen annehmen können, die nicht staatlich organisiert sind, vom Lachen bis zur Ächtung. Ferner können diese Sanktionen sowohl schwächer als auch stärker als die des Rechts sein. In unseren Tagen ist es

z. B. besonders aufschlußreich zu sehen, wie die öffentliche Moralität sich viel stärker als die meisten existierenden kodifizierten Rechtssysteme gegen die Zusammenballung wirtschaftlicher Macht in nur wenigen Händen und auch gegen einen Teil der sogenannten Wirtschaftsverbrechen wendet; in manchen Fällen ist es wieder umgekehrt, indem die öffentliche Moralität etwa Steuervergehen von Privatpersonen nachsichtiger beurteilt als das Gesetz.

Wenn nun bei Durkheim tatsächlich gelegentlich eine „spezifisch juristische Sphäre" hervortritt, so hat es letztlich damit eine methodische Bewandtnis, wie schon sehr deutlich in seinem Werk über die „soziale Arbeitsteilung" und in den „Regeln der soziologischen Methode" hervortritt. Wenn er sich gern an die Regeln des gesatzten Rechts hält, um sozialstrukturelle Verhältnisse sichtbar zu machen, so hat das den Grund, den wir vorher (unter Punkt 1) hervorhoben, daß sie sprachlich und schriftlich festgelegt sind, so daß man sich bei ihrer Analyse nicht an subjektive Eindrücke und Vorurteile ausliefern muß. Die Regeln des gesatzten Rechts sind nicht nur im juristischen Sinne eine „Rechtsquelle", sondern auch im soziologischen Sinne eine Quelle für objektive Daten (wie die der Statistik), die weiterer analytischer Zerlegung zugeführt werden können. Für Durkheim sind diese Daten aber nur insofern relevant, als sie einen Zugang zu den diese Rechtsnormen tragenden sozialen Verhältnissen eröffnen, die etwa aus dem Gewohnheitsrecht oder aus der Historiographie nur viel unsicherer greifbar werden. So wichtig dieser Ansatz Durkheims war, so sehr ist er später von seiner eigenen Schule kritisiert worden, in der etwa Albert Bayet sehr mit Recht den soziologisch indikativen Wert der Rechtsnormen bezweifelte, da diese unter bestimmten Umständen nur sehr ungenügend über die in einer gegebenen Gesellschaft tatsächlich herrschende soziale Struktur Auskunft geben können. So kann es z. B. geschehen, 1. daß eine kodifizierte Rechtsregel nicht mehr angewandt wird; daß sie 2. wohl angewandt wird, aber durch Auslegung weitgehend modifiziert wird; daß sie 3. nicht in allen sozialen Klassen und sozialen Teilgruppen in der gleichen Weise angewandt wird; und daß sie schließlich 4. geradezu den Protest der Gesellschaft hervorruft. In allen diesen Fällen muß über die Rechtsnormen in den viel weiteren Bereich der übrigen Normensysteme hinausgegriffen werden, um zuverlässige Daten für die Erkenntnis der bestehenden Verhältnisse zu erhalten. So hat also Durkheims vermeintlich juristische Ader einen völlig anderen Sinn bei ihm, als Kelsen meinte. Hinter ihr verbirgt sich ein Prinzip der Forschungstechnik und nicht etwa eine Abhandlung *aller* Normensysteme unter dem Aspekt der Rechtsnormen.

Diese Einsicht führt uns noch einige Schritte weiter in der soziologischen Analyse der Rechtsnormen und ihrer Abhebung von den übrigen Normensystemen. Dazu greifen wir nochmals zurück auf den schon erwähnten Prozeß der Autonomwerdung der Rechtsnormen gegenüber den anderen Normensystemen und Kulturgebieten. Dazu gehört die schon mehrfach erwähnte Entfernung der Rechtsnormen vom tatsächlichen Verhalten, was unter Umständen – wie oben erwähnt – zur Folge haben kann, daß das gesatzte Recht (oder Teile desselben) überhaupt keine Beziehung mehr zum tatsächlichen Verhalten haben. Diese Entrückung, so sehr sie, aus der sozialen Dimension gesehen, problematisch sein mag, hat aber dennoch im Aufbau des Systems der Rechtsnormen eine positive Funktion, gründet doch in ihr mindestens zum Teil eine Rechtsidee, die vom System der Rechtsnormen unablösbar scheint, nämlich die „Rechtssicherheit". Wollte man das gesatzte Recht jedesmal umgestalten, wenn es den bestehenden sozialen Verhältnissen nicht mehr entspricht, so würde letztlich der Begriff der Rechtsnorm ganz und gar durch die Rechtswirklichkeit der Rechtsprechung ersetzt werden, wie es gelegentlich in der sogenannten Freirechtsschule hervorgetreten ist, vor allem aber in der sogenannten „Volksjustiz" des Nationalsozialismus. So erweist die Idee der Rechtssicherheit ihre Wirkung in einer gewissen Absonderung des Rechtsnormensystems vom wirklichen sozialen Verhalten, was zweifellos wesentlich mit zur Autonomwerdung der Rechtsnormen beigetragen hat. Gleichzeitig werden dabei andere wichtige Eigentümlichkeiten dieses Normensystems sichtbar.

Hierher gehört vor allem die wichtige Rolle des Richters in der Rechtswirklichkeit. Wenn bei ausnahmslos allen Normensystemen, die den Unterbau der Rechtsnormen bilden, die Ausdeutung einzelner Normen jedermann offensteht, wird im System der Rechtsnormen eine eigene Person dazu bestellt, der Richter, der durch sehr spezifische Funktionen charakterisiert ist. Mit der Autonomwerdung des Systems der Rechtsnormen wird der Richter zu einer Person, von der sehr besondere Fertigkeiten verlangt werden, nämlich Entscheidungen zu treffen und zu begründen, die sowohl aus der Kenntnis des gesatzten Rechts und der Rechtsprechung wie der Rechtsprinzipien herrühren, um mit deren Hilfe das Gesetz auszulegen und eventuell die bestehenden „Lücken im Gesetz" zu überwinden. Die Folge ist eine besondere Sorgfalt in der Ausbildung und Auswahl des Rechtspersonals, insbesondere der Richter, so daß nicht nur in der schriftlichen Niederlegung der Rechtssätze, ihrer rationalen und systematischen Ausgestaltung im Sinne der Erfüllung des Prinzips der inneren Widerspruchslosigkeit ausgesprochen wissenschaftliches Denken zutage tritt, sondern genau so in der systematischen Ausgestaltung der Rechtsanwendung; so kommt es zur Ausbildung eines sekundären Systems von Rechtsnormen, dem Verfahrensrecht, welches die Art und Weise der Anwendung von Rechtsregeln ihrerseits einer besonderen Regelung unterwirft. Mit der zunehmenden Rationalisierung auch dieser Rechtsdimension werden die Einschüsse eigentlich wissenschaftlichen Denkens immer stärker. So kann man wohl allgemein sagen, daß wissenschaftliches Denken nicht nur aus der Quelle rationaler Beobachtung der Natur entspringt, sondern zumindest im gleichen Ausmaß aus der Rationalisierung des Systems der Rechtsnormen. Daraus bezieht auch die Lehre vom Römischen Recht über alle Bedeutung als Sammlung von Rechtsaltertümern hinaus ihre exemplarische Kulturbedeutung, indem sie zeigt, wie zum ersten Male eine bestimmte Dimension des sozialen Lebens aus dem Stadium der diffusen Regelung heraustritt und in wachsendem Maße planmäßig und methodisch auf rationale Definitionen hin ausgerichtet wird.

Die gleiche Tendenz tritt nicht nur bei der Ausbildung des Rechtspersonals, sondern auch bei der Ausgestaltung des Rechtswesens insgesamt in Erscheinung. Mit der Zeit wird nicht nur die Gesetzgebung, sondern alles, was mit dem Recht zusammenhängt, vor allem die Rechtsnormenlehre, mehr und mehr mit den Mitteln rationaler Wissenschaft durchleuchtet. Allerdings tritt dabei ein Zug in Erscheinung, der insbesondere für die soziologische Behandlung des Rechts von großer Bedeutung ist und auch eine entscheidende Grenze der Rechtswissenschaft sowie des Systems der Rechtsnormen insgesamt sichtbar werden läßt. Dieses Problem bildet dementsprechend den logischen Schlußpunkt unserer Erörterungen.

Die Art der wissenschaftlichen Durchdringung der Rechtsnormensysteme insgesamt ist von der Art, die Helmut Schelsky als „verwissenschaftlichte Primärerfahrung" bezeichnet. Das heißt mit anderen Worten, daß nicht das System der Rechtsnormen in allen seinen Dimensionen zum Gegenstand wissenschaftlicher Analyse gemacht wird, vielmehr entwickelt sich die wissenschaftliche Analyse aus der Rechtswirklichkeit, also aus der Rechtsverwirklichung und der Rechtsanwendung, nebst der rationalen Durchdringung des eigentlichen Rechtsnormensystems. Damit bleibt diese Form analytischen Denkens abhängig von den gegebenen Strukturen des Rechts, so daß sehr häufig die Frage aufgerollt worden ist, inwieweit sich eigentlich die Rechtswissenschaft über eine sehr pragmatische Lehre von der Rechtsanwendung, und zwar der Anwendung eines bestimmten kodifizierten Rechts, erhebt. Dies führt dann weiter zu den verschiedenen Versuchen einer naturrechtlichen Begründung der Rechtsprinzipien. Ohne zu dieser letzten Frage Stellung zu nehmen, möchten wir betonen, daß mit der besonderen Beziehung der rationalen Analyse zur Rechtswirklichkeit diese Wissenschaft notwendig immer an die Einseitigkeiten dieser Wirklichkeit gebunden bleiben muß.

Das gewinnt unter dem Einfluß einiger besonderer Züge des Rechtsnormensystems, die oben unter den Punkten 6 und 7 behandelt worden sind, eine sehr eigenartige Bewandtnis. Da bei den Sanktionen, die bei Übertretung der Rechtsnormen angedroht werden, immer staatliche Gewaltmittel ins Spiel kommen und überhaupt die Rechtssatzung sowie die Rechtsprechung insgesamt den organisatorischen Institutionen des Staats eingebettet sind, da außerdem die staatliche Gewalt immer nur in der Hand bestimmter Gruppen zu liegen pflegt, erhebt sich die Frage nach der Ausrichtung der wissenschaftlichen Ausgestaltung des Rechtsnormensystems und seiner Anwendung im Interesse einer bestimmten Teilgruppe der Gesellschaft. Daraus entsteht die Kritik an einem Begriff, den man als „Klassenjustiz" bezeichnet, d. h. der Schutz einseitiger Interessen durch das gesatzte Recht und die Rechtsprechung, während sie ohne Ansehen der Person zu urteilen vorgibt. Mit der Unterscheidung durch Karl Marx einer „formellen Freiheit" von der „materiellen Freiheit" und mit der Einsicht, daß man formell frei sein könne, ohne es materiell zu sein, erhebt sich von hier aus die Frage einer Bewertung der in einem gegebenen Rechtssystem und einer gegebenen Rechtspraxis hervortretenden einseitigen Interessen. Soziologisch wird dies als *„Ideologiekritik"* bezeichnet, indem die Einseitigkeiten der vorhandenen Interessenbindungen herausgestellt werden, und zwar nicht mehr wie bei Marx in ausschließlich politisch-polemischer Absicht, sondern in einer soziologischen Ausmessung der verschiedenen im Spiel stehenden Einwirkungsfaktoren. Dieser kann sich aber die Rechtswissenschaft niemals bewußt werden, da sie ja in die Rechtswirklichkeit existenziell eingeschlossen ist und daher alle ihre Vorurteile teilt. Erst das totale Heraustreten aus dem Normensystem des Rechts und seine Integration in eine Fundierungsordnung der verschiedenen sozialen Normensysteme kann eine solche Betrachtungsweise und damit eine unbefangene wissenschaftliche Erörterung der Grenzen des Systems der Rechtsnormen anbahnen. Damit beginnt auch die eigentliche Soziologie des Rechts, die zu einem wesentlichen Teil Ideologiekritik bestehender Rechtssysteme ist. Im Gegensatz zu früher begnügt sich diese Soziologie des Rechts heute nicht mehr mit allgemeinen Grundsatzdiskussionen, sondern sie versucht, den konkreten Kanälen nachzugehen, wie bestimmte ideologische Momente in die Rechtsreflexion eindringen, etwa durch Übernahme von Werturteilen und Stereotypen limitierter sozialer Klassen (heute vor allem der Mittelklassen) in die allgemeinen Rechtsnormen, die damit also nicht mehr als neutrale Definitionen bestimmter Tatbestände, sondern nur noch als Ausdruck sozialer Vorurteile und besonderer Klassenempfindlichkeiten erscheinen. Wichtig wird zur Erkenntnis dieser Einwirkungen insbesondere das Studium der Diskussionen in den vorbereitenden Ausschüssen, Parlamentskommissionen usf., bei denen die außerrechtlichen Momente leichter in vivo zu fassen sind. Das gleiche tritt hervor beim Studium der Rekrutierung des Rechtspersonals insgesamt, indem sich zeigt, daß in der juristischen Laufbahn eine automatische Aussiebung der Bewerber nach bestimmten Werthaltungen erfolgt, die wiederum abgeleitet werden von den leitenden, wenn auch meist unbewußten Interessensystemen, aus denen auch die besondere Verfassung eines gegebenen Rechtssystems jeweils seine eigenartige Färbung erhält. Solange man einen Standort innerhalb des Systems der Rechtsnormen hat, ist ein solcher Ausblick nicht zu gewinnen. Dazu wird vielmehr vor allem der Entwurf eines Gesamtschemas aller möglichen sozialen Normensysteme erforderlich, wie zugleich eine Ortsbestimmung der besonderen Stellung der Rechtsnormen in diesem Gesamtschema. Das ist auch das Bestreben, das in der vorliegenden Abhandlung leitend gewesen ist, indem sie das Recht im Zusammenhang der sozialen Normensysteme zu lokalisieren suchte.

Soziale Kontrolle

Der Begriff der sozialen Kontrolle ist trotz mancher Bemühungen noch immer recht schwankend in seiner Bedeutung. In seiner heutigen Form stammt er im wesentlichen aus amerikanischen Quellen, wo er sich aus französischen Anregungen entwickelt hat, die auf Auguste Comte (1798–1857) zurückgehen. Bei ihm tritt dieser Begriff vorerst unter der Bezeichnung der „Voraussicht" (prévision) auf. In diesem Sinne übernimmt ihn zunächst Lester F. Ward (1841–1913), der den ursprünglichen Ausdruck in seinem soziologischen Hauptwerk (1883) in entscheidender Weise sprachlich veränderte. Er prägte die Formel „predict in order to control" (voraussehen, um kontrollieren zu können). Im Gegensatz zu Herbert Spencer (1820–1903), von dessen Determinismus sich Ward scharf absetzte, war damit zunächst gemeint, daß der Mensch imstande sei, sein gesellschaftliches Schicksal selber zu meistern. Es ist dies die gleiche Auffassung, die bei Franklin H. Giddings (1855–1931) zur Deutung der Geschichte als des sozialen Selbstgestaltungsprozesses oder bei Franz Oppenheimer (1864–1943) als des „Selbstdomestikationsprozesses" der Menschheit führte. Selbstverständlich schwingt manches hiervon noch in dem heutigen Begriff der sozialen Kontrolle nach; aber im Grunde handelt es sich hierbei noch nicht um Soziologie im spezifischen Sinne, sondern um Geschichts- und Sozialphilosophie, insofern vom allgemeinen Lauf der Geschichte gehandelt wird.

Die spezifische Verwendungsweise des Begriffs soziale Kontrolle beginnt erst mit Edward A. Ross (1866–1951), der seit 1896 eine Reihe von Abhandlungen im „American Journal of Sociology" unter diesem Titel veröffentlichte, die 1901 auch als Buch erschienen. Ross unterscheidet zunächst deutlich die mit den Mitteln der Wissenschaft geübte Voraussicht vom „sozialen Einfluß" im allgemeinen, dem der Mensch unterworfen ist. Dabei kann dieser Einfluß wiederum auf zweierlei Weisen verstanden werden: als ungewollter Einfluß, der unmittelbar aus der Tatsache des Kontakts und des Verkehrs mit anderen Menschen resultiert, und jene mehr gewollte Lenkung der einzelnen durch die Gruppe, häufig durch besondere Organe, die mehr oder weniger formalen Charakter haben und durch die Gesellschaft unterhalten werden, aber auch durch informelle und spontan sich bildende Instanzen, die bewußt oder unbewußt dem Gesamtinteresse der Gesellschaft dienen. Diese soziale Kontrolle darf übrigens nicht mit sozialer Koordination verwechselt werden; denn diese versucht nur, gewisse rationale Regeln, etwa im Sinne von Verkehrsregeln, durchzusetzen, während die soziale Kontrolle dagegen etwa widerstreitende Aktivitäten zum Ausgleich zu bringen sucht, indem sie die einen fördert, die anderen zurückschneidet. Damit wird ein beständiger Einfluß auf den einzelnen ausgeübt, indem ihm mit vielen verschiedenen Mitteln, rationalen und irrationalen, aus der sozialen Umwelt entgegengehalten wird, was er für ein Verhalten einzuschlagen hat.

Soweit sich auch diese Auffassung von der ersten entfernt hat, so ist sie doch noch weit entfernt von einer völligen Abklärung. Nur ein Wesentliches steht fest: es wird die Meinung vertreten, daß in der Ordnung der Gesellschaft zunächst einzig diese selbst durch ihre Mitglieder aktiv werden muß, nicht aber der Staat, der nur eine Ordnungsinstanz neben vielen anderen ist; dementsprechend gehört auch das durch staatliche Gewaltandrohung sanktionierte Recht zu den Mitteln der sozialen Kontrolle, aber es ist selber wiederum eingeordnet in außerrechtliche Normensysteme, die z. T. sogar geltendes Recht aufzuheben vermögen. Darüber hinaus besteht bei Ross aber insofern eine fundamentale Unklarheit, als bei seinem Ausgangspunkt vom rein zwischenmenschlichen Geschehen eine innere Ordnung der Gesellschaft im Grunde gar nicht möglich ist; sie kann also nur als von außen kommend gedacht werden. Sowie man, wie schon Durkheim es tat, erkennt, daß soziales Dasein durch und durch geregelt ist, und zwar im Sinne einer immanenten, das soziale Dasein durchwaltenden Regelung, wird sichtbar, daß soziale Kontrolle ein wesentlicher Bestandteil alles sozialen Daseins ist. Was den sozialen Zusammenhang aufbaut, wehrt gleichzeitig abweichendes Verhalten ab. Soziale Kontrolle sind dann alle bewußten (motivierten) Verhaltensweisen, die sich gegenüber abweichendem Verhalten wehren. Jede Form der Abweichung führt dazu, sofern kein Zustand der Anomie besteht, daß sich das gestörte soziale System wiederherzustellen sucht. Außerdem gibt es eine ganze Skala von Sanktionsgraden, wie es auch zahlreiche Symbole gibt, welche das Verhalten im Rahmen der gegebenen Regelungen halten, bis hin zu den Symbolen der Religion. Dies ist im wesentlichen die Stellung, die William Graham Sumner (1840–1910) einnimmt, der von allen Amerikanern Durkheim sicher am nächsten steht. Ähnliches finden wir auch bei Charles H. Cooley (1864–1929), für den soziale Kontrolle eine Selbstkontrolle der Gesellschaft darstellt, die aus ihrem eigenen Organisations- und Schöpfungsprozeß erwächst.

Mit dieser Entscheidung erhebt sich jedoch eine andere Gefahr, daß nämlich soziale Kontrolle völlig im Sinne der Sozialpsychologie als Aufbau der sozial-kulturellen Person verstanden wird, die ja zahllosen Sozialisierungsprozessen durch die verschiedenen sie umgebenden Gruppen unterliegt. Diese Auffassung hat eine ziemliche Verbreitung gefunden, wie etwa bei dem Kanadier F. E. Lumley (1925) und bei einer ganzen Reihe von Amerikanern, von denen wir nur L. L. Bernard (1939), Paul H. Landis (1939) und J. S. Roucek (1947) nennen. Dieser Entwicklung war übrigens eine weit ausholende Diskussion auf dem XII. Kongreß der Amerikanischen Soziologengesellschaft (1917) vorausgegangen, an der ein Teil der oben Genannten teilgenommen hatte.

Eine Klärung wurde erst 1945 durch Georges Gurvitch (1894–1965) angebahnt, der sowohl die amerikanischen wie auch europäische Anregungen aufgreift und einer interessanten Systematik zuführt. Er zeigte, daß die Bedeutung der Lehre von der sozialen Kontrolle aus der Tatsache erwächst, daß man sich wachsend der Rolle von sozial-kulturellen Leitideen, Regeln, Symbolen, Wertvorstellungen und kollektiven Idealen im sozialen Prozeß bewußt geworden ist. Nur muß diese Lehre getrennt werden sowohl von den alten Geschichts- und Sozialphilosophien wie von den falsch gestellten Problemen, die auf einen Gegensatz von Individuum und Gemeinschaft hinauslaufen. Dazu kommt die Einsicht, daß die komplexen Gesellschaften nicht nur in zahllose Untergruppen und Subkulturen zerfallen, sondern daß auch jede Einzelgruppe eine Mannigfaltigkeit von Gesellungsformen aufweist. So zeigt sich, daß soziale Kontrolle nicht nur im Rahmen der Großgesellschaften vor sich geht, sondern überdies auch innerhalb aller ihrer Teilgruppen. Das heißt, daß nicht nur verschiedene Gesamtgesellschaften ihre je eigenen Systeme der sozialen Kontrolle besitzen, sondern auch Einzelgruppen wie Familie, Schulen, Kirchen, Vereine, Gewerkschaften usw. Man kann diese als die Medien der sozialen Kontrolle bezeichnen. Die verschiedenen Arten der sozialen Kontrolle unterscheiden sich je nach dem Vorwalten mehr persönlicher oder unpersönlicher Kontrolle. Davon sind nun noch die Formen der sozialen Kontrolle zu unterscheiden; diese Formen variieren unabhängig von den Arten. Denn sie können die gleichen sein für die Verwirklichung verschiedener Arten der sozialen Kontrolle oder umgekehrt verschieden für die Verwirklichung ein und der gleichen Art von sozialer Kontrolle. Hier tritt sowohl die bedeutende Rolle der Stereotypen wie die der kulturellen Symbole hervor. Aber sie müssen keineswegs immer modellartig geprägt sein, vielmehr können ihre spontanen und lebendigen Formen unter Umständen viel wirksamer sein. Dazu gehören nach Gurvitch auch die Kollektivakte, durch die neue Werte und Ideen erfahren, erfaßt oder geschaffen werden. Als wesentliche Definition bleibt die Feststellung, daß soziale Kontrolle den Inbegriff aller Kulturmodelle und sozialen Symbole darstellt wie auch der Akte, durch die sie ergriffen und angewendet werden, mit deren Hilfe Gesamtgesellschaften, Teilgruppen oder ihre Mitglieder Spannungen, Gegensätzlichkeiten und Konflikte überwinden. Die soziale Kontrolle ist somit ein zentraler Bestandteil aller Prozesse der sozialen Integration.

Anomie (I)

Der Begriff Anomie wurde von Emile Durkheim (1858–1917) eingeführt, um Zustände mangelnder sozialer Regelung zu bezeichnen (abweichendes Verhalten; soziale Desintegration). Wie Talcott Parsons bemerkt (1937), ist seine Einstellung zu verschiedenen Zeitpunkten schwankend. In seinem Werk über die Arbeitsteilung (1893) bezeichnet er mit Anomie jene Fälle, in denen in der arbeitsteiligen Gesellschaft keine Solidarität entsteht. Im übrigen ist er hier der Meinung, daß diese von selbst entstehen müsse, wenn nur gewisse Hemmnisse beseitigt würden. Diese übertrieben optimistische Einstellung ist häufig kritisiert worden (zuletzt von G. Friedmann). In seinem Werk über den Selbstmord (1897) wird dagegen die Theorie der Anomie zentral beherrschend, wobei gleichzeitig eine mehr pessimistische Einstellung zu den Integrationsmöglichkeiten in der modernen Gesellschaft auftritt.

Der Begriff der Anomie wird im wesentlichen im Zusammenhang mit dem anomischen Selbstmord besprochen. Dieser tritt sowohl bei ökonomischen Krisen wie bei Hoch- und Überkonjunktur in Erscheinung, die Durkheim sozial ebenfalls als Krisen („crises heureuses") anspricht, weil sie genau wie die plötzliche Armut den Gleichgewichtszustand des durchschnittlichen Lebensstandards durch überspannte Ambitionen stören. Damit ergibt sich die Vorstellung einer allgemeinen Regelung des sozialen Verhaltens durch bestimmte Wertideen einerseits und eine Skala der wachsenden Lockerung dieser sozialmoralischen Leitideen andererseits, die mit der Anomie identisch ist. Während gemeinsame Wertideen in dem früheren Werke Durkheims einzig mit den undifferenzierten („primitiven") Gesellschaften verbunden wurden, hat jetzt eine Neufassung des Problems stattgefunden (R. König 1965). Damit hat sich der Begriff der Gesellschaft insofern geändert, als diese gemeinsamen Wertvorstellungen auch in der arbeitsteiligen Gesellschaft angenommen werden, die nicht nur eine kontraktuelle und „mechanische" Einheit darstellt. So ist der moderne Individualismus, der eine der Ursachen der Anomie bildet, nicht eine Emanzipation von aller sozialen Regelung, sondern vielmehr eine besondere Form der Regelung (Parsons). Danach würde die Vorstellung einer rein kontraktuellen Ordnung überhaupt keine Ordnung, sondern nur das Chaos bedeuten. In dieser Hinsicht entfernt sich Durkheim nicht nur von seinem ersten, stark von Herbert Spencer (1820–1903) beeinflußten Standpunkt, sondern auch von dem Gesellschaftsbegriff, wie er bei Ferdinand Tönnies (1855–1936) und vielen anderen deutschen Soziologen obwaltet, die unter dem Einfluß von Karl Marx (1818–1883) stehen. Gleichzeitig ist er in dieser Hinsicht einer der wesentlichsten Vorläufer der modernen Soziologie geworden.

Dieser Ansatz erfährt eine wesentliche Erweiterung in den „Regeln der soziologischen Methode" von Durkheim (1895). Hier zeigt er, 1. daß überall die Möglichkeit des abweichenden Verhaltens gegeben ist, wenn erst einmal soziales Verhalten als geregeltes Verhalten verstanden wird; und 2. daß die Formen des anomischen Verhaltens jeweils strukturell durch den vorherrschenden sozialen Typ und seinen Entwicklungsstand bedingt sind. Damit ist gesagt, daß das abweichende Verhalten nicht so sehr eine vorgegebene (etwa angeborene) Eigenschaft der Individuen ist, die sich einer sozialen Struktur gegenüber befinden, sondern gerade durch diese Struktur bedingt ist. Anomal ist also nicht das Vorhandensein von Verbrechen u. a. Formen des abweichenden Verhaltens als solchen, sondern nur ein plötzlicher und sprungartiger Anstieg der Durchschnittswerte an Verbrechen. Ein bestimmtes (auch zahlenmäßig ausdrückbares) Maß an Verbrechen ist also „ein integrierender Teil einer jeden gesunden Gesellschaft"; denn wenn soziales Verhalten als geregeltes Verhalten begriffen wird, gibt es auch immer Abweichungen in bestimmten Graden. Dies bedeutet, „im Gegensatz zu den geläufigen Vorstellungen, daß der Verbrecher nicht mehr wie ein radikal unsoziales Wesen, wie ein parasitäres Element, ein nicht zu assimilierender Fremdkörper im Innern der Gesellschaft erscheint; er ist vielmehr ein regelmäßig wirkender Bestandteil des sozialen Lebens" (Durkheim). Darum kann man auch nicht ohne weiteres das Absinken der Kriminalitätswerte unter den Durchschnitt an und für sich als ein Positivum werten; man kann vielmehr mit Sicherheit annehmen, daß diese scheinbare Besserung einzig Ausdruck irgendeiner Störung des sozialen Lebens ist. Dies gilt nicht nur für Verbrechen, sondern genauso für den Selbstmord, der etwa in Kriegszeiten regelmäßig zurückgeht (E. Durkheim, M. Halbwachs). Um Mißverständnisse zu vermeiden, wie sie bei der üblichen Betrachtungsweise dieser Erscheinungen naheliegen, sei darauf hingewiesen, daß damit negative soziale Akte keineswegs „entschuldigt" werden sollen. Denn es liegt ja gerade in den Verhaltenserwartungen der Gesellschaft, daß ein bestimmtes Verhalten als sozial geboten gilt, was umgekehrt mit einschließt, daß die gleiche Gesellschaft abweichendes Verhalten mißbilligt. Aber jetzt entspringen

Billigung oder Mißbilligung nicht mehr der Willkür des Betrachters, sondern aus strukturellen Ordnungen des sozialen Lebens selber. Damit erst wird eine wissenschaftliche Analyse der sozialen Anomie möglich, die sich nicht an moralisierende Vorurteile verliert. Außerdem drückt sich in dieser Betrachtungsweise ein ausgesprochener Realismus aus, der als gegeben hinnimmt, daß es in jeder Gesellschaft negative soziale Akte geben muß und daß die Vorstellung einer absolut konformen Gruppe nur die absolute Unbeweglichkeit dieser Gruppe bedeuten würde.

In dieser Hinsicht gewann eine Untersuchung von Bronislaw Malinowski (1884–1942) besondere Bedeutung, in der er das Verhältnis von Gewohnheit und Verbrechen bei primitiven Völkern analysierte (1926). Genau wie sich vorher erwiesen hatte, daß eine zuhöchst arbeitsteilige Gesellschaft gemeinsame Wertideen nicht ausschließt, wird jetzt umgekehrt hervorgehoben, daß bei den Primitiven trotz tiefer Achtung vor der Tradition keineswegs von einer automatischen Unterwerfung unter Sitte und Brauch gesprochen werden kann. Außerdem betont Malinowski, „daß gesetzliche Vorschriften unter normalen Verhältnissen, wenn sie überhaupt befolgt und nicht umgangen werden, auch im besten Falle nur partiell und bedingt erfüllt werden", weshalb sowohl die Befolgung einer Regel wie die Abweichung von ihr nur aus sozialpsychologisch zu erklärenden Motiven verstanden werden können Zusammenfassend bemerkt Richard Thurnwald (1869–1954) dazu: „Ein Verständnis eröffnet sich uns, wenn wir uns klar machen, daß jede Gesellschaft ihre eigene Ordnung hat und an dieser ihr Wertungssystem orientiert, aus dem sich auch die Einstellung zu dem ergibt, was als gut und böse gilt, als besonders verdammenswert oder als erträglich hingenommen werden kann, wenn wir also die Gesamtheit der Bedingungen des Zusammenlebens in Betracht ziehen." Damit ist angedeutet, daß Integration und Anomie an den äußeren Enden einer Skala liegen, wobei allerdings Gruppen mit perfekter Integration, d. h. vollständiger und eindeutiger sozialer Regelung, oder solche mit absoluter Anomie empirisch wahrscheinlich nicht auftreten werden.

Diese Problemstellung wurde von R. K. Merton in wesentlicher Weise weiterentwickelt, als er die Frage aufrollte, „wie manche soziale Strukturen einen deutlichen Einfluß auf bestimmte Personen in der Gesellschaft ausüben, eher ein nicht-konformes als ein konformes Verhalten" zu zeigen. Das Ergebnis wäre der Nachweis, daß manche Formen des abweichenden Verhaltens psychologisch genauso normal sind wie konformes Verhalten, womit die alte Gleichsetzung von Deviation und psychologischer (oder anderer) Abnormität in Frage gestellt ist. Merton entwickelt dies durch eine Scheidung von in der allgemeinen Kultur definierten Zielen einerseits, die als legitim angesehen werden, und den sozial erlaubten Mitteln zur Erreichung dieser Ziele andererseits. Zumeist ist die Wahl der Mittel durch institutionalisierte Normen begrenzt. Es ist nun wichtig, zu bemerken, daß die letzteren Normen sehr variabel sind, daß außerdem die Ziele und die Mittel in keiner festen Beziehung zueinander stehen. So schwankt das Gewicht, das auf bestimmte Ziele gelegt wird, ganz unabhängig von der Betonung der institutionalisierten Mittel zu ihrem Erwerb. Ein Grenzfall wird erreicht, wenn etwa nur noch technisch effiziente Mittel angeboten werden. Dann wären in der Tat alle Mittel erlaubt, wenn sie nur zum erstrebten Ergebnis führen. Auch sonst können die erlaubten Mittel viel weniger klar umschrieben sein als die Ziele. Mit einer weiteren Abschwächung dieser Normen wird die Gesellschaft unstabil, d. h. es entsteht schließlich Anomie. Von besonderem Interesse ist Mertons Analyse der amerikanischen Situation, von der er zeigt, daß Reichtum als ein erstrebenswertes Ziel und als Symbol des Erfolges angesehen wird, ohne daß darum gleichzeitig dieselbe Klarheit über die Wege geschaffen würde, die zu diesem Ziele führen. Eine solche Situation, in der „ein Auseinanderklaffen von kulturellen Normen und Zielen und den sozial strukturierten Möglichkeiten der Gruppenmitglieder, diesen (Normen und Zielen) entsprechend zu handeln", besteht, nennt Merton „Anomie". Die verschiedenen Reaktionsweisen in solchen Situationen klassifiziert er in folgender Weise.

Typologie der Arten individueller Anpassung.

Arten der Anpassung	Kulturelle Ziele	Institutionalisierte Mittel
I. Konformität	+	+
II. Innovation	+	–
III. Ritualismus	–	+
IV. Desinteresse	–	–
V. Rebellion	+ –	+ –

Diese Typologie wurde später durch Robert Dubin (1959) erweitert.

Der Sinn dieser Systematik liegt in der Untersuchung der Art, wie eine soziale Struktur auf die Individuen einwirkt, sich in der einen oder anderen Weise zu entscheiden. Die Plus- und Minuszeichen geben jeweils den positiven oder negativen Anpassungsgrad wieder, der dann mit speziellem Bezug auf verschiedene Arten des abweichenden Verhaltens untersucht wird. Dabei handelt es sich nicht etwa um Personentypen, sondern um spezifisches Rollenverhalten in besonderen Situationen. So zeigt sich, daß bestimmte Arten von Verbrechen und abweichendem Verhalten insgesamt die „normale" Reaktion auf eine Situation darstellen, in der zwar die Betonung des wirtschaftlichen Erfolges angenommen, aber kein Zugang zu den konventionellen und legitimen Mitteln des Erwerbs gefunden wurde. Dies trifft z. B weitgehend zu für Handarbeit und untere Angestelltenkategorien. Wenn man nun die niedere Wertung der Handarbeit in allen sozialen Klassen der amerikanischen Gesellschaft bedenkt und den Mangel an Gelegenheit, sich über diese Schwelle zu erheben, ist eine starke Tendenz zu abweichendem Verhalten zu erwarten. So werden abweichendes Verhalten und Anomie zum Ergebnis einer ganz bestimmten sozialen Struktur. Auch in diesem Falle wird alles Moralisieren aus der Analyse ausgeschaltet. Ganz ohne Ansehen der persönlichen Stellungnahme zur Wünschbarkeit einer Koordination zwischen kulturellen Zielen und sozialen Mitteln zu ihrer Verwirklichung zeigt sich, daß eine unvollkommene Koordination dieser beiden Größen zu abweichendem Verhalten führen kann. Es liegt auf der Hand, daß es zahlreiche andere Möglichkeiten der Nicht-Koordination im geschilderten Sinne gibt, woraus eine allgemeine Systematik des abweichenden Verhaltens sichtbar wird.

Eine wichtige Erweiterung der Anomietheorie erfolgte durch Richard A. Cloward (1959). Seine inzwischen empirisch bestätigte Hypothese lautet, daß es für die Entstehung abweichenden Verhaltens nicht ausreicht, wenn legitime Mittel fehlen, wie Merton behauptet hatte, sondern daß auch sozial strukturierte illegitime Möglichkeiten vorliegen müssen.

Außer der strukturellen Betrachtungsweise ist aber noch die sozialpsychologische hervorzuheben, die das Individuum in der Dreiecksbeziehung Person-Kultur-Gesellschaft untersucht, wobei neben dem Sozialisierungsprozeß (=Enkulturation) auch die Gründe für die Entstehung von „Randpersönlichkeiten" („marginal men") und abweichendes Verhalten untersucht werden. Die erwähnte Skala der wachsenden Lockerung der sozialmoralischen Leitideen bis zur akuten Anomie führt einerseits dazu, daß die Grenze zwischen konformem und abweichendem Verhalten als recht flüssig erscheint; damit ist gesagt, daß abweichendes Verhalten niemals absolut vom konformen Verhalten unterschieden ist, es ist vielmehr nur eine Gradfrage. Andererseits zeigt sich aber als unmittelbare Folge davon, daß auch die alte Wissenschaft der sozialen Pathologie nicht mehr so eindeutig zu scheiden ist von der Betrachtung „normaler" sozialer Erscheinungen. Dem entspricht auch etwa die Verdrängung des Begriffs „kriminelles" Verhalten durch den des „abweichenden" Verhaltens, der viel weiter ist als der erstere, wobei auch hier spezifische Skalen hervortreten wie z. B.: Gefährdung – Verwahrlosung – Kriminalität, oder abweichendes Verhalten – Delinquenz – Kriminalität. Selbstverständlich ist Kriminalsoziologie nach wie vor ein wichtiger Teil der sozialen Pathologie; daneben werden aber heute zahlreiche andere Formen des abweichenden Verhaltens behandelt, nämlich außer den verschiedenen Formen der Delinquenz und des Verbrechens noch die Rauschgiftsucht und der Alkoholismus, die soziale Verteilung von Psychopathen und Neurosen, der Selbstmord, die eheliche Fehlanpassung und die Ehescheidung, die soziale Isolierung des Alters, die sozialen Vorurteile usw. Wenn auch in der älteren Behandlung dieser Probleme häufig die strukturellen Fragen übermäßig im Vordergrunde standen, so hat das doch nicht ausgeschlossen, daß mit der Entwicklung der Sozialpsychologie allmählich auch die Motivation für abweichendes Verhalten berücksichtigt wurde.

Am deutlichsten läßt sich dies erkennen bei der Behandlung des Selbstmords bei Durkheim und bei Maurice Halbwachs (1877–1945). Während

Durkheim außer den „suicidogenen" Strömungen in einer Gesellschaft nur sehr allgemeine Motivationskomplexe kennt wie Instabilität, Gleichgewichtsstörungen u.ä., zeigen sich bei Halbwachs die mehr sozialpsychologischen Probleme der Anpassung, der Nicht- und der Fehlanpassung, die selbst eine psychiatrische Betrachtung nicht ausschließen, nachdem allerdings generell erkannt worden ist, daß auch seelische Gesundheit in einer Auseinandersetzung zwischen der sozial-kulturellen Persönlichkeit und ihrer sozialen Umwelt gründet. Es kann sich dann also nicht darum handeln, die persönliche Motivation des abweichenden Verhaltens in irgendwelchen „Charakterzügen" (oder noch primitiver: in irgendwelchen „Instinkten", vererbten Eigenarten, physischen Eigentümlichkeiten oder Defekten) zu suchen, sondern dies kann nur gefunden werden, wenn wir von spezifischen Größen ausgehen. Damit steht aber die soziale Existenz des Menschen im Vordergrund, wobei alle Eigenheiten der Einzelperson in ihrer Entstehung aus dem Zusammensein mit anderen verstanden werden. Hier spielen insbesondere Erlebnisse der Kindheit und der frühesten Jugend eine Rolle, die sich in den Primärgruppen der Familie, den Spielgruppen und überhaupt Gruppen von Gleichaltrigen („peer groups") abspielen. Ohne zu behaupten, daß der Mensch nicht auch später noch formenden Einflüssen unterliegt, muß doch gesagt werden, daß hier der Grund seiner sozial-kulturellen Persönlichkeit gelegt wird, der zumeist auch für abweichendes Verhalten verantwortlich ist.

In den letzten Jahren ist die Sozialpsychologie des Alters wachsend ausgebaut worden, wobei sich zeigte, daß der Statusunsicherheit des Jugendlichen eine ebensolche des Alters entspricht, die für das abweichende Verhalten des Alters verantwortlich zu machen ist (Altersdelinquenz). Auch hier zeigt sich, daß der Begriff des Alterns primär nicht physiologisch, sondern nur soziologisch gefaßt werden kann. Wesentlich sind vor allem Änderungen in den sozialen Rollen (Ausscheiden aus dem Erwerbsleben) und als Folge davon im sozialen Status. Diese schaffen eine Unsicherheit eigener Natur, die darum um so problematischer wird, als in den fortgeschrittenen Industriegesellschaften eine Aufnahme des alternden Menschen in die Familie immer schwieriger wird. Bei der außerordentlichen Erhöhung der Lebenserwartung im 20. Jh. läßt sich voraussagen, daß sich die Formen des abweichenden Verhaltens bei den alten Menschen werden häufen müssen, je weniger klar ihr Status in der modernen Gesellschaft definiert wird.

KRIMINALSOZIOLOGIE. Trotz allem muß aber gesagt werden, daß die wichtigsten Formen des abweichenden Verhaltens und der Anomie noch immer von der Kriminalsoziologie behandelt werden, die dementsprechend eine bedeutende Teildisziplin der Soziologie darstellt. Im Gegensatz zu den älteren, namentlich auf Vererbung aufbauenden Lehren, wie sie zuerst von Cesare Lombroso (1836–1909) und der italienischen Schule entwickelt wurden, stehen heute spezifisch soziologische und sozialpsychologische Probleme im Vordergrund. Vor allem im deutschen Sprachbereich wird Kriminalität häufig durch ein Zusammenspiel von „Anlage und Umwelt" erklärt. Diese Formel ist ohne jeden empirischen Gehalt, d. h. man kann mit ihr nicht voraussagen, ob Kriminalität auftritt oder nicht, denn Anlage und Umwelt bedingen jegliches Verhalten. Eine solche Formel hat also lediglich einen begrenzten heuristischen Wert, indem sie die Aufmerksamkeit nicht auf eine, sondern auf zwei Klassen von Bedingungen lenkt. Eine empirisch gehaltvolle Theorie kriminellen Verhaltens muß dagegen im einzelnen die Bedingungen formulieren, mit denen vorausgesagt werden kann, ob kriminelles bzw. welche Art kriminellen Verhaltens entsteht. Eine besondere Betrachtungsweise bietet auch die Sozialökologie, die sich insbesondere mit der räumlichen Verteilung der Kriminalität im Bereich der großen Städte befaßt. Allerdings zeigten neuere Untersuchungen, daß Vorsicht geboten ist. Es ist unmöglich, von einer Determination durch das Gebiet auszugehen; denn überall finden wir neben gefährdeten und kriminellen Elementen eine Majorität von Menschen, die sich nichts zuschulden kommen lassen. Auch ist es noch durchaus offen, ob bestimmte städtische Gebiete Kriminelle (und andere Fälle abweichenden Verhaltens) nicht vielmehr „anziehen", statt sie zu „produzieren". Ähnliches gilt auch für das Verhältnis von Stadt und Land. Viele Untersuchungen belegen zwar, daß die meisten Formen abweichenden Verhaltens in der Stadt höher sind als auf dem Lande; manche zeigen aber auch deutlich, daß die Stadt von vielen als Zuflucht gesucht wird (z. B. von unehelichen Müttern, die in der Stadt niederkommen). Schlechte Wohnverhältnisse und Armut führen, wie sich empirisch zeigen läßt, keineswegs immer, sondern wahrscheinlich nur dann zu Kriminalität, wenn Aspirationen vorliegen, für deren Verwirklichung keine legitimen (Merton), sondern nur illegitime Möglichkeiten gegeben sind. Auch Kultur- (Th. Sellin) und Normenkonflikte können Kriminalität bedingen. In komplexen Gesellschaften steigt die Chance dafür insofern, als sie aus einer Fülle von Teilgruppen mit eigenen Normen und Subkulturen zusammengesetzt sind, deren Normen den allgemein anerkannten oft widersprechen. Um z. B. in einer Nachbarschaft, in der die Polizei grundsätzlich negativ angesehen wird, einen Status zu gewinnen, muß sich der junge Mensch an gewisse Gruppen von Jugendlichen anpassen, deren Verhalten von dem der weiteren Umwelt oft erheblich abweicht.. So führen die gleichen Prozesse, die sonst das „normale" Verhalten aufbauen, hier zu negativen sozialen Akten und abweichendem Verhalten.

Genau wie sich die sozial-kulturelle Person in einem zeitlich ausgedehnten Prozeß aufbaut, muß auch in der Kriminalsoziologie die Entfaltung des delinquenten Verhaltens grundsätzlich in der Zeit betrachtet werden. So ergibt die Untersuchung des erwachsenen Verbrechers oft, jedoch nicht immer (z. B. bei der heute weit verbreiteten Form des „white collar crime"), daß der Ursprung seiner Laufbahn in der Jugend liegt. Aus diesem Grunde werden auch in der Kriminalsoziologie die Jugenddelinquenz und der erwachsene Verbrecher getrennt behandelt. Der ältere Ausdruck der Jugendkriminalität wird mehr und mehr durch den der Jugenddelinquenz ersetzt

(P. Heintz und R. König); der Grund dafür ist der gleiche, der heute zumeist ein Sonderrecht für Jugendliche fordert, das vom üblichen Strafrecht unterschieden ist. Dabei ist zu bemerken, daß es eine für die soziale Konstellation der Jugend (Emanzipation von der Familie, Statusunsicherheit, Normenkonflikt zwischen der Welt der Jugendlichen und der der Erwachsenen usw.), bezeichnende Form des abweichenden Verhaltens gibt. Trotz empfindlicher Konflikte mit der Umwelt, die häufig ihre explosive Lösung in Akten des Vandalismus finden, kann aber dieses Verhalten durch geeignete Kanäle durchaus in den Zusammenhang der Erwachsenenwelt überführt werden. Nur wenn das nicht geschieht ist der Ansatz zum Berufsverbrecher gegeben.

Eine besondere Rolle spielen bei der Entstehung der Jugendkriminalität die „Gangs" (Rotten, Banden) von Jugendlichen, in denen das abweichende Verhalten eingeübt wird (F. M. Thrasher, W. F. Whyte, A. K. Cohen, W. B. Miller, R. A. Cloward und L. E. Ohlin). Zwar ist die Masse der Gangs nicht kriminell, wohl aber steigt die Gefahr, wenn die Gruppe über ein bestimmtes Alter hinaus zusammenbleibt, weil dabei immer festere Strukturen entstehen. Schließlich begegnen wir dem eigentlichen Berufsverbrecher, der sich vollständig mit dem negativen Verhalten identifiziert und sein Haupteinkommen daraus bezieht. Dies kennzeichnet den kleinen Gewohnheitsdieb ebenso wie die z. T. organisierten Meisterverbrecher, die sich auch in höheren sozialen Klassen finden („white collar crime").

Hierbei ist eine Klassifikation der Verbrechensarten und ihre Zuordnung zu verschiedenen sozialen Milieus von besonderer Wichtigkeit. Vor allem aber dient der Analyse des erwachsenen Verbrechers die Kombination der verschiedensten Erklärungsgesichtspunkte, wobei besonderes Gewicht darauf gelegt wird, zu erfahren, wie nun die kriminellen Verhaltensweisen als solche in die Persönlichkeitsstruktur integriert werden. Besonders wichtig ist die Frage, ob es persönliche Züge gibt, welche die Übernahme der kriminellen Rolle wahrscheinlicher machen als andere. Auch hierbei dürfte die Assoziation mit Gleichgesinnten („differential association") eine wichtige Rolle spielen. Je länger eine solche Verbindung gedauert hat, desto größer scheint die Chance zum kriminellen Verhalten zu werden, weil sie das Individuum in seinen Tiefen umzuformen vermag.

Anomie (II)

A. ist ein wichtiger soziologischer Grundbegriff, der einen Zustand der Regellosigkeit bezeichnet. In die Soziologie wurde dieser Begriff, der auch in der älteren Staatstheorie eine Rolle spielt, durch Emile Durkheim (1893, 1895, 1897) eingeführt. Seit jener Zeit ist er von den verschiedensten Seiten bis in die Gegenwart diskutiert worden (Robert K. Merton 1949, ^{2}1957; 1960; René König 1958,^{8}1968; Richard A. Cloward und Lloyd E. Ohlin 1960). Die klassische Formulierung findet sich in Durkheims Werk über den Selbstmord, in dem er eingehend das Verhältnis zwischen dem Menschen und seinen „Bedürfnissen" und „Zielen" (oder „Aspirationen") diskutiert. In stabilen sozialen Verhältnissen sind die Aspirationen der Menschen durch Normen geregelt und begrenzt; mit dem Niederbruch dieser Normen entsteht A. als ein Zustand unbegrenzter Aspirationen. Da diese naturgemäß nicht erfüllt und gesättigt werden können, ist ein Zustand andauernden sozialen Unbehagens die Folge unbegrenzter Aspirationen (*„malaise social"*), der sich in statistisch meßbaren Strömungen negativer sozialer Akte ausdrückt (Selbstmord, Kriminalität, Ehescheidungen etc.).

Durkheim wie auch Merton entwickeln von hier aus die Grundlage für eine völlige Neubewertung der Armut in bezug auf abweichendes soziales Verhalten. Armut als solche und allein für sich genommen wirkt sich eher als stabilisierender Faktor aus. Erst wenn gegenüber der Armut ein Bild oder Versprechen hoher Aspirationen entworfen wird, wird die Armut als unerträglich empfunden und entsprechend auch versucht, diese mit allen Mitteln (erlaubten und unerlaubten) zu überwinden, woraus dann abweichendes Verhalten erwächst. Durkheim stellt der Armut den plötzlichen Reichtum als Krisenfaktor gegenüber (*„crises heureuses"*), indem er zeigt, daß unter seinem Einfluß gewisse Formen des abweichenden Verhaltens wie der Selbstmord zunehmen. Der Grund dafür liegt in einem beschleunigten sozialen Wandel, der einen plötzlichen Zusammenbruch der überlieferten Normen, also einen spontanen Zustand der A. zur Folge hat.

Die gleiche Problematik kann auch auf die unterentwickelten Gesellschaften angewendet werden. Die Armut an wirtschaftlichen Gütern ist an sich kein Faktor, der A. zeugen könnte; im Gegenteil: es gibt eine überlieferte und akzeptierte Form der Armut, mit der man sich abgefunden hat. Die Situation ändert sich erst, wenn durch die Entwicklung der Massenkommunikation das Bild einer anderen (und komfortableren) Lebensweise bis in die isoliertesten unterentwickelten Gesellschaften gedrungen ist. Aus dem Kontrast der beiden Größen erwachsen dann unbegrenzte Bedürfnisse, und die anschließenden plötzlichen Entwicklungsstöße haben nur allzuoft einen Zustand der A. in Form eines spontanen Kulturverlustes zur Folge, der nicht nur ein tiefes Unbehagen, sondern darüber hinaus auch weitreichende politische Unruhen zeugt. Dies ist die Parallele zu den verschiedenen Formen abweichenden Verhaltens, von denen vorher gesprochen wurde, nur daß sie in letzterem Falle ganze Gesellschaften erfassen können, während im ersteren nur einzelne Teilgruppen (Abweichende im weitesten Sinne) akut betroffen sind.

Daraus ergibt sich, daß der Zustand der A. in Beziehung steht zum Phänomen der „Integration", dessen Gegenstück er gewissermaßen darstellt. Gleichzeitig wirkt sich A. aus als Zusammenbruch der sozialen Kontrolle, also der institutionalisierten oder flüchtigeren Mittel zur Sicherung der anerkannten Regeln des Verhaltens, sei es in einer Globalgesellschaft, sei es in einem ihrer Teile oder einer ihrer Subkulturen.

Robert K. Merton (1959a, b) hat den Ansatz von Durkheim wesentlich vertieft und zugleich zu einem Mittel der empirischen Forschung ausgebaut. Er stellt nicht nur allgemein ab auf die gesamtgesellschaftlichen Limitierungen zur Regelung der Bedürfnisse und Aspirationen der Einzelnen und der Gruppen, so daß A. also einzig im Zusammenbruch dieser allgemeinsten Normen bestünde, vielmehr hebt er die Störung der Beziehungen zwischen den Zielen einerseits und den legitimen Mitteln zur Erreichung dieser Ziele andererseits hervor. In einer stabilen Gesellschaft besteht ein leidliches (wenn auch nie vollständiges) Gleichgewicht zwischen den sozial-kulturellen Leitbildern und den allgemein akzeptierten Wegen, auf denen diese erreicht werden. Die A. beginnt erst, wenn diese Beziehung gestört ist. Dies erlaubt eine beträchtliche Verfeinerung des Durkheimschen Schemas, indem nicht nur gesamtgesellschaftliche Zustände der A., sondern solche in einzelnen ihrer Subkulturen und sozialen Klassen oder Schichten ins Auge gefaßt werden, je nachdem in diesen die Vorstellungen über die Beziehungen zwischen Aspirationen und Mitteln zu ihrer Verwirklichung gestaltet sind. Außerdem können auch die Bestrebungen für mittlere Ziele bei begrenzten Mitteln erforscht werden, während sich Durkheim nur auf unbegrenzte Ziele beschränkte, was sowieso nur einen Extremzustand darstellt, der auch – wie seine Ausdrucksweise an den betreffenden Stellen seines Werkes über den Selbstmord zeigt – stark von romantischen Auffassungen eines Strebens zum Unendlichen und Unbestimmten (*„désir de l'infini"*) geprägt und damit empirisch noch nicht sehr brauchbar ist, obwohl Durkheim diese ganze Problematik als erster eröffnet hat. Mertons Verfeinerung erlaubt dagegen die differenzielle Analyse der Kräfte, die ein abweichendes Verhalten zeugen, an verschiedenen Orten der Gesamtgesellschaft (Unter-, Mittel- und Oberklasse). Noch weitere Spezifizierungen erlauben dann weitergehende Typologien in jeder einzelnen Gruppe (Cloward und Ohlin 1960). Im wesentlichen kommt es dabei auf die ungleichmäßige Verteilung der Mittel zur Erreichung der allgemeinen Ziele in verschiedenen sozialen Teilgruppen an (z. B. die höheren Formen der Ausbildung).

Abgesehen von den spezifisch soziologischen (strukturellen) Formen der A. muß auch noch der psychologische Begriff der A. erwähnt werden, bei dem die persönliche Integration unter dem Druck bestimmter Erscheinungen zusammenbricht.

LITERATUR

R. A. Cloward and L. E. Ohlin: Delinquency and Opportunity, 1960.
E. Durkheim: De la division du travail social, zuerst 1893. Règles de la méthode sociologique, zuerst 1895 (dt. Ausg. Hg. R. König ^{2}1965); Le Suicide, zuerst 1897.
R. König. Art. „Anomie", in Soziologie (Fischerlexikon), 1958, ^{8}1968.
R. K. Merton: Social Theory and Social Structure, 1949, ^{2}1957.
R. K. Merton u.a., Hg.: Sociology Today, 1959a.
R. K. Merton: Conformity, Deviation and Opportunity Structure, in: American Sociological Review XXIV, 1959b.

Soziale Normen

1. Schon früh wurde von Auguste Comte und Alexis de Tocqueville erkannt, daß man überall da von Gesellschaft sprechen könne, wo eine Reihe von Menschen eine Reihe von Dingen und Vorgängen in ungefähr der gleichen Weise ansieht und bewertet. Darin kündigt sich der Gedanke vom normativen Charakter des sozialen Geschehens an, wenn auch in einer sehr allgemeinen Form. Bereits bei Comte steht aber eindeutig fest, daß es sich dabei um keine absoluten Normen handeln kann, die göttlicher Offenbarung oder einem allgemeinen Sittengesetz entstammen, sondern um Normen und Normenkomplexe, die sich von einer Gesellschaft zur anderen wandeln. Mit der Entdeckung des Begriffs der S. N. hängt also der *kulturanthropologische Relativismus* unmittelbar zusammen. Wie der Umkreis der jeweils zu einer Gesellschaft gehörenden Menschen begrenzt ist, so wandeln sich auch die Normen.

Im deutschen Sprachbereich hat sich diese Einsicht nur mit Schwierigkeiten durchsetzen können, die durch verschiedene Umstände bedingt sind. Man gewinnt den besten Zugang zu diesem Problem durch Ferdinand Tönnies und seine Diskussion des Begriffs der „Sitte" (1909), von der er aufweist, daß sie sich von der „Sittlichkeit" (= die absolute Norm) durch den Zug der „tatsächlichen Übung" unterscheidet. Normen im Sinne der Soziologie sind also „Regeln", die das Verhalten in einem gegebenen Kreise tatsächlich bestimmen und über die jeweils ein Einverständnis in diesem Kreise besteht, das mehr oder weniger ausdrücklich sein kann. Im Französischen hat sich dafür der Ausdruck der „réalité morale" seit langem eingebürgert, der auch zur Bestimmung der Sozialwissenschaften als „Moralwissenschaften" geführt hat, ein Ausdruck, der übrigens eine Zeitlang auch in Deutschland üblich gewesen ist. Allerdings obwalteten hier auf Grund der unglückseligen

Scheidung Kants zwischen dem Reiche der Notwendigkeit und dem der Freiheit manche Mißverständnisse, die noch heute vielen das adäquate Verständnis des Problems erschweren, als müsse eine Wissenschaft, die sich mit den wertenden Einstellungen der Menschen beschäftigt, auch selber werten. Emile Durkheim antwortete darauf im Vorwort zu seinem Hauptwerk über die „Arbeitsteilung" mit einer klassischen Formel: „Wir wollen aus der Wissenschaft keine Wertentscheidungen herausholen, sondern eine Moralwissenschaft begründen, was ganz etwas anderes ist."

Da es zu den S. N. gehört, daß ihnen durchschnittlich weitgehend nachgelebt wird, d. h. daß sie sich als „tatsächliche Übung" auswirken, weil die Menschen ihnen „unterworfen" sind (Th. Geiger 1947), stellen sie eine eigene Dimension der Wirklichkeit dar, den eigentlichen Gegenstand der Soziologie, die sich mit den Wiederholungen und Regelmäßigkeiten befaßt, die das soziale Leben der Menschen aufweist. Das „Soziale" wird dabei am besten als „zwischenmenschliches Geschehen" (L. von Wiese) begriffen; die entscheidende Frage ist dann, wie in diesem Rahmen Wiederholungen und Regelmäßigkeiten auftreten können. Wenn alles soziale Handeln S. N. unterworfen ist, dann stellen diese die Ursache für die Wiederholungen und Regelmäßigkeiten dar, und es erübrigt sich, nach anderen Ursachen Ausschau zu halten, z. B. „Nachahmung". So schreibt Durkheim: „Allerdings wird jedes soziale Phänomen nachgeahmt und besitzt ... die Tendenz, allgemein zu werden. Das geschieht aber aus dem Grunde, weil es sozial, also obligatorisch ist. Seine Fähigkeit, sich auszubreiten, ist nicht die Ursache, sondern die Wirkung seines soziologischen Charakters" (Durkheim: Die Regeln der soziologischen Methode, Ausg. R. König 1961, S. 112 Anm.). Damit ist auch gesagt, daß nicht notwendig alle Regelmäßigkeiten und Wiederholungen soziologischer Art sein müssen; denn es gibt natürlich auch ganz mechanische Nachahmung. Außerdem mögen gewisse Verhaltensweisen durch reinen Zwang bedingt sein. Dazu kommen noch Gleichförmigkeiten, die durch biologische, biopsychologische, geographische u. a. Ursachen bedingt sind. Hier kommt alles darauf an, wie der Begriff des „sozialen Handelns" definiert wird.

Die S. N. sind der Inhalt des sozialen Bewußtseins. Natürlich muß man sich vor einer Reifizierung (Verdinglichung) und Hypostasierung dieses Bewußtseins hüten, wie es etwa nahe gelegt wird, wenn man von einem „Gruppengeist" spricht, der „über" den einzelnen stehen, oder von einem „Kollektivbewußtsein", das auf irgendeine Weise eine Existenz unabhängig vom Dasein der Einzelmenschen haben soll. Durkheim selber hat sich mindestens sprachlich nicht immer davon ferngehalten (siehe R. König 1961), aber auch andere nicht (z.B. A. Vierkandt in seiner Gruppenlehre). Hier scheint uns der von L. von Wiese mit Recht so stark betonte prozeßartige Charakter des Sozialen einen wirksamen Schutz gegen unberechtigte Hypostasierungen zu bieten. Diese theoretische Errungenschaft hat sich in der Einsicht niedergeschlagen, daß die Soziologie zur

Aufgabe habe, „soziales Handeln deutend zu verstehen", wie Max Weber es ausdrückte, also das tatsächliche Verhalten von Menschen, das sich seinem „subjektiv gemeinten Sinn", d. h. der „Motivation" nach, an gewissen in dem betreffenden sozialen Kreise akzeptierten S. N. ausrichtet. Der Beobachter kann nun sowohl die Einstellungen und Verhaltensweisen als auch die subjektiven Motivationssysteme analysieren (Mentalitäten), so wahr alles soziale Geschehen eine mehr vorgängliche und eine mehr sinnhafte Seite hat, die jeweils für sich angesprochen werden können. Außerdem kann auch untersucht werden, inwiefern das jeweils gegebene tatsächliche Verhalten den S. N. entspricht oder nicht.

Entscheidend bleibt aber wohl in jedem Falle, daß im sozialen Prozeß der Handelnde sein Handeln jeweils an der „Erwartung" ausrichtet, wie ein anderer oder unbestimmt viele andere sich ihm gegenüber verhalten werden. Diese Erwartung ist eine wechselseitige, weshalb Theodor Litt in diesem Zusammenhang von einer „Reziprozität der Perspektiven" sprach (heute unter seinem Einfluß auch Georges Gurvitch). Darin kommt das soziale Grundverhältnis der „Gegenseitigkeit" zum Ausdruck, das seit seiner Entdeckung durch Marcel Mauss eine immer größere Rolle in der strukturellfunktionalen Analyse gespielt hat. Geiger (1947) betonte im gleichen Zusammenhang, „daß die soziale Koexistenz von Menschen eine gewisse Berechenbarkeit des Verhaltens der jeweils ‚Andern' erheischt", und zwar in gewissen typischen Situationen. „Um des sozialen Zusammenlebens willen kommt es darauf an, daß eine gewisse Ordnungssicherheit der Orientierung sowohl als der Realisierung bestehe" (S. 76/78).

Die S. N. sagen nun, was in einer gegebenen Situation geboten oder verboten ist. Das Befolgen der Norm wird von positiven Sanktionen (Belohnungen) gefolgt, das Nichtbefolgen von negativen. Beide können sich zu ausgesprochenen kulturellen Normensystemen erweitern (Sitte, Recht, Religion usw.), die eine mehr oder weniger große Konsistenz haben (unter Umständen auch verschiedenen „Logiken" folgen). Die kulturellen Normensyterne bleiben aber solange relativ wirkungslos, als sie nicht Inhalt der „Öffentlichkeit", also einer gesellschaftlichen Reaktion werden (vgl. dazu A. Vierkandt über den Druck, den die Zuschauer auf die Akteure ausüben). Dabei fällt eine gewisse *Asymmetrie der normativen Sicherung des Handelns und der dieser Sicherung dienenden Sanktionen* auf, indem das positive Befolgen der S. N. leicht das Bewußtsein von ihrer Geltung einschlafen läßt, während es sich nur beim Überschreiten einer S. N. aktiviert und profiliert. Mit einem Wort: das Verletzen einer S. N. hat eine integrative Funktion für das Überleben des Gesamtsystems der S. N., das bei kontinuierlichem Befolgen, also bei totaler Konformität schnellstens verdämmern würde (R. König 1962).

Die Entwicklung dieses theoretischen Ansatzes geht den gleichen Weg wie die Soziologie insgesamt von einer Konzentration auf gesamtgesellschaftliche Normen zur Spezifität. Schon bei Durkheim, der hierin dem Ansatz von

Comte bewußt folgt, ist von kollektiven Vorstellungen die Rede, die sowohl gesamtgesellschaftliche Systeme als auch ihre Untersysteme bis hinunter zu einzelnen Gruppen bestimmen. Er betont dabei, daß sich in den zuhöchst arbeitsteiligen Gesellschaften der Gegenwart die gesamtgesellschaftlichen S. N. in einer vagen Allgemeinheit halten, konkret und spezifisch seien dagegen die S. N. in den gesellschaftlichen Teilgruppen (Familie, Berufsgruppe, usf.). Dieser Trend wird heute am reinsten von George C. Homans verkörpert (1951).

Die Analyse der S. N. geht auf verschiedenen Ebenen vor sich, je nach dem vorherrschenden Abstraktionsgrad und je nach dem theoretischen Interesse. Wir unterscheiden im folgenden vier Ebenen, die mit sehr konkreten Deskriptionen beginnen und auf höchster Abstraktionsstufe in der allgemeinen Soziologie und der philosophischen Sozialanthropologie enden. Im Anhang folgen noch einige Bemerkungen über die Klassifikation der verschiedenen Normensysteme.

2. Die einfachste Art der Beschäftigung mit den S. N. ist zweifellos mehr beschreibender Natur. Ein wesentlicher Bestandteil der *Kulturanthropologie*, der *Sozialanthropologie* und der *Ethnologie* ist die Analyse der „tatsächlichen Übung" in verschiedenen Gesellschaften (mit oder ohne Schrift) und in verschiedenen Situationen oder auch in Teilen von solchen Gesellschaften in bezug auf die Wertzusammenhänge, die als Voraussetzung für die jeweils vorherrschenden Verhaltensmuster angenommen werden müssen. Diese Art der Analyse ist vorwiegend vergleichender Natur, wobei allerdings gewisse soziale Strukturen sichtbar werden (vor allem die Familie), von denen sich fragt, ob sie bei allem Wandel nicht doch gewisse universale Züge aufweisen. Die Lösung dieser Frage setzt aber bereits eine höhere Abstraktionsebene voraus, die den rein beschreibenden Disziplinen zumeist verschlossen bleibt. Während sich diese mit dem Aufweis der tatsächlich beschrittenen Wege in den verschiedenen Kulturen befassen („Folkways" im Sinne von William Gr. Sumner), setzt die theoretische Abstraktion neuartige Fragestellungen voraus, etwa der Art, ob und wie ein gegebener Komplex von S. N. mit den dazu gehörenden Verhaltenskomplexen gewisse Bedürfnisse erfüllt und Probleme löst (die Grundfrage des „Funktionalismus") und wie es dabei zu weitreichenden Prozessen der „Anpassung" kommt, wobei allerdings Anpassung nicht im passiven Sinne mißverstanden werden darf, sondern als „schöpferische Anpassung", die im Kulturprozeß eine entscheidende Rolle spielt.

3. Einen zunächst ebenfalls weitgehend beschreibenden Zugang zur Analyse der S. N. bietet die *Sozialpsychologie*, wie sie ja auch vielfach eine enge Beziehung mit der Kulturanthropologie eingegangen ist. Hier kommt es nicht so sehr auf die Betonung der Verschiedenartigkeit der S. N. in verschiedenen Kulturen, *sondern vielmehr auf die Analyse der Vorgänge an, durch die sich die S. N. in einer gegebenen Gesellschaft übertragen lassen* und damit relativ konstant halten. Da wir nicht mit einem für sich bestehenden

„Kollektivgeist" oder „Volksgeist" oder ähnlichem rechnen dürfen, die für diese Konstanz verantwortlich gemacht werden könnten, treten spezifische Prozesse sozialer Interaktion hervor, wie etwa der „kulturelle Transfer" in der Familie, der zur Übermittlung und damit Erhaltung der S. N. dient. Dabei entspricht der Übermittlung von seiten einer Gruppe das „Lernen" von seiten einer anderen (zumeist der jüngeren Generation), die in den Traditionsbestand der S. N. eingeführt („initiiert") werden muß. Oft sind gewisse Institutionen hierauf spezialisiert, wie die Familie, eigene Jugendgruppen, aber auch Geheimgesellschaften und überhaupt alle Institutionen, die auf „Erziehung" ausgerichtet sind. Dieser Ansatz kann durch tiefenpsychologische Analysen beträchtlich vertieft werden, die sich insbes. mit der emotionalen „Fixierung" bestimmter Verhaltenskomplexe als Ergebnis sozialer Normierung befassen. Man spricht hier von „Sozialisierung" im allgemeinen Sinne einer Einführung in einen bestehenden Bereich S. N., wobei die Spezifizierung entscheidend ist. Kindheit, Jugend, Geschlechtsreife, Erwachsenheit, Alter entsprechen verschiedenartigen Sozialisierungsprozessen dieser Art, wobei jeweils mit der Übernahme anderer S. N. neue Verhaltenskomplexe erlernt werden müssen. Das gleiche ist der Fall beim Eintritt ins Berufsleben, ins politische Leben oder in beliebige Gruppen kultureller Betätigung. Für die sozialpsychologische Betrachtung kommt es hierbei jeweils auf die Analyse der Erlebnisse an, wie faktisch bestimmte S. N. übernommen werden, welche Arten sozialer Interaktionen dabei auftreten, die entsprechenden Formen des Lernens, resp. der Sanktionen bei ungenügender Anpassung, der Grad der Institutionalisierung der Zäsuren im Leben, bei denen jeweils neue Lernprozesse anheben (z. B. allmähliche Übergänge oder plötzliche Unterbrüche mit entsprechenden einschneidenden Eingriffen von außen), das Verhältnis von Zwang zu selbständiger Aneignung S. N., die Vorgänge der Domestikation von Triebstrukturen (etwa beim Überwinden der Harntriebhaftigkeit durch Reinlichkeitstraining von Babies) und der „Habitualisierung" des Verhaltens (J. Dewey), woraus gewisse soziale Phänotypen erwachsen, die von den einfachsten körperlichen Tätigkeiten (den „Techniken des Körpers": Marcel Mauss) bis in die verschiedensten Tätigkeiten wirtschaftlicher, beruflicher und politischer Art, aber auch in die Kulturgebiete mit ihren Untersystemen und in die sozialen Klassen mit ihren Schichtungen hineinreichen.

4. Jenseits der sozialpsychologischen Sonderproblematik definiert die *allgemeine Soziologie* diese Prozesse als „Internalisierung" S. N. (von Talcott Parsons auf Grund von Anregungen Durkheims geprägter Ausdruck), die dem einzelnen von seiner sozialen Umgebung entgegengehalten werden. Das heißt, die relativ unserer persönlichen Willkür entzogenen Normen werden zu Maximen des eigenen Wollens gemacht, womit die Sphäre der Innerlichkeit der sozial-kulturellen „Person" aufgeschlossen wird. Besteht der ursprüngliche Prozeß des Lernens in einem Zusammenspiel von Aufforderung und Belohnung bei normentsprechendem und Sanktion bei

abweichendem Verhalten, so bedeutet der Aufbau der sozialkulturellen Person die allmähliche Verlegung dieses außengeleiteten Prozesses nach innen (Gewissen). Allgemein-soziologisch handelt es sich dabei im wesentlichen um das, was man als die „Plazierung" der Person im sozialen System (T. Parsons 1937) bezeichnen kann. Diese wird vermittelt durch das Begriffsbündel „Status-Rolle". Der Status entscheidet über die Position einer Person im Verhältnis zu anderen Personen; die Rolle entscheidet darüber, was die Person tut, d. h. wie sie handelt (Ralph Linton). Rollen haben die Eigentümlichkeit, aus ganzen Serien von S. N. zu bestehen (*role set*), die einen Bezugsrahmen für das Handeln schaffen. Dabei kommt es übrigens auch häufig zu Rollenkonflikten. Das ist die Grundlage der strukturell-funktionalen Theorie in der allgemeinen Soziologie, wobei eine noch höhere Stufe der Abstraktion erreicht wird, die erst jenseits der sozialpsychologischen Analyse beginnt.

Viele Probleme der „Sozialisierung" weisen einen doppelten Aspekt auf, indem sie sich entweder auf die Übernahme konkreter Rollen in konkreten Lernprozessen beziehen, deren Analyse der Sozialpsychologie zukommt, oder auf die (transzendentale) Auszeichnung bestimmter Begriffsstrukturen, deren Zusammenhang die epistemologische Gliederung des „Systems" darstellt (z. B. des „sozialen Systems"), mit dessen Analyse sich die allgemeine Soziologie befaßt. Damit kann am besten die Differenz in der Behandlung der gleichen Probleme durch Robert K. Merton und Talcott Parsons erklärt werden. Für die S. N. ergibt sich daraus, daß sie auf verschiedenen Abstraktionsebenen zum Problem werden können, das eine Mal in konkreten Prozessen, die man am adäquatesten als Prozesse der Strukturierung, der Destrukturierung und der Restrukturierung bezeichnet (G. Gurvitch), und das andere Mal in einem konzeptuellen System, dessen Bedeutung eher in der Ordnung gegebener Materialien als in der Anwendung auf die Forschung liegt. In letzter Sicht werden dabei sogar allgemeine Probleme der philosophischen Anthropologie sichtbar.

5. Jüngstens wurde mit besonderer Klarheit und Eindringlichkeit von Dieter Claessens (1962) auf die ontologische Vorordnung einer „Soziabilisierung" vor der bisher allein besprochenen „Sozialisierung" hingewiesen, wobei jene 1. im sozialen Feld der Familie erfolgt und 2. „durch Übernahme und Verarbeitung von Weltelementen, die bereits geordnet, „durchgearbeitet" sind, und durch entsprechende Bildung erster Regulative" womit die Ansprechbarkeit für S. N. überhaupt eröffnet wird. Diese Einsicht erscheint aus mehreren Gründen besonders wichtig. Zunächst wird damit gezeigt, daß der Sozialisierungsvorgang wesentlich mit den fundamentalen Elementen der Menschwerdung im entwicklungspsychologischen Sinne zusammenhängt. Ferner ist es wichtig, daß dies bereits in einem sozialen Felde erfolgt (der Mutter-Kind-Beziehung), womit jene philosophische Anthropologie endgültig überwunden ist, die vom Modell des einzelnen handelnden Menschen ausgeht, und entschieden ist, „daß ein menschliches Wesen sich nur in der Sozietät entfalten kann und daß auch eine philo-

sophische Anthropologie nicht am Sozius vorbeigehen kann" (Claessens, S. 155). Schließlich wird von hier aus ein neues Licht geworfen auf den „universalen" Charakter der Familie jenseits des kulturanthropologischen Relativismus.

6. Seit jeher sind Versuche zur Klassifikation der verschiedenen Systeme S. N. unternommen worden, wie es etwa schon aus dem Untertitel von W. Gr. Sumners Hauptwerk „Folkways" (1906) hervorgeht: „A Study on the Sociological Importance of Usages, Manners, Customs, Mores and Morals". Während aber in dieser Aufzählung kaum irgend ein Prinzip sichtbar wird, sondern einfach die Feststellung einer Diversität, versucht Th. Geiger (1947) ein Kontinuum zu entwickeln von der Gebarenskoordination über die habituelle Ordnung als unreflektiertes Gebaren, über die „subsistente Norm" bis zur „proklamierten Wortnorm". Die Extreme des Kontinuums liegen zwischen faktischer Regelhaftigkeit des Verhaltens und sozial (resp. rechtlich) geforderter Regelmäßigkeit des Verhaltens. Ein Problem besonderer Art ist dabei die Entstehung von Gewohnheiten und ihre „Sozialisierung", die durch „Lernprozesse" bestimmt ist (F. J. Stendenbach). Es gibt also Gewohnheiten, die zu sozial anerkannten Bräuchen werden, ohne daß sie eine Rechtfertigung vorweisen könnten (subsistente Normen); auch gibt es Bräuche, die ihren gesamtkulturellen Zusammenhang verloren haben und als „sedimentierte Kultur" bezeichnet werden können (R. König). Ihnen gegenüber stehen die statuierten Normen („Satzungen"). Zwischen den beiden Extremen bauen sich verschiedene Normensysteme ein, die von der Sitte über die öffentliche Moral, das Gewohnheitsrecht bis zum Recht reichen. Dabei wächst nicht nur der Grad an Ausdrücklichkeit und die interne Systematik der S. N., sondern sie gewinnen auch zunehmend den Charakter organisierter Institutionen, bei denen schließlich ein eigener Stab über die Einhaltung der S. N. wacht. In diese Reihe ordnen sich dann auch noch ein S. N. vom Typus der Etikette, der Mode, der Konvention u. a.m. (vgl. König 1963).

LITERATUR

D. Claessens: Familie und Wertsystem, 1962.
E. Durkheim: Die Regeln der soziologischen Methode, Hg. R. König, 1961, ²1965.
G. C. Homans: The Human Group, zuerst 1951.
G. H. Mead: Mind, Self and Society, zuerst 1934.
T. Parsons: The Structure of Social Action, zuerst 1937.
T. Parsons: The Social System, zuerst 1951.
T. Parsons und E. A. Shils: Toward a general Theory of Action, zuerst 1951.
T. Parsons, R. F. Bales und E. A. Shils: Working Papers in the Theory of Action, 1953.
T. Parsons und R. F. Bales: Family, Socialization and Interaction Process, zuerst 1955.
M. Weber: Wirtschaft und Gesellschaft, zuerst 1922, insbes. Erster Teil, Kap. 1.

Normen, soziale

I. Begriff der sozialen Norm

Soziologisch gesehen handelt es sich beim Begriff der sozialen Normen nicht um allgemeine und absolute, sondern immer nur um spezifische und relative Normen mit begrenztem Geltungsbereich, die in einer Gesellschaft oder in einer beliebigen Teilgruppe anerkannt sind und durchschnittlich befolgt werden. Sie sind also Normen des realen Verhaltens und dienen der Soziologie zur Erklärung gewisser Gleichförmigkeiten und Regelmäßigkeiten des kollektiven Verhaltens. Da alle Wissenschaft mit der Feststellung von Gleichförmigkeiten und Regelmäßigkeiten (Invarianten) zusammenhängt, spielt der Begriff der sozialen Normen schon seit langem eine zentrale Rolle im Aufbau der Allgemeinen Soziologie, wo er zunächst dazu dient, den Erkenntnisgegenstand der Soziologie allgemein zu bestimmen (König 1968). Hier muß aber sogleich einem häufig geäußerten Mißverständnis gegenüber bemerkt werden, daß die Wahrheit dieser Sätze keineswegs impliziert, daß sozial gleichförmiges Verhalten ausschließlich durch Normen bestimmt wird und daß diese selbst immer von der gleichen Art der Gebots- oder Verbotsnormen seien, für deren Nichtbefolgung unmittelbar Sanktionen festgesetzt sind, die gleichermaßen anerkannt werden wie die Normen.

II. Grundformen gleichförmigen Verhaltens

Zunächst erwachsen Gleichförmigkeiten des menschlich-sozialen Verhaltens aus dem animalischen Erbe der Art Mensch. Hierher gehören etwa die komplexen, angeborenen „Ablaufmechanismen", von denen Lorenz sagt, sie seien „normanalog". Das heißt: ihre Wirkung ist dergestalt, als resultierten sie aus normativen Vorstellungen. Allerdings provozieren sie keine Sanktionen, wenn sie aus irgendwelchen Gründen nicht dem üblichen Schema nach ablaufen; die Sanktion liegt hier indirekt darin, daß irgendein arterhaltendes Verhalten „verpaßt" wird. Da das Funktionieren dieser Ablaufsmechanismen oft mit gewissen „Auslösern" zusammenhängt, die durch andere Personen geboten werden, sind sie trotzdem spezifisch sozial. Ihre bedeutendste Rolle spielen sie wahrscheinlich im Sexualleben, aber die Frage ist noch durchaus offen, in welchen anderen Lebensbereichen sie außerdem noch wirken. Wir möchten mindestens erwähnen, daß sie auch in Machtbeziehungen auftauchen, wo der Drohgebärde die „Demutshaltung" entspricht (bei Tieren und Menschen). Eine solche biologische Verwurzelung der Macht würde gut zusammenpassen mit der Theorie vom ubiquitären Charakter der Macht, die also nicht nur aus spezifischen *Herrschaftsformen* resultiert, sondern der Geschichte gewissermaßen vorgelagert ist. Auch das Machtverhalten ist normanalog mit den Möglichkeiten der Anerkennung der Norm (Unterwerfung) und ihrer Ablehnung (Rebellion).

Es ist schon häufig bemerkt worden, daß andere biologische Regelmäßigkeiten aufgewiesen werden können, die ebenfalls Invarianten und relativ konstante Entwicklungen darstellen, wie etwa alles, was mit Geburt und Tod zusammenhängt, also die Gegenstände der sogenannten Vitalstatistik. Selbstverständlich sind diese Regelmäßigkeiten und Gleichförmigkeiten nicht das Ergebnis normierender Tätigkeit, wohl aber hängen sie zusammen mit bestimmten sozialen Lebensformen, die ihrerseits das Ergebnis sozialer Normen sind. Neben den direkten Folgen sozialer Normen im relativ gleichförmigen Verhalten vieler Menschen haben wir also noch die indirekten Auswirkungen auf die Biosphäre insgesamt.

Eine weitere Grundform gleichförmigen sozialen Verhaltens ist die Gewohnheit und überhaupt die *Habitualisierung* des Verhaltens (Dewey), die sich grundsätzlich aus zwei Quellen nähren kann, nämlich entweder aus gleichbleibenden Reizen nicht normativer und auch nicht sozialer Natur (sogenannten „Lagen") oder aus der Internalisierung (Verinnerlichung) von akzeptierten Normen des Verhaltens, wobei also die von der sozialen Umwelt uns entgegengehaltenen Normen zu Maximen unseres persönlichen Verhaltens werden. Im zweiten Falle sind die entstehenden Regelmäßigkeiten des Verhaltens ganz eindeutig Ergebnisse sozialer Normen. Im ersten Falle wirken hingegen biologische und physisch-materielle Reize etwa geographischer oder klimatischer Natur, wobei offenbleibt, ob diese gewissermaßen genuin und unvermittelt oder sozial-kulturell-geschichtlich vermittelt sind, also das Ergebnis ehemaliger normierter Tätigkeit (wie etwa eine Klimaveränderung bedingt durch Entwaldung bestimmter Teile der Erdoberfläche als Ergebnis wirtschaftlichen Raubbaus früherer Gesellschaften). Während hier die Konstanz des Reizes höchst eindeutig ist, ist das bei den „sozialen Lagen" nicht der Fall, da Gleichförmigkeiten des Verhaltens sowohl aus materiellen Gegebenheiten (etwa geringes Einkommen) als auch aus bestimmten sozialen Normen entspringen können, die besonderen Lebensstilen entsprechen.

Weiter oben ist schon eine andere Perspektive sichtbar geworden, nämlich eine zeitliche Verschiebung zwischen Normierung und Verhalten, indem sich Regelmäßigkeiten des Verhaltens als Ergebnisse früherer normierender Tätigkeit einstellen können, deren begründeter Kulturhorizont irgendwie verschwunden ist. Hierher gehören alle kulturellen Überlebsel (survival) aus anderen Kulturschichten, über deren Ausmaß wir noch immer sehr wenig wissen. Man spricht hier von „kultureller Sedimentierung" bestimmter Verhaltensweisen (König), die sich ohne angebbare Motivation für unbestimmte Zeit weiterhalten können, selbst wenn widersprechende Normen mittlerweile entstanden sind (so lebt etwa der Aberglaube durchaus weiter in einer „aufgeklärten" Gesellschaft). Allerdings sind in diesem Falle die sichernden Sanktionen oft sehr leichter Natur, so daß unter Umständen jede Reaktion ausbleibt, wenn von einer solchen Gleichförmigkeit des Verhaltens abgewichen wird, worauf diese urplötzlich verschwindet.

III. Typen der sozialen Normen

Das deutet zugleich darauf hin, daß wir offensichtlich mit verschiedenen Arten sozialer Normen zu rechnen haben, je nach der Strenge des Sanktionsanspruchs oder auch je nach dem Grade der Bewußtheit des Wertanspruchs einer sozialen Norm. In diesem Sinne kann man etwa mit Max Weber traditionale, emotionale, wertrationale und zweckrationale Motivation für soziale Normen unterscheiden. Die traditionalen sozialen Normen sind diejenigen, bei denen das Handeln kaum eben sinnerhellt ist; die untere Grenze wäre das rein reizreaktive oder das bloß habituelle Verhalten, wozu auch das normanaloge Verhalten gehört. Hierher sind auch die kulturellen Sedimente zu rechnen, die einfach überdauern, ohne daß man wüßte warum, d. h. ohne daß man einen Sinn (oder Grund) dafür angeben könnte. Das sind alles soziale Normen, die das Verhalten einfach „durchwalten", um einen sehr guten Ausdruck von Geiger zu benutzen, ohne daß in ihnen irgendeine Absicht zu einer regelnden Funktion zu Tage träte. Das sind die Wege, die im Verhalten tatsächlich begangen werden, ohne daß man sich darüber Rechenschaft geben würde (Sumners „Folkways"). Auch sie sind gewissermaßen normanalog. Alle diese Bestimmungen umschreiben vorzüglich das Verhaltenssystem des *Brauchs* mit seiner Inkonsistenz, Sprunghaftigkeit, häufig völliger A-Funktionalität, immer aber unbewußt und mit kaum spürbaren Sanktionen beim Abweichen von der Linie.

In einem anderen Zusammenhang entwirft Geiger ein Kontinuum der sozialen Normen nach ihrer Funktionsweise; dies reicht von einfacher Koordination des Gebarens über die habituelle Ordnung als unreflektiertes Gebaren, über die „subsistente Norm" (die vorausgesetzt werden muß, um ein bestimmtes Verhalten zu rechtfertigen, zu verstehen oder zu erklären) zur „proklamierten Wortnorm". Damit wird dann allmählich die Regelung selber einer der wesentlichen Inhalte der sozialen Norm (wie etwa in besonders ausgeprägtem Maße bei den Normen des Rechts). Wir vermissen in diesem Zusammenhang den affektiven Aspekt, den Weber hervorgehoben hatte und der uns für die Bestimmung der Sitte von entscheidender Bedeutung zu sein scheint. In der Sprache von Sumner handelt es sich um die *mores (majorum)*, die aufgrund ihrer traditionalen Geltung „emotional fixiert" werden und darum gelten. Ihre Begründung liegt allein in der Tatsache, daß sie die Alten befolgt haben. Mit diesem Minimum an Begründung unterscheiden sie sich vom Brauch, andererseits hängen mit ihrem emotional-affektuellen Charakter die oft sehr heftigen Sanktionen bei Verletzung der Sitte zusammen (Friedloslegung, Boykott). Von den mores zu unterscheiden sind die im angelsächsischen Wortgebrauch als „morals" bezeichneten sozialen Normen, die man im Deutschen am besten als „sozial-moralische Leitideen" bezeichnet. Sie entsprechen der öffentlich proklamierten Moralität einer Gesellschaft oder Teilgruppe, wobei offengelassen wird, inwieweit eigentlich angenommen wird, daß diese sozialen Normen wirklich immer befolgt werden. Das betrifft nicht nur die jeweils Handelnden, sondern auch die Zuschauer, die z. B. einer „doppelten Moral" bis zu einem gewissen Punkt entgegenzukommen bereit sind. Trotz dieser Einschränkung wird hier der Regelungscharakter immer aufdringlicher, wie auch bei den „gesatzten" Normen des Rechts, der Konvention usf. Diese Typologie der sozialen Normen ist jedoch bis heute noch immer nicht einheitlich durchgestaltet, was für viele Unklarheiten verantwortlich ist, indem jeweils verschiedene Theoretiker bei den Worten soziale Norm das Hauptgewicht jeweils nur auf einen Teilaspekt legen.

Ein weiterer wichtiger Umstand liegt darin, daß soziale Normen praktisch nie isoliert, sondern so gut wie immer in ganzen Serien auftreten, welche sich auf komplexe Verhaltensweisen beziehen. Diese bezeichnet man auch als „Rollen", die über die „Plazierung" einer Person in einem sozialen Zusammenhang entscheiden, also über ihren „Status". Die Rolle ist somit der dynamische Aspekt des sozialen Status (Linton), bzw. beide bilden ein unauflösbares „Begriffsbündel" (Parsons), in das sich jeweils eine Mannigfaltigkeit von sozialen Normen einbaut. Das wird auch dadurch unterstrichen, daß sich Rollen aus vielen Segmenten komplexer sozialer Normen aufzubauen pflegen (role set), wobei manchmal die Unterteile (Segmente), manchmal mehr die Komplexe (Rollenkombinate) hervortreten. Jeder Mensch ist gleichzeitig in die verschiedensten Rollensysteme eingebaut als Familienvater, Berufsperson, Teilnehmer an formellen und informellen Organisationen usf.

IV. Gegenwärtige Problematik

Diese Problematik ist jüngstens in Deutschland beträchtlich verwirrt worden durch ein Büchlein von Dahrendorf mit dem völlig mißverständlichen Titel *„Homo sociologicus"*; mißverständlich, weil der Verfasser ja nicht über den Soziologen, sondern über den *homo socialis* handeln will. Für Dahrendorf erscheinen die Begriffe der sozialen Rolle und damit der der sozialen Normen als Voraussetzung für ein „konformistisches" Gesellschaftsbild, in dem die Personqualität des einzelnen vermeintlich völlig verschwinden soll. So kündigt sich in der Rolle die „ärgerliche Tatsache der Gesellschaft" an, als stünden „Person" und „Gesellschaft" einander „gegenüber", was Gurvitch mit Recht als ein falsch gestelltes Problem bezeichnet hat. Die gleiche Vorstellung kehrt in dem ständig verwendeten Ausdruck vom „Spielen" der Rollen wieder, als könne der *homo socialis* Rollen aufnehmen oder ablegen, wie es ihm beliebt, während seine Person ja gerade die jeweils einzigartige Kombination von Rollen ist, in die sie integriert ist. Es ist bezeichnend, daß sowohl Dahrendorf als auch Popitz, der diese Problematik allerjüngstens unter den gleichen unklaren Voraussetzungen wie der erste aufgenommen hat, sowohl die „Prozesse des Lernens" (Stendenbach) als auch die „Sozialisierungsprozesse" völlig vernachlässigen, durch deren Vermittlung der Aufbau der sozial-kulturellen Person in der Internalisierung der sozialen Normen erfolgt. Wie schon seit Durkheim klar ist, entfalten sich diese Prozesse im *Lebenslauf der Person,* von der Kindheit bis zum höchsten Alter, wobei die einzigartigen Situationen, in denen jeweils die Internalisierung der sozialen Normen erfolgt, darüber entscheidet, daß jede Person auch eine unverwechselbare Einzigartigkeit sein muß. Aber sie ist das nicht in Opposition zur „ärgerlichen Tatsache der Gesellschaft", sondern genau umgekehrt als Produkt und Resultat eines komplexen sozialen Prozesses. Bei Popitz steht im Vordergrund die Verwechslung des (weiteren) Begriffs der sozialen Norm mit dem (engeren) der „Konvention", wie die von ihm verwendeten Beispiele aus dem Gebiet der Verkehrsregelung deutlich zeigen.

Während bei Durkheim und einigen älteren Soziologen in dieser Hinsicht manchmal noch ein primitives biologisches Argument auftauchte, indem man sagte, daß schon biologisch nicht zwei Menscheu gleich sind und daß darum auch die Übernahme der sozialen Normen in jeweils verschiedener Weise erfolgen müsse, kommt es bald zu einer wesentlichen Vertiefung des Problems. Hier war es die Tiefenpsychologie, die gerade dem kulturellen Transfer der sozialen Normen in der Familienerziehung des Kindes nachging (vgl. zum ganzen Komplex Claessens). Dabei wurde auch die ganze Mannigfaltigkeit der Situationen und Konstellationen sichtbar, in denen die sozialen Normen jeweils gelernt und internalisiert werden, so daß psychische Universen entstehen müssen, die miteinander völlig unvergleichlich sind. Der Grundsatz aber bleibt erhalten, daß die sozial-kulturelle Person Produkt eines langwierigen und umwegreichen sozialen Prozesses ist und daß jeweils die umgebenden sozialen Gruppen darüber entscheiden, wieweit die individuelle Abwandlung der akzeptierten und anerkannten sozialen Normen gehen kann. Die Sozialpsychologie findet hier ihr angestammtes Tätigkeitsgebiet.

Wichtiger als die angedeuteten mißverständlichen Diskussionen wäre eine eingehende empirische Untersuchung der verschiedenen Arten von sozialen Normen und ihres Zusammen- oder Gegeneinanderwirkens auf gesamtgesellschaftlicher Basis und in den Subsystemen einer Gesellschaft. Genauso wichtig ist die *vergleichende Beobachtung* der sozialen Normen, weil man erst auf diesem Wege herausfinden kann, ob es für bestimmte Verhaltensweisen oder Verhaltenskomplexe (z. B. Familie) „Universalien" gibt, die sich überall aufweisen lassen, bzw. wieweit die sozial- und kulturanthropologische Differenzierung und Relativierung der sozialen Normen reicht.

Literatur

Claessens, D.: Familie und Wertsystem. Berlin 1962
Coch, L.; French, J. B .P.: Overcoming Resistance to Change. In: Human Relations, Vol. 1, 1948, S. 512–532
Dahrendorf, R.: Homo Sociologicus. In: Kölner Zeitschrift für Soziologie und Sozialpsychologie, Jg. X, 1958, S. 178–208, 234–378. Buchausgabe, 6. Aufl., Köln–Opladen 1967
Durkheim, E.: Die Regeln der soziologischen Methode. Neuwied 1961
Geiger, Th.: Vorstudien zu einer Soziologie des Rechts. Aarhus 1947
König, R.: Das Recht im Zusammenhang der sozialen Normensysteme. In: Studien und Materialien zur Rechtssoziologie, hrsg. von E. E. Hirsch und M. Rehbinder, Köln und Opladen 1967
König, R.: Artikel „Soziale Normen". In: Wörterbuch der Soziologie, hrsg. von W. Bernsdorf, 2. Aufl., Stuttgart 1969
Linton, B.: The Study of Man. New York 1936
Lorenz, K.: Über tierisches und menschliches Verhalten. 2 Bde, München 1965
Merton, R. K.: Social Theory and Social Structure. Glencoe, Ill. 1949
Parsons, T.: The Social System. Glencoe, Ill. 1951
Parsons, T; Shils, E. A.: Toward a General Theory of Action. Cambridge, Mass. 1951
Popitz H.: Der Begriff der sozialen Rolle als Element der soziologischen Theorie. Tübingen 1967
Popitz, H.: Soziale Normen. In: Archives Européennes de Sociologie, Bd. II, 1961, S. 185–198
Rommetveit, R. R.: Social Norms and Roles. Oslo und Minneapolis 1955
Stendenbach, F.-J.: Soziale Interaktion und Lernprozesse. Köln 1963
Sumner, W.G.: Folkways. Boston 1906
Weber, M.: Wirtschaft und Gesellschaft. 2 Bde, Tübingen 1921.III. Theorie und Praxis

III. Theorie und Praxis

Strafrecht oder Gesellschaftsschutz

Für alle wohlwollenden Beobachter, die das Schicksal Italiens nach dem zweiten Weltkrieg verfolgten, war es eine erstaunliche Erfahrung, zu sehen, welche außerordentlichen Aufbaukräfte in dem schwergeprüften Lande sogleich nach Waffenstillstand zutage traten. So waren auch die zahlreichen Besucher, die am 8. November in San Remo der Eröffnungssitzung des Ersten Internationalen Kongresses für Gesellschaftsschutz (Congresso per la difesa sociale) beiwohnten, von hohen Erwartungen erfüllt. Daß diese bei weitem übertroffen wurden, war nicht nur das Verdienst des Kongreßleiters, des Grafen Filippo Gramatica (Genua) und des Avvocato Paolo Manuel Gismondi, Sindaco von San Remo, der in liebenswürdigster Weise als Gastgeber auftrat, sondern es zeugte auch von den positiven Ergebnissen des langen Weges, den Italien nach dem Kriege bereits zurückgelegt hat.

Das Hauptthema des Kongresses wie des einberufenen „Centro Internazionale di Studi di Difesa Sociale" (Genua) war die Ersetzung der bisher geltenden Strafrechtssysteme durch das System des Gesellschaftsschutzes. Dies bedeutet, daß der Gesetzesübertreter nicht primär als Verbrecher aufgefaßt wird, sondern als ein sozial desorganisiertes Individuum, vor dem sich die Gesellschaft zu schützen sucht, ohne es jedoch darum in seiner Eigenschaft als Mensch zu verletzen. Sie tut dies, indem sie ihm die Möglichkeit zu schaden nimmt (durch verschiedene Sicherungsmaßnahmen) oder indem sie ihn durch ein geeignetes Erziehungsverfahren zu „resozialisieren" sucht, wenn dies angezeigt erscheint. Die Voraussetzungen für diese Lehre wurden durch die große Schule der italienischen Kriminalanthropologie und Kriminalsoziologie von Lombroso, Garofalo und Ferri gelegt, die man gemeinhin als die „positivistische Schule" in der Kriminalistik bezeichnet. Doch trat gerade bei Gelegenheit des Kongresses mit großer Deutlichkeit die Tatsache hervor, daß der starre Determinismus der älteren italienischen Schule heute weitgehend überwunden worden ist und einer neuen, sehr zukunftsreichen Einstellung Platz gemacht hat. Diese anerkennt zwar noch immer die soziale Determination sozial negativer Handlungen, aber sie ist sich zugleich darüber klar, daß dies immer nur in der Brechung durch eine ganz bestimmte individuelle Person Wirklichkeit gewinnt, so daß also die Psychologie, insbesondere die Sozialpsychologie, dann aber auch die Psychiatrie und sogar die Medizin eine entscheidende Rolle in der Bestimmung der Verbrechensursachen zu spielen haben.

Im allgemeinen Teil des Kongresses trat als erster der Belgier Theo Collignon (Liège) auf, der als Vorkämpfer der Bewegung für die Abschaffung der Todesstrafe bekannt geworden ist. Nach ihm vertrat Alfredo Poggi (Rom) den philosophischen Gesichtspunkt, nach dem es unmöglich erscheint, die Gesellschaft zu schützen, indem man den Menschen durch unzureichende Strafmaßnahmen verdirbt; da der Redner selbst als politisch Verfolgter im Gefängnis gewesen war, wirkte sein Vortrag wenige durch theoretisch-zugespitzte Argumente als vielmehr durch das lebendige Erlebnis der „mentalità di galera", die mit der größten Sicherheit den Menschen nach Verbüßung einer Gefängnisstrafe schlechter macht, als er vorher gewesen ist. Als Soziologe zeigte darauf René König (Zürich) die allgemeine Entwicklung der Strafe vom primitiven, irrationalen Repressivsystem zum modernen, rationalen System des Gesellschaftsschutzes, das sich in den weitesten Rahmen all jener Institutionen einordnet, die sich mit der sozialen Fehlanpassung des Menschen befassen.

Nach dieser Einleitung erhielten die eigentlichen Strafrechtler das Wort, unter denen vor allem der Belgier Simon Sasserath (Bruxelles), der Schweizer Jean Graven (Genf) und der Schwede Ivar Strahl (Stockholm), Mitglied der schwedischen Kommission zur Revision des Strafrechts, hervortraten. Dagegen konnte der Hauptvertreter Frankreichs, Marc Ancel, einzig darauf hinweisen, daß in Frankreich zwar vieles in Vorbereitung, aber noch relativ wenig durchgeführt sei (mit Ausnahme gewisser Anordnungen für die Jugendgerichtsbarkeit vom 2. Februar 1945); der Vertreter Englands, H.G. Randall Lane (London) gab ein ungemein aufschlußreiches Bild des neuartigen „Probation System", das bereits mit großem Erfolg angewendet worden ist. Vom italienischen Gesichtspunkt aus bekannte der Ministerialdirektor Gabriele Volpe, daß trotz der großen Fortschritte des Strafrechts von 1930 noch vieles zu verwirklichen bleibe; aber die stattliche Reihe der übrigen italienischen Redner bewies deutlich, daß die geistige Vorbereitung eines umfassenden Revisionswerkes im Sinne des Gesellschaftsschutzes denkbar weit gediehen ist. Und der leidenschaftliche Aufruf des Kriminalanthropologen Benigno Di Tullio (Rom) an die Adresse des bei der Eröffnungssitzung anwesenden Justizministers Giuseppe Grassi bewies, daß diese neue Kriminalistik auch die Möglichkeit besitzt, sich Gehör zu verschaffen, ganz abgesehen davon, daß die in aller Öffentlichkeit sich abspielende Auseinandersetzung zwischen dem Gelehrten und dem Staatsvertreter ein schönes Beispiel demokratischer Diskussion darstellte, das alle Anwesenden stark beeindruckte.

Ihren Höhepunkt erreichte die Diskussion, als im dritten Teil neben den Penalisten die Psychologen, Psychiater und Mediziner auftraten. Hier wußten insbesondere Auguste Ley (Bruxelles), François Naville (Genf), Domenico Macaggi (Genua), P. Piprot d'Alleaume (Paris), Elio Gobbi (Mendrisio) u. a. die Problematik ganz außerordentlich zu klären, sodaß einmütig der Beschluß gefaßt werden konnte, inskünftig eine allgemeine psychologische Ausbildung der Juristen für obligatorisch zu erklären. Zugleich kam es zu einer klaren Unterscheidung zwischen dem asozialen Individuum, das wesentlich ein Einzelgänger ist und einer entsprechenden Behandlung unterworfen werden muß, und dem anti-sozialen Individuum, das in der Welt lebt und demzufolge viel schwierigere Probleme aufgibt.

Am Schluß wurde das Ergebnis des Kongresses in 25 Punkten zusammengefaßt, die Jean Graven (Genf) mit überragender Souveränität einzeln durchsprach und erklärte; diese sollen durch Vermittlung der UNO den verschiedenen Regierungen vorgelegt und zur Berücksichtigung empfohlen werden. Diese Punkte beziehen sich auf Reform des Polizeiwesens, auf die Jugendgerichtsbarkeit, auf Präventivmaßnahmen, auf den bedingten Straferlaß und das „Probation System", auf die Behandlung der Anormalen, Arbeitsscheuen, Trinker und Rauschgiftsüchtigen, auf den Strafvollzug, die Abschaffung der Todesstrafe und die Regelung der lebenslänglichen Haft, auf die Anpassung der Geldstrafen an die Einkommensverhältnisse des Verurteilten und die allgemeine Beaufsichtigung der Strafanstalten durch ein psychologisch und psychiatrisch besonders ausgebildetes Personal. Angesichts dieser weitreichenden Beschlüsse kann man sagen, daß dem Kongreß wirklich ein durchschlagender Erfolg beschieden war, und es erfüllte alle Anwesenden mit tiefer Genugtuung, daß so bald schon nach dem Kriege, der gerade auf dem Gebiet des Strafvollzugs ein bisher noch nie gesehenes Maß an Barbarei gebracht hat, sich Gelehrte aller Nationen zusammensetzen und beraten konnten, wie in Zukunft auch auf diesem dunklen Gebiet des Gesellschaftslebens die Maßstäbe der Humanität gesichert werden können. So konnten am Schluß die italienischen Veranstalter mit vollem Recht den einmütigen Dank aller Teilnehmer, der aktiven wie der passiven, entgegennehmen.

Einleitender Bericht zur soziologischen Abteilung des IV. Kongresses für Gesellschaftsschutz über Prävention der Verbrechen gegen Leib und Leben

Bei Durchsicht der 34 Berichte, die für die soziologische Sektion dieses Kongresses eingegangen sind, wurde es mir wieder einmal klar, wie viel leichter es ist, den Anspruch auf soziologische Behandlung eines Themas zu erheben, als wirklich soziologisch zu arbeiten. Für die meisten erscheint nämlich der bloße Umstand, sich mit sozialen Tatbeständen zu befassen, an und für sich schon als Beweis für soziologisches Verfahren. Dazu muss jedoch bemerkt werden, dass soziales Geschehen von so ausserordentlicher komplexer Art ist, dass sich zahlreiche Wissenschaften mit ihm befassen, die mit Soziologie nichts zu tun haben. Während man nun im 19. Jahrhundert in dieser Hinsicht gern alles in einen Topf warf und allgemein von Soziologie und soziologischem Verfahren sprach, wenn nur in einer Weise von sozialem Geschehen die Rede war, hat sich in den letzten 50 Jahren die Einstellung radikal gewandelt. Ich kann nicht anders, als von allem Anfang an bemerken, dass sich die Kriminologie, wenn sie von Soziologie oder von soziologischem Verfahren spricht, wesentlich mehr von den Traditionen des 19. Jahrhunderts nährt als von kritischer soziologischer Systematik. Dementsprechend wird es die Hauptaufgabe dieses einleitenden Berichtes sein, einige Leitideen für die soziologische Behandlung unseres Themas herauszuarbeiten. Andererseits sollen natürlich auch die in den vorliegenden Berichten enthaltenen echten Ansätze zu einer soziologischen Behandlung gebührend unterstrichen und herausgehoben werden, damit für die Zukunft fruchtbare Anregungen gefunden werden können.

Neben der Rechtswissenschaft im Allgemeinen interessiert sich im Speziellen vor allem die Kriminologie für den Gegenstand unseres Kongresses. Dementsprechend sehe ich bei den Teilnehmern die Kriminologen in einer erdrückenden Mehrheit, wie auch bei einem solchen Gegenstand nicht anders zu erwarten war. Andererseits aber frage ich mich, ob es nicht besser gewesen wäre, von Anfang an eine eigentliche kriminologische Abteilung von der soziologischen zu trennen, um die Verschiedenheit der Aspekte deutlich werden zu lassen. Wir haben nämlich in der Tat durch die Vermischung der Aspekte in keiner Weise etwas zu gewinnen. Daneben würden die juristische und die psychologische Abteilung mit vollem Recht ihre Selbständigkeit bewahren. Die Trennung des kriminologischen und des soziologischen Aspekts scheint in Widerspruch zur Existenz einer Kriminalsoziologie zu stehen, die sichtlich beide Disziplinen zusammenführt, ohne Anlass für Spannungen zu geben. Doch stellt sich dabei die Frage, ob diese Vereinigung einer eigentlichen kritischen Überlegung über das Wesen ihres Gegenstandes entspringt, oder ob doch nicht nur nach Behandlung der rechtlichen, insbesondere der strafrechtlichen Problematik, nach Behandlung der Kriminalbiologie, Kriminalpsychologie und Kriminalstatistik einfach der soziale Tatbestand kritiklos angehängt wird, ohne dass man nach einer wirklichen soziologischen Begründung fragte. Die Durchsicht des vorhandenen Materials zeigt ganz eindeutig, dass vorläufig die zweite Art der Betrachtung bei weitem überwiegt, womit auch gesagt ist, dass eine wesentlich soziologische Betrachtungsweise zumeist noch gar nicht erreicht ist. Es liegt wohl auf der Hand, dass sich dies nicht nur im Hinblick auf die Behandlung des eigentlichen kriminellen Verhaltens, sondern genau so auch auf die Behandlung der Prävention bemerkbar machen muss, sodass auch hierbei die spezifisch soziologische Fragestellung verpasst werden muss.

Es lässt sich nicht vermeiden, dass die vorgehenden kritischen Bemerkungen ganz unmittelbar die Frage provozieren müssen, wo denn nun die Soziologie die Problematik einordnen würde, mit der sich die Kriminologie befasst. Diese Frage lässt sich einfach genug beantworten. Der Gesamtbereich der Probleme, mit denen sich die Kriminologie befasst, gehört zunächst unter den Oberbegriff des (von Brauch, Sitte und Recht) „abweichenden Verhaltens" (deviant behaviour). Die Einsicht, dass ein solches Verhalten in den modernen Industriegesellschaften zu einer massenhaften Erscheinung wird, die man auch statistisch messen kann, führte zur Aufstellung einer Teildisziplin der Soziologie, der Lehre von der sozialen Desorganisation, welche in weitestem Sinne die verschiedenen Formen des abweichenden sozialen Verhaltens in ihren verschiedenen Schattierungen, vor allem aber ihre Ätiologie untersucht.

Wenn wir an die obige Formel des von den üblichen Regelungen (von Brauch, Sitte, Recht usf.) abweichenden Verhaltens anknüpfen, erkennen wir besonders leicht, wo eine der wesentlichsten Differenzen zwischen der Kriminologie im Allgemeinen und der soziologischen Lehre von der sozialen Desorganisation liegt. Die Kriminologie knüpft im Wesentlichen in ihrer Definition des abweichenden Verhaltens an die Rechtsnormen an, so dass für sie Übertretung der Rechtsnormen das entscheidende Indiz für die kriminologische Relevanz eines gegebenen Tatbestandes wird. Dies Verfahren hat natürlich sein gutes Recht. Aber es führt doch zu der sehr bedeutsamen

Konsequenz, dass die Kriminologie im Grunde erst nach einer erfolgten Gesetzesübertretung in Aktion tritt, womit die Frage der Prävention, mit der wir uns hauptsächlich befassen wollen, höchst problematisch wird, sofern man sich nicht mit einer sogenannten Generalprävention begnügen will. Gleichzeitig tritt die zweite Frage auf, was man mit der sogenannten „délinquence clandestine" anzufangen gedenkt? Darf man sich überhaupt bei der Übertretung der Rechtsnormen beruhigen? Es gibt ja viele Formen abweichenden Verhaltens, die vielleicht schon sozial „auffällig" werden, aber nicht zu einem eigentlichen Rechtsverfahren führen, sei es, dass sich der Betreffende dem Zugriff der Rechtsautoritäten durch seine soziale Stellung, durch seine Macht, seinen Reichtum, durch politischen Einfluss usf. zu entziehen weiß, sei es, dass bei der ersten Untersuchung des Falles von den Rechtsorganen selber auf Verfahrenseröffnung verzichtet wird. Im ersten Falle begegnen wir dem, was die amerikanische Soziologie als den „White Collar Criminal" bezeichnet hat; im zweiten Falle wird eine dauernde Korrektur des Rechts durch die Personen vorgenommen, welche die Funktionäre des Rechtsvollzugs sind, beginnend von den Polizeiorganen bis hin zu eigentlichen Gerichtspersonen, die etwa ganz verschieden entscheiden werden, wenn sich der Sohn eines Kollegen eines Eigentumsdeliktes schuldig macht oder ein Arbeitnehmer bei seinem Arbeitgeber. Dazu kommen dann noch alle jene Fälle, die zwar im Rechtssystem geregelt sind, deren Übertretung aber weder durch die öffentliche Meinung noch durch die Rechtspraxis geahndet wird. So gäbe es also ein Verhalten, das zwar im Prinzip rechtlich ein abweichendes Verhalten ist, sozial aber keineswegs, wobei die Umwelt und sogar die Organe der Rechtsordnung dies Verhalten stillschweigend tolerieren. All dies und eine ganze Reihe weiterer Umstände machen es ausserordentlich schwer, bei der Bestimmung des abweichenden Verhaltens von den tatsächlich erfassten Gesetzesübertretungen auszugehen. Diese letzteren sind nur eine sehr spezielle Form des abweichenden Verhaltens, die zweifellos wichtig ist, das Gesamtphänomen des abweichenden Verhaltens aber keineswegs erschöpft. Da außerdem viele technisch-juristische Gesichtspunkte bei diesen Definitionen wirksam sind, könnte es durchaus geschehen, dass sich das System der sozialen Regelungen und das der Rechtsregelungen nach ganz verschiedenen Richtungen entwickeln.

Wenn wir in den vorliegenden Berichten die spezifisch kriminalstatistischen Abhandlungen ins Auge fassen, so spüren wir deutlich, dass sich auch die Kriminologen dieser Tatsache bewusst sind. Im Großen und Ganzen kann man wohl sagen, dass kein Teil der amtlichen Statistik weniger brauchbar ist als die Kriminalstatistik. Wenn dies aber den Beteiligten schon klar ist, so fehlt doch durchaus das Bewusstsein, warum dies der Fall ist. Diese Begründung vermag jedoch erst die Soziologie zu geben, indem sie vor allem zeigt, dass sowohl der allgemeine Bereich der Normen des sozialen Verhaltens ungeheuer viel weiter ist als der Bereich der Rechtsnormen, wie dementsprechend auch die Formen des abweichenden Verhaltens viel weiter reichen als die bloße Form der Rechtsübertretung. Aus dem ungeheuren Bereich der Normen des sozialen Verhaltens in Brauch und Sitte schält das Recht nur eine unverhältnismäßig kleine Anzahl heraus, die es dann allerdings auch unverhältnismäßig gut (wenn auch vorwiegend im Rahmen des Juristenrechts) und durch ebenfalls wohldefinierte und organisierte Sanktionen wie Institutionen (Gerichte usf.) zu schützen sucht. All das wird aber niemals verhindern können, dass der Sektor der Rechtsnormen, gemessen am Gesamtumfang der Normen des sozialen Verhaltens, ungewöhnlich klein ist. Dazu kommt noch die oben schon erwähnte dauernde Korrektur der Rechtsnormen und ihrer Anwendung durch diesen weiteren Bereich des geregelten Verhaltens, und zwar keineswegs nur durch Gewohnheitsrecht, sondern auch durch Brauch, Sitte, öffentliche Meinung, durchschnittliches Moralempfinden (morals), und so darf man durchaus sagen, dass die Rechtspraxis unter diesem Druck ganz verschieden reagiert, je nachdem ob z. B. ein bestimmtes Delikt auf dem Lande oder in der Stadt, bei ungelernten Arbeitern oder Vertretern der Mittel- oder Oberklassen auftritt, usf. So ist etwa Sodomie auf dem Lande unverhältnismäßig verbreitet, kommt aber wenig zur Anzeige, weil die ländliche Mentalität darauf ganz anders reagiert als die städtische, die hierin genau so empfindlich ist wie gegenüber allen Verletzungen der guten Sitten (etwa Exhibitionismus), dem gegenüber die ländliche Mentalität ebenfalls viel toleranter ist. Nehmen wir einen so fragwürdigen Tatbestand wie den Inzest. Es ist allgemein bekannt, dass bei bestimmten Landbevölkerungen der bis zu einem gewissen Alter geübte Inzest (oder inzestähnliche Handlungen) gang und gäbe ist; er wird eben dort weitgehend toleriert, übrigens auch bei bestimmten Gruppen ungelernter Arbeiter, oder führt höchstens dann zu einer Reaktion vonseiten der Umwelt, wenn andere Regeln der Sitte verletzt werden (also wenn etwa die Praktiken noch nach Erreichung des brauchtümlich anerkannten Nubilitätsalters der betreffenden Mädchen anhalten). Umgekehrt ist etwa die soziale und moralische Reaktion bei Ehebruch in der Öffentlichkeit durchschnittlich viel stärker als die vom Rechte vorgesehene Sanktion, wo ja der Ehebruch meist nur ein Antragsdelikt darstellt und im übrigen die Tendenz aufweist, aus den neueren Rechtssystemen zunehmend zu verschwinden, während dagegen z. B. der Ehebruch in den meisten primitiven Rechten eine sehr große Rolle spielt. Nehmen wir noch zwei Beispiele, die recht gut untersucht worden sind, den Selbstmord und den Abort. Es gibt Länder, in denen der Selbstmord, wenn nicht gar bestraft, so doch mindestens von der öffentlichen Meinung ausserordentlich missbilligt wird. Hier wird die Tendenz vorwalten, viele faktische Selbstmorde polizeilich als „Unfälle" zu registrieren, was einen weiteren Beleg für die Korrektur der Rechtsnormen und der Auswirkung durch die öffentliche Meinung darstellt. Ähnliches gilt für den Abort. Während z. B. die städtische Mentalität hierauf teilweise äußerst empfindlich reagiert, vor allem wenn er die Folge eines illegitimen Geschlechtsverkehrs sein sollte, so ist es wiederum ein offenes Geheimnis, dass bestimmte bäuerliche Bevölkerungen, die unter einem bestimmten Erbrecht stehen (Unveräußerlichkeit und Unteilbarkeit des Bodens) nach der Geburt eines Sohnes oder spätestens nach der Geburt eines zweiten Sohnes regelmäßig Abort übten, bevor die Kenntnis empfängnisverhütender Mittel zu ihnen kam: dies geschah, um eine Prävention gegen die wirtschaftlichen Schwierigkeiten zu schaffen, die sich in einer solchen Situation für den zweiten oder dritten Sohn ergeben mussten. Man bedenke auch, dass die Justiz ganz anders gegenüber der gewerbsmäßigen Engelmacherin reagiert als gegenüber dem exklusiven Privatspital oder Sanatorium, wo die straflose Vollziehung des Abortes eine reine Geldfrage darstellt. Es möge übrigens darauf hingewiesen werden, dass die seinerzeitige Aufhebung des Abortverbots in der Sowjetunion (mittlerweile ist diese Gesetzgebung längst wieder aufgegeben worden) zugegebenermaßen unter anderem darauf zurückging, dass man durch Überweisung des Aborts an die staatlichen Kliniken den verschwiegenen Abort treffen wollte, der ja bekanntlich den strafrechtlich erfassten Abort um ein vielfaches übersteigt. Es liegt übrigens in allen diesen Fällen auf der Hand, dass die Schwierigkeit in der Abgrenzung dessen, was als abweichendes Verhalten im rechtlichen Sinne anzusehen ist, auch ebenso große Schwierigkeiten in der Bestimmung der Prävention schaffen muss.

Im übrigen resultieren daraus auch höchst konkrete Schwierigkeiten für die Forschung, die etwa den Vergleich verschiedener Untersuchungen wegen allzu großer Differenzen in der Definition des Ausgangsmaterials unmöglich machen. Nehmen wir nur den Begriff der Jugendkriminalität. Wollen wir darunter ein abweichendes Verhalten verstehen, wie es sich etwa der Familie, der Nachbarschaft und der Schule einerseits oder wie es sich der Polizei andererseits darstellt? Dabei darf ohne weiteres unterstellt werden, dass selbst die Polizei vielfach nicht als Polizei, sondern im Sinne der Familie reagiert. So können sehr häufig, wie jeder von uns weiß, selbst schwere Delikte von Jugendlichen vertuscht werden, weil die betreffende Familie die Gewähr dafür bietet, dass inskünftig gesteigerte Aufsicht ein normgerechteres Verhalten erreichen wird. Oder sollen wir unter Jugendkriminalität alle jene Fälle mit subsummieren, die von der Fürsorge behandelt werden? Oder einzig jene Fälle, die zu einer Verurteilung im strengen Sinne des Wortes führten? Oder sollen noch jene Fälle mit hinzugenommen werden, die zwar zu einer Untersuchung Anlass gaben, aber zu keinem Verfahren vor dem Jugendgericht führten? Mit jeder Frage ist der Bereich der Jugendkriminalität entweder breiter oder enger zu fassen, mit jeder Frage werden unter Umständen ganz verschiedene Phänomene erfasst, wie etwa die verschiedenen Grade von Gefährdung und Verwahrlosung, die verschiedenen Formen von Schwererziehbarkeit usf. Diese können zweifellos in manchen Fällen zur Kriminalität führen, sie müssen es aber keineswegs. Da übrigens die Frage des abweichenden Verhaltens bei der Jugend eine hervorragend wichtige Rolle für die Gestaltung der Prävention übt, darf das eben gegebene Beispiel nicht nur als eine bloße Illustration, sondern muss als ein zentral wichtiges Beispiel angesehen werden, an dem sich nochmals entscheidet, dass die kriminologische Betrachtungsweise, die sich notwendig als Weiterbildung der rechtlichen Betrachtungsweise darstellt, soziologisch als viel zu eng angesehen werden muss. Und dies gewinnt insbesondere darum an Bedeutung, weil die Frage der Prävention unmittelbar mit dem Grade der „sozialen Kontrolle" zusammenhängt, den eine bestimmte Gruppe, etwa die Familie oder die Nachbarschaft oder die Schule zu üben imstande ist oder nicht imstande ist. Damit tritt jedoch ein neuer Begriff in Erscheinung, der der sozialen Kontrolle. Genau wie der Begriff des abweichenden Verhaltens wesentlich weiter als der des deliktischen Verhaltens im rechtlichen, strafrechtlichen oder kriminologischen Sinne ist, ist auch der Begriff der sozialen Kontrolle weiter als der der Prävention im rechtlichen Sinne.

Damit haben wir aber vorläufig nur allgemeine Fragen berührt und sind noch gar nicht in das spezielle Thema dieses Kongresses eingetreten, nämlich die Verbrechen gegen Leib und Leben. In Bezug auf diese muss aber eine neue Serie von Überlegungen hinzugezogen werden, welche die Sonderstellung dieses Problems betreffen. Die soziologische Untersuchung der Rechtsentwicklung hat nämlich zweierlei interessante Umstände aufweisen können: 1. Während in der primitiven Welt die meisten Handlungen gegen Leib und Leben überhaupt nicht geahndet werden (so wird z. B. auch nie zwischen Mord und Totschlag unterschieden, sondern selbst vorbedachter Mord als einfacher Totschlag angesehen), so hat sich dies in der Entwicklung ganz grundsätzlich geändert. Dem entspricht auch die Entwicklung der Sanktionen: während sämtliche Sanktionen des Rechts im Laufe der Rechtsentwicklung die Tendenz zeigen, sich zu mildern (P. Fauconnet), sind einzig die Sanktionen für die Verbrechen gegen Leib und Leben verschärft worden. Dies zeigt, dass offensichtlich die Individualität in der modernen Gesellschaftsstruktur einen höheren Wert darstellt als früher. Die ganze Problematik der Verbrechen gegen Leib und Leben ist also keine allgemeine, vielmehr steht sie unter bestimmten strukturellen soziologischen Voraussetzungen, ohne die sie sinnlos ist. Das gleiche gilt dementsprechend für die Prävention. – 2. Während in der primitiven Welt viele Handlungen, die mit der öffentlichen Darstellung des Geschlechtlichen in allen Formen zusammenhängen, durchschnittlich überhaupt nicht geahndet werden (meist werden solche Handlungen nur als komisch empfunden), hat sich auch dies in der Entwicklung ganz grundsätzlich geändert. Dem entspricht auch die Entwicklung der Sanktionen: neben der Verschärfung der Verbrechen gegen Leib und Leben haben sich auch jene ganz ausserordentlich verschärft, die sich z. B. auf die Vergehen gegen die guten Sitten beziehen (J. Haesaert). Dazu gehören aber naturgemäß auch eine ganze Reihe von Delikten gegen den Leib des Menschen wie etwa die Sexualdelikte. Auch hier war und ist die primitive Menschheit viel toleranter. Dies zeigt, dass in der modernen Gesellschaftsstruktur offensichtlich dem Geschlechtlichen gegenüber mit einer ganz anderen Affektivität als früher reagiert wird. Man spricht allgemein von einer

Verschiebung der Schamgrenze oder der Peinlichkeitsschwelle, was uns heute Dinge als Delikte erscheinen lässt, die früher niemals als solche angesehen worden wären. Dazu gehören aber in erhöhtem Maße die Verbrechen gegen Leib und Leben. Wir erwähnen noch zum Abschluss, dass diese strukturellen Voraussetzungen gleichzeitig mit jenen identisch zu sein scheinen, die in einer Wettbewerbsgesellschaft (competitive society) den Ehrgeiz des Einzelnen immer wieder anstacheln und überhaupt auslösen. Andererseits ist dies aber auch die Ursache für zahlreiche Frustrationen, die das Schema Frustration-Aggression in Gang setzen. So könnte man sagen, dass die moderne Gesellschaftsstruktur sowohl zahlreiche Ursachen für abweichendes Verhalten schafft wie eine eigenartig heftige Art, auf jegliche Verletzung der Integrität des kompetitiven Individuums zu reagieren.

Man kann also mit einem Worte sagen, dass die Gesamtproblematik, mit der wir uns auf diesem Kongress befassen, überhaupt nur unter ganz bestimmten soziologischen Voraussetzungen aufgerollt werden kann. Sie hängt wesentlich zusammen mit einer strukturellen Bedeutsamkeit des Individuums sowie seiner Integrität und eines besonders intensiven Schutzes der Geschlechtssphäre im Ganzen, wobei sich dies auf die verschiedensten Weisen sublimieren kann. Dies zeigt gleichzeitig, dass die Sphäre des individuellen Daseins keineswegs mit den durchschnittlichen Mitteln der Psychologie, sondern einzig mit der Tiefenpsychologie erfasst werden kann. In jüngster Zeit hat sich in dieser Hinsicht für unser Thema das Schema von Frustration-Aggression (J. Dollard u. a.) als besonders fruchtbar bewährt, das dementsprechend auch zentral für die Ätiologie der Verbrechen gegen Leib und Leben (wie anderer) herangezogen werden muss. In diesem Sinne ist das Problem in der Abhandlung von P. Heintz eingehend behandelt worden, so dass ich auf weitere Ausführungen verzichte. Allgemein soziologisch und ebenfalls für die Frage der Prävention von höchster Bedeutung ist noch folgender Umstand, dass sich das abweichende Verhalten vor allem in der Kindheits- und Jugendentwicklung anbahnt. Viele der eingegangenen Berichte heben dementsprechend diese Frage hervor, ohne jedoch die spezifisch soziologische bzw. sozialpsychologische Begründung dafür zu erkennen. Diese liegt darin, dass, genau wie die Fixierung des normgerechten Verhaltens in der sozial-kulturellen Persönlichkeit sich in einem länger währenden Prozess der Erziehung seit der frühesten Kindheit aufbaut, auch die Begründung des abweichenden Verhaltens weitgehend dort gesucht werden muss. Damit ist aber auch die Richtung gewiesen für die Prävention.

Es kommt hier jedoch viel darauf an, die Problemstellung richtig zu sehen, um die spezifisch soziologische Arbeitsweise zu verstehen. Einerseits stehen die Entwicklungsschäden, die etwa durch Mängel in der Familie bedingt werden. Ein übermäßig autoritärer Vater zeugt etwa bei seinem Sohn dauernde Frustrationsgefühle, die bei diesem eine intensive Aggressivität nähren. Diese braucht sich nun aber keineswegs direkt und unmittelbar in Gewalttätigkeit zu äußern. Dies ist eine bloße Möglichkeit. In einem sonst guten Erziehungsmilieu kann ein solcher Knabe etwa zu einem ausgesprochenen Neuerer oder Revolutionär heranwachsen, oder auch zu einem risikofreudigen Industrieunternehmer oder zu einem Abenteurer. Dass nun aus einer solchen Ausgangslage ausgesprochene Akte der Gewalttätigkeit gegen Leibe und Leben resultieren, ist zusätzlich von einer Menge sekundärer Begleitumstände abhängig wie etwa unglückliche Familienverhältnisse, schlechte Nachbarschaft, Arbeitslosigkeit oder Alkoholismus des Vaters oder der Eltern, Verwahrlosung im strengen Sinne. So erhalten wir eine Skala, die mit der bloßen Gefährdung beginnt und über die verschiedenen Grade der Verwahrlosung bis zur Kriminalität reicht. Der Weg bis zum aktuellen Delikt ist aber in keiner Weise so kontinuierlich, wie es vielleicht hier erscheinen mag. Denn zu den verschärfenden Begleitumständen kommen dann noch die unmittelbar deliktauslösenden Umstände, deren Funktion heute jedoch nur zum Teil erforscht ist. Wir geben dafür folgendes Beispiel. Der oben erwähnte Junge, der zu Hause durch einen autoritären Vater dauernd zurückgesetzt wird und damit schweren Frustrationen unterliegt, hat die Neigung, sich einer Bande von Jugendlichen anzuschließen, die ihre Aggressivität im Herumstreifen, gemeinsamen Zigarettenrauchen und Fussballspielen abreagiert. Bei einem solchen Spiel werde nun eine Fensterscheibe zertrümmert. Die Polizei tritt in Aktion. Dies ist nun genau der Punkt, an dem sich die Zukunftsentwicklung entscheidet. Die Polizei kann sich positiv auswirken, indem sie die geschilderten Dinge als das nimmt, was sie wirklich sind, nämlich harmlose Jugendstreiche. Sie kann aber auch das Gegenteil bewirken, indem sie sich mit ihrer funktionell bedingten autoritären Haltung an die Stelle des Vaters setzt und bei dem Jugendlichen nur eine Verschärfung des Frustrationsbewusstseins mit entsprechender Verschärfung seiner Aggressivität erreicht! Unter der polizeilichen Drohung wird unser Junge plötzlich zum „leader" seiner Gruppe, die sich gleichzeitig fester zusammenschliesst und zu organisieren beginnt. Der Eingriff der Polizei, zuzüglich der bereits vorhandenen latenten Aggressivität der Jugend, wirkt sich als Katalysator aus. Die Spielgruppe der Jugendlichen wird zur organisierten Bande, zum „gang". Allerdings ist damit noch immer nicht gesagt, dass damit allein der Weg zur Kriminalität eröffnet sei. Dies erfolgt vielmehr nur nach langer Gewöhnung an das abweichende Verhalten. Die Gefahr der Kriminalität wird also erst aktuell, wenn diese Bande über ein bestimmtes Lebensalter hinaus zusammenbleibt und damit Zeit gewinnt, ein spezifisch antisoziales Verhalten auszubilden. Wie sich aber auch immer die Dinge entwickeln mögen, so bleibt doch die wesentliche Bedeutung des ersten Zusammenstosses mit der Polizei erhalten, der meist ruckartig eine Entwicklung einleitete, die bei längerer Dauer immer gefährlicher wird. Daraus fliesst die unmittelbare Lehre für die Prävention, die Polizeiorgane über diese Zusammenhänge aufzuklären. Im übrigen ist der geschilderte Fall nicht erfunden, sondern er entspricht im Wesentlichen einem Fall des Leiters einer Bande, die sich schwersten Bandendiebstahls mit Totschlag schuldig gemacht hatte, der mir vor einiger Zeit vor dem Jugendgericht begegnete.

In diesem Zusammenhang begegnete mir auch der Begriff der „Gefährlichkeit", der – wie wohl deutlich geworden ist – ebenfalls seinen sozialpsychologischen Hintergrund hat, sofern er das latente Vorhandensein bestimmter allgemein gewaltsamer Neigungen bedeutet, die bei irgendeiner Gelegenheit aktuell werden können. Aus vielen der vorliegenden Berichte scheint mir eine ausgesprochene Verlegenheit zu sprechen, mit diesem Phänomen fertig zu werden. Und auch dies ist für die Problematik der Prävention von größter Bedeutung, die sich in dieser Hinsicht auf die Frage zuspitzt, den möglichen zukünftigen Delinquenten herauszufinden und eventuell die auslösenden Faktoren zu neutralisieren. Immer wieder erhebt sich bei unseren Mitarbeitern die Frage: was heißt eigentlich „socialement dangereux" (z. B. Dublineau)? Von der Kriminologie aus, die immer vom vollzogenen Delikt auszugehen hat, ist diese Frage unlösbar; dementsprechend begnügt sie sich auch meist mit der Kontrolle des Strafvollzugs, um ein Rezidivwerden zu verhindern. Man müsste aber die Frage der Gefährlichkeit grundsätzlich von der Rezidivität trennen können. Am weitesten gehen heute darin gewisse Untersuchungen, die etwa dies Phänomen mit Zwangsneurosen verbinden; im übrigen sehen auch diese sich auf eine spezielle Untersuchung der „auslösenden Faktoren" verwiesen (z.B. Kempe und Rijksen).

Eine besondere Rolle spielt hierbei auch der Alkoholismus, der in fast allen Abhandlungen erwähnt wird und dem mehrere französische Untersuchungen über die Alkoholgesetzgebung vom 15. April 1954 gewidmet sind (Jean Lebret, J. Dublineau, Alfred Légal u. a.). Als Soziologe möchte ich hervorheben, dass die Betrachtung des Alkoholismus als Ursache (oder wesentliche Mit-Ursache) von Gewaltverbrechen und auch Sexualdelikten und anderen Gesetzesübertretungen eine typische Betrachtungsweise des 19. Jahrhunderts ist. Meist vergisst man dabei etwas Entscheidendes, dass nämlich die unter die Alkoholgesetzgebung fallenden Personen meist selbst schon Vergehen begangen haben oder mindestens „auffällig" geworden sind; so würde also eine staatliche Intervention in dieser Hinsicht wiederum keine Prävention, sondern höchstens Reedukation bedeuten. Dies Argument geht aber noch weiter und zeigt uns nochmals das Unzureichende der ausschliesslich kriminologischen Betrachtungsweise. Selbst wenn der Alkoholiker keine Gesetzesbestimmung verletzt haben sollte, was ihn für die Kriminologie höchstens als „gefährlich" (falls sie sich überhaupt mit ihm individuell beschäftigt) erscheinen lässt, so zeigt er für den Sozialpsychologen in entscheidender Weise ein abweichendes Verhalten. Damit ist aber auch gesagt, dass Alkoholismus nicht primär als Ursache für Gewaltverbrechen angesehen werden kann, sondern nur als Folge anderer Ursachen, die tiefer liegen und die bisher noch gar nicht in den Blick gekommen sind. Das Festhalten am Phänomen des Alkoholismus bedeutet also einen typischen wissenschaftlichen

Kurzschluss. Eine Prävention von Gewaltverbrechen durch Bekämpfung des Alkoholismus heißt in Wahrheit das Thermometer und nicht den Kranken heilen. Der zweifellos vorhandene Zusammenhang zwischen Gewaltverbrechen und Sexualdelikten und Alkoholismus wird nur dann wirksam angegangen werden können, wenn wir den Ursachen des Alkoholismus nachgehen, was uns wiederum in die Tiefenpsychologie führt. Dementsprechend ist auch eine Bemerkung wie die, der Trinker sei ein „Schwächling", Ausdruck einer völlig unzureichenden Einstellung.

Der Trinker ist kein Schwächling, er ist vielmehr ein Kranker. Die wahre Bekämpfung der Ursache des Alkoholismus geht darum über die Psychohygiene, deren Rolle für die Prävention aller Formen des abweichenden Verhaltens, seien diese nun kriminell oder nicht, unter keinen Umständen unterschätzt werden darf. Gleichzeitig werden aber auch hier soziologisch-strukturelle Voraussetzungen sichtbar, indem eine Wettbewerbsgesellschaft wie die unsere (competitive society) naturgemäß dauernd schwere Frustrationen zeugen muss, die auf die verschiedensten Weisen ausgeglichen werden.

Der Alkoholismus ist ein solches Ventil, das in der überwältigenden Anzahl der Fälle völlig harmlos bleibt und sozial unauffällig, sich aber in wenigen Fällen dann doch zu einem wesentlichen Moment der Gefährlichkeit auswächst. Entscheidend bleibt aber in alldem nicht der Alkoholismus selber, sondern die Ursachen des Alkoholismus, die es zu treffen heißt. Schon vor einem halben Jahrhundert sagte Georges Sorel: „C'est par point d'honneur que l'ouvrier se met au zinc; c'est par point d'honneur qu'il faut qu'il le quitte." Damit wird genau zum Ausdruck gebracht, dass der Alkoholismus keine Ursache, sondern nur die Folge anderer Ursachen ist, mit denen sich dann übrigens die Sozialpolitik in allen europäischen und überseeischen Ländern eingehend befasst hat. Damit zeigt sich zweierlei: einmal dass der Begriff der Gefährlichkeit im Wesentlichen sozialpsychologisch angegangen werden muss, wobei uns das Schema Frustration-Aggression eine gute Arbeitshypothese gibt; zweitens aber auch, dass das Phänomen der Gefährlichkeit viel weiter reicht, als die meist bei der Symptomatologie sich aufhaltende Kriminologie meint, indem sie sich auf den Alkoholismus festlegt. So wird auch zu Recht hervorgehoben, dass die landläufigen Beratungsinstanzen meist die Gefahren, die von ihren Patienten ausgehen, unterschätzen. Dies geschieht aber keineswegs vor allem, weil etwa Alkoholismus an und für sich eine gefährliche Attitüde schafft, sondern weil er vielmehr nur ein Symbol für tiefer sitzende Ursachen ist, die eine dauernde latente Bereitschaft zu aggressiven Handlungen schaffen, die im übrigen dadurch umso gefährlicher werden, als sie strukturell mindestens mitbedingt sind. Die ausschließliche Beschränkung auf den Alkoholismus muss aber alle diese tieferen (und wichtigeren) Ursachen verborgen bleiben lassen, was sich dann in einer notorischen Unterschätzung der Gefährlichkeit bestimmter Personen ausdrückt, manchmal sehr zum Schaden ihrer Umwelt.

Es liegt auf der Hand, dass alle diese Überlegungen von größter Bedeutsamkeit für die Entwicklung des Problems der Prävention sind. Man darf sogar sagen, dass erst mit ihnen eine rationale und effektive Behandlung dieses Themas angebahnt werden kann. Im übrigen möchten wir hervorheben, dass sich bei allen Beteiligten an dieser Sektion des Kongresses eine erfreuliche Einmütigkeit dahingehend feststellen lässt, dass im heutigen Zustand die Prävention weder durch moralisierende Predigten noch auch durch eine rechtliche Prävention allein angebahnt werden kann, sondern allein durch eine mit sozialwissenschaftlichen Mitteln vorgenommene Verbrechensvorbeugung. Das ist wohl auch die leitende Überlegung bei den verdienstvollen Gründern und Leitern des Istituto Internazionale per la Difesa Sociale und der Société Internationale de Défense Sociale gewesen. Wichtig ist dabei insbesondere eine methodisch einwandfreie Erkenntnis von Ursache und Entwicklung des deliktischen Verhaltens. Mit den Worten von Simeon: „Die Organisierung einer Prävention setzt Kenntnis der Ätiologie voraus." Die Differenzen zwischen Soziologen und Kriminologen beginnen eigentlich nur, wenn die genaue Richtung angegeben werden soll, in der die Ätiologie des abweichenden Verhaltens zu suchen ist.

Sehr interessant ist in dieser Hinsicht eine von Kempe und Rijksen aufgerollte Frage nach Gewaltverbrechen unter dem Einfluss von Angst. Gewöhnlich wird von den Gerichten bei kalter Vorbereitung eines Mordes eine psychiatrische Untersuchung ausgeschlossen. Aber der von den Autoren beschriebene Fall B. J. zeigt nun ganz eindeutig, dass auch Gewalttaten mit Vorbedacht neurotisch verursacht sein können. Dies würde wiederum zeigen, dass sowohl die übliche juristische wie die kriminologische Betrachtungsweise gänzlich unzureichend sind, indem sie eine wirkungsvolle Ätiologie gelegentlich nicht nur verfehlen, sondern geradezu verhindern. Hier setzten dann die Sozialpsychologie, die Psychiatrie und die Tiefenpsychologie an, die übrigens gerade in dem erwähnten Falle ebenfalls die Bedeutsamkeit der „auslösenden Faktoren" aufweisen und die Frage stellen, wie man sie neutralisieren könne.

Mit einem Wort: wenn wir von Prävention sprechen, so ist das kein einheitliches, sondern ein sich in verschiedenen Schichten aufbauendes Phänomen, das genau im gleichen Sinne viel weiter gelagert ist als der rechtliche Begriff der Prävention, wie auch das abweichende Verhalten weiter gelagert ist als die eigentliche Gesetzesübertretung. Aber bevor wir dieser besonderen Frage nachgehen, muss noch etwas anderes Erwähnung finden. Wir begegnen nämlich häufig einer gewissen Unklarheit gegenüber dem Begriff der Prävention, der allerdings mit der oft schon hervorgehobenen Schwierigkeit der Kriminologie zusammenhängt, dass sie durchschnittlich des abweichenden Verhaltens nur dann habhaft wird, wenn es bereits mit dem Gesetz in Konflikt gekommen ist. Gegenüber der allgemeinen Prävention möchten wir das als die spezielle Prävention bezeichnen, die sich vor allem auf die Verhinderung der Rückfälligkeit bezieht. Sie wirkt sich dementsprechend auch aus in der Reform des Strafvollzugs, die sie im Sinne einer Reedukation, also einer Wiedereinordnung in das alltägliche soziale Leben zu gestalten sucht. Es ist klar, dass diese Form der Prävention in unseren Tagen eine ganz ausserordentliche und erfreuliche Entwicklung genommen hat. Immerhin bedeutet sie aber doch nur eine Ausbesserung bereits erfolgter Schäden und keine Prävention im strengen Sinne. Nach Hervorhebung der Wichtigkeit dieser Form der speziellen Prävention wollen wir uns aber der uns am wichtigsten erscheinenden allgemeinen Prävention zuwenden und fragen, wie sich dies Problem auf Grund der bereits erfolgten Ausführungen soziologisch anfassen lässt.

Hierbei steht übrigens eine Gefahr auf, die mit dem besonderen Thema unseres Kongresses verbunden zu sein scheint, dass nämlich gerade in Bezug auf die Gewaltverbrechen meist nur in allgemeine Ideen von Prävention ausgewichen wird, statt das Problem konkret anzugehen. Als Gegenmittel scheint uns das Schema Frustration-Aggression von einer nicht zu unterschätzenden Bedeutung zu sein, indem es sehr konkrete Zusammenhänge sehen lässt, in denen sich jenes abweichende Verhalten aufbaut, das häufig (nicht immer) zu Gewalttaten gegen Leib und Leben führt. Die Unausweichbarkeit dieses Schemas wird überdies noch dadurch unterstrichen, dass in einer Wettbewerbsgesellschaft das notwendige und dauernde Auftreten frustrierender Umstände gewissermaßen strukturell bedingt ist. Die Prävention würde sich dann unmittelbar mit den frustrationserzeugenden Umständen, bzw. deren Folgen, zu befassen und diese, wenn irgend möglich, zu korrigieren haben. Gewiss ist dies keine direkte, sondern nur eine indirekte Prävention durch die Mittel der Sozialpolitik. Aber wir möchten doch betonen, dass dies in der Tat eine viel konkretere Aufgabe als das Bestehen auf der Generalprävention des Gesetzes und der Rechtsprechung darstellt, die eine psychologische (direkte) Beeindruckung des möglichen Täters durch Strafandrohungen zu erreichen suchen. Die Prävention in diesem Sinne wird zweifellos in Zukunft immer mehr durch den Begriff der indirekten Prävention als Prophylaxe im Sinne der Sozialpolitik verdrängt werden (P. Reiwald), obwohl es manchmal erstaunlich ist zu sehen, wie langsam sich diese Ideen sowohl an den Juristenschulen (also im Wesentlichen an den Universitäten) wie an den Rechtsinstitutionen, z. B. den Gerichten, durchsetzen. So hörte ich selber noch vor wenigen Monaten bei einer Verhandlung vor einem Jugendgericht den Staatsanwalt geradezu von einem „Strafanspruch des Staates" sprechen!

Gegenüber diesen Vorstellungen steht wohl fest, dass noch kaum jemals Strafandrohung die Ausübung eines Gewaltverbrechens allein verhindert hat. Dies insbesondere in der Auseinandersetzung um die Abschaffung der Todesstrafe immer wieder aufgegriffene Argument ist wohl bekannt genug, so dass hier nicht mehr darauf eingegangen zu werden braucht. Wichtiger erscheint mir demgegenüber die Herausarbeitung der spezifisch soziologischen Problematik, die vollständig um das Problem der sozialen Kontrolle und ihrer Effektivität zentriert ist. Allerdings muss man sich daran gewöhnen, in dieser Einsicht mehr als bisher zwischen weitreichenden Trends und kurzfristigen Anpassungen, Fehlanpassungen oder Nichtanpassungen zu unterscheiden. Von den kurzfristigen Bewegungen her gesehen könnte es nämlich erscheinen, als seien die meisten fundamentalen Mittel der sozialen Kontrolle unter der Einwirkung der modernen Wirtschaftsentwicklung desorganisiert worden (etwa Familie, Nachbarschaft und Gemeinde). Übersieht man hingegen die Dinge mehr auf weitere Sicht, dann zeigt sich, dass sowohl die Familie wie die Nachbarschaft und die Gemeinde sich den neuen Gegebenheiten anpassen und neue Formen der sozialen Kontrolle aufbauen können. Wir dürfen allerdings keinen Zweifel daran lassen, dass sie dies nicht aus eigener Spontaneität vermocht haben, sondern allein durch bewusste und planmäßige Unterstützung durch die Sozialpolitik. Wir sind allgemein heute in der Lage, durch bewusst gelenkte und auf Grund wissenschaftlicher Einsichten aufgebaute Maßnahmen erreichen zu müssen, was sich früher durch die gewöhnlichen Mittel der sozialen Kontrolle weitgehend von selber vollzog. Für die Familie hat die Familienpolitik in allen industriell entwickelten Ländern bereits beachtliche Leistungen aufzuweisen. Für die Nachbarschaft und die Gemeinde hat die moderne Stadtplanung wesentliches geleitet durch Auflösung von Slums und Lasterquartieren, wie es in Amerika im großen Stil in den zwanziger Jahren begonnen wurde, und durch eine bewusste Stadtplanung, welche die Ausbildung von kleinen Nachbarschaften auch in der Stadt erlaubt. Hier ist übrigens die Differenz zwischen kurzfristigen Anpassungsschwierigkeiten und weitreichenden Trends besonders auffällig, indem sich zeigte, dass sich trotz einer ersten Zerstörung der Nachbarschaften in den planlos sich entwickelnden Industriestädten des 19. Jahrhunderts auf die Dauer als Folge wachsender Planung eine Neuausbildung von Nachbarschaften durchaus möglich geworden ist. Damit zeigt sich auch, dass eine Quartiersfürsorge keineswegs unmittelbar der Polizei unterstellt werden muss, wie auch Jean Chazal hervorhebt, sondern anderen Organen der Fürsorge, die etwa aus Quartiersvereinen und Bürgervereinen oder Gesellschaften zur Förderung eines Quartiers erwachsen können (auf freiwilliger und spontaner Basis). Am Wichtigsten bleibt aber auch hier der Schutz der Familie; mit den Worten von Chazal: „Equilibrer la famille c'est équilibrer l'enfant." Es ist klar, dass hierbei sowohl die Lohnfrage wie das Wohnungswesen ebenfalls eine zentrale Rolle spielen. So sehen wir insgesamt, wie die Sozialpolitik heute berufen ist, die soziale Kontrolle im Sinne einer indirekten Prävention zu unterstützen, wobei nochmals auf die bedeutende Hilfsfunktion der Sozialwissenschaften hingewiesen werden muss.

Wir möchten noch einige spezielle Punkte hervorheben, die man in Europa meist zu unterschätzen pflegt. Da ist vor allem die Frage der Jugendgruppen. Wir denken hierbei an die spontan sich bildenden Spielgruppen von Gleichaltrigen (play groups, peer groups), die für die Entwicklung der Jugendlichen von größter Bedeutung sind und auch immer eine große Rolle gespielt haben, um die Entwicklung zwischen Kindheit und Erwachsensein zu gestalten, bis sie im 19. Jahrhundert unter dem Einfluss verschiedener Gegebenheiten fast völlig verschwanden. Natürlich gehörte zu diesen Gegebenheiten auch ein aus der zunehmenden Intimität der Familie resultierender Familienegoismus, der die Kinder nicht mit diesen autonomen Gruppen teilen wollte. Im 20. Jahrhundert ist nun allgemein schon viel für diese Jugendgruppen getan worden, aber das Problem einer allgemeinen Überwachung dieser Gruppen, die auch zum Schlechten erziehen können, ist noch keineswegs gelöst, vor allem da, wo weder Familie noch Nachbarschaft noch Gemeinde hinreichen, um diese Überwachungsfunktion zu leisten.

Die Lösung dieser Frage durch Aufbau einer Staatsjugend wird heute einmütig durch alle Fachleute abgelehnt. Was soll aber an deren Stelle treten? Hier stehen noch viele Fragen offen.

Eine damit unmittelbar zusammenhängende Frage ist die der Gestaltung unserer Schulen. Durchschnittlich sind unsere Schulen noch immer so, wie Erwachsene sich vorstellen, dass Kinder und Jugendliche sie schätzen müssten. Dies ist aber ein zutiefst abwegiges Vorurteil. So kommt es zu massenhaftem Schulschwänzen nebst Zusammenrottungen zu Banden, die sich jeglicher Aufsicht entziehen. Eine Abhilfe könnte erst durch weitreichende Schulreformen geschaffen werden. Und eine solche Abhilfe muss geschaffen werden, wenn wir bedenken, welchen gefährlichen Einfluss solche Zusammenrottungen von Jugendlichen ausüben können, wenn sie zu einer festen Gewohnheit werden und tiefwurzelnde anti-soziale Verhaltensweisen ausbilden.

Eine weitere Frage, die hierher gehört und auch von manchen Mitarbeitern des Kongresses aufgegriffen worden ist, ist die der Neugestaltung des Lehrlingswesens – unseres Erachtens eins der wichtigsten Probleme der modernen Jugendpolitik überhaupt. Es ist in vielen Ländern sogar auffällig geworden, wieviele Gewerbelehrlinge sich unter jugendlichen Kriminellen finden. Wir möchten darauf hinweisen, dass hier noch eine ganze Reihe von Problemen verborgen liegen, deren Klärung von gewissen sentimentalen Vorurteilen verhindert wird. So werden etwa häufig Lehrlinge in Lehrstellen bei Gewerben vermittelt, wo sie später kein Fortkommen haben. Dies geschieht unter der Voraussetzung, dass „das Handwerk einen goldenen Boden" habe und dass die Industriearbeit doch nichts Rechtes sei. Diese Lehrlinge müssen nun aber sehr bald einsehen, dass sie falsch gelenkt worden sind, und entwickeln daraus ein starkes Frustrationsbewusstsein. Andererseits hat man ihnen viele Vorstellungen mit auf den Weg gegeben, dass Arbeit in der Industrie minderwertig sei. Wenn sie jetzt wechseln und zumeist als ungelernte Arbeiter neu anfangen müssen, wird man sich nicht wundern dürfen, wenn sie eine weitere Frustration erfahren und daraus eine starke Aggressivität mit allen Folgen eines abweichenden Verhaltens entwickeln.

Aber unangesehen dieser Bemerkungen muss nochmals zum Abschluss hervorgehoben werden, dass sich die Sozialpolitik als die bedeutendste Form der indirekten Prävention erwiesen hat, die man sich denken kann. Zu den bereits erwähnten Maßnahmen gehören noch etwa Erscheinungen wie die Verkürzung der Arbeitszeit, was den Eltern ermöglicht, ihre Kinder besser zu beaufsichtigen; dann die schon erwähnte Familienpolitik und die allgemeine Verbesserung der Lebensbedingungen bei den Arbeitern; dann die Sozialfürsorge und das System der Sozialversicherungen, sowie das Verbot der Kinderarbeit, die Kontrolle der Arbeit von Jugendlichen, die Berufsberatung usf. usf. Diese ganze Entwicklung ist sogar derart überwältigend, dass man sich unwillkürlich fragt, ob nicht eine solche indirekte Prävention, die sich zu einer eigentlichen systematischen Prophylaxe ausweitet, das höchste ist, was wir zu erreichen hoffen dürfen. Soziologisch gesehen würde dann der Sieg der indirekten Prävention durch Sozialpolitik in gewisser Weise einem Bankrott der direkten Prävention durch das Rechtssystem und seine Strafandrohungen gleichkommen. Während viele der Mitarbeiter an diesem Kongress die Rolle der Sozialpolitik für die Anbahnung einer wirksamen Prävention anerkennen, hat bisher wohl keiner diese Konsequenz ausgesprochen, und ich könnte mir denken, dass ihre Diskussion einen der wichtigsten Gegenstände dieses Kongresses bilden könnte.

Heinrich Meng: Psychohygiene und Verbrechen

Es bestand schon längst Klarheit darüber, dass die gegen die Gesellschaft gerichteten Akte, die wir gemeinhin als Verbrechen bezeichnen, in ihrer Verursachung nicht nur aus der Oberflächendimension, sondern gerade auch aus der Tiefe der Seele verstanden werden müssen. Dies gilt vor allem für jene Art von Verbrechen, für die zunächst gar keine handgreifliche Erklärung zu finden ist. Man denke an den Mörder Angerstein, der in neun Stunden acht Menschen umbrachte und u. a. als Erklärung für die Ermordung seiner Schwiegermutter angab, sie habe zuweilen den Haferbrei anbrennen lassen. Jeder Versuch einer rationalen Erklärung muss hier scheitern.

Es ist ein besonderes Verdienst von Heinrich Meng in Basel, der sich seit vielen Jahren mit Erfolg um die Psychohygiene, ihre wissenschaftliche Begründung und pädagogische Verbreitung bemüht, diese Fragen nicht nur in der Analyse von Einzelfällen, sondern in einem allgemeinen Rahmen angegangen zu haben. In dem neuen Band seiner Reihe „Psychohygiene, Wissenschaft und Praxis" (Verlag Benno Schwabe, Basel) gibt er mit einer Reihe von Mitarbeitern eine verdankenswert allgemeine Übersicht über die „Prophylaxe des Verbrechens". Es ist ja klar, dass man es dazu bringen muss, vorbeugen zu können, wenn man sich erst einmal darüber klar geworden ist, wo der Krankheitsherd liegt. Dieser braucht nicht immer, wie die ältere Lehre annahm, durch die sogenannten „Umstände" bedingt zu sein. Überhaupt hat man früher viel zu sehr auf die von aussen kommenden Einflüsse geachtet und vergessen, dass letzten Endes ja überhaupt keine Aussenwelt da ist, wenn sie nicht von uns erlebt wird. Gerade damit aber verschieben sich

---

Rezension des im Text genannten Buches.

die wirklichen Ursachen für mangelnde gesellschaftliche Anpassungsfähigkeit, Labilität, Gefährdung, Verwahrlosung und Kriminalität sehr oft aus der unmittelbaren Gegenwart eines Menschen in seine Vergangenheit und Jugend.

Die Psychohygiene weiss heute um diese Dinge und bemüht sich mit Erfolg durch die Technik der Psychoanalyse die kleinen Schwierigkeiten unseres seelischen Alltags, aber auch die Neurosen wegzuschaffen. Es ist nur konsequent, wenn man jetzt auch den Verbrecher weitgehend als einen Kranken betrachtet und behandelt. Natürlich ist damit nicht gesagt, dass man alle Krankheiten voraussehen und alle Verbrechen verhüten könne; doch zeigt die Erfahrung, dass mindestens ein grosser Teil krimineller Jugendlicher, die rechtzeitig unter vernünftigen Umständen in „Behandlung" und „Nacherziehung" kamen, den rechten Weg ins Leben finden konnten. Beim älteren Kriminellen ist die Frage allerdings problematischer. So hat das von Meng angeregte und geförderte Sammelwerk das ganz zweifellose Verdienst, wieder auf die ungeheure Bedeutung des Jugendstrafrechts hingewiesen zu haben, zugleich aber gibt es eine Fülle von Winken und Hinweisen, an denen eigentlich kein Pädagoge vorübergehen dürfte, dem es mit seiner Aufgabe ernst ist.

Die überorganisierte Familie als kriminogenes Feld

Die Verbindung von Familienkonstellationen mit delinquentem oder kriminellem Verhalten ist an sich recht alt. Man muss aber dazu auch bemerken, dass sie von Anfang an nicht sehr klar gewesen ist. So wird insbesondere bei den älteren Diskussionen nicht deutlich, ob die Familienkonstellation ein wesentlicher kausaler Faktor des delinquenten oder des kriminellen Verhaltens ist, also eine unabhängige Variable, respektive nur eine intervenierende Variable, die neben anderen zur Wirkung kommt.

Diese an und für sich unklare Ausgangssituation wurde weiter verwischt, so wie man versuchte, konkreter zu werden. Denn bei nahezu allen älteren Untersuchungen zu dem genannten Thema, Familienkonstellation und delinquentes Verhalten, wurde die Sache regelmässig so dargestellt, als gäbe es keine intervenierende Variable. Aus diesem Grunde sind die älteren Studien ausgesprochen unbefriedigend, indem sie gewissermassen die Probleme nur punktuell angehen und alle weitergehenden Perspektiven von Anfang an ausschalten. Diese erscheinen dann bestenfalls unter dem Titel „ferner liefen" in Form von blossen unsystematischen Aufzählungen. So heißt es etwa, dass neben der Familienkonstellation noch Fragen wie Armut, Arbeitslosigkeit, Invalidität, Alkoholismus, Drogensüchtigkeit und vieles andere mehr mitspielen, wobei nur völlig unklar gelassen wird, was jeweils verursachender Faktorenkomplex ist und was eine Folge ist.

Aus diesem Grunde lohnt es sich nicht, die theoretischen Ansätze dieser älteren Studien zu rekapitulieren. Sie geben für unsere heutigen Verhältnisse respektive Bedürfnisse eigentlich nichts her. Nur ein Punkt bleibt erwähnenswert und dieser ist bereits im Titel angesprochen, in dem das Wort von der „überorganisierten" Familie benutzt wird. Mit diesem Terminus will ich in der Tat einen Teil der heutigen Betrachtungsweise grundsätzlich von der älteren abheben, wobei wir uns zunächst zu fragen haben, wie die ältere Analytik im Verhältnis zu diesem neuen Begriff charakterisiert werden kann.

Wenn man die ältere Betrachtungsweise des Problems Familienkonstellation und deliktisches respektive kriminelles Verhalten auf eine Formel bringen will, so würde diese ungefähr folgendermassen lauten: Eine normal organisierte Familie stellt einen gewissen Schutz gegen Entfaltung delinquenten Verhaltens dar; wir wollen diese These einmal unbesehen hinnehmen. Deliktisches respektive kriminelles Verhalten entwickelt sich hingegen in dem Augenblick, wo die Familie „desorganisiert" ist. *Familiendesorganisation* war dementsprechend das Stichwort der älteren Kriminalsoziologie. Unter Familiendesorganisation wurden folgende Erscheinungen subsummiert: Vater- oder Mutterverwaisung, Unvollständigkeit der Familie durch Desertion, Trennung oder Ehescheidung, Unvollständigkeit durch Unehelichkeit. Wenn man etwa eine ältere Untersuchung wie die von Tönnies über „Uneheliche und verwaiste Verbrecher" betrachtet, so wird hier in der Tat mit statistischen Methoden ein Zusammenhang zwischen den verschiedenen Formen der Familiendesorganisation und deliktischem respektive kriminellem Verhalten postuliert (Tönnies 1930). Die verschiedenen, zu diesem Thema produzierten Untersuchungen, scheinen in der Tat diesen Zusammenhang schlagend zu bestätigen, wobei allerdings fast immer die Frage der intervenierenden Variable (resp. Variablen) übergangen, respektive viel zu oberflächlich behandelt wird. Das soll aber jetzt nicht der Gegenstand unserer Diskussion sein, vielmehr die davon sehr unterschiedene Frage, ob wirklich Familiendesorganisation das einzig entscheidende kriminogene Feld ist, das wir bei Analyse des abweichenden Verhaltens berücksichtigen müssen. Ich bemerke ausdrücklich dazu, dass ich damit nicht auf die möglichen intervenierenden Variablen hinweisen will, wie es bisher schon mehrfach geschehen ist, sondern die Frage aufrollen möchte, ob es nicht *andere Familienkonstellationen als die der Desorganisation* gibt, die für abweichendes Verhalten verantwortlich gemacht werden können.

Da ich selber den Begriff der „überorganisierten Familie" zum ersten Mal in die Diskussion gebracht habe, und zwar im Rahmen der „Schweizer Gesellschaft für seelischen Gesundheitsschutz", möchte ich heute kurz rekapitulieren, welche Umstände mich damals zur Prägung dieses Begriffes geführt haben (König 1974).

Ich stiess zuerst auf diese Problematik, als ich mich mit der Frage der Ehescheidung beschäftigte. Selbstverständlich akzeptierte ich zunächst das viel diskutierte Verhältnis zwischen Ehescheidung einerseits und deliktischem respektive kriminellem Verhalten andererseits. Dann wurde mir aber klar, dass das eine sehr ungenügende Betrachtungsweise ist; denn wir haben nicht nur zu rechnen mit einer vollzogenen Scheidungssituation, sondern darüber hinaus noch mit jener, bei der an sich die materiellen und menschlichen Voraussetzungen für die Ehescheidung gegeben wären, aber aus Rücksichtnahme auf die Umgebung, auf Verwandte und auf das Gerede der Umwelt nicht vollzogen wird. Ich nannte das damals als Pendant zum Begriff der geschiedenen Ehe, die „nicht-geschiedene" Ehe, worunter ich mit einem Wort eine solche Ehe verstand, die aufgrund des Tatbestandes der totalen Zerrüttung hätte geschieden werden müssen, aber in Wahrheit nicht geschieden wurde.

Das war bereits der Tatbestand der Überorganisation, ohne dass ich diesen Ausdruck sofort benutzt hätte. Dazu kamen noch andere theoretische und empirische Erfahrungen, über die ich im folgenden berichten will.

Vorab muss aber darauf hingewiesen werden, warum die „nicht-geschiedene" Ehe ein Problem ist. Dies beruht auf der Erfahrung, dass nicht nur eine desorganisierte (also etwa geschiedene) Ehe ein Belastungsfaktor für Jugendliche ist, sondern zumindest im genau gleichen Masse eine schlechte Ehe mit zahllosen Konflikten, seien diese nun offen oder verdeckt. Hier entsteht zweifellos ein negatives Erziehungsfeld, das in unserer Betrachtung über delinquentes respektive kriminelles Verhalten regelmässig vernachlässigt worden ist. Man könnte hierzu geradezu sagen, dass die Soziologen in gewisser Weise die Rücksicht auf die Umwelt als einen positiven Faktor gesehen haben, während darin in Wahrheit bestenfalls eine Hemmung der persönlichen Entscheidung liegt. Ich plante damals sogar eine empirische Studie über die verschiedenen Typen solcher „nicht-geschiedenen" Ehen, wobei mir vorschwebte, eine Diagnose der Konstellationen, die dabei auftreten können, zu stellen. Diese Ansätze wurden bei mir sehr bald vertieft durch zwei weitere Erfahrungen. Einerseits nahm ich Kenntnis von dem Buch über uneheliche Mütter, in dem der Begriff der „verdeckten Konflikte" auftauchte (Binder 1941). Binder stellte fest, dass die Elterngenerationen der von ihm untersuchten unehelichen Mütter in der Tat ein Übermass an verdeckten Konflikten aufgewiesen hatten. Seine statistischen Unterlagen waren zweifellos ganz unzureichend, weil zum Beispiel nicht berücksichtigt wurde, dass beim Krankenmaterial jeder Klinik eine bestimmte Selektion stattfindet. Aber es kommt mir auch im Augenblick nicht auf diese methodologische Frage an, sondern vielmehr darauf, dass dieser neue Begriff der „verdeckten Konflikte" überhaupt geprägt werden konnte. Er erwies sich nämlich vorzüglich anwendbar auf den Begriff der „nicht-geschiedenen" Ehe, wie er mir vorgeschwebt hatte. „Nicht-geschiedene" Ehen sind solche, bei denen „verdeckte Konflikte" vorliegen, wobei wir sofort eine Alternative aufweisen können zwischen den Fällen, wo diese Konflikte den Beteiligten bewusst sind und jenen, bei denen das nicht der Fall ist. Die schwierigsten Fälle sind natürlich die letzteren. Das sind übrigens die Fälle, die in der modernen Sozialpsychiatrie immer deutlicher zum Vorschein gekommen sind. Ich komme später darauf zurück.

Der andere Punkt wurde mir klar bei der Lektüre eines Buches, das ausgerechnet von einem Schüler von Binder stammt, nämlich von Haffter über Scheidungskinder (Haffter 1960). Bei ihm trat in der Tat insofern ein neuartiger Gesichtspunkt hervor, als er zum ersten Mal wagte, die sonst fraglos akzeptierte Meinung in Frage zu stellen, dass Kinder aus geschiedenen Ehen immer gefährdet sein müssten. Er zeigt im Gegenteil, dass auch Kinder aus „nicht-geschiedenen" Ehen Schaden nehmen können, so dass man umgekehrt zu der Annahme veranlasst wird, dass unter Umständen Scheidung sich für Kinder positiv auswirken kann, indem es die Konfliktpunkte ihrer Eltern entweder löst oder aus ihrem Erlebnisbereich entfernt. Damit war zum ersten Mal in höchst entschiedener Weise der Begriff der Familiendesorganisation in der bisherigen Form in Frage gestellt. Die Ehescheidung war jetzt nicht mehr in allen Fällen als Negativum anzusehen, sie konnte vielmehr auch positive Funktionen haben, insbesondere für die Kinder. Die ganze Frage wurde übrigens auch rechtspolitisch relevant, indem man etwa überlegte, ob nicht die Kinder aus einer Familie entfernt werden sollten, in der ein Scheidungsentschluss gefasst aber noch nicht durchgeführt ist. Man wollte den Kindern die während dieser hochkritischen Phase sich häufenden Konflikte zwischen den Eltern ersparen. Es liegt auf der Hand, dass diese Fragen nicht nur juristisch, sondern insbesondere psychologisch und sozialpsychologisch beziehungsweise psychiatrisch ausserordentlich delikat sind, so dass eine klare Direktive unendlich schwer zu finden ist. Aber auch das soll uns jetzt nicht interessieren, sondern nur die Wende in der bisher fraglos akzeptierten Analytik. Diese war jetzt grundsätzlich in Frage gestellt und damit meines Erachtens eine völlig neue Entwicklung angebahnt.

Um diese nun theoretisch zu artikulieren, war eine weitere Erfahrung nötig, die auf die von Durkheim und Halbwachs angewandte Analytik des Selbstmordes, die in der ersten Phase auch den Selbstmord als eine besondere Form des abweichenden Verhaltens als Ergebnis sozialer Desorganisation ansah, insbesondere der Familiendesorganisation (Durkheim 1960; Halbwachs 1930). So war hier in der Tat der völlig gleiche Ausgangspunkt gegeben wie bei der Kriminalsoziologie und der Soziologie des delinquenten Verhaltens. Es ist allerdings höchst interessant zu bemerken, dass die Einseitigkeit dieser Entscheidung von Anfang an in Frage gestellt wurde und zwar wiederum angesichts der Empirie.

Es zeigte sich nämlich, dass in allen Industriegesellschaften, bei denen man einen höheren Grad an Familiendesorganisation voraussetzen könnte, die Selbstmordraten höher waren als in Agrargesellschaften. Das war eine klare Entscheidung. Als man nun aber spezielle Gruppen in dieser Hinsicht untersuchte, zum Beispiel die des Militärs und der militärischen Selbstmorde, kam ein sehr merkwürdiges Verhalten zutage, das die Alleinherrschaft der Theorie der Farniliendesorganisation zu brechen imstande war. Es zeigte sich nämlich, um das Ergebnis kurz zusammenzufassen, dass Rekruten aus rein agrarischen Gebieten in der Armee eine sehr viel höhere Selbstmordrate aufwiesen als Rekruten aus höchst verstädterten und industrialisierten Gebieten. Dieser Fall wurde zum *experimentum crucis,* und ich möchte sagen, dass er bei mir entscheidend beigetragen hat zur Formulierung des

Begriffs Überorganisation. Wenn nämlich die Selbstmordraten bei Rekruten aus agrarischen Kulturen oder Gebieten (diese Untersuchung wurde vor dem Ersten Weltkrieg bei der österreichischen Armee durchgeführt, in der sich Soldaten verschiedenster ethnischer Herkunft und auch von verschiedenstem wirtschaftlichen Entwicklungsgrad gemeinsam fanden) wesentlich höher sind als bei den Rekruten aus industrialisierten Gebieten, dann liegt die Ursache dafür daran, dass zu der starken traditionalistischen Organisation des Dorfes eine ebenso starke militärische Organisation hinzutritt, die den Druck auf die Individuen einfach zu stark werden lässt. Für den Angehörigen industrialisierter Zivilisationen bedeutet nach dieser Auffassung der Militärdienst eine Art von Regulativ gegen die allgemeine soziale Desorganisation, so dass die Selbstmordzahlen gegenüber der allgemeinen Gesellschaft fallen. Für die Angehörigen der agrarischen Kulturen findet hingegen *spontan Überorganisation* statt, so daß die Selbstmordzahlen enorm steigen. Der Druck aus der sozialen Herkunft und aus der Zwangsorganisation des Militärs wird hier einfach zu stark.

Die Frage, die hier aufgerollt werden muss, lautet ganz einfach: Was hat das alles mit der Familienorganisation zu tun? Wir haben schon beim Fall der „nicht-geschiedenen" Ehe gesehen, dass diese Situation zweifellos in der Familie unter gewissen Umständen sich wiederholen kann. Um den Ausdruck der Überorganisation zu rechtfertigen, müsste nun gezeigt werden, dass sich solche Konstellationen in anderer Form wiederholen, so dass die Überorganisation nicht ein Extremfall oder ein Sonderproblem, sondern eine mit einer gewissen Regelmässigkeit auftretende Schwierigkeit darstellt. Ferner muss gezeigt werden, dass aus ihr ebenfalls Einwirkungen auf abweichendes Verhalten ausstrahlen.

Um das Gesagte theoretisch zu präzisieren, muss man nur ein Zugeständnis machen. Es ist allgemein bekannt, dass der Aufbau der sozialkulturellen Persönlichkeit des Menschen wesentlich durch die Familie geleistet wird. Wenn dieser Satz heute auch allgemein akzeptiert ist, so heißt das nicht, dass man sich auch immer seiner Grenzen bewusst wäre. Dazu muss man nur einsehen, dass sich das Leben des Menschen nicht in der Familie resümiert. Das führte mich schon 1949 zu folgender Feststellung: „Also muss sich auch das Fortbestehen der Familienorganisation nach Erreichung eines bestimmten Alters geradezu schädlich auswirken, weil die Formung der sozialkulturellen Persönlichkeit immer weitergeht, sich vor allem notwendigerweise schon von einem relativ frühen Zeitpunkt an in einer Reihe familienfremder Milieus vollzieht (Spielgruppe, Kindergarten, Schule, Berufslehre, Studium usw.), innerhalb derer sich der junge Mensch als selbständige Persönlichkeit zu bewähren hat, wenn er nicht als „Muttersöhnchen" und „Nesthocker" erscheinen soll. Überspannung der Familienorganisation bedeutet also von einem gewissen Augenblick an Beeinträchtigung der sozial-kulturellen Persönlichkeit" (König 1949, 1974).

Bei Tieren wird das natürliche Ende der Familienexistenz in dem Augenblick erreicht, wo das Muttertier das Jungtier, nachdem es in die adäquate Biosphäre eingeführt wurde, abstösst, abhackt oder sonstwie von sich entfernt. Dieser Moment kommt früher oder später, aber er kommt immer, selbst wenn Muttertiere manchmal über mehrere Jahre mit Nachkommenschaft aus verschiedenen Würfen zusammenleben (zum Beispiel Elefanten). Ist die Situation im Tierreich relativ klar, so ist das beim Menschen keineswegs im gleichen Masse der Fall. Genau hier finden wir kritische Situationen, bei denen das „natürliche" Auseinandergleiten von Eltern und Kindern beeinträchtigt wird, indem die Eltern, je nachdem sich Vater oder Mutter einen Zugriff auf die Kinder sichern wollen, nachdem diese schon längst selbständig geworden sind. Genau hier spricht man von Überorganisation und diese wird, das ist meine Behauptung, durch Verursachung abweichenden Verhaltens unter Umständen geradezu zu einem kriminogenen Feld. Darum muss sie unsere Aufmerksamkeit beanspruchen, wobei wir voraussetzen, dass Delinquenz und abweichendes Verhalten nicht immer zu Kriminalität führen muss, wohl aber in vielen Fällen führen kann. Die Gefahr beginnt in dem Augenblick, wo ein durch die Familienkonstellation bedingtes abweichendes Verhalten länger andauert und allmählich, bei längerer Einübung, zu einer ausgesprochenen deliktischen Karriere und damit zu Kriminalität führt.

Der Kreis der kritischen Situationen, bei denen Überorganisation zutage kommt, lässt sich relativ leicht umschreiben. Während ich früher vor allem überspannte väterliche Autoritätsformen als typische Überorganisationserscheinungen analysiert habe, wurden mir später andere Situationen klar, die mir eine strukturell bedingte Häufigkeit in der modernen Familie zu haben scheinen. Dazu gehört insbesondere jene Situation, die der amerikanische Psychiater Levy als *Maternal Overprotection* bezeichnet hat, also eine übermässige Inanspruchnahme des Kindes durch die Mutter (Levy 1943). Damit war zum ersten Mal an ein grosses Tabu gerührt, das bisher als selbstverständlich vorausgesetzt war: Mütterliche Uneigennützigkeit und Selbstopfer schienen ein Wert par excellence zu sein. Hier stellte sich jedoch heraus, dass genau das Gegenteil der Fall sein konnte, indem mütterlicher Egoismus sich an Kinder klammerte, ohne ihnen den nötigen Entfaltungsraum zu geben, so dass sie mehr und mehr in eine kritische Situation gedrängt wurden. Levy selbst hob mit Recht den Zusammenhang zwischen dieser übermässigen Muttersorge gegenüber dem Kind und einer wachsenden Aggressivität bei letzterem hervor. Ein Übermass an Aggressivität ist aber bereits eine wichtige Form abweichenden Verhaltens, die auch, wie sattsam bekannt, in der jugendlichen Delinquenz eine grosse Rolle spielt. Hier hätten wir also zum ersten Mal einen klaren Zusammenhang zwischen einem überorganisierten Verhältnis, hier Mutter-Kind und delinquentem Verhalten.

Diese Situation wird dadurch verschärft, dass sie zumeist im Verhältnis Mutter-Sohn auftritt. Dazu einige Anmerkungen über die strukturelle

Situation der Familien in verschiedenen Lebensphasen in den modernen Industriegesellschaften. Insbesondere in den sozialen Mittelklassen erscheint es als Regel, dass die Männer den Höhepunkt ihrer Karriere in relativ fortgeschrittenem Alter erreichen, ca. nach dem 50. Lebensjahr, so dass sie in dieser Lebensphase enorm beansprucht sind und sich daher weitgehend von der Familie abwenden. Damit wird die Frau zu einer Witwe, ohne ihren Mann verloren zu haben. Er wendet nur seine Aufmerksamkeit ab von der Familie und ist ganz und gar gefangen in seinem Beruf. Das genau ist der Moment, wo die Mutter in ihrem Sohn, speziell dem ältesten, einen Ersatz für den verlorenen Ehemann sucht. Die Situation der Überorganisation stellt sich spontan her, mit den daraus folgenden Konfliktmomenten, obwohl äusserlich gesehen die Familiengruppe völlig intakt ist. Es gibt andere Situationen, die mit dieser verwandt sind und bei denen die gegebene Schwierigkeit noch akuter wird. Das ist insbesondere der Fall bei Witwenschaft. Da wir in unseren fortgeschrittenen Industriegesellschaften damit zu rechnen haben, dass es regelmässig mehr Witwen als Witwer gibt, ist auch die Chance gross, dass es zu einer übermässigen Bindung zwischen Mutter und Sohn im Falle der Verwitwung kommt. Auch hier ist der Sohn ein Ersatz für den Ehemann, was ihn häufig zwingt, in noch jungen Jahren Verantwortungen zu übernehmen, denen er nicht gewachsen ist. Er wird dann leicht dazu kommen, die Schwierigkeiten bestimmter Situationen zu überspielen und Klarheit zu simulieren, wo in Wahrheit gar nichts entschieden ist. Damit beginnt eine neue, sehr subtile Form abweichenden Verhaltens, die in dem Augenblick gravierend wird, wo sie auf das Mutter-Sohn-Verhältnis übergreift und auf andere Probleme des Alltags. Der Betreffende wird dann leicht geneigt sein, mit einer übermässigen Sicherheit des Auftretens eine grosse Oberflächlichkeit in seinen Entscheidungen mit den darauf folgenden Unklarheiten vorwalten zu lassen.

Eine weitere empirische Illustration dafür ist in folgendem Fall gegeben, der allerdings bereits sehr kritisch ist. Eine Witwe klammert sich an ihren Sohn, der im übrigen aufgrund eines Klumpfusses eine ausgesprochene Organneurose hat. Sie begründet die übermässige Beschützung ihres Sohnes mit seiner Deformation, statt ihm zu zeigen, wie man sehr wohl auch mit einer solchen Behinderung leben kann. Die übermässige Bindung drückt sich darin aus, dass die Mutter im gleichen Zimmer mit dem Sohn schläft, auch nachdem dieser bereits 20 Jahre alt war. Auch in diesem Fall wurde der junge Mann auffällig, und die Situation konnte nur dadurch geklärt werden, dass ihm die Unmöglichkeit dieses Verhaltens klar gemacht wurde.

Es genügt aber diesen Fall anzuführen, um zu erkennen, dass die Möglichkeiten für ähnliche Überorganisationsphänomene durchaus vorhanden sind. Ich bemerke übrigens, dass, soweit ich sehen kann, diese Beziehungen insbesondere zwischen Mutter und Sohn Probleme schaffen. Über das Verhältnis Mutter und Tochter respektive Vater und Tochter sind wir nicht so gut informiert. Entscheidend aber bleibt die Fragwürdigkeit einer Mutterschaft, die sich nicht von einem genau bestimmbaren Moment an zurückzuziehen beginnt.

Das im Einzelfall zu entscheiden, ist umso schwerer, als hier eine ganze Reihe von sehr subtilen psychischen Beziehungen behandelt werden müssten, von denen man nicht einmal genau weiss, wann sie eigentlich beginnen. So hat man etwa hervorgehoben, dass zum Beispiel übermässig lange Brusternährung eine wesentliche Voraussetzung für solche Überorganisation des Mutterverhältnisses sein kann. Ich muss den Psychiatern darüber das letzte Wort überlassen. Dazu gehört auch das durch viele Kanäle sich realisierende Verhindern des selbständigen Verhaltens. Besonders kritisch ist es natürlich, wenn eine Mutter mit einem adoleszenten Sohn im gleichen Raum schläft. Subtiler sind die verschiedenen Arten der Verwöhnung, mit denen gewissermassen die Emanzipationsbestrebungen der Jugendlichen unbewusst beeinträchtigt werden. Insbesondere die Verwöhnung zwingt zu einer Situation, in der gewissermassen ein Lächeln und Dankbarkeit gefordert werden, obwohl dem Verwöhnten unter Umständen gar nicht daran liegt. Er wird auf diese Weise systematisch zum Lügen erzogen. Dieser Fall verschärft sich, sowie äussere Umstände dazu beitragen, diese Mutter-Sohn-Beziehung auf irgendeine Weise unselbstverständlich zu gestalten. Das ist in besonderem Masse der Fall bei unehelicher Mutterschaft, bei der regelmässig eine übermässige Bindung der Mutter an den Sohn oder auch an die Tochter die Folge ist, zumeist als Ergebnis einer feindlichen oder gefühllosen Umwelt. Dann muss das Kind frühzeitig in dieser überorganisierten Beziehung darauf eingestellt werden, seine wahre Lage zu verheimlichen. „Verheimlichungstendenz", wie man dieses Verhältnis schon früh genannt hat (Kipp 1933), ist wiederum häufig die Voraussetzung eines abweichenden respektive delinquenten Verhaltens, das auf die Dauer und bei längerer Einübung zur Kriminalität führen kann, so dass sich in der Tat viele Kriminelle aus unehelichen Familien rekrutieren. Die Ursache ist aber nicht die Desorganisation, sondern umgekehrt die Überorganisation des Familienverhältnisses.

Wenn man von hier aus Postulate für die zukünftige Entwicklung der Forschung entwickeln wollte, müsste man auf folgende Punkte hinweisen. Zunächst und vor allem müssten die Ergebnisse der neueren sozialpsychiatrischen Betrachtung der Familie sehr eingehend berücksichtigt werden, wie sie etwa Richter in seinen verschiedenen Büchern dargestellt hat (Richter 1972). Ein Hauptgegenstand seiner Untersuchungen liegt in der Tat im Begriff der Überorganisation, wobei er diese speziell emotional versteht. Emotionale Überfütterung ist aber auch ein Grundphänomen der Maternal Overprotection, von der ich vorher gesprochen habe. Nur müssten wir uns jetzt von der Illusion befreien, als handle es sich dabei um ein relativ einheitliches Phänomen. Die Variabilität der gegebenen Situationen ist vorläufig überhaupt nicht übersehbar. Immerhin möchte ich darauf hinweisen, dass begrifflich bereits einige Handhaben vorliegen, um auf diesem Gebiet weiterzukommen. Diese beziehen sich insbesondere auf den von Toman geprägten Begriff der „Familienkonstellation", von dem ich selber schon häufig Gebrauch gemacht habe (Toman 1965; Toman und Peisser 1973). Es wird sich dabei im wesentlichen darum handeln, jene Familienkonstellationen herauszuarbeiten, bei denen eine erhöhte Chance für Überorganisation in der geschilderten Form gegeben ist. Das ist zunächst eine Aufgabe für den Psychologen. Die Soziologie kann sich jedoch dabei nicht beruhigen. Sie braucht noch Einblick in die bestehenden Wahrscheinlichkeiten, dass in einer gegebenen Gesellschaft von bestimmten Typen der Überorganisation manche häufiger, andere weniger häufig auftreten. In seiner Abhandlung über „Lebensformen in der Bundesrepublik" hat Koschorke eine sehr interessante Typologie der verschiedenen Arten von Familienkonstellationen entworfen (Koschorke 1972). Veranlasst durch diese Arbeit ist Schubnell damit beschäftigt, den Standpunkt des Statistikers zu dieser Frage zu entwickeln. Die Veröffentlichung dieser Arbeit erfolgt im Jahre 1975. Allerdings ist schon jetzt dazu zu sagen, dass hier die Grenzen der offiziellen Statistik sichtbar werden. So wird man sich damit abfinden müssen, dass es vorläufig noch keine globalen Zahlen für diese Verhältnisse geben wird, sondern bestenfalls Teilinformationen. Schon diese sind aber wünschenswert, damit wir ein Bild bekommen von der Verbreitung überorganisierter Familienkonstellationen in einer gegebenen Gesellschaft, nachdem sich herausgestellt hat, dass eine enge Beziehung besteht zwischen dem Phänomen der Überorganisation einerseits und abweichendem Verhalten andererseits, das sich dann sekundär in deliktischem und kriminellem weiter entfalten kann.

Literatur

Binder, H.: Die uneheliche Mutterschaft, Bern 1941
Durkheim, E.: Le Suicide. 2. Aufl., Paris 1960, Dtsch. Übersetzung Neuwied 1973
Haffter, C.: Kinder aus geschiedenen Ehen. 2. erg. Aufl., Bern 1960
Halbwachs, M.: Les causes du suicide, Paris 1930
Kipp, H.: Die Unehelichkeit, Leipzig 1933
König R.: Überorganisation der Familie als Gefährdung der seelischen Gesundheit; in Federn, P. und Meng, H.: Die Psychohygiene, Bern 1949, Neuausgabe; in König, R.: Materialien zur Soziologie der Familie, 2. erw. Aufl., p. 110, Köln 1974
Koschorke, M.: Formen des Zusammenlebens in Deutschland. Kölner Zschr. für Soziologie und Sozialpsychologie 24, 533–563, 1972
Levy, D. M.: Maternal Over-Protection and Rejection, New York 1943
Richter, H. E.: Patient Familie. Entstehung, Struktur und Therapie von Konflikten in Ehe und Familie, Hamburg 1972
Toman, W.: Familienkonstellationen. Ihr Einfluss auf den Menschen und seine Handlungen, München 1965
Toman, W. und Peisser S.: Familienkonstellationen und ihre Störungen. Ihre Einwirkungen auf die Person, ihre sozialen Beziehungen und die nachfolgende Generation, Stuttgart 1973
Tönnies, F.: Uneheliche und verwaiste Verbrecher. Studien über Verbrechertum in Schleswig-Holstein, Leipzig 1930

Die Pioniere der Sozialökologie in Chicago

Es gibt einen Bericht über Chicago von einem Engländer, der die Stadt im Jahre 1830 besucht hatte; er beschreibt sie als einen Ort „voller Halunken jeder Art, schwarzer, brauner, roter Rasse ... von Mischlingen mit halber, Viertels- oder gar keiner Rasse". Dies Dokument wurde etwas mehr als 100 Jahre später (1945) von zwei schwarzen Angehörigen der berühmten Chicago Schule der Soziologie und speziell Großstadtsoziologie, St. Clair Drake und Horace R. Clayton, benutzt, um das Bild Chicagos als einer wilden Grenzerstadt zu entwerfen[1], die es damals zweifellos war. Dementsprechend beschäftigten sich seit Ende des 19. Jahrhunderts vor allem Journalisten und Reporter mit der dramatischen Szenerie der werdenden Großstadt Chicago, insbesondere jene Gruppe, die man später als „muckraker" bezeichnete, also als Schmutzkehrer, die den verhängnisvollen Preis an menschlichen Opfern zeichneten, die als Nebenwirkung des vermeintlich stürmischen Fortschritts anfielen, als Bestätigung der alten These von Henry George[2], daß „Fortschritt und Armut" eine fatale Tendenz haben, sich gemeinsam zu entwickeln. Der jüngst verstorbene niederländische Soziologe und Amerikanist Arie N. J. Den Hollander[3] spricht von den „Demaskierern" und „Enthüllern" des amerikanischen „Gilded Age", der eigentlichen Parallele zum britischen „Victorianismus"; eine ähnliche Rolle

---

[1] St. Clair Drake und Horace R. Cayton, Black Metropolis. A Study of Negro Life in a Northern City, 2 Bde.; New York 1962 (zuerst 1944).

[2] Henry George, Progress and Poverty, zuerst Garden City, New York 1879.

[3] A. N. J. Den Hollander, Het Demasque in de samenleving, Amsterdam 1976.

spielen hierbei Sozialarbeiter aller Art, auch Vertreter der Kirchen, die sich bemühten, die Wirklichkeitsenthobenheit geistlicher Fürsorge zu überwinden und sie mit einem realistischen Unterbau zu versehen, was angesichts der bestürzenden Ausmaße der sozialen Katastrophen von damals und der Neuartigkeit dieser Erfahrungen in der werdenden Metropole Chicago dringlichst erfordert wurde[4].

Das ist ungefähr die Situation, wie sie sich am Vortag des Ersten Weltkrieges darbot. Sie ist auch der Hintergrund des großartigsten Pioniers der Chicago Schule, aus dessen Tätigkeit die neue Disziplin der Großstadtökologie entsprang. Robert Ezra Park (1864–1944), der genau im Jahre 1914 im relativ späten Alter von 50 Jahren an die Universität Chicago berufen wurde[5], die bis zum Zweiten Weltkrieg unangefochten führend war auf dem Gebiet der Soziologie insgesamt, speziell auch der Ökologie; zuerst prägte Park den Terminus Stadtökologie in einem Aufsatz von 1915[6]; er wurde dann weiter geklärt durch ihn selber und seinen engen Mitarbeiter Roderick D. McKenzie[7]; wir sind auch darüber informiert, daß Park selber im Jahre 1926 einen Vorlesungskurs über dies Thema hielt[8]. Seit dieser Zeit ist der Terminus in der Weltsoziologie fest eingebürgert. Damit war aber auch eine grundsätzliche Frontenänderung insofern eingetreten, als man sich nicht mehr mit Enthüllung und Demaskierung, mit Anklagen und Aufrufen zur Hilfeleistung an die Unterprivilegierten und die Opfer des „Fortschritts", nicht mehr mit Verurteilung der menschlichen Verderbtheit und Verwahrlosung begnügte, sondern es zum ersten Mal versuchte, diese höchst verwickelten Prozesse realistisch zu beschreiben und methodisch zu beobachten, eventuell auch die Frage nach den spezifischen „Ursachen" der geschilderten Erscheinungen ausfindig zu machen, um eine größere Zielsicherheit in ihrer Überwindung zu erreichen. In einem gemeinsam verfaßten

---

[4] Vergl. dazu René König, Theorie und Praxis in der Kriminalsoziologie, in: Fritz Sack und René König (Hrsg.), Kriminalsoziologie, 2. Aufl. Frankfurt 1972 (zuerst 1968), dort auch zahlreiche Dokumente über die Chicago Schule.

[5] Vergl. dazu die vorzügliche Biographie Robert E. Parks von Helen MaxGill Hughes, in: The International Encyclopedia of the Social Sciences, New York 1968, Bd. 11, S. 416–419.

[6] Robert E. Park, The City: Suggestions for the Investigation of Human Behavior in City Environment, in: American Journal of Sociology, Bd. 20 (1915).

[7] Vergl. H. MaxGill Hughes, a.a.O., S. 418. Siehe auch R. E. Park und Ernest W. Burgess, The City, Chicago 1925; Neuausgabe durch Morris D. McKenzie, The Metropolitan Community, New York 1933 und ders., The Rise of Metropolitan Communities, in: Herbert Hoover (Hrsg.), Recent Social Trends, New York; neu abgedruckt bei Paul K. Hatt und A. J. Reiss, Jr. (Hrsg.), Cities and Society, Glencoe, Ill. 1957 (zuerst 1951), der erste selber zu einem Klassiker gewordene „Reader" über Großstadtsoziologie. Vergl. über „human ecology" und Stadtökologie auch Rene König, Grundformen der Gesellschaft: Die Gemeinde, Reinbek 1958, englisch: The Community, London 1968 und ders., Artikel Großstadtsoziologie, in R. König (Hrsg.), Handbuch der empirischen Sozialforschung, Bd. 2, Stuttgart 1969; erweiterte Aufl. Handbuch der empirischen Sozialforschung, Bd. 10, Stuttgart 1977.

[8] H. MaxGill Hughes, a.a.O., S. 418.

Werk entwerfen Park und sein Schüler Ernest W. Burgess[9] schon früh (1921) ein ausgearbeitetes methodologisches Programm, dessen Leitlinien auf diesem Gebiet bis heute wegleitend gewesen sind.

Mit dieser Wendung läßt Park seine erste Existenz als Journalist und Reporter hinter sich und entwickelt eine neue wissenschaftliche Optik, mit deren Hilfe er das, was bisher nur als ein Chaos erschien, auf Regelmäßigkeiten und Gesetzlichkeiten abzuhorchen unternimmt. Morris Janowitz in Chicago, selber ein ferner und indirekter Schüler von Park und der anderen Pioniere von Chicago, brachte den Sinn dieses Unternehmens vor kurzem auf eine eindrucksvolle Formel: „These men were fascinated with the complexities of the urban community and the prospects of discovering patterns of regularities in its apparent confusion."[10] Mit diesem Programm lebt das Erbe der Männer von Chicago weiter bis zu uns, insbesondere auch als wirksames Regulativ gegen jene heute wieder modische Großstadt-Kritik, die es über das Bejammern des vermeintlichen Untergangs unserer Welt völlig vernachlässigt, sich darüber Rechenschaft zu geben, was eigentlich geschieht. Damit nehmen sich aber diese Kritiker jede Chance zu einer wirksamen Aktion; denn um eine substanzielle Veränderung des Geschehenen zu erreichen, muß man zuerst wissen, was man tun will, was man tun kann und was man tun muß. Das ist der allgemeine Rahmen, in dem es zur Ausbildung der Stadtökologie gekommen ist.

Allerdings soll das nicht heißen, daß Stadtökologie die einzige Leistung von Park und der Gruppe seiner Freunde geblieben sei (von denen wir bereits einige genannt haben). So war McKenzie speziell interessiert am Ausbau eines klassifikatorischen Systems der Städte, womit er direkt und indirekt weithin gewirkt hat[11]. Burgess war primär am Entwurf einer ökologischen Entwicklungshypothese der Stadt interessiert, die unter dem Namen „Zonentheorie" bis heute diskutiert wird[12]. Beide Unternehmen sind allerdings eher makroskopischer Natur, womit auch ihr jeweils stark hypothetischer Charakter entschieden ist; das hat sich zwar jeweils als wichtiger Denkanstoß erwiesen, kann aber kaum zu handgreiflichen Resultaten führen, weil naturgemäß die Menge der Variablen (abhängiger und unabhängiger, vor allem aber intervenierender) bei makroskopischer Analyse viel zu groß ist, um theoretisch beherrschbar werden zu können. Dagegen war Park

---

[9] R. E. Park und E. W. Burgess, Introduction into the Science of Sociology, Chicago 1921.

[10] Siehe R. E. Park und E. W. Burgess, The City; Ausg. Janowitz, S. VIII.

[11] R. D. McKenzie, The Metropolitan Community; ders., The Ecological Approach to the Study of Human Community; in: R. A. Park, E. W. Burgess und R. D. McKenzie (Hrsg.), The City.

[12] E. W. Burgess (Hrsg.), The Urban Community, Chicago 1926; ders., The Growth of the City, in: R. E. Park, E. W. Burgess und R. D. McKenzie (Hrsg.), The City. Diese Theorie wurde teils aufgenommen, teils weiter modifiziert von Maurice R. Davie (1937), Homer Hoyt (1943) u. a. Vergl. dazu R. König, Großstadtsoziologie, a.a.0.

selber eher mikro-, bestenfalls mesoskopisch ausgerichtet, entsprechend der von ihm bevorzugten Methode der Beobachtung[13]. Sie müssen sich Park als einen unermüdlichen Fußgänger vorstellen, der die Stadt Chicago kreuz und quer nach allen Richtungen hin durchstreift und seine Beobachtungen notiert. Sein Ideal war die Aufstellung eines Chicago City Inventory, in dem ausgewählte Daten bis hinab zum letzten Häuserblock gespeichert werden sollten – zur kognitiven Durchsichtigmachung dieses Ungeheuers von Stadt einerseits, zur praktischen Wegleitung für die Stadtverwaltung andererseits. In letzterer Hinsicht hat sich insbesondere bis zu seinem verfrühten Tode sein Schüler Louis Wirth (1897–1952) betätigt[14], der erste Präsident der von UNESCO gegründeten International Sociological Association.

Die entscheidendste Entdeckung Parks auf seinen zahllosen Exkursionen im Dickicht der großen Stadt, die ihm wie eine Erleuchtung aufgegangen sein muß, wie aus vielen seiner Bemerkungen hervorgeht, war die Vielheit der Beziehungen zwischen Raum und Gesellschaft. Das war natürlich an sich nichts Neues, andere vor ihm haben das auch gesehen (vor allem Georg Simmel, den Park vor dem Ersten Weltkrieg in Berlin besuchte), aber es blieb meist bei allgemeinen Grundsatzerörterungen, so wahr auch die menschlichen Gesellschaften in das Kategoriensystem von Raum und Zeit eingeschlossen sind. Was Parks besondere Leistung ausmacht, ist die Konkretisierung dieser Allgemeinerfahrung zu einzeln nachprüfbaren Hypothesen und Hypothesennetzen (die übrigens auch zeitliche Entwicklungslinien einschließen)[15].

Die Raumordnungen der Stadt können im wesentlichen nach drei Richtungen hin differenziert werden; sie bedeuten 1. funktionale Differenzierungen, 2. Differenzierungen nach sozialen Klassen und 3. kulturelle (und ethnische) Segregationen, d. h. Differenzierungen nach Bevölkerungsgruppen, die durch z. T. schwere Antagonismen getrennt werden (wie in USA z. B. die Trennung von Schwarz und Weiß, die nicht nur Separation, sondern auch Diskriminierung impliziert)[16]. Hieran kann man übrigens mit Leichtigkeit erkennen, was schon früh den Beurteilern der Chicagoer Schule aufgefallen ist, daß der ganze theoretische Ansatz unwiderruflich gebunden ist an die Realität der Stadt Chicago, was gewiß ein Vorteil und ein Nachteil zugleich ist. Ein Vorteil, weil die Innigkeit des Kontakts eine besondere Schärfe des Blicks ermöglicht; ein Nachteil, weil die Gefahr besteht, daß idiographische Züge, die darum auch kontingent sind, in die allgemeine Theorie unbesehen hineingenommen oder auch, wie man will, hineingeschmuggelt werden. Dieser letztere Zug macht sich

---

[13] R. E. Park und E. W. Burgess, a.a.O., S. V/VI.

[14] Louis Wirth, Community Life and Social Policy. Selected Papers, Chicago 1956.

[15] Heute sind seine einschlägigen Aufsätze und Vorworte zu Büchern seiner Schüler gesammelt in R. E. Park, Human Communities, Glencoe Ill. 1952.

[16] So zusammenfassend Egon Ernest Bergel, Urban Sociology, New York-Toronto-London 1955, Kap. 5 und 6.

natürlich insbesondere beim Vergleich von Chicago etwa mit der Raumgestalt europäischer (oder auch orientalischer) Städte bemerkbar. Dabei zeigt sich aber eine ungleichmäßige Variabilität der verschiedenen oben unterschiedenen Raumdimensionen, hinter der sich vielleicht eine Prioritätsordnung verbirgt. Funktionale Differenzierungen und solche nach der sozialen Klassenlage (arm/reich) scheinen mir bei allen Städten in der Welt aufzutreten; nicht so sehr dagegen kulturelle und ethnische Segregationen. Wenn wir zurückdenken an den eingangs zitierten Satz des britischen Beobachters von 1830, der in Chicago vor allem einen Hexenkessel von Rassen, Ethnien und Völkern sah, so ist das wohl typisch für eine amerikanische Grenzerstadt, die zugleich als eine der ersten der amerikanischen Großstädte massive Invasionen von Negern aus dem Süden erfuhr – speziell in der Zeit nach dem Bürgerkrieg. Chicagos Industrie wuchs mit den Negern, dann auch mit von der Ostküste her einwandernden Angelsachsen, aber auch mit Finnen, Skandinaviern, Litauern, Deutschen, Italienern, Polen, Iren, Griechen und Juden. Diese sehr besondere Situation war die Voraussetzung für das, was Park ein „natural area" nannte; dieser Ausdruck bedeutet für ihn „an area of population segregation"[17]. Das war auch das Bild, das Chicago damals bot: die Stadt gliederte sich räumlich nach Ethnien. Es gab ein Little Italy, Little Sicily, Little Greece, Little Germany usw., kurz räumliche Teilgebilde von jeweils besonderer kultureller Einfärbung oder „Dominanz". Von heute aus besehen, ein halbes Jahrhundert später, ist die akzidentelle Beschränkung dieses Faktors klar: es trifft nämlich heute kaum mehr auf Chicago zu; denn die ausländischen Einwanderer von damals sind heute schon längst zwei bis drei Generationen später (native born-) „Amerikaner" geworden. Auch die alte Stadt Chicago gibt es nicht mehr, sie ist den Bulldozern und dem Umbau von Chicago zum Opfer gefallen[18], obwohl das alte Zentrum, der „Loop", und das Luxusquartier von Michigan Boulevard noch am alten Ort sind, wenn auch mit brandneuen Fassaden, das Ganze symbolisch überragt vom Hancock Building. Die räumliche Segregierung gilt nur noch für Schwarz-Weiß oder Gelb-Weiß und Arm-Reich. Die arme Negerbevölkerung hat sich nach Süden nach Chicago Heights verzogen, die weißen Bürger sind in die Vorstädte abgewandert, was neue Probleme geschaffen hat.

Trotzdem sind einige Grundbegriffe der Sozialökologie heute noch anwendbar, insbesondere die Dreiheit Invasion, Dominanz und Sukzession mit dem Motor der Segregation. In der Periode nach dem Zweiten Weltkrieg konnte man in New York einen solchen Vorgang mit der Invasion aus Puerto Rico am mittleren Broadway beobachten[19]: dort war eine Art Wartezone entstanden, indem man annahm, daß die gute Mittelklassenbevölkerung

---

[17] R. E. Park, Human Communities, S. 18. Siehe auch zum Ganzen R. König, Grundformen der Gesellschaft: Die Gemeinde, Kap. 6.

[18] Jane Jacobs, The Death and Life of Great American Cities, New York 1961.

[19] Elena Padilla, Up from Puerto Rico, 1958.

vom Broadway von der 50. bis zur 70. Straße weiter hinausziehen würde. Statt dessen erweiterte sich die Negerbevölkerung von Harlem, bis sie sogar Columbia University überflutete, die heute mitten im schwarzen Teil New Yorks liegt; andererseits brach die Invasion der Puerto Ricaner an der schwächsten Stelle des Broadway ungefähr auf der Höhe der 9. Straße ein; infolgedessen verzichteten die Hausbesitzer auf alle Reparaturen, so daß in ein paar Jahren ein slumähnliches Gebilde entstand. Die Neger, Puerto Ricaner und die alte einheimische jüdische Bevölkerung stehen hier heute in schärfster Segregation einander gegenüber. Sie stellen in der Tat, wie oben mit Park gesagt, „areas of population segregation" dar; aber sie stellen gleichzeitig gewisse Ausnahmefälle dar, selbst wenn sie sich noch so mächtig auswirken in der räumlichen Bevölkerungsverteilung auf dem Boden der großen Metropole. Von Europa aus gesehen kann man übrigens sagen, daß sich mit der Zunahme der Gastarbeiter in vielen europäischen Ländern spontan genau die gleichen Verhältnisse herstellen wie in Amerika, so daß also eine teilweise Gültigkeit der von Park und seinen Schülern entwickelten Theorien zweifellos zu vertreten ist, wobei nur die besonderen Bedingungen ausgemacht werden müßten, unter denen das zutrifft.

Das aber stellt natürlich die Formulierung des Begriffs selbst in Frage, denn wenn sich etwas nur unter besonders spezifierten Bedingungen darstellt, dann kann es wohl kaum als „natural area" bezeichnet werden. Vielleicht waren auch die von Park anvisierten „areas" zu groß; von Europa aus gesehen zeigt sich jedenfalls, daß relativ homogene Gebiete meist relativ klein sind, meist nur eine Straße oder einige Häuserblöcke[20]. Trotzdem erweisen sich aber Bewegungen der städtischen Bevölkerung auch in Europa gelegentlich als mächtige dynamische Faktoren, so insbesondere beim massenhaften Exodus der Mittelklassen in die Vorstädte, wodurch die „schwachen" und administrativ „widerstandslosen" ländlichen Gemeinden in der Nähe der Städte einfach überrollt und „zersiedelt" werden.

Für gewisse Extremsituationen trifft die Bildung relativ geschlossener Gebilde noch immer zu, sowohl in Europa wie in den Vereinigten Staaten, so bei der Scheidung von Elendsquartieren (slums) und Wohlstandsquartieren (The Gold Coast), die „zwingende" Einflüsse auf die Einwohner ausüben, obwohl sich diese in Nordeuropa zumeist auf einzelne Straßenzüge oder einzelne Häusergruppen beschränken. Anders ist es dagegen in Entwicklungsgesellschaften wie etwa Süditalien oder Nordafrika (bidonvilles) oder in den riesigen Budenstädten an den Rändern der lateinamerikanischen Großstädte (favelas) und in Indien (busti).

---

[20] Siehe bei R. König, Grundformen der Gesellschaft, a.a.O., S. 58; Fritz Sack, Stadtgeschichte und Kriminalsoziologie. Eine historisch-soziologische Analyse abweichenden Verhaltens, in: Peter Ludz (Hrsg.), Soziologie und Sozialgeschichte, Sonderheft 12 der Kölner Zeitschrift für Soziologie und Sozialpsychologie, Opladen 1972.

Angesichts der Unklarheit der Situation, die natürlich auch in Amerika bald auffiel[21], versuchte man „quantitative" Maßstäbe zu entwickeln, anhand derer man sich Gewißheit über die jeweilige Zuordnung eines Quartiers oder eines Teilquartiers verschaffen konnte. Dieses Bemühen wuchs sich seinerzeit ähnlich aus wie die Indikatorenbewegung heute und wurde unter dem Titel „Gradienten" abgehandelt. Die Suche danach begann insbesondere in solchen Fällen, wo die Dominanz einer Bevölkerungsgruppe nicht ganz eindeutig war; von der Messung einzelner Züge zur „Kombination" verschiedener, relevanter Merkmale wie Bevölkerungsdichte, Miet- und Bodenpreise, Herkunft (aus dem Ausland oder im Inland geboren) usw. war dann nur noch ein Schritt. Ich selber habe schon vor Jahren darauf hingewiesen, daß das die Gefahr der Umdeutung statistischer Indizes mit sozialen Realphänomenen heraufbeschwor, was untragbar ist[22]; statistische Aggregatzahlen sind eben keine sozialen Phänomene. Abgesehen davon, daß dies Verfahren unter Umständen zu einem Zirkelschluß verleitet, indem man eine Reihe statistischer Merkmale aufstellt, die einen bestimmten soziologischen Tatbestand umschreiben sollen, und diesen dann aus den Ergebnissen der Analyse wieder herausliest. Ein Ende dieser speziellen Diskussion wurde erreicht mit der Formulierung des Begriffes vom „ökologischen Fehlschluß", wie W. S. Robinson das (1950) nannte[23], also dem Fehlschluß von den Variationen zwischen (ökologischen) Gebietseinheiten auf die Variation im Verhalten der Individuen. Was wir wissen müßten, erfahren wir gerade dadurch aber nicht, nämlich die „räumlichen und sozialen Faktoren..., die sich als zwingende Einflüsse auf alle Einwohner eines kulturell und geographisch genau umschriebenen Gebiets auswirken"[24]. Darüber hinaus ist es aber erstaunlich zu sehen, wieviel über bestimmte andere ökologische Begriffe mit der originalen Methode der Beobachtung von Park ausgemacht werden konnte, bevor sie bei anderen statistisch auswucherte und in die Irre ging. Dazu gehört vor allem der Begriff des „Ghettos" und der Ghettobildung, über den jüngstens wieder in der ganzen Welt diskutiert wurde. Die erste Darstellung brachte unter dem Einfluß von Park zuerst ein Artikel (1927), dann die Doktorthese von Louis Wirth über das Ghetto (1928)[25]; hierbei dachte er natürlich auch an gesetzlich festgelegte Segregation bestimmter Gruppen wie der Juden im Mittelalter; wesentlicher war es indessen für ihn, den

---

[21] Kritische Bemerkungen schon bei Louis Wirth, der über dreißig Jahre jünger war als Park; siehe dazu Louis Wirth, Human Ecology, in: ders., Community Life ... (der Aufsatz erschien erst 1945).

[22] René König, Grundformen der Gesellschaft: Die Gemeinde, S. 103 f.

[23] W. S. Robinson, Ecological Correlations and the Behavior of Individuals, in: American Sociological Review, Bd. 15 (1950). Siehe auch Erwin K. Scheuch, Art. Ökologischer Fehlschluß, in: W. Bernsdorf (Hrsg.), Wörterbuch der Soziologie, 2. Auflage Stuttgart 1969.

[24] Vergl. R. König, a.a.O., S. 58.

[25] Louis Wirth, The Ghetto, in: American Journal of Sociology, Bd. 33 (1927); ders., The Ghetto; Chicago 1928.

Begriff auszudehnen auf andere Bevölkerungsgruppen als Juden: „While the Ghetto is, strictly speaking, a Jewish institution, there are forms of Ghettos that contain not merely Jews. Our cities contain Little Sicilies, Little Polands, Chinatowns and Black Belts. There are Bohemias and Hobohemias, slums and Gold Coasts, vice areas and Rialtos in every metropolitan community. The forces that underlie the formation and development of these areas bear a close resemblance to those at work in the ghetto."[26] Diese Worte stammen aus einer Abhandlung, die ein Jahr vor seinem berühmten Buch erschien. In unmittelbarem Bezug auf Chicago heißt es dann später, wobei die Aufeinanderfolge von Invasion, Dominanz und Sukzession besonders klar wird, folgendermaßen: „West of the Chicago River, in the shadow of the central business district, lies a densely populated rectangle of crowded tenements representing the greater part of Chicago's immigrant colonies, among them the Ghetto. It contains the most varied assortment of people to be found in any similar area of the world. This area has been the stamping ground of virtually every immigrant group that has come to Chicago. The occupation of this area by the Jews is, it seems, merely a passing phase of a long process of succession in which one population group has been crowded out by another. There is, however, an unmistakable regularity in this process. In the course of the growth of the city and the invasion of the slums by new groups of immigrants there has resulted a constancy of association between Jews and other ethnic groups. Each racial and cultural group tends to settle in the part of the city which, from the point of view of rents, standards of living, accessibility, and tolerance, makes the reproduction of the Old World life easiest. In the course of the invasion of these tides of immigrants the Ghetto has become converted from the outskirts of an overgrown village to the slum of a great city in little more than one generation. The Jews have successively displaced the Germans, the Irish, and the Bohemians, and have themselves been displaced by the Poles and the Lithuanians, the Italians, the Greeks, the Turks, and finally the Negro. The Poles and the Jews detest each other thoroughly, but they can trade with each other very successfully. They have transferred the accomodation to each other from the Old World to the New. The latest invasion of the ghetto by the Negro is of more than passing interest. The Negro, like the immigrant, is segregated in the city into a racial colony; economic factors, race prejudice, and cultural differences combine to set him apart. The Negro has drifted to the abandoned sections of the ghetto for precisely the same reasons that the Jews and the Italians came there. Unlike the white landlords and residents of former days and in other parts of the city, the Jews have offered no appreciable resistance to the invasion of the Negroes. The Negroes pay good rent and spend their money readily. Many of the immigrants of the ghetto have not as yet discovered the color line."[27]

[26] L. Wirth, a.a.O., 1927, heute wieder abgedruckt in: L. Wirth, Community Life ..., S. 261.
[27] a.a.O., S. 271.

Die jeweils entstehenden „natural areas" sind auch unabhängig von den Verwaltungsgebieten der Großstadt, also echte soziale Gebilde[28], von denen „zwingende Einflüsse" auf die Bewohner ausgehen, so daß man vom Wohnplatz mehr oder weniger auf ihren Charakter schließen kann; hier gilt der ökologische Fehlschluß also nicht, was zu beachten ist. Das ist die ursprüngliche Denkform der Chicago Schule in Reinkultur, die sich sehr wesentlich von den späteren statistischen ökologischen Untersuchungen unterscheidet. Dieser Zwiespalt ist übrigens bis heute lebendig geblieben, wobei nur die Feststellung erstaunlich ist, wie lange statistische Artefakte weitergetragen werden, obwohl sie schon seit Jahrzehnten als solche entlarvt worden sind[29].

Ein weiteres Forschungsgebiet, das ebenfalls in der Gegenwart zu neuer Bedeutsamkeit gekommen ist und das unmittelbar zusammenhängt mit dem im Paradigma des Ghettos gefaßten Problem ökologischer Segregation von Bevölkerungsgruppen, ist die spontane Entstehung marginaler Existenzen. Der Ausdruck „Marginalität" ist gleichzeitig ökologisch (indem er bestimmte Personen oder Gruppen räumlich an den „Rand" der Gesamtgesellschaft lokalisiert) und soziologisch (indem er das Entstehen sozialer Assoziationen in dieser Randzone postuliert; später hat man dies Phänomen als „Subkulturen" bezeichnet). Die Anregung für diesen neuen Begriff ging wiederum von Park aus[30] und wurde von zwei seiner skandinavischen Schüler aufgegriffen: Nels Anderson[31] und Everett V. Stonequist[32]. Auch das kann man als einen Vorgang von größerer Tragweite auffassen, wie ebenfalls Wirth zeigt, wenn er sagt: „All of us are men on the move and on the make, and all of us by transcending the cultural bonds of our narrower society become to some extent marginal men."[33] Dieser Begriff hat übrigens einen ökologisch-kulturalistischen Aspekt, der ihn verwandt macht mit dem der „Akkulturation", mit dem der Übergang von einer (etwa europäischen) Kultur zu einer anderen (etwa amerikanischen) bezeichnet wird. Er gewinnt aber eine enorme Bedeutung als Forschungsdirektive, indem er den Kulturkonflikt und den Übergang in ökologischen Kategorien faßt (Wohnort). Der Marginale (also buchstäblich: der Randseiter) zeigt zahlreiche Probleme kultureller, psychologischer und sogar ethischer Natur. Er hat etwa Schamgefühle, weil er seine angestammte Gruppe verlassen hat, oder er haßt alles an dieser Herkunftsgruppe; er kann auch Minderwertigkeitskomplexe ent-

---

[28] L. Wirth, Human Ecology; a.a.O., S. 137.

[29] Man kann das leicht erkennen,, wenn man etwa die folgenden beiden „Reader" vergleicht: Ernest W. Burgess und Donald J. Bogue (Hrsg.), Contributions to Urban Sociology, Chicago und London 1964 und George A. Theodorson (Hrsg.), Studies in Human Ecology, Evanston, Ill. 1961.

[30] R. E. Park, Human Migration and the Marginal Man, in: American Journal of Sociology, Bd. 33 (1928).

[31] Nels Anderson, The Hobo. Sociology of the Homeless Man, Chicago 1923.

[32] Everett V. Stonequist, The Marginal Man, New York 1937.

[33] L. Wirth, Community Life ..., S. 388.

wickeln, wenn er spürt, daß eine hundertprozentige Akkulturation unmöglich ist. Diese inneren Konflikte schaffen Spannungen und Ungewißheit[34]. Ich habe das etwas ausführlicher dargestellt, um zu zeigen, wie die ökologische Analyse unmittelbar übergeht in die kulturalistische und sozialpsychologische. Ein weiteres Forschungsgebiet in diesem Kreise mit ähnlichen Perspektiven war naturgemäß das Problem der Minoritäten[35].

Im übrigen darf es nicht Wunder nehmen, daß sich die Forschungen der alten Chicagoer Schule zuerst an den dramatischen Aspekten der Großstadtexistenz entzündeten; das pflegt in der Forschung häufig der Fall zu sein. So entwickelte sich von hier aus etwa ein wichtiger Ansatz zur Kriminalsoziologie, speziell der Jugendkriminalität, der seine Wirkungen ebenfalls bis heute bemerkbar macht und bei dem ökologische Analysen wiederum eine zentrale Rolle spielen[36]. Frederick M. Thrasher faßt z. B. das Phänomen des „Gangs"[37] vor allem als eine Gruppe von jungen Leuten, die sich im „gang land" gemeinsam im Raum bewegt, also ganz eindeutig in ökologischen Dimensionen. Eine besondere Rolle spielt ferner die Differenzierung zwischen Wohnort eines Kriminellen und dem Tatort, also ebenfalls eine ökologische Blickweise. Klassisch geworden sind auch die Untersuchungen von Harvey D. Zorbaugh in seinem Buch über die „Goldküste" und den Slum[38] von Chicago, worin er zeigen konnte, daß beide entgegengesetzten Gebiete unter Umständen ökologisch dicht nebeneinander liegen können, wenn sich etwa als intervenierende Variable niedrige Mieten und Grundstückspreise in gewissen Randgebieten auswirken, weil diese Gebiete von der Spekulation in eine Wartezone verwandelt werden.

Unangesehen der weiteren Verzweigungen dieser bedeutendsten Schule von Soziologen aus den zwanziger Jahren (vielleicht der einzigen, der man wirklich den Namen „Schule" zu Recht zuschreiben kann) wollen wir zum Schluß die Aufmerksamkeit nochmals zurücklenken auf den Zentralbegriff des „natural area", von dem alles seinen Ausgang genommen hat. Es liegt auf der Hand, daß dieser Ausdruck bei seiner Entstehung sicher durch die Naturwissenschaften beeinflußt worden ist, ebenso sicher ist aber auch, daß er sich im humanökologischen Gebrauch nicht als eine „Biozönose" oder als ein „Biom" begreifen läßt, denn der Mensch befolgt nicht blind die Diktate der Natur[39]. In Gegensatz zur rein ökologischen Kausalität rückt die menschgeschaffene Kausalität des „Habitats", wie ich einem Vorschlag von Herrn Knotig folgend sagen möchte; historische, wirtschaft-

---

[34] E. E. Bergler, a.a.O., S. 379/80.

[35] Z.B. L. Wirth, The Present Position of Minorities in the United States, und: The Problem of Minority Groups, in: ders., Community Life ..., S. 218–236 (zuerst 1941) und S. 237–260 (zuerst 1947).

[36] Siehe Fritz Sack und Rene König (Hrsg.), a.a.O.

[37] Frederick M. Thrasher, The Gang, 2. revidierte Ausgabe, Chicago 1947 (zuerst 1927).

[38] Harvey D. Zorbaugh, The Gold Coast and the Slum, Chicago 1929.

[39] L. Wirth, Community Life., S. 163.

liche und kulturelle Faktoren werden hier wirksam. Mit anderen Worten, wie ich das einmal in einer anderen Begriffssprache auszudrücken versuchte: das totale soziale System faltet sich auf in das äußere und das innere soziale System (G. C. Homans); so läuft gewissermaßen jedes einzelne Phänomen auf einem doppelten Geleise, dem der räumlichen und dem der kulturellen Determination[40]. So definierte auch Zorbaugh das „natural area" als „a geographical area characterized both by a physical individuality and by the cultural characteristics of the people who live in it"[41]. Und es ist durchaus richtig, wenn bemerkt wird, daß der Ausdruck mindestens zweideutig und darum irreführend ist; so sollte der Ausdruck einzig benutzt werden, um andere Hypothesen zu ergänzen (z. B. die von der Bevölkerungssegregation), speziell wenn ihre symbolischen Aspekte mit berücksichtigt werden[42]. Unangesehen seiner naturalistischen Nebenbedeutung kann man den Begriff des „natural area" wohl am ehesten so definieren, daß man fragt: „natürlich" in bezug worauf? Die Antwort lautet dann: natürlich in bezug auf sozialkulturelle Assoziationen (also reale Gemeinschaften der Menschen im Gegensatz zu den durch die Verwaltungen von Staaten und Städten gesetzten Bezirke[43].

Allerdings gibt es einen Aspekt, in dem die Betrachtung der menschlichen Gesellschaften als Biozönosen legitim ist, wenn wir etwa unsere Welt von einem extramundanen Ort aus betrachten. So schrieb ich vor ca. 20 Jahren: „Wenn wir aus interplanetarischen Räumen auf unsere Erde herniederblicken könnten, würden wir überall auf ihrer Oberfläche pflanzliches, tierisches und menschliches Leben zu zahlreichen ‚Gemeinschaften' verbunden finden, die – aus der Entfernung besehen – alle miteinander einen ‚wachstümlichen' Charakter aufweisen. Ansammlungen von Artgenossen mit mehr oder weniger ausgeprägter Struktur sowie Symbiosen, Kommensal- und parasitäre Verhältnisse verschiedener Art finden sich bereits auf der niedersten Stufe des Lebens, etwa im Reiche der Bakterien. Pflanzen zeigen höchst vielfältige Formen von geselligen Assoziationen, die von einfachsten Beständen bis zu den ungemein komplexen Erscheinungen des Waldes reichen; zwischen seinen Extremen von Humusschicht mit Bodenbakterien, Würmern, Insekten, Moosen und Wurzeln einerseits und seiner Kronenschicht andererseits ordnet sich zudem eine ganze Reihe von Untersystemen ein. Tiere leben in lockeren Schwärmen, Schlafgesellschaften, Brutgemein-

---

[40] René König, Soziale Gruppen, in: Geographische Rundschau, Bd. 21 (1969).
[41] Vergl. H. D. Zorbaugh, The Natural Areas of the City, in: E. W. Burgess (Hrsg.), The Urban Community. Vergl. auch E. E. Bergler, S. 105.
[42] Vergl. dazu das wichtige Werk von: Walter Firey, Land Use in Boston, Cambridge, Mass. 1947 und dazu ders., Sentiment and Symbolism as Ecological Variables, in: American Journal of Sociology, Bd. 55 (1950). Eine entsprechende deutsche Arbeit von Heiner Treinen, Symbolische Ortsbezogenheit, in: Kölner Zeitschrift für Soziologie und Sozialpsychologie, Bd. 17 (1965). Vergl. zur heutigen Situation in: R. König, Großstadtsoziologie.
[43] Vergl. dazu L. Wirth,. Community Life …; E. E. Bergler, a.a.O.; R. König, a.a.O.

schaften, Kolonien, Stöcken und Rudeln oder auch in festeren Verbänden wie Ehe, Familie, Großfamilie, Harem und Staat genau wie die Menschen in ihren Gemeinden. Schließlich umfaßt ein einziger geschlossener ‚natürlicher' Zusammenhang die Bodenbakterien, Pflanzen, Tiere, Menschen, so daß man oft geneigt gewesen ist, Elementarformen menschlicher Gesellung wie etwa die Gemeinde als eine einfache Verlängerung des Zusammenlebens der Lebewesen aus dem Rahmen natürlicher Gegebenheiten und Prozesse bis in das Reich der menschlichen Sozietät anzusehen)."[44] Aber das ist nur ein Grenzbegriff der Ökologie als Teil der Pflanzen- und Tiersoziologie. Natürlich ist auch die menschliche Gemeinschaft im Ganzen ein Ökosystem mit einem gewissen Maß an Zwangscharakter. Niemand springt über seinen Schatten, auch der Mensch ist vor allem ein Lebewesen. Damit ist aber auch einzig seine Qualität als Lebewesen und nicht die als Mensch erfaßt. So führt auch der Begriff des „natural area", so paradox das klingen mag, überall über die Natur hinaus. Das gibt heute sogar Amos Hawley[45] zu im Gegensatz zu James A. Quinn[46], wobei er sehr mit Recht den unkritischen Charakter des unmittelbaren Übergangs von der Humanökologie auf die biotischen und gewissermaßen „subsozialen" Ansichten der menschlichen Gesellschaft hervorhebt. Wird das aber erst einmal eingesehen, dann wird auch klar, daß das sogenannte „natural area" mindestens zu gleichen Teilen an gewisse geographische Gegebenheiten (also subsozialer Natur) gebunden ist, wie es sie durch Umgestaltung überwindet. Damit treten aber vielfältige Faktoren hervor wie die Technik, Wirtschaft, politische Struktur usw., die alle miteinander der Kultur zuzurechnen sind, die sich letztlich auch des Raumes bemächtigt, um aus der „Lokalität" ein „Habitat" zu schaffen. Das entspricht auch der französischen Konzeption, die in diesem Sinne „morphologisch" ist, nachdem Emile Durkheim bereits 1897/98 in der Année Sociologique eine besondere Rubrik über die Raumproblematik unter dem Titel der sozialen Morphologie eingerichtet hatte[47], die später durch Lucien Febvre[48] und Maurice Halbwachs[49] weiter ausgebaut wurde. Trotz dieser Kritik darf aber die Leistung der frühen Chicago Schule auf dem Gebiet der Human- und Sozialökologie nicht unterschätzt werden, weil sie sich in jahrzehntelanger

---

[44] R. König, Grundformen ..., S. 12.

[45] Amos Hawley, Art. Ecology, Human, in: The International Encyclopedia of the Social Sciences, Bd. 4, New York 1968, S. 329. Übrigens hat er insgesamt seine Ansichten mehr und mehr in unserem Sinne geändert; vergl. dazu z. B. Amos Hawley, Urban Society. An Ecological Approach, New York 1971.

[46] James A. Quinn, Human Ecology, New York 1950.

[47] Emile Durkheim, Année sociologique; Bd. 2 (1897/8), S. 520; vergl. R. König, a.a.O., S. 166.

[48] Lucien Febvre, La terre et l'evolution humaine, Paris 1922.

[49] Maurice Halbwachs, Morphologie sociale, 2. Aufl. Paris 1946 (zuerst 1938).

Auseinandersetzung mit einem Monstrum von Stadt vollzog, das am Ende dieses Bemühens deutliche Regelmäßigkeiten und Gesetzmäßigkeiten sehen ließ, die allerdings vor allem historisch zu sehen sind. Denn heute gibt es dies Chicago nicht mehr; aus dem Ineinanderwirken dieser zahllosen Prozesse ist ein durch und durch neues Gebilde entstanden, das auf neue Pioniere wartet, die sein Lebensgesetz aussprechen könnten.

IV. Soziologie ausgewählter Delikte

a) Sexualdelikte

Sexualdelikte und Probleme der Gestaltung des Sexuallebens in der Gegenwartsgesellschaft

Als ich mir überlegte, welches Material ich zu meinem Thema vorlegen sollte, befand ich mich vor einer Alternative. Ich sah nämlich einerseits die Möglichkeit, einiges aus der Forschung vorzutragen. Das wäre zweifellos sehr interessant gewesen und hätte am Schluß ein paar Hinweise auf Fakten vermittelt, die einigermaßen gesichert sind. Ich mußte aber sofort feststellen, daß diese Fakten, die wenigen gesicherten Ergebnisse, außerordentlich unzusammenhängend sind; die große Schwierigkeit besteht darin, daß wir vor lauter Einzeltatsachen den „roten Faden" verlieren. Das ist im übrigen keine neue, sondern bedauerlicherweise schon eine sehr alte Erfahrung, die auch hin und wieder zu aufsehenerregenden Publikationen geführt hat. Ich möchte als ältere Publikation in deutscher Sprache nur das Buch von Robert Michels „Sittlichkeit in Ziffern" nennen, das den Erkenntniswert der allgemeinen Moralstatistik anzweifelt[1].

Als ich aber soweit war in meinen Überlegungen, sagte ich mir, daß es vielleicht besser sei, nicht an die Darstellung dieser Einzelergebnisse heranzugehen; vielmehr erschien es mir wichtiger, bei dieser Gelegenheit und in diesem Zusammenhang als Soziologe zu sprechen und einerseits einige strukturelle Aspekte, die dem Thema zugrunde liegen, zu entwickeln und andererseits die ungeheuren Schwierigkeiten aufzuzeigen, die sich unserer Erkenntnis in den Weg stellen, und welche Gesetzlichkeiten sich hinter diesen Schwierigkeiten verbergen. Denn wenn die außerordentlichen Dunkelziffern, die auf diesem Gebiet überall die Regel sind, nur ein Zufall wären, dann wäre die Frage gar nicht der Erörterung wert, und wir könnten einfach auf bessere Zeiten hoffen. Die Wahrheit ist aber die, daß bestimmte Gesetzlich-

---

[1] Robert Michels, Sittlichkeit in Ziffern? Kritik der Moralstatistik, München und Leipzig 1928.

keiten einer adäquaten Erkenntnis im Wege stehen. Diese Gesetzlichkeiten sind zentral mit wesentlichen Kulturwerten unserer westlichen Zivilisationen verbunden, worunter ich alle sogenannten fortgeschrittenen Industriegesellschaften verstehe, die durch ein bestimmtes Kulturideal miteinander vereint sind. Es scheint mir daher für heute wichtiger, diese Frage klar ins Auge zu fassen, und zwar gerade deshalb, weil in den letzten Jahrzehnten in dieser Beziehung einige neue, interessante theoretische Ansätze entwickelt worden sind, die wahrscheinlich noch nicht so bekannt sind, wie es vielleicht wünschenswert wäre.

Die soziologische und sozialpsychologische Betrachtungsweise ist aus dem gleichen Grunde auch weitgehend von der kriminologischen unterschieden, die ja eigentlich nur eine „kriminaltechnische" ist und darum an allen wirklich relevanten Problemen meist mit geschlossenen Augen vorübergeht und einzig die Außenseiten der Erscheinungen sieht. Aus diesem Blickwinkel stammt auch die Vorstellung, daß etwa die Unbekanntheit des wahren Umfanges der sogenannten Sexualvergehen bzw. ihre „Latenz" einzig durch „Zufallsentdeckung" überwunden werden könne. De facto mögen wirklich einzelne Sexualvergehen nur zufällig der Polizei bekannt werden; aber der Schluß vom zufälligen Erfahren eines Vergehens durch die Polizei auf die „Zufälligkeit" der sachlichen Entdeckung oder der Entdeckbarkeit eines solchen Vergehens scheint mir doch reichlich naiv. So heißt es auch bei Bernd Wehner: „Das Studium der Literatur zu diesem Thema läßt erkennen, daß sich bisher weder Wissenschaftler noch Praktiker der Mühe unterzogen haben, die Phänomene der Zufallsentdeckung zu untersuchen. Ihre Beobachtungen bleiben an der Peripherie des Problems, und man neigt zu der Annahme, daß sich Wissenschaft und kriminalpolizeiliche Praxis hier noch nicht begegnet sind."[2]

In Wahrheit liegt hier ein äußerst komplexer Zusammenhang vor. Dazu gehört etwa bei Tötungsdelikten, bei denen man am ehesten sofortige Entdeckung vermuten sollte (während ganz das Gegenteil der Fall ist)[3], die in der Medizinsoziologie bereits häufig untersuchte breite Streuung ärztlicher Diagnosen[4] beim gleichen Tatbestand, die einen Mord häufig als natürlichen Tod erscheinen lassen mögen. Es wäre viel zu naiv, hier einfach von „Fehldiagnosen" zu sprechen, scheint es doch, daß die soziale Situation und Konstellation der Umstände einen Einfluß auf die Richtigkeit der Diagnose hat.

Ähnliches war schon Emile Durkheim[5] aufgefallen, als er erkannte, daß die englische Selbstmordstatistik die Selbstmorde viel zu niedrig aus-

---

[2] Bernd Wehner, Die Latenz der Straftaten, Bundeskriminalamt Wiesbaden 1957, S. 19.

[3] a.a.O., S. 17 ff.

[4] Siehe dazu etwa Manfred Pflanz, Die epidemiologische Methode in der medizinischen Soziologie, in: R. König und Margret Tönnesmann, Probleme der Medizin-Soziologie, 2. Aufl., Opladen 1962, S. 140 u.ö.

[5] Emile Durkheim, Le suicide, zuerst Paris 1897.

weist, während der Unfalltod übernormal ansteigt; hier handelt es sich um bewußte „Fehldiagnosen" des Arztes, der den Tod feststellt, weil der Selbstmord in England durch die offizielle Moral stärkstens mißbilligt wird, so daß der Arzt geneigt ist, wider sein besseres Wissen Unfalltod auf der Todesbescheinigung anzugeben, um die betreffende Familie nicht der öffentlichen Diffamierung auszusetzen. Probleme dieser Art finden sich auch bei anderen Delikten. So wird etwa gesagt, daß die Aufklärung bei Abtreibungsdelikten „fast ausschließlich auf den reinen Zufall angewiesen"[6] ist. Auch das scheint uns an der Sache selbst vorbeizugehen, selbst wenn viele Abtreibungen tatsächlich nur durch Zufall zur Kenntnis der Polizei gelangen. Man darf aber daraus beileibe nicht schließen, daß Abtreibungen in einem gegebenen Milieu nur zufällig bekannt würden. Sie sind ganz im Gegenteil sehr häufig sogar einem überraschend großen Personenkreis bekannt, nur daß sich alle Beteiligten darüber einig sind, daß hier die Polizei nichts zu suchen hat. Und zwar, wie ich sehr deutlich machen möchte, nicht aus Komplizität, auch nicht aus der Geheimhaltungstendenz, die gerade bei Anerkennung einer Regel beim abweichenden Verhalten die notwendige Folge ist (mit Max Weber zu sprechen: auch der Dieb anerkennt die Geltung der Regeln, die das Eigentum schützen, indem er seine Handlungen verbirgt), sondern vielmehr darum, weil unter Umständen andere Regeln des sozialen Verhaltens Vorrang haben. Das tritt wahrscheinlich gerade bei den meisten unentdeckten Abtreibungsfällen ein, indem etwa Familienrücksichten eine Abtreibung als völlig gerechtfertigt erscheinen lassen, um die Zukunft eines jungen Mädchens nicht zu gefährden. Hier findet sich dann unter Umständen der Fall, daß sehr viele Menschen um das Geschehene wissen, aber dennoch schweigen. Ein Wert steht eben gegen den anderen.

Was aber das Entscheidende ist, ist wohl folgendes: Alle Beteiligten schweigen, nicht weil sie des Glaubens wären, ein straffälliges Delikt begangen zu haben, sondern weil sie das Verhalten richtig finden. Dabei gehören häufig zu dem informierten Personenkreis auch familienfremde Personen, die also nicht aus Familiensolidarität schweigen, sondern weil sie das Geschehene einfach als einzig mögliche Lösung empfinden. Somit ist die Verborgenheit solcher Erscheinungen an sich kein Zufall, sondern durch bestimmte normative Vorstellungen bestimmt; ebensowenig kann die Entdeckung bzw. Nichtentdeckung als ein Zufall angesehen werden. Denn die kenntnisnehmenden Polizeiorgane sind ja zunächst auch ein Teil der Bevölkerung, der genauso wie der engere Kreis der Familie und der Freunde an die Zukunft eines geschwängerten Mädchens denkt und insgeheim oder unbewußt etwas billigt, was zu mißbilligen seine Pflicht wäre. Sie werden dann entsprechend eher geneigt sein, ihren Wahrnehmungskreis einzuschränken und bestimmte Dinge „zu übersehen", die zu ihrer Kenntnis gelangt sind, wenn etwa die oben erwähnte Konstellation gegeben ist.

[6] B. Wehner, a.a.O., S. 36.

Wir weisen übrigens in diesem Zusammenhang bereits jetzt auf einen Tatbestand, der uns noch später mehr zu beschäftigen haben wird: nämlich die klassenmäßig verschiedene Beurteilung solcher Erscheinungen und die schon daraus resultierende verschiedene „Chance" der Entdeckung. So steht es fest, ohne daß es sich im einzelnen belegen ließe, daß Angehörige der Oberklassen rein durch ihre Klassenlage, ihre Beziehungen zu Ärzten und Kliniken eine viel größere Chance zur unbemerkten Vollziehung einer Abtreibung haben als Angehörige der Unterklassen, obwohl andererseits die Solidarität der Unterklassen gegenüber den Polizeiorganen bekannt genug ist. Dennoch ist aber im letzteren Fall die Chance der Entdeckung größer, weil die Polizeiorgane von vorneherein geneigter sind, ein deliktisches Verhalten zu unterstellen, und darum auch umgekehrt wie vorher den Wahrnehmungskreis erweitern und schärfen. Man weiß heute, daß deliktisches Verhalten der Unterklassen eine viel höhere Chance hat, „auffällig" zu werden, als ein genau gleiches Verhalten von Mitgliedern der Oberklassen. Das mag auch mit beitragen zu einer Fälschung unserer Polizeistatistiken in bezug auf die soziale Herkunft der entdeckten Kriminellen. Besonders deutlich wird das auf dem Gebiet der Jugenddelinquenz, wenn es auch scheint, daß sich hier die Verhältnisse in jüngster Zeit zu verändern beginnen.

Gerade bei Sittlichkeitsdelikten mögen häufig Familienprobleme den Ausschlag geben, ein bekanntgewordenes Vergehen durch Ignorieren aus der Welt zu schaffen und auch tatsächlich zu vergessen. Notzucht, unzüchtige Handlungen mit Kindern, Blutschande scheinen uns auf Grund dieses Umstandes eine Verschiebung im Bewußtsein der Beteiligten und sehr oft auch unbeteiligter sonstiger Zuschauer oder informierter Personen zu erfahren, die ihr Nicht-öffentlich-Werden geradezu als Ergebnis planmäßiger Tätigkeit erscheinen läßt, die auf einem eigentlichen Konsens beruht. Das mag auch erklären, warum diese Delikte sehr häufig gerade darum unentdeckt bleiben, weil sie die „Geschädigten" selber nicht zur Kenntnis der Polizei bringen. Hierzu trägt auch die später noch zu behandelnde Scheu gegenüber dem Öffentlichwerden des Sexuellen bei. Entscheidend bleibt aber als besonders zu denken gebender Umstand, daß sich die Geschädigten sogar bei ausgesprochener Notzucht nicht melden. Hier wird der Umgebung der Geschädigten und diesen selbst die Tatsache gravierender, daß überhaupt sexuelles Verhalten öffentlich erörtert wird, als die erfolgte Vergewaltigung und evtl. Schwängerung. Entsprechend wird auch in diesen Fällen Abtreibung als vollkommen gerechtfertigt angesehen.

Von besonderem Interesse wird in diesem Zusammenhang der Inzest, insbesondere weil sich hier zwei sehr verschiedene Erscheinungen überlagern, nämlich unzüchtige Handlungen an Kindern und Blutschande. Rein psychologisch gesehen mögen nämlich häufig kleine Mädchen, die von der Mutter zurückgewiesen werden, Zuflucht bei einem älteren Mann suchen, der unter anderen auch der Vater sein kann, wobei das Zärtlichkeitsbedürfnis des Mädchens eine große Versuchung für den Mann darstellt. Diese

Situation erscheint in vielen monographischen Studien[7]. Es liegt auf der Hand, daß auch hier die Familie eine Art von „Verheimlichungszone" um das Geschehene errichten wird, genauso und auch wohl aus den gleichen Gründen bei dem gleichen Vergehen zwischen Geschwistern, so daß sicher die überwältigende Zahl dieser Erscheinungen niemals bekannt wird – und zwar wiederum aus guten Gründen. Eine andere Konstellation sind die sehr häufigen Vergehen alter Männer an Kindern, die dadurch bedingt werden, daß einerseits die höheren Altersstufen in unseren Bevölkerungen sehr stark angewachsen sind, andererseits keine regelnden Vorstellungen für den Abbau der sexuellen Aktivität im Alter vorhanden sind, so daß hier die Initiative häufig von den Männern ausgeht[8]. Bei den durchschnittlich vorhandenen Vorstellungen über das Alter besteht auch in diesem Fall die Tendenz zum Verheimlichen wiederum im Interesse der Familienintegrität, ganz abgesehen davon, daß die betroffenen Mädchen unter Umständen das Ganze „vergessen", falls nicht durch ein nachfolgendes polizeiliches Verhör ein Schock mit einer Dauerschädigung entsteht. Viele Eltern werden, durch schlechte Erfahrungen gewarnt, in einem solchen Fall selbstverständlich vorziehen, das Geschehene zu vertuschen, und finden dabei die willige Unterstützung ihrer Umwelt.

Es ist nun allgemein bekannt, daß in jüngster Zeit die Probleme der Gestaltung des Sexuallebens in der Gegenwart zum Teil in größter Öffentlichkeit diskutiert worden sind. In diesem Zusammenhang muß ich nur auf die beiden Bände des „Kinsey-Report" hinweisen[9]. Diese haben uns zum erstenmal einige konkrete Hinweise auf die Häufigkeit bestimmter sexueller Verhaltensweisen und auch sexueller Vergehen in einer Auswahl der Bevölkerung vermittelt, die zu denken geben müssen, wenn wir uns die obigen Tatbestände gegenwärtig halten. Wir geben hier als Beispiel nur einige Angaben von Kinsey und seinen Mitarbeitern über die sexuellen Beziehungen von minderjährigen Mädchen zu Erwachsenen. So fand Kinsey, daß nicht weniger als 24 % der Frauen in seiner Erhebungsauswahl schon als Kinder sexuelle Erfahrungen mit Erwachsenen (über 15 Jahren) gehabt hatten. Allerdings war die Häufigkeit dieser Erfahrungen sehr gering, indem die überwältigende Zahl der Befragten nur über eine einzige Erfahrung dieser Art berichtete (80 %). Aber es gab auch andere (etwa 5 %), die sich

---

[7] Siehe Harold Greenwald, Das Call Girl. Eine psychoanalytische und sozialpsychologische Studie, Zürich–Stuttgart–Wien 1959.

[8] René König, Die strukturelle Bedeutung des Alters in den fortgeschrittenen Industriegesellschaften.

[9] Alfred C. Kinsey, Wardell B. Pomeroy, Clyde E. Martin, Sexual Behavior in the Human Male, zuerst Philadelphia und London 1948; dieselben, Sexual Behavior in the Human Female, zuerst Philadelphia und London 1953.

an neun oder mehr solcher Erfahrungen erinnerten. Das sind die Fälle, in denen das Verhalten habituell zu werden beginnt. Hier liegt übrigens eine Quelle für die Prostitution. In der überwiegenden Majorität der Fälle waren Verwandte die Täter, die im selben Haushalt wohnten. Dabei ist besonders erstaunlich zu sehen, wie früh diese Erfahrungen beginnen (mit etwa 4 Jahren), wobei sich Familienfremde und Familienangehörige (Väter, Großväter, Brüder, Onkel und Familienfremde) fast die Waage halten[10]. Das zeigte an einem eklatanten Beispiel, wie verbreitet bestimmte Erscheinungen sind, ohne daß sie „auffällig" würden. Diese Verhältnisse bei Mädchen entsprechen auch denen bei minderjährigen Jungen, wie die Aufstellungen bei Kinsey zeigen[11].

Andere Untersuchungen insbesondere bei Bergbauern des Alpenvorlandes zeigten, wie eigenartig diese Sexualverhältnisse zwischen Erwachsenen und Kindern geregelt sein können. So sind inzestuöse Beziehungen zwischen Vater und Tochter in diesen Regionen keineswegs selten und zumeist in der Gemeinde allgemein bekannt. Man billigt sie nicht, man mißbilligt sie aber auch nicht; man toleriert sie einfach. Die Mißbilligung beginnt erst, wenn das Mädchen ehefähig wird, also sich etwa verlobt oder einen ständigen Freund hat. Dann wird als ebenso selbstverständlich vorausgesetzt, daß der Verkehr zwischen Vater und Tochter unverzüglich aufhört, anderenfalls wird die Öffentlichkeit des betreffenden Dorfes von jetzt ab Anstoß nehmen. Das sagt allerdings noch immer nicht, daß darum Anzeige erfolgen müßte; vielmehr beschränkt sich die Mißbilligung auf moralische Sanktionen, denen erst später polizeiliche folgen.

Haben nun aber Untersuchungen dieser Art, insbesondere der Kinsey-Report, ein erstes Licht geworfen auf bisher in ihrer Ausdehnung unbekannte Erscheinungen, so muß man doch andererseits feststellen, daß sich die Probleme trotz dieser weitgespannten Diskussion nur wenig geklärt haben, weil sich die Diskussion nämlich meistens an Nebensächlichkeiten geklammert und die wesentlichen Fragen gar nicht erst aufgegriffen hat, speziell in Europa. Allerdings ist dies nicht rein zufällig, sondern auf Grund einer bestimmten Gesetzmäßigkeit geschehen, die Kinsey und seine Mitarbeiter seinerzeit zu überwinden versucht hatten. Wie sich gezeigt hat, sind sie jedoch nicht imstande gewesen, die Öffentlichkeit derart zu überzeugen, daß sie in die Lage gesetzt worden wäre, unbefangen an diese Fragen heranzutreten. Das Hauptargument, das in der Debatte um den Kinsey-Report vorgebracht wurde, war methodologischer Natur. Regelmäßig wurde nämlich die Auswahl, die Kinsey getroffen hatte, bezweifelt und daran die weitere kritische Erörterung angeknüpft. Nun muß man aber feststellen, daß kaum eins der kritischen Argumente, die gegen Kinsey angeführt worden sind,

---

[10] A. C. Kinsey, W. B. Pomeroy, Cl. E. Martin, Human Female, S. 116 ff.
[11] Dieselben, Human Male, S. 163 ff.

nicht bereits bei Kinsey selber erwähnt wurde. Was die öffentliche Meinung gegen ihn eingewandt hat, war von ihm weitgehend in dem methodischen Teil seines ersten Bandes selbstkritisch geprüft und gewürdigt worden.

In diesem Zusammenhang muß aber darauf hingewiesen werden, daß ein wesentlicher Unterschied besteht zwischen dem kritischen Vorgehen Kinseys und seiner Mitarbeiter einerseits und dem Vorgehen des Verlegers andererseits (und zwar sowohl in den Vereinigten Staaten als auch in Europa), das einer planmäßigen Kampagne gleichkam (mit Pressekonferenzen usw.), wie man sie bei der Veröffentlichung wissenschaftlicher Werke sonst nicht erwartet. So wurde selbst in populären Zeitschriften und Magazinen auf die Publikation Bezug genommen, also in Zeitschriften, für deren Leser das schwer leserliche, umfangreiche und zahlenbefrachtete Werk zweifellos nicht gemeint ist. Man könnte das als die Folge der übereifrigen Aktivität eines erfolggewohnten Werbefachmannes ansehen, und man wäre dabei sicher nicht schlecht beraten. Allerdings ist das nur ein Aspekt der Frage, und zweifellos nicht der wichtigste, wie wir gleich zu zeigen haben werden. Vielmehr scheinen sich hier Emotionen ganz anderer Art bemerkbar zu machen, die man gemeinhin unter dem Stereotyp der „Spekulation auf die niederen Triebe" zu rationalisieren pflegt.

Um diesen merkwürdigen Vorgang zu erklären und damit zu dem ersten Teil meines Berichtes zu kommen, darf ich etwas weiter ausholen. Wir haben schon mehrfach feststellen können, daß es in der empirischen Sozialforschung eine Reihe von Gegenständen gibt, die die Forschung nicht nur nicht herausfordern, sondern sich im Gegenteil ihr zu entziehen versuchen: tritt man an sie heran, so ist es, als ob ein Vorhang herabfiele. Dazu gehören insbesondere dreierlei Gegenstände: solche aus dem Leben der Politik, aus dem Leben des Geschlechts und aus dem Leben der Religion. Hier pflegen bei jeder Diskussion und auch bei jedem Versuch einer objektiven Erforschung des tatsächlichen Verhaltens aus der Wirklichkeit selbst außerordentliche irrationale Kräfte frei zu werden, welche die Forschung zu verhindern suchen. Das folgende Beispiel möge dies veranschaulichen[12]: Am 18. Januar 1953 erschien in der New York Times ein Bericht, nach dem sich auf Grund einer Meinungsbefragung herausgestellt haben sollte, daß in Deutschland die nationalsozialistische Stimmung im Ansteigen sei. Es handelte sich damals um die ersten engeren Kontaktaufnahmen der Bundesrepublik mit den Vereinigten Staaten, und es war klar ersichtlich, daß diese plötzlich in der New York Times lancierte Meldung eine Art Störungsmanöver war. Denn zunächst einmal ging es um keine ad-hoc-Untersuchung, sondern um eine solche, die in routinemäßigen Abständen wiederholt wurde. Außerdem hatte sich gar kein spezielles Ansteigen gezeigt, sondern nur eine ganz normale Oszillation,

---

[12] Vgl. dazu die ungedruckte Diplomarbeit von Gert Höfer, Meinungsforschung und Presse in Deutschland, Köln 1954/55.

die in diesem Fall etwas nach oben wies. Im Ergebnis war also kein Grund zur Beunruhigung gegeben. Da ich mich damals nicht in Deutschland, sondern in den Vereinigten Staaten aufhielt, konnte ich feststellen, welche Wirkung dieser Artikel auf die amerikanische Öffentlichkeit ausübte. Um zu erfahren, wie die Öffentlichkeit in Deutschland auf diesen Artikel reagiert hatte, veranlaßte ich sofort einen meiner Mitarbeiter, die Materialien zu sammeln. Bei der späteren Auswertung ergab sich folgendes: Die deutsche Presse nahm zu dem Artikel sehr intensiv Stellung, doch nicht in der Weise, daß sie schrieb: „Schaut euch doch die Ergebnisse einmal genau an! Darin ist ja nichts von dem enthalten, was behauptet wird. Erstens handelt es sich nicht um die erste Untersuchung dieser Art, sondern es sind schon Dutzende vorher gemacht worden. Zweitens sind die angegebenen Zahlen überhaupt nicht beunruhigend, sondern geben ganz normale Oszillationen wieder. Also, warum die ganze Erregung?" Entgegen einer solchen sachlichen Darstellung war die Berichterstattung vielmehr so gehalten, daß irrationale Kräfte frei wurden, die überhaupt nichts mit der Sache zu tun hatten, die aus einer ganz anderen Dimension stammten und durch die die Forschungsmöglichkeiten selbst in Frage gestellt wurden. Zum Schluß nahm sogar der Bundeskanzler zu den Veröffentlichungen Stellung, indem er behauptete, daß es unmöglich sei, aus 1200 Fällen die Meinung eines ganzen Volkes zu rekonstruieren. Aus dieser Stellungnahme ist jedoch einzig zu entnehmen, daß er das Problem gar nicht erkannt hatte. Meinungsumfragen gibt es heute tagtäglich in der ganzen Welt. Daß es berühmte Fälle von Irrtümern gibt, darf dabei nicht irritieren, insbesondere wenn man berücksichtigt, daß sich meist sehr leicht nachweisen läßt, warum diese Irrtümer entstanden sind.

Anstatt also in dieser Sache festzustellen, daß es sich einerseits um ein politisches Störmanöver und andererseits um eine ganz normale, routinemäßige Untersuchung handelte, die im übrigen nichts Schwerwiegendes ergeben hatte, erging man sich in langen Angriffen gegen die politische Entwicklung in der Bundesrepublik, gegen die Meinungsforschung, schließlich gegen die Sozialforschung überhaupt und verfehlte damit völlig den Gegenstand.

Dieses Beispiel wurde etwas ausführlicher erörtert, weil von ihm aus auch die Probleme der Gestaltung und der Erkenntnisse des Sexuallebens in der Gegenwartsgesellschaft verständlicher gemacht werden können. Die Voraussetzung dafür ist die Hypothese, daß in den drei bereits genannten Gedankenkreisen ähnliche Verhältnisse vorliegen, also bei der Betrachtung der politischen, der sexuellen und der religiösen Phänomene.

Bei der Betrachtung sexueller Tatbestände werden offenbar ebenfalls emotive Kräfte frei, die mit der Sache nichts zu tun haben. Diese emotiven Kräfte stören nicht nur die Diskussion, sondern haben auch die Tendenz, einen Schleier über die Dinge zu legen, so daß die faktische Erkenntnis des Geschehens ungeheuer schwer, wenn nicht gar unmöglich wird. Wir stehen hier gelegentlich vor „Zementmauern", die sich kaum überwinden lassen. Dies ist um so schlimmer, als darin nicht der Zufall waltet, sondern eine

Gesetzmäßigkeit eigener Natur, die die Erkenntnis grundsätzlich verhindert und gleichzeitig einen zentralen Wert unseres Kulturlebens insgesamt darstellt.

Schon vor mehr als dreißig Jahren hat der belgische Rechtshistoriker Jean Haesaert[13] dieses Problem in einem sehr interessanten Buch behandelt, in dem er vor allem die verschiedenen Formen der Vergehen gegen die guten Sitten untersucht und sie einerseits einer historischen und andererseits einer sozialpsychologischen, ja sogar einer psychoanalytischen Betrachtung unterwirft. Dabei stellt er fest, daß die sogenannten Vergehen gegen die guten Sitten im Grunde etwas sind, das sich historisch sehr leicht lokalisieren läßt, speziell wenn es sich um sexuell gefärbte Vergehen handelt. Die meisten von ihnen scheinen nämlich nur vom modernen Menschen als unangenehm empfunden zu werden und keinerlei Konstanten in der Menschheit darzustellen. Dinge, die wir z. B. als Exhibitionismus empfinden würden, werden von anderen Kulturen, die nicht zum Kreis der westlichen Industriekulturen gehören, unter Umständen überhaupt nicht bemerkt. Sie nehmen infolgedessen auch keinen Anstoß daran; entsprechend fallen diese Erscheinungen auch nicht unter einen Straftatbestand. Das ist eine an und für sich verblüffende Tatsache, die mit rein juristischen Anschauungen nicht zu erklären ist. Deshalb stellte sich Haesaert auch die sehr legitime Frage, warum es zu einer solchen merkwürdigen Einstellung kommen kann. Gleichzeitig wies er auf Grund seiner historischen Bildung nach, daß solche Einstellungen und Aversionen gegen die Darstellung des Sexuellen in speziellen Abschnitten der Geschichte wiederkehren.

Nach Haesaert muß eine besondere kulturelle Atmosphäre vorausgesetzt werden, damit an bestimmten sexuellen Tatbeständen überhaupt Anstoß genommen wird. Das heißt natürlich nicht, daß sonst eine allgemeine Gleichgültigkeit gegenüber den Tatbeständen des Sexuallebens bestünde. Nirgendwo in der menschlichen Gesellschaft wird das Geschlechtsleben als eine gleichgültige Größe hingenommen. Im Gegenteil: Die strengsten und unabdingbarsten Regelungen, die wir kennen, schließen fast immer an sexuelle Tatbestände an. Sie erhalten mitunter eine geradezu religiöse Verbindlichkeit. Es handelt sich dabei um geregelte Vorstellungen des Geschlechtslebens speziell in bezug auf die dabei in Berührung kommenden Abstammungslinien, die der Gesellschaft insgesamt zu eigen sind; an dem Geschlechtsverkehr als solchem wird allerdings kaum jemals Anstoß genommen. Darauf ist es zurückzuführen, daß viele Tatbestände, die von uns z. B. als strafwürdig angesehen werden, für den größeren Teil der primitiven Menschheit nicht strafwürdig sind. Hierher gehören etwa die verschiedensten Formen der Perversionen, die für die primitive Menschheit

---

[13] Jean Haesaert, Etiologie de la repression des outrages publics aux bonnes mœurs, Paris 1931.

maximal als lächerlich gelten; sie werden einfach als komisch empfunden, aber einen eigentlichen Anstoß nimmt man an ihnen nicht. Hingegen zeigt sich, daß in unseren westlichen Kulturen ein ganz bestimmter Affekt gegen diese Erscheinungen insgesamt zu bestehen scheint, der von Anfang an die Annäherung an den Gegenstand außerordentlich erschwert (man denke hierbei nur an die Homosexualität). Mit der Entwicklung dessen, was wir die „moderne Kultur" nennen, ist eine wachsende Empfindlichkeit gegenüber den Tatbeständen des Sexuallebens eingetreten. Man spricht in diesem Zusammenhang von einem Anwachsen der „Reizsamkeit", auch von dem „nervösen Charakter" der Gegenwart: Alle diese Vorstellungen scheinen mir etwas Richtiges zu implizieren. Gleichzeitig kommt ein zweites hinzu, das davon nicht lösbar ist, nämlich ein größeres Interesse an der Einzelperson als solcher und ihrer Integrität, so daß auch eine Bestrafung desjenigen ins Auge gefaßt werden kann, der die Person-Sphäre durch die bloße Demonstration sexueller Tatbestände verletzt, unter Umständen sogar ohne dieser Demonstration entsprechende Akte folgen zu lassen. So werden aus diesen Erscheinungen allmählich Straftatbestände, was sie ursprünglich nicht sind. Wir müssen uns also mit einem Doppelten vertraut machen. Einmal der wachsenden Empfindlichkeit gegenüber der Darstellung des Sexuellen, zum anderen einem wachsenden Interesse an der Integrität der Person, und zwar nicht nur im allgemeinen, d. h. an Leib und Leben, sondern bis in die persönliche und nervöse Integrität.

Die hier angedeuteten Überlegungen sind in äußerst interessanter Weise von einem Soziologen weitergeführt worden, der ein Schüler von Karl Mannheim ist, nämlich von Norbert Elias, in seinem zentral wichtigen Buch über den „Prozeß der Zivilisation"[14], das in Deutschland so gut wie unbekannt geblieben ist. Norbert Elias emigrierte unmittelbar nach 1933; das Buch erschien 1939 in Basel, wurde wegen der Abstammung des Verfassers nicht exportiert, so daß es in den meisten Bibliotheken in Deutschland fehlt. Norbert Elias behandelt in diesem Werk – in Parallele zu dem Buch von Haesaert, doch unbeeinflußt von ihm – den Prozeß der Zivilisation als eine historische Entwicklungsspanne; dabei wird ein wesentlicher Beitrag zum Aufbau der modernen Person sichtbar, wenn ich so sagen darf: die sozialvermittelte Raffinierung der sozial-kulturellen Persönlichkeit. Als Quellen greift er auf sehr interessante Materialien zurück, nämlich auf Erziehungsbücher und auf Manierenbücher. Im Zentrum der Betrachtungen steht u.a. das Buch des Erasmus von Rotterdam „De more puerilium", in dem eine Art Erziehungslehre für Jugendliche gegeben wird, in dem aber auch eine ganze Reihe von rein körperlichen Vorgängen analysiert und versucht wird, diese in das ästhetische Gesamtinventar der Kultur einzubauen. So finden wir darin die verschiedenen Keime dessen, was wir heute beobachten können, also z. B.

---

[14] Norbert Elias, Über den Prozeß der Zivilisation, 2 Bde., Basel 1939.

die eigenartigen Empfindlichkeiten des modernen Menschen, die sich nicht nur gegenüber dem Sexuellen regen, sondern gleichzeitig gegenüber einer Fülle von anderen Vorgängen des körperlichen Lebens. Elias prägt dabei den interessanten Begriff der „Schamsperre", zu der er genau wie Haesaert bemerkt, daß sie sich gewissermaßen mit dem Prozeß der Zivilisation rückwärts verschiebe. Da, wo ursprünglich weitgehende Unbefangenheit herrschte und bei bestimmten Bevölkerungsschichten immer noch herrscht, hat sich eine Umwandlung vollzogen, die bewirkt, daß bei den oberen und mittleren Klassen, ganz speziell aber bei den mittleren Klassen der Gesellschaft außerordentliche Affekte frei werden, die eine normale, unbefangene Betrachtung der Dinge völlig unmöglich machen. Diese Gruppen reagieren mit einer dauernden Animosität und umgeben die Dinge mit dem Geschmack des Anrüchigen und Geheimnisvollen. Gleichzeitig richtet sich ein allgemeines Tabu gegen das bloße Aussprechen sexueller Tatbestände, was natürlich genau die entgegengesetzte Wirkung hat, speziell bei jungen Menschen, nämlich die Neugierde zu wecken, statt abzuschrecken.

Wenn wir nun aber bedenken, daß die Mittelklassen in der modernen Industriegesellschaft nicht nur allgemein-gesellschaftlich immer tonangebender, sondern schließlich auch bei der Abfassung der Gesetzbücher und der Feststellung dessen, was ein Straftatbestand sein soll und was nicht, maßgebend aktiv werden, dann erweist sich immer deutlicher, daß sich die besondere Empfindlichkeit dieses Teils der Gesellschaft auch bei der Definition der Sexualdelikte, vor allem aber bei der Bestimmung des Strafmaßes bemerkbar machen muß. Damit wird aber in gewisser Weise der Sinn des Gesetzes verletzt, das nicht zum Schutze der Empfindlichkeit einer bestimmten sozialen Klasse da ist, sondern zum Schutze der Gesamtgesellschaft. Wir wollen die Bedeutung der Mittelklassen mit diesen Bemerkungen keineswegs verkleinern, wir sagen einzig, daß sie nur einen Teil der Gesellschaft und nicht die ganze Gesellschaft darstellen. Ferner unterstreichen wir, daß die als allgemeiner oder universaler Kulturwert unterstellte besondere Empfindlichkeit der Mittelklassen gegenüber dem Sexuellen weiter nichts ist als eine unverhältnismäßig junge, historisch gewordene Wertvorstellung, die früher nicht existierte (oder bestenfalls unter ähnlichen sozialen Verhältnissen wie etwa bei den athenischen Mittelklassen, wie Svend Ranulf nachweisen konnte)[15] und sich vielleicht auch in Zukunft wieder ändern wird. Vor allem aber steht fest, daß sie in anderen sozialen Klassen nicht besteht, und zwar weder in der Ober- noch in den verschiedenen Unterklassen. Es wird also behauptet, daß etwas universal sei, dessen Geltungsweite sowohl geschichtlich als auch sozialstrukturell äußerst beschränkt ist. In diesem Zusammen-

---

[15] Siehe dazu die interessanten Werke von Svend Ranulf, Moral Indignation and Middle Class Psychology, Kopenhagen 1938; The Jealousy of the Gods and Criminal Laws in Athens, 2. erw. Aufl., 2 Bde., Kopenhagen 1933/34.

hang darf wohl auch hervorgehoben werden, daß das wichtigste Ergebnis des Kinsey-Reports zweifellos im Nachweis der klassenmäßig bedingten Variabilität des gesamten Geschlechtslebens von Mann und Frau liegt. Wenn man sich dies gegenwärtig hält und die vielen Diskussionen dieses großen Forschungsberichtes betrachtet, dann wird man sehen, daß sich diese zumeist an den „skandalösen" Charakter der dabei sichtbar gewordenen Verhältnisse halten, was nur ein Ausdruck der bereits erwähnten Befangenheit gegenüber dem Sexuellen ist, statt diese überragend wichtige Wahrheit zur Kenntnis zu nehmen, daß sich die Formen des Geschlechtslebens mit den verschiedenen sozialen Klassen und Schichten gewaltig wandeln, was dementsprechend auch den Rückschluß auf eine ganz verschiedene Bewertung des Geschlechtlichen erlaubt.

Dies Problem wird um so aufdringlicher, je weniger sich sowohl der Gesetzgeber als auch die Organe der Rechtsprechung dieses Umstandes bewußt zu sein pflegen. Ohne daraus allzu weitreichende Folgerungen ziehen zu wollen, müssen wir doch betonen, daß es schlechterdings nicht angeht, die sehr spezifischen Wertvorstellungen der Mittelklassen unserer Industriegesellschaft in der zweiten Hälfte des 20. Jahrhunderts mit denen der Gesamtgesellschaft identisch zu setzen und für zeitlos gültig zu erklären. Es könnte dabei durchaus geschehen, daß durch eine solche illegitime Verallgemeinerung die sittlichen Vorstellungen anderer Teile der Gesellschaft verletzt werden, ja mehr noch, daß ausgesprochen aggressive Gefühle bei denen geweckt werden, die diese Vorstellungen nicht teilen, was wiederum zur Ursache für ein ausgesprochen anti-soziales Verhalten bei den Betroffenen wird. Genau wie man von iatrogenen Krankheiten spricht, die durch falsche ärztliche Behandlung entstehen, müßte man hier von Vergehen sprechen, die durch ein in seiner Wertorientierung einseitiges Gesetz direkt oder indirekt provoziert oder geradezu erzeugt werden. Dies spielt etwa bei der Jugendlichendelinquenz allgemein eine große Rolle. Aber es macht sich genauso bemerkbar bei einem Teil von sehr speziellen Sexualdelikten, wie etwa der Homosexualität. Durch den Kinsey-Report kennen wir heute ungefähr das Ausmaß homosexueller Betätigung, vor allem in der Präadoleszenz, wo sie die heterosexuelle Betätigung an Häufigkeit durchaus übersteigt[16]. Aus der Entwicklungspsychologie wissen wir zudem, wie sich die heterosexuelle Beziehungsfähigkeit des Mannes erst allmählich aufbaut. Wenn nun jede homosexuelle Betätigung, die für ein bestimmtes Alter völlig die Regel zu sein scheint, unter Strafandrohung gestellt wird, dann entsteht der typische Homosexuelle erst als Geschöpf dieser Gesetzgebung; denn der Homosexuelle ist vor allem ein rebellischer Charakter, der durch allgemeine und uneingeschränkte Verfolgung dieses vermeintlichen „Delikts" in seiner

---

[16] Human Male, S. 163 ff.

Handlungsweise eher bestärkt als abgeschreckt wird. Auf die Dauer wird daraus ein wirklich habituelles abweichendes Verhalten, das sich dann nicht mehr spezifisch auf homosexuelle Betätigung beschränkt, sondern zu einem echten Syndrom vieler verschiedener Arten des abweichenden Verhaltens wird, die sich um die ursprünglich unverhältnismäßig harmlose, weil eine allgemeine Durchgangsstufe der Entwicklung darstellende Varietät des sexuellen Verhaltens herumkristallisieren. Aus dem abweichenden Verhalten und dem Vergehen wird unter dem ständigen Druck des Gesetzes ein Verbrechen. Angesichts dieser Situation muß man zugestehen, daß die homosexuelle Delinquenz in diesem Sinne weitgehend das Ergebnis einer einseitigen Wertorientierung der Gesetzgebung ist.

Ganz besonders eklatant scheinen uns diese Wertkonflikte auch bei der jüngsten Diskussion um die Legitimierung der Schwangerschaftsunterbrechung bei erfolgter Vergewaltigung zu sein (ethische Indikation). Hier ist von theologischer und kirchlicher Seite das unbedingte Verbot der Abtreibung selbst in einer solchen Situation gefordert worden. Das entspricht der für die meisten Kirchen so bezeichnenden roh naturalistischen Auffassung der Beziehung zwischen den Geschlechtern und zwischen Mutter und Kind, vor allem wenn es heißt, die Mutter werde „das Kind doch noch lieben"; das bedeutet, das Mutter-Kind-Verhältnis tatsächlich auf die Ebene tierischer Brutpflege herabzuwürdigen, in der die Bindung ganz reaktiv ist. Gewiß mögen solche Fälle vorkommen, sie sind jedoch vereinzelt und durchaus abnorm. In sozialpsychologischer Auffassung ist Kindesliebe nicht wie in der roh naturalistischen Moraltheologie der Kirchen, die alles Sexuelle tabuiert und entwertet, die einfache Fortsetzung eines biologischen Sachverhalts, sondern eine Übertragung der gegenseitigen Liebe von Mann und Frau auf ihre Nachkommenschaft, die eine Vollendung der Gemeinschaft der Liebenden ist, die sich auch geschlechtlich vereinigen. So ist also die Liebe der Mutter zu ihrem Kind nicht primär die Bindung an etwas, das sie physisch geboren, sondern an etwas, das sie geistig-seelisch-moralisch „adoptiert" hat, zweifellos ein höchst komplexes Gefühl, an dessen Anfang die gegenseitige Liebe und geschlechtliche Vereinigung der Liebespartner oder der Eheleute steht. Bei Vergewaltigung ist dagegen genau der umgekehrte Zustand gegeben, daß die Mutter den Vater ihres Kindes nicht wünscht und selbstverständlich auch nicht das Kind, das aus einer solchen gewaltsamen Vereinigung entsteht. Demzufolge ist jegliche Zumutung der Austragung einer Frucht, die auf diesem Wege empfangen wurde, im strengsten Sinne abnorm, inhuman und zutiefst unsittlich. Es zeigt sich denn auch in der Praxis, daß bestenfalls debile und oligophrene Frauen dieser Forderung nachleben, weil eben ihr Gefühlsleben unterentwickelt ist, und Kinder zur Welt bringen, deren Väter sie unter Umständen nicht einmal vermutungsweise kennen. Wir weisen zum Abschluß noch darauf hin, daß eine solche Gesetzesbestimmung ebenfalls im höchsten Maße geeignet ist, abweichendes soziales Verhalten zu zeugen; sehr häufig zeigen nämlich

Biographien von Berufsverbrechern, daß sie als von der Mutter unerwünschte Kinder geboren wurden und sich auf Grund eines dauernden Liebesentzugs zu einer rebellischen und aggressiv antisozialen Persönlichkeit entwickelten. Aus allen diesen Beispielen folgt, daß viele der psychischen Beziehungen, wie sie z. B. die Psychoanalyse ergründet hat, nicht etwa Konstanten darstellen, sondern historisch geworden und in ihrer Geltung auf ganz bestimmte soziale Klassen begrenzt sind. Wir müssen also damit rechnen, daß es in unserer Einstellungsweise gegenüber solchen Tatbeständen Züge gibt, die einzig unter bestimmten und begrenzten kulturellen Voraussetzungen möglich werden. Am Ende wird sich ergeben – um das einmal vorwegzunehmen –, daß ein großer Teil unseres kulturellen Erbes die Tendenz hat, den Zugang zur Betrachtung der Phänomene des geschlechtlichen Lebens zu verschließen. Das ist der eigentliche Grund, der unsere Erkenntnisse auf diesem Gebiet nicht zufälligerweise so ungemein mager macht, sondern mit soziologischer Gesetzlichkeit. Der Sozialforscher, insbesondere der uneingeweihte Dilettant, wird nämlich allzu leicht ein Opfer der bestehenden kulturellen Vorstellungen, die jedesmal aktiviert werden, wenn es um solche Probleme geht. Damit wird aber die Erkenntnis nicht nur belastet, sondern praktisch z. T. völlig unmöglich gemacht. Dabei steht, wenn wir von der Erfahrung der Wirklichkeit ausgehen, auf der anderen Seite fest, daß die Verhältnisse unsere höchste Aufmerksamkeit erfordern, wenn nicht bestimmte Schwierigkeiten sich bis zur Auswegslosigkeit häufen sollen.

Als zweites kommt hinzu, daß diese emotive Empfindlichkeit nicht nur die Erfahrung der Gegenwart fälscht, sondern daß sie gleichzeitig von der Vergangenheit ein falsches Bild gibt. Das falsche Bild von der Vergangenheit sieht etwa folgendermaßen aus. Man spricht speziell bei der heutigen Jugend von einer ausgesprochen sexuellen Verwahrlosung, wobei man nicht einmal zwischen Gefährdung und Verwahrlosung unterscheidet (es wäre wohl besser von Gefährdung als Verwahrlosung zu sprechen). Dem stellt man das Bild einer früheren Welt gegenüber, in der diese Verwahrlosung nicht die Regel gewesen sein soll. Es gibt aber nichts Falscheres als diese Gegenüberstellung. Aus vielen Zeugnissen heute noch lebender einfacher Gesellschaften sind wir weitgehend darüber orientiert, daß z. B. das bäuerliche Leben dem Geschlechtlichen gegenüber ganz ungewöhnlich unbefangen ist. Zahlreiche ältere Untersuchungen, etwa in Süddeutschland oder in Österreich oder neuere in Holland und Schweden, zeigen z. B., daß in reinen Landgebieten häufig ein recht freier Sexualverkehr bis zu einem bestimmten Alter anzutreffen ist und daß erst danach – wie gleich erläutert werden soll – die Verhältnisse sich ändern. Diese Änderung geschieht etwa dann, wenn man ein Verlöbnis eingehen möchte. Nicht selten sind sogar die Spiele der Kinder bereits sexuell gefärbt. Doch können die Verhältnisse in verschiedenen Gebieten sehr unterschiedlich sein.

In diesem Zusammenhang sind auch die Fälle zu erwähnen, die unmittelbar zum Brauchtum des alten Bauerntums gehören. Gelegentlich hat sich das sogar statistisch bemerkbar gemacht, indem z. B. die illegitimen Geburten ganz außerordentlich anstiegen, wie zeitweise in Oberbayern. Das ist aber keineswegs Ausdruck einer Verwahrlosung, sondern umgekehrt einer außerordentlich festen Tradition, wonach der Bauernjunge einfach vor der Heirat wissen will, ob das Mädchen, das er heiraten möchte, imstande ist, zu konzipieren, da die Geburt eines Erben für die Wahrung des bäuerlichen Eigentums eine maßgebliche Rolle spielt. Dementsprechend bedeutet auch hier eine Mußehe keinerlei Belastung für die spätere Ehe, während – wie wir wissen – unter anderen Verhältnissen eine Mußehe, speziell für die Mittelschichten, ein schweres Handicap ist, das die spätere Ehe sehr gefährden kann.

Wir müssen uns also hüten, von der Vergangenheit ein falsches Bild zu entwerfen. Das kann zur Folge haben, daß bestimmte Klassen in unserer gegenwärtigen Gesellschaft, die z. T. noch ältere Sitten verkörpern, von den Mittelklassen völlig mißverstanden werden. So wird etwa die unbefangenere Einstellung der Unterklassen gegenüber sexuellen Tatbeständen von Anfang an als ein Indiz sexueller Gefährdung oder gar sexueller Verwahrlosung genommen, obwohl es sich vielleicht nur um die Fortführung alter Volkssitten handelt. Solche Volkssitten können sich auch in der Stadt unter neuen Verhältnissen spontan neu bilden. So finden wir sehr häufig sogenannte „illegitime" Verbindungen bei Jungarbeitern. In Wahrheit gilt aber diese Illegitimität nur für uns; die Sache sieht ganz anders aus, wenn wir erfahren, wie das Verhältnis von den Betreffenden selbst und wie es vor allen Dingen von ihrer Umgebung empfunden wird. Das Interessanteste daran ist, daß diese „Verhältnisse" von den anderen gewissermaßen als eine Zwischenform zwischen der legitimen Form der Ehe und den sogenannten „freien Verhältnissen" respektiert werden. Dementsprechend spricht man hier völlig zu Recht von „eheähnlichen Verhältnissen", die sogar bestimmte Rechtsfolgen haben können. Diese Erscheinung hat in vielen Ländern auch den Gesetzgeber beschäftigt, speziell in den angelsächsischen Ländern, aber auch z. B. in der Sowjetunion. In unserem Rahmen ist dies aber von keiner wesentlichen Bedeutung. Es interessiert nur, weil mit diesen Konzeptionen, die nun einmal zu unserem zentralen Kulturgut gehören, nicht nur die Erkenntnis der Gegenwart außerordentlich erschwert, sondern gleichzeitig ein falsches Bild von der Vergangenheit entworfen wird. Das Ergebnis ist klar; es liegt die Versuchung ungemein nahe, daß jedesmal, wenn ein Verhalten gefunden wird, das in irgendeiner Weise vom normalen oder von dem, was für normal gehalten wird, abweicht, Alarm gerufen wird. Von da aus wieder ergibt sich eine zu kritische Einstellung gegenüber der Wirklichkeit und – wie bereits betont – ein dauernder und regelmäßiger Mangel an Unbefangenheit, der die Erkenntnis dessen, was wirklich ist, außerordentlich erschwert, wenn nicht unmöglich macht.

Andererseits gibt es natürlich einige Punkte, in denen wir etwas besser dastehen, als es eben angedeutet wurde. Nachdem bis jetzt nur das Negative vorgetragen wurde, möchte ich auch die andere Seite aufzeigen; denn erst wenn wir ein Gleichgewicht zwischen den beiden Gegensätzen finden, können wir hoffen, einen Weg zu sehen, der uns weiterführt. Wir dürfen nicht zu negativ sein, aber auch nicht zu naiv.

Wenn wir versuchen, aus den wenigen uns zur Verfügung stehenden Daten positive Ergebnisse herauszuarbeiten, stehen wir immer vor der gleichen Schwierigkeit: Wir haben bestimmte Daten über ein äußeres Verhalten; so ist z. B. der Kinsey-Report voll von solchen Daten. Was uns aber weitgehend fehlt, ist die Kenntnis der dazugehörigen Motivation des Verhaltens; gerade diese finden wir aber bei Kinsey auch nicht. In dem Augenblick jedoch, in dem wir die Motivationsfrage aufrollen, beginnt die ganze kulturelle Tradition zu spielen, die sich in solchen Motiven verkörpert. Es wäre für uns von äußerster Bedeutung, wenn wir diese beiden Seiten des Problems zusammenschließen könnten. Wir können es nur gelegentlich, und wir alle kennen solche Fälle; aber diese Fälle haben eine ganz besondere methodologische Bewandtnis. Sie zeichnen sich nämlich allesamt bis heute dadurch aus, daß sie Einzelfallstudien darstellen, bei denen wirklich nach beiden Richtungen hin, nach dem reinen Verhalten und auch nach der Motivationsseite hin, einigermaßen erschöpfende Untersuchungen durchgeführt wurden. Von Einzelfällen aus kann man selbstverständlich weitgespannte Theorien entwickeln. Die Psychoanalyse muß das regelmäßig tun. Aber die Frage ist natürlich zu wissen, welche Stellung diese Phänomene in unserer Gesellschaft einnehmen und wie groß die rein zahlenmäßige Bedeutung bestimmter Verhaltensweisen und Motivationskomplexe bei bestimmten Bevölkerungsgruppen ist. Hier aber beginnt das totale Dunkel; denn von einer noch so ausgeklügelten Einzelfallanalyse werden wir nie den Weg zu einer solchen weiteren Analyse finden. Umgekehrt liegt es am Gegenstand selber, daß er von sich aus gewissermaßen die Erkenntnis verhindert, so daß uns eine über die ganze Nation sich erstreckende Analyse oder Erhebung vor lauter falsche Daten bringen würde. Wir müssen uns also fragen: Gibt es irgendeine Möglichkeit, diese praktisch katastrophale Lage zu überwinden?

Es gibt nun in der Tat eine solche Möglichkeit. Allerdings läßt uns diese Möglichkeit vorläufig noch in einer gewissen Abstraktheit verharren. Wir müssen uns nämlich zunächst einmal die grundsätzlichen, strukturell bedingten Situationen vergegenwärtigen, in denen bestimmte Konflikte, wie sie geschildert wurden, mit speziellem Bezug auf das Sexualverhalten zum Ausdruck kommen. Diese strukturellen Möglichkeiten sind also solche, die zentral zu unserem Gesellschaftssystem gehören. Wir sprechen von Struktur immer dann, wenn eine Institution in einem bestimmten Zusammenhang von Dauer ist.

Die erste Frage lautet also: Welches sind nun diese strukturellen Probleme, die für uns irgendwie relevant werden können?

Eine zweite Frage, die sich unmittelbar anschließt und die nur eine Konsequenz der ersten ist, ist folgende: Offensichtlich bestehen in unseren

Gesellschaften bestimmte Untergruppen, von deren tatsächlichem Verhalten und von deren Motivationskomplexen wir sehr wenig wissen, weil sie den unseren nicht entsprechen, und das könnte gerade für die Erfahrung des Geschlechtlichen von größter Bedeutung sein. Denn es könnte grundsätzlich so sein, daß bestimmte Bevölkerungsklassen ganz anders reagieren und dementsprechend bei bestimmten anderen Bevölkerungsklassen grundsätzlich dauernd Anstoß in bezug auf ihr geschlechtliches Verhalten erregen müssen. Man spricht hier von Subkulturen, die in der Tat in unserem Zusammenhang von größter Bedeutung sind. Diese können nun sowohl klassen- oder schichtspezifischer Art sein als auch innerhalb einer Schicht oder Klasse eine spezielle Untergruppe darstellen. Aber bevor wir an die Frage dieser Subkulturen herangehen, die auch regional und lokal außerordentlich verschieden sein können, müssen wir die zuerst aufgerollte Frage in Angriff nehmen, nämlich die, ob es strukturell determinierte Situationen gibt, in denen sich solche Konflikte, wie ich sie andeutete, regelmäßig wiederholen.

Wir wollen von diesen Situationen hier nur eine erwähnen, nämlich die Problematik der Jugend in ihrem Spannungsverhältnis von jung zu alt, wobei wir noch einen biologischen Tatbestand hinzunehmen müssen, der den Soziologen als solchen nichts angeht, nämlich das eindeutige Faktum der Akzeleration der Sexualentwicklung in den großstädtischen Kulturen. Da unsere Industriekulturen weitgehend großstädtisch sind, auch da, wo sie sich nicht in Städten abspielen, weil sie eben einen neuen städtischen Lebensstil entwickelt haben –, muß dies mehr und mehr für die Jugend von heute eine allgemeine Situation werden, die sich in notwendigen Konflikten zwischen der Jugend- und Erwachsenenwelt auswirkt.

Wenn wir nun die älteren Gesellschaften betrachten, gerade in bezug auf das Sexualverhalten der Jugendlichen, werden wir regelmäßig feststellen, daß einer häufigen sexuellen Freizügigkeit in Kindheit und früher Jugend später feste Regelungen folgen, die von den Betreffenden freiwillig akzeptiert werden. Sie leiten bisher unkanalisiertes Sexualverhalten plötzlich in bestimmte Bahnen, die allgemein anerkannt und für richtig gehalten werden, so daß zwar abweichendes Verhalten vorkommt, aber nur in relativ geringem Maß. Das abweichende Verhalten als solches ist ja auch nicht das Problem, sondern das wirkliche Problem ist nur das in zahlenmäßig größeren Mengen auftretende abweichende Verhalten, das alsdann ein Signal für eine akute Krise in irgendeinem Bereich unseres Gesellschaftslebens darstellt.

Wenn wir das Buch von Bronislaw Malinowski über die Trobriand-Insulaner[17] lesen, werden wir erkennen, was gemeint ist. Wir finden in der

---

[17] Bronislaw Malinowski, Sex and Repression in Savage Society, London 1927 (deutsche Übers. in Rowohlts Deutscher Enzyklopädie 1962); The Sexual Life of Savages in North Western Melanesia, London 1931 (deutsche Übers. unter dem irreführenden Titel ‚Das Geschlechtsleben der Wilden').

von ihm beschriebenen mutterrechtlichen Gesellschaft insofern ein Unikum, als die Mädchen von einer ungewöhnlichen sexuellen Aggressivität sind, und zwar gilt das vor allem für die Zeit vor der Ehe. Dabei zeigt das Liebesleben dieser Mädchen in der Tat eine Freizügigkeit und Hemmungslosigkeit, die in keiner Weise eingeschränkt ist; es wird aber allgemein anerkannt und toleriert. Von einem bestimmten Alter an jedoch ändert sich das von einem Tage zum anderen, und jetzt beginnt ein zweites Leben, für das die Gesellschaft sehr genaue Regeln des Verhaltens bereithält. Genauso frei, wie man vorher war, genauso reglementiert wird das Leben jetzt plötzlich, d. h. mit dem Beginn des Verlöbnisses und der Heirat. Bezeichnend für diese Gesellschaften ist aber, daß deutliche Vorstellungen bestehen über das, was in jedem besonderen Lebensabschnitt erlaubt ist. Gleichzeitig wird äußerlich, und zwar institutionell, dokumentiert, wann der eine Zustand aufhört und der andere anfängt, so daß bei den Beteiligten gar kein Zweifel darüber auftauchen kann, was jeweils in einem bestimmten Falle erlaubt und was nicht erlaubt ist. Dementsprechend dürfen wir uns nicht wundern, daß es in diesen Gesellschaften zwar abweichendes Verhalten gibt, aber es kommt trotzdem nicht in einem solchen Umfang vor, daß es alarmierend wirken könnte. Ähnlichen Vorstellungen begegnen wir nicht nur bei primitiven Völkern, sondern bei allen europäischen Gesellschaften, bis etwa an die Schwelle des Industriezeitalters. Überall gibt es bestimmte Vorstellungen darüber, was der Jugend erlaubt ist, von welchem Alter an etwas erlaubt ist, wann man nachsichtig sein kann und wann nicht mehr. Das trifft man im übrigen nicht nur gegenüber der Jugend, sondern genauso gegenüber dem Alter an.

Zwei Kulturen sind in dieser Hinsicht sehr aufschlußreich untersucht worden, nämlich die japanische und die iberische im allgemeinsten Sinne, also nicht nur im engeren Sinne die Spanien betreffende, sondern überhaupt die der ganzen iberischen und lusitanischen Welt in Europa und Amerika. Hierbei zeigt sich folgendes: Im Gegensatz zu der geforderten, unerhört strengen Zurückhaltung des jungen Mädchens hat die verheiratete Frau bereits eine größere Freiheit; die alten Frauen haben aber eine fast unbegrenzte Freiheit, speziell in Gesprächen. So können wir es z. B. leicht erleben, daß uns sehr vornehme spanisch sprechende alte Damen die obszönsten Witze erzählen. Das ist aber nichts Absonderliches, sondern ein kulturelles Muster, das der Frau freistellt, von einem bestimmten Alter an auch in den Mittelklassen Worte zu benutzen, deren Benutzung für andere Altersklassen als höchst unkorrekt gelten würde. Es ist äußerst interessant festzustellen, daß ein ähnliches Verhalten in Japan existiert, wo der Moralkodex des Alltagslebens von einer ebenso großen Strenge und Konsequenz ist, indem man für alle Teilsituationen des Lebens bestimmte und durch alten Brauch überlieferte und verbriefte Regeln kennt. Kleine Kinder auf dem Lande werden z. B., was das sexuelle Verhalten und das sexuelle Spiel anbetrifft, fast völlig freigelassen. In dem Augenblick, in dem die Vorbereitungen zum Verlöbnis beginnen, werden die Mädchen praktisch von ihrer Umgebung abgeschlossen; die jungen Männer auch. Dann kommt die Zeit einer durch komplizierteste Vorschriften geregelten Ehe, die eine merkwürdige Konventionalität zeigt, bis im höheren Alter insbesondere bei der Frau plötzlich alle Hemmungen wieder wegfallen und ihr die Möglichkeit gegeben wird, sich in ihren Gesprächen und in ihrem äußeren Verhalten genauso zu geben, wie sie will.

Es wäre interessant zu wissen, wieviel von dem, was wir als seniles Irresein bezeichnen, darauf zurückgeht, daß unsere Gesellschaft für alte Menschen noch keinen ausgeprägten Verhaltenskodex bereithält. Ich bemerke noch, daß die Frage der Sexualdelikte an Minderjährigen, die insbesondere von alten Männern begangen werden, sehr wesentlich mit diesem Mangel an Regelungen zusammenhängt. Andererseits pflegt sich die abschirmende Wirkung der Familie hier ganz besonders intensiv auszuwirken, und zwar sowohl zum Schutze der Kinder als auch im Interesse der Alten. Sowie die Öffentlichkeit und auch die Polizei beginnen werden, sich über diese Situation Rechenschaft zu geben, wird man mit einer Flut von Anzeigen rechnen können, die jedoch nicht auf eine Steigerung der Kriminalität auf diesem Gebiet zu schließen erlaubt, „sondern zunächst lediglich auf eine Aufhellung der Latenz der unzüchtigen Handlungen mit Kindern"[18]. Im übrigen lassen uns viele Berichte vermuten, daß diese Art der Altersdelinquenz schon im 19. Jahrhundert in großen Mengen beobachtet worden ist, also nichts Neues darstellt.

Es bestehen in der Tat ganz bestimmte kulturelle Vorstellungen über das richtige Verhalten zu bestimmten Zeiten, gleichzeitig aber ist der Übergang von einer Situation in die andere zumeist institutionell vorgegeben, so daß kein Irrtum möglich ist. Jeder weiß, wie er sich zu verhalten hat. Es scheint aber ebenso eindeutig zu sein, daß mit dem Zusammenbruch der alten Volkskulturen, der mit dem Industrialismus einsetzte, nicht etwa die Sitten verwahrlost sind, sondern daß eine außerordentliche Unsicherheit über das richtige Verhalten Platz gegriffen hat, nicht nur deshalb, weil die Verhältnisse plötzlich in eine beschleunigte Entwicklung gekommen sind, sondern gleichzeitig deshalb, weil alle institutionellen Zäsuren im Leben mehr und mehr in ihren Grenzen verwischt worden sind. Wir können sagen, daß sich bis zum Anfang des 20. Jahrhunderts noch eine Art Erinnerung an diese Dinge, speziell im Landleben, erhalten hat. Das gilt besonders ausgeprägt für traditionalistische Kulturen, also etwa für alle alpenländischen Kulturen – von den französischen Seealpen durch die Schweiz nach Österreich bis hin nach Jugoslawien. Auch in anderen Teilen Europas hat man die alten Erinnerungen noch lange wachgehalten; trotzdem können wir sagen, daß sie in unserer Periode weitgehend eingeebnet worden sind. Durch die Akzeleration in der Sexualentwicklung ist aber das Vorhandensein von klaren und eindeutigen Regelungen auf dem Gebiet des Sexualverhaltens zu einer

---

[18] B. Wehner, a.a.O., S. 49.

ausgesprochenen Notwendigkeit geworden. Das ergibt sich insbesondere aus dem Konflikt zwischen der Jugend- und Erwachsenenwelt, durch den auch eine strukturell bedingte Gefährdung der Jugend gegenüber jeder Form des sexuellen Verhaltens gegeben ist. Es ist also nicht so, daß der eine oder der andere schuldig wäre, sondern wir haben es vielmehr mit allgemeinen sozialen Determinanten zu tun, bzw. umgekehrt mit „Lücken" in unserem moralischen Determinationssystem, die ganz bestimmte Probleme überhaupt nicht mehr berühren. Wenn wir noch die zugespitzte Empfindlichkeit und Emotivität gegenüber der Behandlung dieser Fragen hinzunehmen, so können wir ermessen, welcher akute Krisenzustand hier vorliegt.

Gemeinhin wird die Sexualerziehung in der Familie geleistet. Dies ist vielleicht nach der gegebenen Lage die größte Belastung. Wir müssen in diesem Punkte ganz offen sein. Es fällt nämlich auf, daß die Familie offensichtlich schon in älteren Gesellschaften nicht imstande gewesen ist, spezielle Regelungen des Sexualverhaltens zu entwickeln. Es ist wohl immer so gewesen, daß die Gesamtgesellschaft diese Regelungen schuf, die sich unter Umständen sogar in bestimmten Institutionen, wie etwa den „Jugendweihen", „Reifeweihen" u.ä.m., manifestieren. Diese Weihen wurden von der Gesamtgesellschaft gefeiert. Für uns ist diese Situation einer institutionellen Regelung nicht mehr gegeben. Daraus folgt die Notwendigkeit, daß die Familie etwas tun muß, mit dem sie wahrscheinlich überfordert sein wird. Wir wissen, daß die Probleme der Sexualerziehung heute vielleicht wichtiger sind als das Studium des Sexualverhaltens als solches; auf dem erstgenannten Gebiet sind die Schwierigkeiten noch viel größer. Andererseits sind auch manche erfreulichen Ansätze zu erkennen, die uns einiges erhoffen lassen. In diesem Zusammenhang darf auf einen Film hingewiesen werden, den viele sicherlich kennen und der seinerzeit einiges Aufsehen erregte; ich denke an einen Film mit Vittorio de Sica: „Domani è troppo tardi" – „Morgen ist es zu spät", in dem speziell die Unfähigkeit der Familie geschildert wird, die Sexualerziehung unter den gegebenen Umständen mit Aussicht auf Erfolg zu leisten. Als Konsequenz wird schließlich gefordert, daß die Sexualerziehung Sache der Schule sein müsse, die die Möglichkeit habe, an diese Probleme unbefangener als die Familie heranzutreten. Das, was als das Positivste am Familienzusammenhang zu werten ist, daß er nämlich den Menschen in der intimen Sphäre gestaltet, beginnt insofern ein beträchtliches Handicap zu werden, als das unbefangene „Sich-Aussprechen" auf diesem Gebiet praktisch fast unmöglich geworden ist. Dabei sollen noch gar nicht einmal die Probleme berücksichtigt werden, die uns erst die Psychoanalyse zu verstehen gelehrt hat, daß nämlich zwischen Kindern und Eltern bestimmte Fixationen bestehen können, die eine Freiheit in dieser Auseinandersetzung grundsätzlich unterbinden. Diese Erörterung würde uns weiterführen zu der Frage einer Sexualerziehung, die institutionell zu verankern wäre, damit sie freikommt von der starken Emotivität, in der diese Dinge behandelt zu werden pflegen. Das hier zu behandelnde Problem hat in der Tat einen doppelten

Aspekt. Auf der einen Seite haben wir die außerordentlichen Schwierigkeiten, die einer unbefangenen Analyse des Geschlechtsverhaltens in unseren fortgeschrittenen Industriegesellschaften entgegenstehen. Diese Schwierigkeiten sind dergestalt, daß sie nicht nur dem Durchschnittsmenschen die Annäherung erschweren und die Unbefangenheit nehmen, sondern daß sie auch den Wissenschaftler belasten. Dafür ein konkretes Beispiel: Denken wir nur an die Problematik der Ehescheidungen! Über die wesentliche Motivation, die bestimmte Menschen zur Scheidung führt, wissen wir nach wie vor nichts. Wann fängt die Problematik an? Vor dem Richter doch gewiß nicht. Also müssen wir eine außerordentlich weit gespannte Vorgeschichte annehmen und ferner voraussetzen, daß die Betreffenden, um die es geht, auf Grund der Situation und der engagierten Emotivität selbst nicht imstande sind zu beurteilen, wo die ausschlaggebenden Faktoren liegen[19]. Wenn dem schon hier so ist, in wieviel höherem Ausmaß muß das der Fall sein, wenn wir es mit Dingen zu tun haben, die die Emotivität so stark beschäftigen wie eben das Sexualverhalten. Wir stehen hier vor lauter verschlossenen Türen. M.E. ist es besser, daß wir uns das zunächst einmal eingestehen, damit wir uns nicht über die Reichweite unserer Erkenntnis irgendwelchen Illusionen hingeben. Unsere gesicherte Erfahrung ist ausgesprochen mager. Wir ersetzen sie nur allzu leicht durch falsches Moralisieren, durch alle möglichen Ersatzvorstellungen mehr oder weniger ideologischer Natur, die nicht etwa interessant sind durch das, was sie manifest aussagen, sondern höchstens dadurch, daß sie für bestimmte Konstellationen symptomatisch sind. So können wir vielfach diese Einstellung der öffentlichen Meinung als Indiz für eine bestimmte gefühlsmäßige Verfassung der Öffentlichkeit nehmen. Wir müssen aber versuchen, durch diesen Schleier von Emotivität hindurch zu den eigentlichen Wirklichkeiten zu gelangen.

Das Ergebnis sieht also äußerst unerfreulich aus, und es ist wohl auch so. Dennoch glaube ich, im zweiten Teil meines Berichtes angedeutet zu haben, daß wir nicht ganz so negativ zu denken brauchen, wie es zu Beginn meiner Ausführungen scheinen mochte; denn wir haben doch gewisse Möglichkeiten, uns dem Sog der Emotivität zu entziehen, indem wir die eigentliche Strukturbetrachtung ins Zentrum schieben und uns fragen: Wo liegen, unabhängig von unseren persönlichen Gefühlen, die objektiv in der Konstellation unserer Gesellschaft verankerten Situationen, die diese Unsicherheiten schaffen, verstärken oder verringern müssen? Ich habe anzudeuten versucht, wo sie liegen, und gleichzeitig hervorgehoben, daß bei der Untersuchung dieser Frage noch ein anderer Faktor aus einer anderen Dimension hinzugenommen werden muß, nämlich die eindeutig festgestellte

---

[19] Vgl. dazu das außerordentlich instruktive Buch von William J. Goode, After Divorce, Glencoe, Ill, 1956.

Akzeleration in der städtisch-großstädtischen Zivilisation des Westens (in vielen anderen Kulturen beginnt die sexuelle Reife und entsprechend die sexuelle Aktivität viel früher als bei uns). Das, im Zusammenhang mit der bestehenden Unsicherheit, muß Probleme und Konflikte schaffen, die nicht mehr nur in einzelnen Fällen zutage treten, sondern in einem abweichenden Verhalten großer Teile der Bevölkerung, speziell aber der Jugendlichen. Wir haben erkannt, daß wir noch im höchsten Alter solchen Problemen wiederbegegnen können, daß diese Probleme von medizinisch-psychiatrischer Seite sehr gut, aber von soziologischer und sozialpsychologischer Seite aus noch sehr wenig untersucht worden sind. Wir stehen erst im Anfang einer eigentlichen sozialpsychologischen Untersuchung der Stellung des Alters in unseren Gesellschaften. Es bahnt sich aber bereits eine ganze Menge von Erkenntnissen über die Stellung der Jugend an, wobei sich zeigt, daß die Konflikte sehr häufig gerade über das Sexuelle hin ausgeglichen werden bzw. zum Ausbruch kommen. Das zu erklären, mag eine weitere Aufgabe sein, die unsere allgemeine Kulturatmosphäre und die Behandlung des Sexuellen in ihr betrifft, z. B. die dauernde Überschätzung des Sexuellen. Das ist aber eine Folge davon, daß wir auf Grund der geschilderten Verhältnisse das Phänomen des Sexuellen nicht mehr recht in unseren kulturellen Haushalt einzuordnen wissen. Dementsprechend wird das Sexuelle nicht nur von jenen überschätzt, die zur (offenen oder verdeckten) Sexualordnung unserer Kulturöffentlichkeit beitragen, sondern vielmehr noch von jenen falschen Moralaposteln, die bei jeder Gelegenheit ihr Anathema über die vermeintliche Sexualbesessenheit unserer Zeit aussprechen und damit dem Kundigen nur ihre eigene Lüsternheit und Mißgunst kundtun. Auf der anderen Seite aber finden wir eine Situation, die sich mit einer gewissen Notwendigkeit immer wieder herstellt und von der wir von vornherein prognostisch angeben können, bei welchen Gruppen von Jugendlichen sie sich herstellt, nämlich solchen, die aus unteren sozialen Schichten stammen, speziell aber solchen, die zusätzlich einer gewissen Mobilität unterlegen sind, die also z. B. die alten Lebensformen des ländlichen Lebens in die Stadt tragen.

Zum Schluß meiner Ausführungen möchte ich noch einmal wiederholen, daß ich nicht versuchen wollte, ein Mosaik von einzelnen Tatsachen vorzuführen, sondern lediglich einige Gedanken zu entwickeln, an Hand derer man vielleicht das komplizierte Gespinst wird aufnehmen können, das vor uns liegt und dessen Erkenntnis durch die geschilderte Situation so außerordentlich belastet ist. Es ist im übrigen sehr eigenartig zu sehen, daß die Versuche zur Durchbrechung dieses Schleiers unverhältnismäßig jungen Datums sind. Wenn wir bedenken, welchen Schwierigkeiten in der öffentlichen Meinung seinerzeit die Psychoanalyse und die Tiefenpsychologie insgesamt begegnete, als sie zum erstenmal diese Probleme aufgriff, dann darf man nicht resignieren, wenn man feststellen muß, daß auch hier noch immer die gleichen Schwierigkeiten bestehen. Um so dankenswerter ist es, daß einige hervorragende Gelehrte schon jetzt von verschiedenster Seite her an diese

Probleme herangetreten sind, vom Standpunkt des Juristen, des Soziologen (speziell des Kultursoziologen), des Psychologen und Tiefenpsychologen aus. In den Vereinigten Staaten liegt bereits eine reiche Forschung tiefenpsychologischer und kulturanthropologischer Natur zu diesem Problem vor; aber es hat keinen Sinn, auf Grund der andersgearteten Verhältnisse in Amerika dieses Material heranzuziehen, weil die Einstellung zum Sexuellen in den Vereinigten Staaten, also in einem von puritanischen Ideen stärkstens geprägten Lande, eine grundsätzlich andere ist als in den kontinentaleuropäischen Gesellschaften. So mußte ich mich darauf beschränken, einige allgemeine Linien aufzuzeigen, die in Zukunft die empirische Forschung nicht nur herausfordern, sondern ihr auch einige Richtlinien geben können.

Harold Greenwald: Das Call Girl. Eine psychoanalytische und sozialpsychologische Studie

Zwar hat das Problem der offenen oder geheimen Prostitution seit jeher die allgemeine Aufmerksamkeit auf sich gezogen und auch eine entsprechende Literatur veranlaßt, es fehlt aber doch noch an eingehenderen sozialpsychologischen Studien. Dies trifft insbesondere zu bei dem besonderen Typ der Prostitution, den man als Call Girl bezeichnet, da sich dieser naturgemäß noch mehr der sachlichen Erforschung entzieht als die sonstigen Formen der Prostitution, die von sich aus immer recht auffällig sind. Zum Call Girl gehört aber die Unauffälligkeit wesentlich mit dazu, so daß eine kontinuierliche Reihe besteht zwischen diesem Typ, dann den „Personen mit häufig wechselndem Geschlechtsverkehr", „ausgehaltenen" Frauen in „Verhältnissen" von verschieden langer Dauer und was dergleichen Formen von der Norm abweichenden Sexualverhaltens bei Frauen mehr sind. Daß das Call Girl unauffällig zu sein bestrebt ist, ist nicht nur „beruflich" bedingt, sondern auch herkunftsmäßig. Während sich erfahrungsgemäß die sonstige Prostitution zumeist aus den unteren sozialen Klassen rekrutiert, ist das beim Call Girl grundsätzlich anders. Sie stammen häufig aus besseren Milieus, wie auch der Kunde wünscht, daß er sich mit dem Call Girl in der Öffentlichkeit zeigen kann. Zumeist besucht jedoch das Call Girl den Kunden in seiner Wohnung oder im Hotel, nachdem er telephonisch eine Verabredung mit dem Mädchen getroffen hat.

Rezension des gleichnamigen Buches: Aus dem Amerikanischen übersetzt von Franz Klinger. Rüschlikon–Zürich–Stuttgart–Wien: Albert Müller Verlag 1959, 265 Seiten, Preis: DM 19,80.

Das Buch von Greenwald hat in den Vereinigten Staaten einen gewissen Erfolg gehabt, der allerdings zweifellos nicht ausschließlich auf seine wissenschaftlichen Qualitäten, sondern eher auf den sensationellen Gegenstand zurückgeht. Aber unangesehen dieser Nebenerscheinung handelt es sich hierbei um ein wirklich soziologisch, sozialpsychologisch und psychoanalytisch aufschlußreiches Buch, selbst wenn es zweifellos auch im deutschen Sprachbereich nicht um seiner sachlichen Aufschlüsse willen gelesen werden wird, wie man mit Sicherheit voraussagen kann. Das ist aber bei bestimmten Gegenständen einfach nicht zu vermeiden, genau wie schon das Buch von Hermann Helmholtz „Über die Erhaltung der Kraft" einem on dit zufolge seinen buchhändlerischen Erfolg der Verwechslung von Kraft und sexueller Potenz verdankte ...

Greenwalds Buch ist durchaus zu scheiden von anderen Büchern dieser Art, die auf die Lüsternheit der Leser spekulieren; denn es gibt eine wirkliche Analyse eines von Natur aus ungemein schwer zugänglichen Gegenstands. Natürlich können seine Aussagen nicht beanspruchen, für alle entsprechenden Fälle zu gelten. Denn sie fußen im wesentlichen auf den Protokollen von zwei eingehenden Psychoanalysen und einer Reihe (20) von Einzelfallstudien, die er – dies ein methodisch interessantes Prinzip – nicht nur selber aufgenommen hat, sondern durch drei seiner Patientinnen hat durchführen lassen (S. 209–265). Das sind – neben systematischen Beobachtungen – die wesentlichen Materialien, auf denen dies interessante Buch fußt. Wenn uns also das vorliegende Buch nicht über den wahren Umfang dieser speziellen Art von Prostitution informieren kann, was vielleicht überhaupt unmöglich ist, so vermittelt es doch sehr aufschlußreiche Einblicke in die Tiefe der Motivationsstruktur, die hier anzusetzen ist, und wird damit zu einem wertvollen Beitrag zur Entstehungsgeschichte des „abweichenden Verhaltens".

Der Verfasser charakterisiert sehr gut das Milieu, in dem das Call Girl beheimatet ist, als die „graue Welt", die sich zwischen die Welt des Verbrechens und des Durchschnittsverhaltens der „ordentlichen" Menschen einschiebt. Allerdings bemerkt er auch, daß manche fördernde Elemente für diese graue Welt in der „weißen" Welt der Steuergesetzgebung gesucht werden müssen, die mit der Abzugsfähigkeit von „Spesen" im Geschäftsverkehr eine an und für sich schon bestehende Anfälligkeit der Geschäftswelt für die Prostitution beträchtlich verstärkt haben, nicht nur in den Vereinigten Staaten, sondern auch in Europa, wie einige Prozesse der letzten Zeit in Zürich und in Westdeutschland gezeigt haben. Der Verfasser zeichnet auch in höchst interessanter Weise den Prozeß des Lernens, aus dem am Ende ein abweichendes Verhaltenssystem resultiert. Als Psychoanalytiker hebt er dabei hervor als tiefsten Grund ein in den Kinderjahren tief empfundenes Gefühl der Ablehnung durch die Mutter, worauf Mädchen sehr verschieden reagieren können, z. B. mit Zorn, daß ihnen etwas vorenthalten wurde, so daß sie verzweifelte Anstrengungen machen, um den Verlust zu kompensieren (S. 106 ff.). So schreiten sie nicht fort in den späteren Entwicklungsphasen, sondern suchen unaufhörlich Liebe und Wärme bei Männern und Frauen, was sie auch für frühzeitige sexuelle Verführung zugänglich macht.

Der Verfasser untersucht aber in nicht weniger aufschlußreicher Weise die Situation des Zuhälters dieser Mädchen und ihrer Kunden. Die Bindung an den Zuhälter befriedigt einmal das Anschlußbedürfnis, andererseits aber gewinnt das Mädchen auch in seiner Selbstachtung, indem es einen Menschen hat, der zweifellos noch niedriger steht als es selbst. Die Kunden bestehen zu fünfzig bis fünfundsiebzig Prozent aus achtbaren Geschäftsleuten, die anläßlich von Geschäften oder Kongressen in die Großstadt kommen; sie sind die „Gelegenheitskunden". Die ständigen Kunden sind dagegen anders: auch sie sind Menschen, die aus irgendwelchen Gründen unfähig sind, ihre Einsamkeit zu überwinden, und nun beim Call Girl einen wirklichen menschlichen Anschluß suchen.

Der besondere Wert des Buches liegt darin, daß es einerseits die Tiefenwurzel für die erste Entstehung eines abweichenden Verhaltens in der individuellen Lebensgeschichte aufzuspüren versteht und andererseits dem sozialpsychologischen Prozeß des fortschreitenden „Lernens" der neuen Rolle auf Grund dieser neurotisch bedingten Frühabweichung nachzugehen sucht.

b) *White-collar Delikte*
Zur Frage der Marginalität in der Alltags-Moral der fortgeschrittenen Industriegesellschaften

Ich möchte heute über ein Thema berichten, das Sie vielleicht verwirrt hat, als Sie es im Programm angezeigt sahen: über die Frage der Marginalität in der Alltagsmoral der fortgeschrittenen Industriegesellschaften. Ich habe mir das jedoch genau überlegt, und es steht auch im Zusammenhang mit den noch kommenden Vorträgen zu Ihrem Generalthema. Ich habe im übrigen mit größter Freude gesehen, daß Sie das Thema der Wirtschaftskriminalität zum Gegenstand der Auseinandersetzung gemacht haben. Abgesehen davon hoffe ich jedoch, daß Sie nicht zuviel von Steuerhinterziehung sprechen, denn dann fühlt sich ja jeder Normalbürger einigermaßen getroffen.

Da nun eine Reihe von Experten morgen sprechen wird, nämlich vor allem Herr Kollege Middendorf über „Die white-collar-Kriminalität in den Vereinigten Staaten", dann Herr Lach über „Aktuelle Erscheinungsformen der Wirtschaftskriminalität", brauche ich Ihnen hier nichts über diese spezielle Problematik vorzutragen, sondern meine Aufgabe ist wohl eher die, Ihnen einen allgemeinen theoretischen Rahmen zu geben, in den Sie dieses Thema einbauen können. Es wird Ihnen vielleicht erlauben, diese Problematik in Zusammenhang zu sehen mit anderen Fragestellungen der Kriminologie bzw. der Kriminalsoziologie. Daher der Begriff der Marginalität, mit dem ich versuchen möchte, die Kluft zwischen zwei Phänomenen zu überbrücken, nämlich einerseits der sattsam bekannten Erfahrung, daß ein großer Teil der Delinquenz sich aus den sozial untersten Schichten rekrutiert, ein ebenso großer Teil aber andererseits auch aus ausgesprochenen wirtschaftlichen Oberschichten. Nur, daß bei letzteren die Möglichkeit in ganz anderer Weise besteht, die Dinge zu vertuschen, was ich Ihnen vorzuführen habe.

Man hat bisher immer gemeint, die Probleme der Delinquenz soziologisch durch Persönlichkeitsmerkmale erklären zu können, die wesentlich mit der Tatsache einer niederen sozialen Schichtzugehörigkeit, der Armut, gestörter

Familienverhältnisse, Krankheit zusammenhängen. Es zeigt sich jedoch, daß in den oberen Schichten eine genauso große, wenn nicht eine viel größere Kriminalität besteht. Die Frage stellt sich dann aber neu, was nun Erklärungsmerkmal ist. Diejenigen Faktoren, die man bis jetzt verwenden konnte, sind nicht mehr anwendbar, da wir es mit ausgesprochenen Wohlstandsschichten zu tun haben. Der Begriff der Marginalität, den ich hier einführen möchte und der im übrigen aus einer langen Tradition herrührt, soll diese Kluft überbrücken. So sehen Sie gleich zu Beginn, warum ich dieses Wort gewählt habe: nicht, um einer bekannten Sache ein unverständliches Wort anzuheften, sondern um einen Begriff mit einer ganz bestimmten Funktion in dieser Diskussion zu verwenden.

Der zweite zu erörternde Begriff ist der der Alltagsmoral. Darunter wird der Komplex von normativen Vorstellungen verstanden, der in einer gegebenen Gesellschaft anzutreffen ist. Dies – meine Damen und Herren – sagt sich nun leichter als es verstanden wird. Deswegen möchte ich hiermit beginnen und einige grundsätzliche Bemerkungen darüber machen, wie sich die Alltagsmoral – die wir normalerweise als positive Moral verstehen – in den fortgeschrittenen Industriegesellschaften darstellt. Denn hier ist ein Zustand gegeben, in dem die Marginalität, von der ich vorhin sprach, in einer ganz besonders akuten Weise akzentuiert wird. So wollen wir also zunächst einmal die Problematik der sozialen Normen in den fortgeschrittenen Industriegesellschaften ins Auge fassen.

Wenn es ein Merkmal gibt, das allen fortgeschrittenen Industriegesellschaften gemeinsam ist, dann ist es die Komplexheit der gesellschaftlichen Struktur. Ja, Sie können diese Gesellschaften als komplexe Gesellschaften bezeichnen, im Gegensatz etwa zu einfachen Gesellschaften. „Komplexe Gesellschaften" muß aber auch in komplexer Weise verstanden werden, d. h., jeder Teilbereich einer solchen Gesellschaft ist in sich selbst wieder vielfach geschichtet. So haben wir auf der einen Seite Gesellschaften, die mehr oder weniger aus relativ gleichen Elementen aufgebaut sind. Wir finden etwa, daß die ländliche Gesellschaftsstruktur weniger komplex ist als die städtische Gesellschaftsstruktur. Wir finden weiter, daß die Wirtschaftsstruktur in den fortgeschrittenen Industriegesellschaften wesentlich komplexer ist als etwa die politische Struktur. Es zeigt sich überhaupt, daß gerade die politische Struktur in vielem weit zurückbleibt oder sich weit entfernt von der unerhörten Differenziertheit der Wirtschaftsstruktur. Innerhalb der Wirtschaftsstruktur haben wir wieder besondere Gruppen, bei denen die Mannigfaltigkeit der sozialen Lebensgestaltung ganz besonders ins Auge fällt. So ist das also ein Begriff, der sich in vielen Weisen wiederholt.

Halten wir fest: die modernen fortgeschrittenen Gesellschaften bestehen aus einer Mannigfaltigkeit ungleicher Elemente, die ihre eigenen Gewichte haben und die eigenen Gesetzlichkeiten gehorchen. Daher denn auch die vielen Reibungen, die vielen Konflikte innerhalb der fortgeschrittenen Industriegesellschaften, oder anders ausgedrückt: daher das außerordentlich schwierig zu bewältigende Problem der Integration in den modernen fortgeschrittenen Industriegesellschaften. Es ist ausgeschlossen, hier an eine Integration vom Typus der alten ständischen Gesellschaften zu denken. Wenn man versucht, diese Ideen hier zu übertragen, dann ergibt das nur eine ganz billige und völlig unverbindliche Kulturkritik. Dabei wollen Sie darauf achten, daß die Differenziertheit natürlich auch damit zu tun hat, daß die modernen Gesellschaften viel größer sind als die meisten Gesellschaften der Vergangenheit. Aber Sie haben wohl gemerkt, daß ich eine Einschränkung gemacht habe. Die Komplexheit kann grundsätzlich auch bei relativ kleinen Gesellschaften bestehen, ja wir wissen aus vielen Anzeichen, daß in Europa zum Beispiel die wirtschaftlich entwickeltsten Gesellschaften keineswegs die großen sind, sondern im Gegenteil: Schweden, Holland und die Schweiz sind heute in Europa die fortgeschrittensten Industriegesellschaften, wobei das nach verschiedenen Merkmalen gemessen werden kann, die aber alle das gleiche ausweisen. Ausgerechnet drei kleine Demokratien. Es kommt nicht auf die Größe als solche an, sondern darauf, wie die Binnenbeziehungen innerhalb einer solchen Gesellschaft gestaltet sind: nicht die Beziehungen zwischen relativ gleichen Elementen, sondern eine außerordentlich dichte Verflechtung von Elementen, die in sich selbst völlig ungleichartig sind. Es geht also darum, daß der Innenaspekt einer solchen Gesellschaft der einer außerordentlichen Differenzierung, damit einer außerordentlichen Arbeitsteilung ist, die sich nicht nur im Wirtschaftlichen zeigt – und das ist das Entscheidende – sondern, wie wir gleich sehen werden, auch im Kulturellen, auch im Bereich der Normen.

Natürlich gibt es in jeder fortgeschrittenen Industriegesellschaft auch eine Dimension der allgemeinen Moral, der öffentlichen Moral, der Grundsätze, über die sich mehr oder weniger alle einig sind. Aber das ist nicht das Problem, sondern es interessiert vielmehr die Frage, ob dieser durchschnittlichen Alltagsmoral auch tatsächlich nachgelebt wird. Hier müssen wir sehen, daß es sich um zwei ganz verschiedene Dinge handelt: Auf der einen Seite ein Lippenbekenntnis zu einer Art allgemeinen Alltagsmoral, auf der anderen Seite ein faktisches Verhalten nach ganz anderen Normen, die jeweils typisch für besondere Untergruppen dieses komplexen Systems sind.

Die Frage, die sich hiermit zu erheben beginnt, ist schon jetzt die Marginalität der spezifischen „Moralen", die sich im Rahmen eines solchen differenzierten Systems ergeben. Dieses Problem an sich ist schon oft diskutiert worden. Sie kennen es unter dem Titel der pluralistischen Gesellschaft. Wir haben in diesen pluralistischen Gesellschaften eine Fülle von sogenannten Subkulturen. Subkultur bedeutet eben eine Teilgruppe im Rahmen der großen Gesellschaften, die ihre eigenen Normen hat, ihre eigene Innenmoral, die durchaus im Gegensatz stehen kann zur allgemein anerkannten öffentlichen Moral. Früher benutzte man gern das Wort von der doppelten Moral. Es gibt jedoch nicht annähernd das wieder, was ich hier zu entwickeln versuche. Wenn wir das sehen, müssen wir von hundert Moralen sprechen oder von noch mehr, die Zahlen spielen gar keine Rolle, sondern das Enscheidende ist: in einer Gesellschaft entstehen Subkulturen, die ihre Mitglieder so dicht erfassen, daß ihre Normen verbindlich für sie werden, während die allgemeinen Normen einer Gesellschaft für sie relativ unverbindlich sind. Die allgemeinen Normen werden damit notwendigerweise immer allgemeiner, das heißt aber zugleich auch inhaltsleerer; was inhaltsleer ist, hat schließlich gar keine Wirkung mehr, so daß ein – wenn ich so sagen darf – moralischer Verbalismus auf der einen Seite steht, auf der anderen Seite das von allen erkannte und anerkannte Wissen darum, daß in Wahrheit nach einer ganz anderen Moral gehandelt wird. So entwickelt sich eine Fülle von marginalen Moralen unabhängig von der allgemeinen Moral. Es gibt im Rahmen dieser höchst komplexen Systeme also eine Fülle von Untersystemen. Eine der Thesen dieses Berichtes, mehr noch: eine allgemeine These der Kriminalsoziologie ist nun die, daß abweichendes Verhalten im allgemeinsten Sinne mit dem Aufbau solcher Sondermoralen, solcher marginalen Moralen zusammenhängt. Ich will versuchen, Ihnen das an einigen extremen Fällen zu entwickeln, und zwar an Fällen, die Ihnen allen sehr vertraut sind.

Wenn Sie die durchschnittliche Wertsetzung dieser fortgeschrittenen Industriegesellschaften betrachten, dann werden Sie sehen, daß sie den Menschen in einer ganz bestimmten Verfassung anspricht, nämlich als Erwachsenen. Es gibt in dieser Welt kein spezifisches Anerkenntnis einer Sondermoral für die Jugend, und es gibt auch nicht das Pendant auf der anderen Seite – ein spezifisches Anerkenntnis einer Sondermoral für das Alter. Ich werde Ihnen diese beiden Fälle jetzt einmal vorführen, und zwar in bezug auf ihre Probleme, nämlich auf Jugenddelinquenz und auf Altersdelinquenz. Danach werde ich in analoger Weise zu zeigen versuchen, daß die Wirtschaftskriminalität aus einer ganz ähnlichen Konstellation erwächst. Die Jugend als solche ist in unserer Gesellschaft nicht zentral eingeordnet mit dem Ergebnis, daß sich die Jugend nicht nur von der Erwachsenenwelt nicht verstanden sieht, sondern von ihr geradezu zurückgestoßen fühlt. Die Reaktion ist notwendig Rebellion. Eine Rebellion, die hinführt bis zu den Akten des Vandalismus, wie Sie sie so oft bei der Jugenddelinquenz finden. Aber nicht nur zu den Akten des Vandalismus in der einfachen Jugenddelinquenz, sondern gleichzeitig bis zu den Gewaltakten der Kriminalität, die vorwiegend von jungen Menschen bis etwa zum 28. Lebensjahr begangen werden. Gewaltsamkeit also, provoziert durch ein dauerndes Zurückstoßen von seiten der Gesellschaft. Derjenige, bei dem sich nun durch dieses Zurückgestoßenwerden eine eigentliche Gegennorm entwickelt, der wird zu dem, was Sie dann einen „Kriminellen" nennen. Aber in minderem Maße weicht jeder Jugendliche von den öffentlich anerkannten Normen der Gesellschaft ab. Er sagt es nicht offen, sondern er hat die Tendenz, einen Schleier zwischen sich und der Gesellschaft zu ziehen, oder, wie man gesagt hat, „er geht auf Distanz". Er argumentiert nicht, sondern zieht sich zurück. Die berühmte Wendung „unsere Kinder sagen uns alles" ist das genaue Gegenbeispiel von dem, wie es wirklich ist. Jugendliche sagen ihren Eltern und den

Älteren niemals alles, sondern es gibt für sie nur einen Gesprächspartner: das ist jemand ihresgleichen, also ein Jugendlicher.

So finden Sie dieses Abschirmen nach außen, verbunden mit einer intensiven Integration und dem Ausbau einer eigenen Norm nach innen. Diese Norm ist zweifellos marginal gegenüber den Normen der Erwachsenen. Sie widerspricht ihr in vielem, und im übrigen ist das eine uralte Erscheinung, die Sie zurückverfolgen können bis in die älteste urzeitliche Geschichte der Jugendbünde, wo sehr häufig z. B. die Bedingung für den Eintritt eine Handlung war, die klipp und klar der Moral der Erwachsenenwelt widersprach, z. B. ein Diebstahl: Diebstahl als Mutprobe. So sehen Sie, wie hier marginale Moralen entstehen, die sich neben unserer öffentlich anerkannten Moral entwickeln und die zum Teil eine beträchtliche Intensität auch in negativen Akten finden können, etwa bei dauernder Zurückweisung und entsprechenden Akten der Rebellion.

Hier haben wir also eine Form der marginalen Moral. Sie führt zur jugendlichen Delinquenz. Die Parallele ist jene andere Marginalmoral, über die nicht annähernd das nötige Bewußtsein bei uns herrscht, nämlich die Altersmoral, zusammenhängend mit der Altersdelinquenz. Auch hier finden Sie die Entwicklung einer eigenen Moral und eines eigenen Verhaltenskodex, der sich im übrigen dadurch auszeichnet, daß er ganz besonders inkohärent ist. Wir tun einiges zur wirtschaftlichen Sicherung unserer Alten, wir tun so gut wie gar nichts zur moralischen Vorbereitung unserer Menschen, unserer Mitbürger auf das Alter. Interessanterweise haben sich inzwischen Lehrinstitutionen dessen bemächtigt, deren Hauptaufgabe das nie gewesen ist, die dies aber aus der Verlegenheit, aus der Not der Stunde verwirklicht haben: nämlich die Volkshochschulen, die heute nicht nur Kurse bieten für alte Leute, sondern gleichzeitig eine Art lebenskundlicher Betrachtung für die Einführung in das Verhalten im Alter geben. Da sehen Sie die anerkannte Notwendigkeit für die Entwicklung eigener Altersmoralen. Da diese sehr häufig nicht ausgebaut sind, entsteht auf dieser Seite unserer Gesellschaft eine ganz analoge Rebellion wie bei den Jungen. Alle Untersuchungen, die über die Stellung des Alters in unserer Gesellschaft und in allen fortgeschrittenen Industriegesellschaften gemacht worden sind, zeigen das gleiche. Die alten Menschen sagen durchgehend, nicht ihre wirtschaftliche Lage sei so quälend, nicht etwa die Wohnverhältnisse, sondern die soziale Isolierung und damit die soziale Orientierungslosigkeit. Daraus resultiert ein stark abweichendes Verhalten, das Ihnen unter dem Titel der Altersdelinquenz bekannt ist, wobei Sie auch wissen, daß die bis dahin getätigte Nachsicht allmählich im Schwinden begriffen ist. In diesem Haus ist eine vorzügliche Broschüre über die Dunkelziffern von Herrn Wehner[1] erschienen. Dort wird ein sehr wichtiges Wort in bezug auf die Altersdelinquenz gesagt:

---

[1] Bernd Wehner, Die Latenz der Straftaten, Schriftenreihe des Bundeskriminalamtes, Wiesbaden 1957/1.

„Die Altersdelinquenz ist nicht gestiegen, nur ist sie auffälliger geworden". Allmählich werden gewissermaßen vom Rest der Gesellschaft die bestehenden Hemmungen abgebaut, und man sieht die Situation, wie sie ist. Wir wissen im übrigen aus zahllosen anderen Daten, daß das Zunehmen der Altersdelinquenz wahrscheinlich begonnen hat. Das läßt sich insbesondere an einem Teil dieses abweichenden Verhaltens des Alters ablesen, nämlich an der sehr hohen Selbstmordfrequenz der ältesten Jahrgänge, die sich seit ungefähr 1850 – seit den ersten Erhebungen von Morselli – auffällig bemerkbar gemacht hat, und zwar in allen Industriegesellschaften Europas. Sie beginnt erst in allerjüngster Zeit etwas abzufallen, wobei allerdings die Jahrgänge, die kurz vor dem ältesten liegen, zahlenmäßig eine außerordentliche Ausdehnung aufweisen, so daß man nicht genau übersehen kann, um was für ein statistisches Phänomen es sich dabei handelt.

Damit habe ich Ihnen zwei Beispiele gegeben für marginale Existenzen. Die eine ist viel untersucht worden, die Altersdelinquenz noch wenig, hier herrschen noch eine Menge von allgemeinen Tabus.

Ich will Ihnen aber jetzt noch zwei andere hinzufügen, von denen ich eine nur kurz behandeln werde, die andere länger, weil sie der eigentliche Gegenstand meines Berichtes ist.

Wenn Sie die klassische Kriminalsoziologie bis ungefähr in die dreißiger Jahre überblicken, dann werden Sie finden, daß eine Annahme als fest erwiesen gilt: die Majorität des abweichenden Verhaltens wird von Angehörigen aus den sozialen unteren Schichten begangen. Es gibt so viele Beweise dafür, daß es ganz nutzlos ist, hier irgendwelche Belege anzuführen. Sie wissen das alle genauso gut, wenn nicht besser als ich, da Sie ja Praktiker sind. Es wird gelegentlich schon mal die Frage gestellt, ob diese Aussage wohl ganz zutrifft. So hat man etwa folgende Überlegung angestellt: Erfaßbar wird abweichendes Verhalten von Jugendlichen erst dann, wenn es auffällig wird. Wann aber wird es auffällig? Ich habe das einmal so formuliert: Wird ein Amtsrichter den Sohn seines Kollegen verurteilen? Meine Damen und Herren, er wird bereits bei der Polizei nicht gesehen werden. Gesehen wird nur der Junge aus den unteren Klassen, wobei der entsprechende Polizist auch eine Theorie hat, die sein Verhalten rechtfertigt. Er sagt nämlich, genau wie die Kriminologen, es könnte ja sein, daß die Familienverhältnisse hier keine Garantie für die nötige Überwachung dieses Jungen geben. Daher nimmt er Anstoß, daher wird der Fall auffällig. In anderen Fällen glaubt man, daß die Familienverhältnisse eine Wiederkehr irgendwelchen groben abweichenden Verhaltens nicht befürchten lassen. So nimmt man keinen Anstoß. Sie sehen also, daß an sich diese allgemeine Aussage, die Kriminalität rekrutiere sich vorwiegend aus Jugendlichen der untersten Schichten, einen Irrtum enthält. Dennoch ist aber wahrscheinlich die Abweichung nicht so groß, um den Schichtfaktor bei der Erklärung der Jugenddelinquenz einführen zu müssen. Vielmehr dürfte die Situation der Jugend als solche der bedeutsamere kausale Aspekt sein. Man war aber nicht nur der Meinung, die Kriminalität – speziell die Gewalttaten – konzentriere sich auf jüngere Menschen, sondern man glaubte auch, diese jüngeren Menschen stammten insgesamt aus den untersten sozialen Schichten. Hier nun setzt die Entwicklung der neueren Kriminalsoziologie ein, die gezeigt hat, daß eine andere Gruppe in unseren Gesellschaften genauso marginal ist wie die Jugend insgesamt. Und zwar handelt es sich hierbei um keine geringere Gruppe als die wirtschaftliche Oberschicht. Diese Behauptung ist zwar gelegentlich schon aufgestellt worden, aber nie so nachdrücklich, wie in einem Vortrag von Edwin Sutherland, den dieser zuerst im Jahre 1939[2] vorgetragen und in dem er den Begriff „white-collar-criminality" kreiert hat. Dort wurde zum erstenmal gezeigt, daß es eine weitverbreitete unsichtbare Wirtschaftkriminalität gibt, die sich vorwiegend auf die oberen wirtschaftlichen Schichten konzentriert. 1949 erschien dann sein Buch unter dem Titel: „White-collar-crime"[3]. Es sind seither darüber eine Unmenge anderer Publikationen erschienen, über die Sie Herr Middendorff morgen informieren wird. Deswegen will ich auf diese Probleme jetzt im einzelnen nicht eingehen.

Ich versuche hier nur, Ihnen den theoretischen Rahmen vorzuführen, in den sich das Ganze einbaut, Ihnen also zu zeigen, daß auch die wirtschaftliche Oberschicht – so wenig das zunächst verständlich erscheint – eine Marginal-Gruppe in unseren Gesellschaften darstellt. Sutherland war sich von Anfang an darüber klar, daß die Wirtschaftskriminalität ein ausgesprochenes, bisher vernachlässigtes Pendant zur sonstigen Kriminalität ist, das damit die Einseitigkeit aller bisherigen Kriminalsoziologie denkbar stark demonstriert. Man kann von jetzt ab also nicht mehr unterschichtsspezifische Faktoren zur Erklärung des abweichenden Verhaltens heranziehen, sondern man wird sich daran gewöhnen müssen, andere Kriterien zu berücksichtigen. Ich habe Ihnen eines hiervon vorzuführen, eben die Marginalität.

Dieser Begriff der Marginalexistenz ist nun seinerseits 2 Jahre vor dem Begriff von Sutherland entwickelt worden, von einem Amerikaner schwedischer Abstammung, nämlich von Stonequist[4]. Er verwirklichte damit nur eine Anregung, die sein Lehrer Robert Ezra Park ihm gegeben hatte, der große geniale Soziologe der Universität Chicago in den zwanziger Jahren. Park war auf dieses Problem im Zusammenhang mit seinem Lieblingsgegenstand gestoßen: der Anpassung von eben eingewanderten Europäern in der Stadt Chicago an das amerikanische Leben. Er zeigt, daß eine überaus starke Tendenz dahingehend besteht, daß diese fremden Elemente sich zu Landsmannschaften zusammenschließen und in vielfacher Hinsicht gewissermaßen eine Marginalexistenz am Rande der amerikanischen Gesellschaft führen.

---

[2] Edwin H. Sutherland, White-collar-criminality, in: American Sociological Review Bd. 5 (1940), S. 1–12.
[3] Edwin H. Sutherland, White-collar-crime, New York: The Dryden Press 1949.
[4] Everett V. Stonequist, The Marginal Man, New York 1937.

Er war durch die Emigranten-Zeitschriften darauf gestoßen, die in der jeweiligen Heimatsprache erschienen. Die Einwanderer weigerten sich zum Teil, Amerikanisch zu lernen, mit dem Ergebnis, daß mancher Amerikaner groß geworden ist, ohne ein Wort Amerikanisch sprechen zu können, wie etwa der große Soziologe Thorsten Veblen, der bis zu einem Alter von über 20 Jahren nur Norwegisch sprach. Er stammt aus einer solchen marginalen norwegischen Gemeinde in den Vereinigten Staaten im Mittelwesten.

So stellt sich für Park das große Problem der Anpassung der Marginalkulturen europäischer Einwanderer an die allgemeine Kultur Amerikas. Gerade dabei springt ihm natürlich das Problem der Kriminalität in die Augen, wobei sich allerdings sehr schnell herausstellte, daß nicht die erste Einwanderergeneration die starke Tendenz zur Kriminalität zeigte, sondern die zweite. Es war eine sehr interessante Erkenntnis, denn diejenige Generation, die zwischen den Kulturen steht, ist nicht die erste, sondern immer erst die zweite Generation, also oft die zuletzt geborenen Kinder, aber eben von Eltern, die ihrerseits erst eingewandert sind.

Von hier aus hat dann Sutherland diese Problematik aufgegriffen. Er ist in dem gleichen Kreis herangewachsen, in dem dieses Konzept der Marginalität damals diskutiert wurde. Sie sehen, es wurde von Anfang an im Zusammenhang mit abweichendem Verhalten diskutiert. Aber es kam dann bei Sutherland sehr schnell die Konzentration auf kriminelles Verhalten hinzu, und zwar betonte er im nächsten Schritt, daß die Beurteilung des abweichenden Verhaltens weitgehend von den Mittelklassen aus geschieht, zu denen wir alle gehören. Diese Mittelklassen aber haben eine bestimmte negative Einstellung gegenüber den Unterklassen. Über dieses Problem sprachen wir bereits.

Jetzt stellt sich aber heraus, daß die gleiche negative Attitüde auch gegenüber den Oberklassen besteht, die sich ihrerseits als Reaktion auf diese negative Einstellung in eine Marginalexistenz begeben und für sich das Privileg beanspruchen, so zu handeln, wie sie es für richtig halten bzw. wie dies ihrer Macht am besten nutzt. An sich wird in allen Gesellschaften unterstellt, daß diejenigen zur Oberklasse gehören, die die bestehenden Allgemeinnormen am reinsten darstellen, während umgekehrt angenommen wird, daß diejenigen zu den Unterklassen gehören, die diese Mittelklassennormen nicht rein repräsentieren. So hegt man also zunächst einmal der Oberklasse gegenüber eine Einstellung, die man als Nachsichtigkeit ihrem Verhalten gegenüber bezeichnen könnte („permissiveness").

Man hat in der Tat festgestellt, daß die Angehörigen der Mittelklassen durchaus geneigt sind, den Oberklassen – weil sie die Werte am reinsten repräsentieren – ein Abweichen von diesen Werten nachzusehen. Die Einstellung ist also eine doppelte. Einerseits projizieren sie den Inbegriff der Werte in einer gegebenen Gesellschaft auf die Oberklassen und begründen die Oberklassenzugehörigkeit damit, daß sie diese Werte repräsentieren. Andererseits aber sind sie in ihrer Selbstbewertung strenger als in den

Oberklassen. So wird die Mittelklasse für sich viel mehr auf ein wörtliches Befolgen der bestehenden Moralnormen dringen, während sie durchaus der Meinung ist, daß für die Oberklassen ein Abweichen erlaubt ist. Diese Abweichung ist dann – wie sich weiter herausgestellt hat – je nach den Verhältnissen genau definiert. Sie darf weder in der Abweichung zu weit sein noch darf sie zu lange andauern. Es gibt also eine doppelte Einschränkung. Ein allzu krasses oder ein fortwährendes Abweichen führt zu einer schnellen Entwertung der ganzen Gruppe oder der einzelnen Person. So war etwa das alte deutsche Bürgertum durchaus geneigt, die Überreste des Feudaladels in Deutschland als Oberschicht anzuerkennen. Dementsprechend erlaubte das Bürgertum der Oberschicht auch Abweichungen von den Wertmaßstäben, die es für sich selbst als verbindlich ansah. Aber, wie gesagt, nur in einem gewissen Ausmaß und nur für eine bestimmte Zeit. In dem Augenblick, wo das über das Maß hinausging, entzog die deutsche Mittelschicht den traditionellen aristokratischen Schichten allmählich ihre positive Bewertung.

In der modernen fortgeschrittenen Industriegesellschaft tritt eine Schicht ganz besonders in den Vordergrund: die wirtschaftliche Oberschicht, d. h. diejenigen, die wir als die Träger der eigentlichen wirtschaftlichen Entwicklung bezeichnen können. Sutherland und andere waren schon darauf aufmerksam geworden – und man wußte es auch allgemein –, daß die großen Gründer der amerikanischen Wirtschaft alles andere als Engel gewesen sind. Man könnte sogar auf den Gedanken kommen, sie als gemeine Verbrecher zu bezeichnen. Allerdings war ihre Macht so groß, daß sie nicht faßbar waren. Ich werde sie Ihnen gleich mit Namen nennen und ihre Verbrechen aufzählen, und Ihnen sagen, wieviel sie dafür bezahlt haben, daß man es vergessen hat.

Interessanter ist aber in diesem Zusammenhang eine ganz andere Frage. Es gibt von diesen Herrn John Pierpont Morgan, Carnegie, Rockefeller, um Ihnen nur ein paar Namen zu nennen, die Ihnen sicherlich geläufig sind, Memoiren, in denen sie ihre Version präsentieren, wie sie zum Erfolg gekommen sind. Die Geschichtsschreibung ist weniger liebenswürdig und weniger nachsichtig. Sie hat uns informiert, wie sie es wirklich getan haben. Ich werde Ihnen jetzt beides vorführen, damit Sie die Marginalität dieser Moralen sehen, die sich hier aufbauen und gleichzeitig mit einer Machtposition sondergleichen verknüpft sind, aber auch später in minderem Maße größere Schichten der wirtschaftlich Aktiven erfaßt haben.

Nehmen wir Andrew Carnegie. Er hat sich gleich in mehreren Büchern über die Ursachen seines Erfolges geäußert. Dabei ist es interessanter zu sehen, was er nicht sagt, als was er sagt. Was er schreibt, ist meistens falsch. Das fängt mit der ersten Ausage an: „Armut beflügelt zu wirtschaftlichem Einsatz." Meine Damen und Herren, die Geschichtsschreibung dieser und anderer Personen hat deutlich zutage gefördert, daß die berühmte Geschichte vom Tellerwäscher zum Millionär nicht stimmt. Diejenigen, die den Aufstieg zum ganz großen Erfolge gemacht haben, wie Carnegie, waren schon reiche Leute, als sie anfingen. In gemäßigten Maßen, aber sie waren schon reiche

Leute. Der Ursprung des Vermögens von Carnegie liegt im Bürgerkrieg, und – wie meistens in diesen Fällen – ist der Beginn etwas undurchsichtig. Wenn Sie weiter sehen, was Carnegie einem jungen Mann empfiehlt, so ist es wirklich rührend anzuhören: „Er muß von unten auf dienen, gewissermaßen dem Chef die Semmeln holen." So berichtet er seitenweise über eine Menge von Dingen, die er garantiert in seinem Leben niemals gemacht hat. So entsteht eine Art von Ideologie des erfolgreichen Geschäftsmannes, die nun sorgfältig dazu benutzt wird, um den Mantel der christlichen Nächstenliebe über das zu breiten, was er tatsächlich getan hat und was ich Ihnen nachher sagen werde. Wir hören, was der Geschäftsmann weiter muß: „Ein ordentliches Leben führen" – Sie sehen den moralisch erhobenen Zeigefinger –, „den Alkohol meiden" – das hat immer Erfolg –, „nicht spekulieren" –, ich möchte wissen, wann Carnegie nicht spekuliert hat, er hat immerfort, sein ganzes Leben lang spekuliert, aber er sagt „nicht spekulieren", „keine Bürgschaften leisten", er hat mehrere seiner Freunde ruiniert, die für ihn Bürgschaften geleistet hatten. Weiter: „Im Betrieb immer das Gesamtinteresse im Auge haben und die Gesamtverantwortung übernehmen, selbst auf die Gefahr hin, den Chef zu brüskieren" usw. Eine Unmenge von Punkten, die ich Ihnen im einzelnen gar nicht alle vorlesen möchte, er kommt immer wieder darauf zurück, daß Armut die beste Voraussetzung für die wirtschaftliche Aktivität sei, bei einem Milliardär immerhin ein überraschendes Zugeständnis. Carnegie bringt ähnliche Dinge in anderen Zusammenhängen, wo er sich über die Rolle der Bildung im Rahmen der Wirtschaft und über den Ausbau einer eigenen Moral äußert. Er tut das natürlich immer unter spezifisch amerikanischen Aspekten, d. h. immer im Zusammenhang mit dem „american key" – dem „american way of life", das heißt mit der Möglichkeit des Aufstiegs. Aber er tut das eben nicht in der Weise, daß er nun wirklich die Artikulation des Geschäftslebens seiner Zeit darstellt, sondern indem er eine Nebelwand vor dem tatsächlichen Geschehen errichtet und damit beim Leser dieser Bücher Illusionen weckt. (Diese Bücher werden übrigens nicht nur in Amerika, sondern auch in Europa gelesen).

Ein anderer hat auch Selbstzeugnis über seinen Erfolg abgelegt: John D. Rockefeller der Erste. Sie wissen, daß sich John D. Rockefeller zahllose Anklagen wegen Übertretung der Gesetzgebung gefallen lassen mußte. Die Antitrustgesetzgebung in den Vereinigten Staaten ist zu einem wesentlichen Teil aus dem Kampf gegen John D. Rockefeller erwachsen. Nun, in seinen Memoiren nimmt er auch dazu Stellung und sagt, nur die größte Ehrlichkeit und Arbeit seien die Voraussetzungen für den geschäftlichen Erfolg. „Um in einem Geschäft Erfolg zu erzielen, braucht man die besten und ernsthaftesten Leute zu Leitern, und nur die fähigsten Leute haben das Zeug dazu." Das ist ein Zitat aus dieser Ideologie des erfolgreichen Geschäftsmannes. Am Schluß sagt er noch: „Es gibt überhaupt kein Geheimnis des geschäftlichen Erfolges, es ist also alles nur anständiges Benehmen."

Nun stellen wir die Frage erneut. Bis jetzt haben wir die Bücher dieser Herren befragt, und jetzt befragen wir die Geschichtsschreibung. Wie haben sie es wirklich gemacht? Kehren wir zurück zu Carnegie. Carnegie sagt: „Es ist nötig, daß der Mann das kennt, was er tut." Frage: Was verstand Carnegie von Stahl? Die Antwort ist einfach: Gar nichts. Er hat sich nie damit befaßt, er ist auf rein spekulativen Wegen dazu gekommen, aufgrund der großartigen Vision, daß der Eisenbahnbau und gleichzeitig der Flottenbau eine ungeheure Möglichkeit zum Verkauf von Stahlplatten und Stahl in Form von Schienen biete. Das war eine vortreffliche Idee, aber von Stahl verstand er gar nichts. Weiter sagte er, man müsse vor seinem Tode sein Geld wieder weggeben. Darin unterscheidet er sich von einem Mann wie Cecil Rhodes, den Sie vielleicht kennen, der ein rechter Bruder Saufaus gewesen ist. Carnegie konsumierte sein Geld nicht, sondern er gab es vorher wohltätigen Stiftungen und sparte damit Steuern. Ferner hatten ihm, genau wie Rockefeller, seine public-relations-Leute gesagt: „Man wird nicht eine Stahlplatte mehr von Ihnen nehmen, man wird nicht einen Tropfen Öl mehr von Ihnen kaufen, wenn Sie nicht so etwas tun, denn Ihre Verbrechen schreien zum Himmel." So entstanden die Rockefeller-Foundation und die verschiedenen Stiftungen von Carnegie, angeregt von den public-relations-Leuten, um den Unternehmen neues Wohlwollen und neue Wohlanständigkeit in den Augen der öffentlichen Moral zu sichern. Für ihn – Carnegie – ist wirtschaftliche Aktivität ein Ausdruck der Macht. Er betonte das immer wieder bis zu seinem Lebensende. Er spricht davon, daß man seinem Vaterland die Treue halten müsse, und er liefert Schiffe, die aus lausigen Panzerplatten waren. Aber da spielt das Vaterland keine Rolle mehr.

Bei Rockefeller ist die Situation ganz ähnlich. Rockefeller stiftet mit seinem Geld Revolutionen an in fremden Ländern, z. B. in Mexiko. Rockefeller macht die sagenhaftesten Bestechungen in den Vereinigten Staaten, so daß die Skandale wuchsen und wuchsen. Der alte Theodor Roosevelt beschließt eines Tages, der Sache wirklich nachzugehen und gelangt dahin, ihn vor Gericht zu bringen. Das Gericht wagt, ihn zu verurteilen, wozu damals großer Mut gehörte. Er wird zu einer Kleinigkeit von 29 Mio. Dollar Strafe verurteilt. Als man ihm das Urteil mitteilen will, ist er erst gar nicht zu finden. Schließlich findet ihn einer seiner Sekretäre auf dem Golfplatz und informiert ihn. Der alte Rockefeller denkt eine Minute nach, darauf sagt er: „Die 29 Mio. Dollar werden nie gezahlt werden." Meine Damen und Herren, sie sind nie gezahlt worden. Bis dahin hatte er schon wieder die ganze Staatsmaschinerie korrumpiert und durchgesetzt, daß er sich wieder durch irgendein Loch des Gesetzes hinausziehen konnte. So geschah es, daß die Standard-Oil in einen derartigen Verruf geriet, daß sie tatsächlich an den Rand des Ruins gekommen war, weil die öffentliche Moral sich gegen sie richtete, und so entstand dann die Rockefeller-Foundation als ein Mittel der public-relations.

Wie die Herren untereinander dachten, mag Ihnen eine kleine Anekdote vergegenwärtigen, die sich im Hause von John Pierpont Morgan im Jahr 1890 bei einer Versammlung von 16 Präsidenten großer amerikanischer Eisenbahngesellschaften zutrug. Da hieß es in der Rede eines der Teilnehmer: „I've the utmost respect for you, gentlemen individual; but as railroad-presidents I wouldn't trust you with my watch out of the hand." So dachten die Herren voneinander, sowie es ums Geschäft ging. Also hier in ganz großem Maßstab: eine Wirtschaftsmoral, die alle Mittel in Bewegung setzt, um mit den Mitteln der Korruption sogar das Gesetz im Lande zu untergraben. Dies läßt sich nicht nur auf die fernen Vereinigten Staaten beschränken, meine Damen und Herren. Sie können nämlich auch sagen, daß der Anfang einer Firma namens Krupp, Alfried Krupp, mit dem begonnen hat, was man simpel als Werksspionage bezeichnen, indem er in England bestimmte Patente ausgekundschaftet und in Deutschland ganz einfach imitiert hat. Dazu gehören der Diebstahl von Patenten und alles, was damit zusammenhängt, dazu gehören eine Unmenge von anderen Vergehen, über die Sie später hören werden. Ich habe Sie nicht über diese Einzelheiten der eigentlichen Wirtschaftskriminalität zu informieren, sondern nur über den allgemeinen Rahmen, in den sich das einfügt, was Sie als Wirtschaftskriminalität bezeichnen.

Dieser theoretische Rahmen ist angedeutet worden. Es ist nur ein Gedanke, der ungewöhnlich scheint, der allerdings soziologisch-theoretisch bereits gut fundiert ist. Nicht nur in horizontaler Richtung entwickeln sich verschiedene Untersysteme in einer Gesamtgesellschaft, wir müssen überdies damit vertraut werden, daß auch in der vertikalen Struktur – also in der Höhenordnung – bestimmte isolierte Gruppen auftreten können, wie Sie es z. B. in der wirtschaftlichen Oberklasse finden, die nach außen Anzeichen der Respektabilität trägt und nach innen so handelt, wie sie will. Daß dies entsprechende Einflüsse auf die weitere Verhaltensweise im Rahmen der gesamten Wirtschaftswelt hat, ist dann kein Wunder mehr, denn das, was einmal in den obersten Klassen beginnt, kommt oft als gesunkenes Kulturgut allmählich auch zum kleinsten selbständigen Unternehmen. Damit besteht das Problem, diese Moral jetzt mit der allgemeinen Moral einer Gesellschaft in Ausgleich zu bringen. Auf diese Frage will ich und kann ich hier nicht eingehen. Sie wäre ein eigener Gegenstand. Wichtig ist dafür natürlich, daß dieser Aufbau von Marginalmoralen nur in einer Gesellschaft möglich wird, die komplex genug ist, um legitimerweise eine die ganze Gesellschaft umfassende und wirksame Moral in Frage zu stellen. In solchen Fällen – und die haben wir in den sogenannten fortgeschrittenen Industriegesellschaften – wird die Möglichkeit der Entwicklung von Marginalmoralen möglich, die unter Umständen den gegebenen Wertmaßstäben diametral zuwiderhandeln.

Dabei hatten wir jetzt nur eine Seite der Medaille betrachtet, und ich möchte sogar sagen, daß das vielleicht die schon weniger aktuelle ist. Die Ursprünge oder die ersten Taten dieses Industriesystems am Ende des 19.

Jahrhunderts waren an einzelne Männer von ganz besonderem Persönlichkeitsstil gebunden. Für uns hat sich heute ein großer Teil dieser Aktivität institutionalisiert, bürokratisiert und in eigenen Gruppen kristallisiert, die wir als Verbände bezeichnen. In diesen Verbänden ist nun der systematische Ausbau und die systematische politische Verteidigung von solchen Marginalmoralen möglich geworden, wobei ein großer Teil des Kampfes dieser Verbände nicht nur darum geht, Interessen zu wahren, sondern gleichzeitig auch Ideologien zu entwerfen, die diese Interessen rechtfertigen. Dies geschieht mit allen möglichen Mitteln, selbst unter Berufung auf die öffentliche Moral, so daß ihr Interesse die rein brutale Interessenwahrung zurückstellt und gewissermaßen am Schluß eine über das Partialsystem hinausreichende Legitimität dieser Interessen in den Augen der öffentlichen Meinung hervorzurufen bestrebt ist. Hier liegt m. E. die eigentliche Forschungsaufgabe für die Zukunft. Man muß es allerdings aussprechen, um sich darüber klar zu werden, wie schwer, ja wie unmöglich diese Aufgabe ist, denn die Hauptfunktion dieser Verbände und aller ähnlichen Organisationen ist ja wiederum die, sich nach außen abzudichten und einen allzu starken Einblick in ihre Geschäfte zu verhindern, so daß sie sich weitgehend der Kontrolle durch die öffentliche Meinung entziehen. Andererseits sind aber trotzdem einige hoffnungsvolle Ansätze da, bis hin zu dem berühmten Buch meines Kollegen, Herrn Eschenburg[5] aus Tübingen.

Meine Damen und Herren, ich wollte nicht versuchen, Ihnen hier einzelne Tatsachen zum Problem der Wirtschaftskriminalität vorzuführen, weil dies Thema von anderen Praktikern und Experten erörtert wird, sondern ich wollte Ihnen einen theoretischen Rahmen ausbreiten, der es erlaubt, diese Dinge genauer zu lokalisieren, und zwar einerseits zu lokalisieren gegenüber anderen Formen der Delinquenz und sie damit zugleich auf eine gemeinsame Linie zu bringen, denn den Charakter der Marginalität haben diese Moralsysteme genau wie jene, von denen wir vorhin gesprochen haben. Darüber hinaus aber wollte ich Ihnen auch die Lokalisierung der Wirtschaftsverbrechen im Rahmen des modernen Wirtschaftssystems deutlich machen. Diese Formen des abweichenden Verhaltens sind in einem kleinen Teil unserer Gesellschaft angesiedelt, den wir einigermaßen genau umschreiben können, der aber auch die Eigentümlichkeit hat, sich gegen allzu präzise Kontrolle von außen abzuschirmen. So wächst hier die Dunkelziffer ins Außerordentliche. Sie werden auch darüber noch hören. Wenn Sie aber darüber hören, wollen Sie bitte gleichzeitig mithören – und darum tut es mir leid, daß ich nicht mehr dabei sein kann –, daß eben überall dort, wo solche Marginalmoralen sich aufbauen, gleichzeitig die Techniken des Verheimlichens mitentstehen, die dann allmählich zu einer wahren Routine werden, so daß sie auch mit einer unverhältnismäßig großen Chance auf Erfolg operieren können.

---

[5] Th. Eschenburg, Herrschaft der Verbände, Stuttgart 1955.

c) „Hass"-Delikte

Zum Geleit: Gibt es noch Antisemitismus in Deutschland?

Das vorliegende Buch[1*] stellt insofern eine erfreuliche Ausnahme in der Bundesrepublik mit ihrer unaufrichtigen öffentlichen Moralität dar, als es von dem Zugeständnis ausgeht, daß Antisemitismus im heutigen Deutschland nach wie vor eine Wirklichkeit ist. So erscheint es durchaus gerechtfertigt, die sozialen Vorurteile nicht nur theoretisch zu analysieren, sondern auch auf Mittel und Wege zu sinnen, wie man sie erfolgreich überwinden kann. Denn bis heute ist insbesondere in letzterer Hinsicht noch kaum etwas getan worden, da man sich eben bei dem bequemen Vorurteil beruhigte, es sei alles in der besten Ordnung, d. h. der Antisemitismus sei in Deutschland ausgestorben.

Dabei ist es wirklich in mehr als einer Hinsicht verwunderlich, wieso dies plötzlich der Fall sein soll. Man muß sich dazu nur von dem weiteren Vorurteil frei machen, als sei der deutsche Antisemitismus unlösbar mit dem Nationalsozialismus verbunden. Wenn dem so wäre, dann könnte ein naives Gemüt annehmen, daß mit dem Fall des einen auch das andere folgen müsse. In Wahrheit ist es aber so, daß sich die spezifisch deutsche Form des Antisemitismus seit mehr als anderthalb Jahrhunderten geistig aufgebaut hat; der Anteil des Nationalsozialismus besteht im wesentlichen darin, mit grausiger Konsequenz verwirklicht zu haben, was andere ausgedacht hatten, obwohl man schon am Ende des 19. Jahrhunderts davon gesprochen hat, die Synagogen zu verbrennen, wie ich neulich in der Korrespondenz zwischen dem Philosophen Friedrich Paulsen und dem Soziologen Ferdinand Tönnies berichtet fand. Tönnies, der gelegentlich selber die für das deutsche Bildungs-

---

[1] Vgl. Editorial.

bürgertum so bezeichnende antisemitische Haltung vertritt (etwa gegen Dilthey), ist dann doch entsetzt, wenn er in einer „Gesellschaft von Laffen und Knoten" hören muß, „sie seien so begeistert, daß wohl jeder fähig gewesen wäre, den alten Judentempel anzustecken" (Ferd. Tönnies und Fr. Paulsen, *Briefwechsel,* Kiel 1961, S. 116). Diese breite Lagerung und Begründung des antisemitischen Vorurteils in Deutschland ist auch der Grund dafür, daß man sich weigert, die Taten des Nationalsozialismus in ihrer ganzen Reichweite zu erkennen, daß man „diese alten Geschichten" gern verdrängen möchte oder daß man sie als unvoraussehbare Randerscheinungen des historischen Geschehens zu bagatellisieren sucht und damit deutlich macht, daß man die Wirklichkeit nicht nur verkennt, sondern einfach nicht erkennen will.

In der Tat: Der Antisemitismus ist heute in Deutschland nach wie vor lebendig; der einzige Unterschied zu früher liegt vielleicht darin, daß er sich momentan nur selten in entsprechenden Handlungen akuter Diskriminierung und Gewaltsamkeit kundtut. Als latente Disposition ist aber der Antisemitismus keineswegs verschwunden, was auch immer dazu in der Öffentlichkeit gesagt werden mag. Das lehren nur allzu viele Erfahrungen.

Wenn man sich wie der Schreiber dieser Zeilen seit fünfzehn Jahren auf zahllosen Reisen kreuz und quer durch die Bundesrepublik bewegt und im Eisenbahnabteil Tausenden von Gesprächen gelauscht hat, dann weiß man genau, was Deutsche denken, wenn sie unter sich zu sein glauben. In zwanglosen Diskussionen, insbesondere mit dem deutschen Bildungsbürgertum, kann man dauernd den gleichen Klang vernehmen, wenn etwa bestimmte Verhaltensweisen mit einer bestimmten „Rasse" in Verbindung gebracht werden; und zwar nicht nur „unter Alkoholeinfluß", wie die Neunmalklugen entschuldigend meinen, sondern ganz nüchtern und alltäglich. Das gleiche lehren zahlreiche methodische (d. h. von persönlichen Eindrücken unabhängige) Erhebungen, die seit vielen Jahren von den verschiedensten Seiten veranstaltet werden und mit großer Konstanz einen hohen Prozentsatz entweder offenen Antisemitismus bekunden oder ihn indirekt spüren lassen an den Eigenschaften, die in projektiven Tests den „Juden" zugeschrieben werden. Da früher Untersuchungen dieser Art mit vergleichbaren Methoden nicht durchgeführt wurden, können wir weder sagen, der Antisemitismus sei stärker, noch er sei schwächer geworden. Wohl aber können wir auf Grund der vorliegenden Materialien versichern, daß er noch immer groß genug ist, um eine Alarmierung der Öffentlichkeit zu rechtfertigen.

Das alles gilt ganz unangesehen einzelner Fälle von Verschleppungstaktik bei den zuständigen Behörden, wenn sie sich anzeigepflichtigen Handlungen gegenübersehen, die sie am liebsten übersehen würden.

Wird etwas von der Vergangenheit aufgerollt, dann heißt es, man solle doch endlich anfangen zu „vergessen", oder man tut so, als habe man das soeben erst „ganz zufällig" erfahren, obwohl die Beteiligten, sofern sie nicht an akutem Gedächtnisschwund leiden, meist schon seit Jahrzehnten ganz genau wußten, wie die Dinge standen. Aber eben, man will nicht zugestehen, wie der andere reagiert hat, da man dann auch sofort zugestehen müßte, wie man selbst gedacht und gehandelt hat und heute zweifellos im Geheimen noch denkt. Sonst wäre es wohl nicht so schwer, zu einer Klärung der Situation zu kommen.

All das erscheint uns leicht erklärlich, wenn man soziologisch denkt. Die heute Fünfzig- bis Sechzigjährigen, die an den verantwortlichen Stellen des öffentlichen Lebens der Bundesrepublik stehen, haben ihre Erziehung in den auslaufenden zwanziger Jahren mit ihrem steigend aktualisierten Antisemitismus erfahren. Die ersten Schritte ihrer beruflichen Laufbahn machten sie mit verschwindend geringen Ausnahmen seit 1933, wo sie den Antisemitismus aktiv bekennen mußten, so daß er ihnen zur zweiten Natur geworden ist. Das gilt nicht nur für die größere Öffentlichkeit und den Staat. Das gilt insbesondere auch für die Schule, die nach wie vor ein Ausbreitungszentrum für soziale Vorurteile sein kann bzw. eine Instanz, in der noch zu oft über die Vergangenheit geschwiegen wird. Die Lehrer, die heute im reiferen Lebensalter stehen und darum tonangebend sind, haben ausnahmslos ihre Erziehung unter dem Nationalsozialismus erhalten. So ist heute ein großer Teil der Lehrerschaft unbewußt vielleicht intensiver antisemitisch vorstrukturiert als selbst unter dem Nationalsozialismus. Damals wußten sich immerhin anfangs einige davon unaffektierte Elemente zu halten, während die jüngeren durch ihr ganzes Studium hindurch zum beständigen Bekenntnis des Antisemitismus veranlaßt wurden. Er wurde so zu einer habituellen Einstellung, von der man sich in der Tat fragen muß, wie sie abgebaut werden kann. Wenn solche Lehrer nun noch Verfasser von neuen Schulbüchern sind, so setzt sich dies vorurteilsbelastete Denken auch in der Dimension des gedruckten Wortes durch, wie schon oft hervorgehoben worden ist. Demgegenüber sind die Fälle einer bewußten Reinigung des Gemüts und einer völligen inneren Umkehr nur eine seltene Ausnahme (obwohl es sie gibt), so daß die Chancen für eine kontinuierliche Erhaltung des Antisemitismus noch immer wesentlich günstiger sind als für das Gegenteil.

Dabei kommt einem unwillkürlich in den Sinn, daß unmittelbar nach 1945 zumeist nur jene ein Schuldbekenntnis ablegten, die weder innerlich noch äußerlich schuldig geworden waren, während sich die anderen seltsam still verhielten. Es war ein Fehler von uns, anzunehmen, daß dieses Schweigen ein Ausdruck der Selbstbesinnung gewesen sei; es war wohl einfach ein Ausdruck der Angst und der Feigheit, zur Vergangenheit zu stehen. So vermissen wir nach wie vor Dokumente, die uns eine Sinnesänderung dieser Menschen anzeigen könnten, während einzig diejenigen sich dem Studium und der Bekämpfung des Antisemitismus hingeben, die sowieso niemals Antisemiten gewesen sind.

Die Gründe für diese deprimierende Situation sind nicht nur in den zufälligen Umständen persönlicher Lebensläufe begründet, sondern sie haben vielmehr strukturelle Bewandtnis. Es gibt eben in der Tat eine historische Phasenverschiebung, die die weltanschauliche Einstellung einer Jugend u. U. erst ein Menschenalter später zur Wirksamkeit bringt. Im gleichen Sinne und aus den gleichen Gründen kehren heute zahlreiche nationalsozialistische Einstellungen in verschiedenen Entwürfen zur deutschen Strafrechtsreform wieder. Wir wiederholen nur, was vorher gesagt wurde: Man wird sich dessen nur nicht unmittelbar bewußt, weil dieser Antisemitismus zunächst eine latente Disposition ist, die sich nur in seltenen Fällen aktualisiert, dafür aber mit der stillschweigenden Toleranz des größeren Teils der öffentlichen Meinung rechnen kann. Dagegen ist der aktuelle Antisemitismus vorläufig in der Tat weitgehend zurückgegangen, obwohl es auch davon aufsehenerregende Abweichungen gibt.

Zugenommen haben interessanterweise vor allem die Rechtfertigungsversuche für das Vorhandensein von sozialen Vorurteilen, indem man etwa gern bei den innenpolitischen Auseinandersetzungen in den Vereinigten Staaten um die Negerdiskriminierung und die Segregation verweilt. Man vergißt dabei nur das Entscheidende, daß nämlich ein Amerikaner nur mit schlechtem Gewissen der Versuchung zur Diskriminierung nachgeben kann, da Rassenvorurteile dem American Creed widersprechen. So steht auch die staatliche Autorität und ein sehr großer Teil der weißen Bevölkerung hinter denen, die für die De-Segregierung bzw. die Integration kämpfen, während in Deutschland umgekehrt bestimmte öffentlich anerkannte Werte die sozialen Vorurteile fördern. Dazu kommt noch, daß die staatliche Autorität bisher noch immer versagt hat, wenn es um die aktive Bekämpfung des Antisemitismus geht. Man bekommt ausgerechnet immer dann einen Anfall demokratischer Skrupel, wenn es um den Schutz undemokratischer Elemente und Umtriebe geht. Einzig auf diese Weise wird es verständlich, daß ehemalige Verherrlicher nationalsozialistischer Weltanschauung in hohen und höchsten Staatsstellungen zu finden sind, obwohl sie ihrer Vergangenheit niemals öffentlich abgeschworen haben, während sie sich früher geradezu überschlugen, um die „rechte" Haltung öffentlich zu demonstrieren. Diese Umstände symbolisieren mehr als vieles andere die geheime Toleranz der öffentlichen Meinung in Deutschland gegenüber dem Antisemitismus; demgegenüber erscheinen alle sonstigen Deklamationen des guten Willens und der Hinweis auf das Grundgesetz als Ausdruck utopischer Naivität.

Dies führt zu einer letzten Frage, die eines Tages in aller Breite wird aufgerollt werden müssen, inwiefern der deutsche Denkstil, wenn er sich als spezifisch deutscher vom europäischen unterscheidet, als solcher in der Wurzel antisemitisch ausgerichtet ist. Seit Hegel in seinen „Jugendschriften" die Trennung deutschen Denkens vom europäischen Rationalismus einleitete, ist der Kampf gegen Rationalismus und Aufklärung immer verbunden gewesen mit dem antisemitischen Affekt. Zweifellos gründet Hegels Kritik am Judentum in theologischen Argumenten; wenn man aber bedenkt, in welchem Ausmaß der Antisemitismus nur ein Säkularisationsprodukt der christlichen Religion ist, das jeweils unter bestimmten sozialen und wirtschaftlichen Bedingungen an Aktualität gewinnt, weiß man, mit wieviel Aufmerksamkeit man diese philosophischen Entwicklungen zu betrachten hat. Diese Geschichte des Antisemitismus, der die Entstehung des spezifisch deutschen Denkens von Hegel bis heute begleitet, ist noch immer nicht geschrieben worden. Die Existenz dieses Antisemitismus ist aber die Voraussetzung dafür, daß das ganze Problem in Deutschland mit anderen Augen betrachtet werden muß als anderswo.

Antisemitism and Ethnocentrism in Germany

A Few Remarks on Professor Tumin's Book "Ethnocentrism and Antisemitism in England, France, and Germany"

I

The following pages are not meant as a criticism of Professor Tumin's manuscript but rather as a proposal for further discussion and research taking into account the particular situation on the German scene. However, I think that some of the following remarks may also have some bearing on the materials collected in the other two countries, France and England.

It is always easy to criticize a research report when one is called in as an outsider. I would like to avoid the impression that I have in mind to criticize this very valuable research report which is full of stimulating ideas and the argumentation of which is so tightly woven that one feels uneasy when taking up single points for discussion without having first declared quite explicitly that this study is surely one of the best which have ever been produced in this field.

The most outstanding feature of this report is that it is so stimulating and leading to new outlooks we would like to be taken into account for further developments of the problems involved.

I feel that the discussion has now reached the point where some theoretical considerations become necessary in order to find out about the situation we have reached in this particular field of research. This is the general idea with which in mind the following remarks have been written down.

II

On pg. 159 Melvin Tumin states very explicitly that he has a very particular idea of sociology and social research. I think that this is the first problem we have to face in order to find out whether or not his approach to our problem is adequate. He says that "from the outset we have deliberately chosen to 'understand' ethnocentrism sociologically, i.e. from a perspective that focuses on the contemporary network of roles and relationships and strains and compatibilities among these". I have not in mind to raise the question whether this can be taken as a general definition of social research. I only want to express my doubts as to the usefulness of such an approach to our problem.

The questioning of Tumin's general approach runs along three lines: 1. we could discuss the general meaning of this definition of social research; but we decided to drop it for the moment. 2. we could raise the question whether this approach is adequate for a study like the present one. 3. we could ask ourselves whether Tumin has been following up himself this definition of social research.

As we shall see later on it is easy to show that Tumin has been forced by the problem he has been dealing with to deviate from his own program, i.e. he has himself been opening the historical dimension in some particular cases which will be mentioned immediately. If this is true, we would, then, be forced to leave behind the definition of social research as developed by Tumin and to keep up the second way as defined above. In other words, we would be forced to admit for the outset that a study of ethnocentrism and antisemitism has to be historically orientated because, as it has been stressed very often (e.g. by A.N.J. den Hollander), it seems that prejudices develop under the influence of single historical events.

In this research design Professor Tumin uses different 'measures' to find out about ethnocentric prejudices in the three countries involved, like for instance the prejudices against Germans and West Indians in England, the prejudices against Algerians and Jews in France, the prejudices against Poles and Russians in Germany.

I personally feel that some remarks can be made about the justification of this procedure from a purely methodological point of view, and these remarks refer mainly to the different historical locations of the six national prejudices he uses.

I would also like to mention that Tumin himself is quite aware of this situation when he mentions that the prejudices of the British against the West Indians and the prejudices of the French against the Algerians might quiet down after the disappearance of a few actual conflicts. On the other hand he does not speak of the similar situation with regard to the German prejudices against the Poles and the Russians.

This situation needs further inquiry. I would like to state first that the prejudices of the French and the British against the Algerians or the West Indians respectively are – historically speaking – of a relatively recent origin given that the mass immigration of the two groups into France and England did not start before the war or rather after 1950 when manpower was needed in the two countries involved. Opposed to that the German prejudices against both the Poles and the Russians go back to an armed conflict that is World War II. In other words, the German prejudices seem to be older than the French and British prejudices.

This topic could be further developed on the basis of recent research on this field showing that there is probably a general prejudicial attitude between West and East, quite common in Germany, that goes back to a much older historical situation. One could even say that there is a general prejudicial attitude between the Germans on the one hand and the Slavic nations in general on the other. H.E. Wolf has used the term of the West–East-prejudicial gradient in Germany, the origins of which go far back in history. I think, therefore, that the ethnocentric attitudes of the Germans toward the Poles and the Russians can by no means be compared with the French or British prejudices against Algerians or West Indians.

Not only that these prejudices are of a recent origin and may perhaps, as remarked by Tumin, quiet down some day, the German prejudices against the Poles and the Russians are deeply rooted in a general historical situation the origin of which goes back to at least 1000 years. Therefore, I would like to state that things have been compared which are essentially incomparable, because the historical approach has not been made explicit as it should have been.

III

This holds not only true for ethnocentric prejudices, the same problems come up in antisemitism. Here, too, some of the problems furthering antisemitism are deeply entrenched in the past. I would also like to mention that there is some relation between the ethnocentric prejudice against the Poles (and perhaps against the Russians as well) and German antisemitism because some of the conflicts in the past have been created by the mass immigration of Polish and Russian Jews into Germany, especially under the influence of Ludendorff during World War I. That time the Germans invited Eastern Jews to immigrate into Germany in order to create a favorable attitude of the Eastern Jewish populations toward Germany which was, then, (1916), trying to stabilize the political situation in Eastern Europe. On the other hand this mass-immigration of Jews from Eastern countries has aroused considerable antisemitic feelings in Germany due to the fact that the immigrating population came from a very underdeveloped country into a highly industrialized society so that a continuous cultural conflict was the immediate result of this immigration. This has been the case to such an extent that the native German Jewish Associations protested against this mass-immigration from the East. A good deal of the elder men of the German Jewish Committee was afraid of the consequences of this cultural conflict. Experience has shown that these events have actually contributed to raising antisemitic feelings in the German Republic, immediately after 1918.

I would also like to add that the same situation might to some extent apply to the French prejudices against the Germans, because French antisemitism turned some time ago against Alsatian Jews who emigrated to Paris. The antisemitic emotion is, in France, very often closely connected with the French anti-German feeling. In my eyes we do not have instruments of measurement or social distant scales which would be able to discriminate between these very differentiated and diversely shaped situations.

On the other hand, it seems impossible to proceed without taking into account these problems because here only we come nearer to the real life situation. Tumin himself is quite aware of it when he develops his respondents into groups according to the age of their fathers because he also divides them "into persons whose fathers were themselves educated and started the adult life at different points relative to the rise of the Nazis and the eruption of World War II" (pg. 254). In some sense this division by fathers' age surveys the same purposes as dividing the respondents by their own age as he very rightly states on the same page. This means the general acknowledgement of a differentiation of attitude is due to different positions in time. As soon as we have reached this point we must be prepared to face the next question for the environmental conditions shaping the attitudes of the population in essentially different historical situations. This again may be a warning to compare things which are essentially incomparable.

IV

So far we have only taken into consideration different situational elements influencing the same population in different ways at different times of history. This is, of course, the central question for the study of antisemitism in any country. I think, however, that how important the situational facts will be, they are by no means sufficient to "understand" prejudices and discrimination against some part of the population as e.g. the Jews.

It has often been emphasized that there are different kinds of antisemitism e.g. social antisemitism, economic antisemitism, religious antisemitism, political antisemitism etc. This fact shows us again that the origins of antisemitic prejudices are rooted in different historical periods. Religious antisemitism goes back to the origins of Christianity. Economic antisemitism has come up again and again during history, both in ancient history (Greece and Rome) and in modern history as well (from the Middle Ages to our time). The other forms of antisemitism have come into being at other historical periods. This also creates serious difficulties in the definition of different kinds of antisemitism and a different kind of prejudices which may also be irregularly distributed over different parts of the population. Besides these differentiations we still have what I would like to call cultural antisemitism which in my eyes is perhaps the most important one and the most lasting one in Germany. I also think that we find at this point the greatest difference between French and British antisemitism and German antisemitism.

For the German cultural traditions, beginning with the last third of the 18th century, the identification of the German character is strongly opposed to what is called 'Western Rationalism' which is depreciated as an instrument of "enlightenment". One could say that the general discussion of what is "German" has moved along this line from the early writings of Hegel through some of the early writings of Marx down to many contemporary thinkers who used the label of the German character as opposed to the "West".

This in itself seems not to have any bearing to our question. If, however, one looks a little deeper into the early writings of Hegel it becomes easy to understand that there is a very strong relation between this philosophical development on the one hand and cultural antisemitism on the other. As a matter of fact, when Hegel tries to differentiate his own thinking from the rationalism of Kant who is definitely entrenched into the Western enlightenment, Hegel speaks of the "Jewish character" in Kant's philosophy. This is also combined with religious antisemitism as it is clearly shown in Hegel's writing "Der Geist des Christentums und sein Schicksal". This essay is full of antisemitic statements combined with a rational philosophical criticism out of which the logic of dialectics developed later on. The attitude of Hegel in this essay is somewhat the same as the attitude of Marx in his two essays on "The Jewish Question". One could say that a good part of antisemitism in the German middle classes has been influenced by Hegel's ideas whereas the essays of Marx have been limited to the philosophical discussion of the problems of "emancipation of man". When reading the following quotation one could, however, wonder whether this Marxian approach to the "Jewish Question" has not had some bearing on the development of antisemitism in the more leftist groups of the German intelligentsia.

"It is because the essence of the Jew was universally realized and secularized in civil society, that civil society could not convince the Jew of the unreality of his religious essence, which is precisely the ideal representation of practical need. It is not only, therefore, in the Pentateuch and the Talmud, but also in contemporary society, that we find the essence of the present-day Jew; not as an abstract essence, but as one which is supremely empirical, not only as a limitation of the Jew, but as the Jewish narrowness of society."

"As soon as society succeeds in abolishing the empirical essence of Judaism – huckstering and its conditions – the Jew becomes impossible, because his consciousness no longer has an object. The subjective basis of Judaism – practical need – assumes a human form, and the conflict between the individual, sensuous existence of man and his species-existence, is abolished."

"The social emancipation of the Jew is the emancipation of society from Judaism."

When discussing these two articles by Marx in a seminar at the University of Zurich during World War II, I had the greatest difficulty in convincing the students, that these statements were not to be understood as a classical specimen of the most vulgar antisemitism, especially when comparing them with many manifestly antisemitic statements by Marx and Engels in their "Correspondence" on single Jewish personalities of their time (as e.g. Ferdinand Lassalle).

This cultural antisemitism in Germany is surely of a more lasting character than the economic or even the political antisemitism, because it is connected with the identification either of the German character or the emancipation of man. As a consequence of this situation one should say that German antisemitism is very much deeper entrenched in German tradition than French and British antisemitism. Furthermore, we can also see the relation between antisemitism and antirationalism which comes up into the most different cultural groups from early romanticism down to conservative movements in our days. The attitude of rationalism is identified with the Jewish character, and that to the result that criticism of a scientific approach in the social sciences is very often promoted with the help of the arguments of Hegel and Marx, the essentially antisemitic character of which we have been discussing above.

V

Tumin differentiates very rightly between prejudices and discrimination. However, I feel that he does not draw all the consequences which could be drawn from this differentiation. Years ago already, Simpson and Yinger (1953) made the following differentiations:

1. There are prejudices without discrimination;
2. there is discrimination without prejudices;
3. discrimination can be one of the causes of prejudices;
4. prejudices may be one of the causes of discrimination; it is probable that they will not, in most of the cases, reinforce one another.

Manfred Rehbinder (1963) has very rightly emphasized that the two most interesting cases are the prejudices without discrimination and discrimination without prejudices. The existence of prejudices without discrimination can have two reasons: (1) either the emotions connected with the prejudices are so weak or covered by other motivations that they are unable to create discrimination; (2) or the prejudicial behaviour is prevented by the means of social control and so to speak pushed back into the individual. Rehbinder feels that postwar antisemitism in Germany is essentially of this kind. Now, we wonder whether or not the instruments of measurement as developed by Tumin are able to grasp these particular steps of antisemitism.

As a matter of fact his study has originated due to the antisemitic acts in the Federal Republic at Christmas 1959. This in itself is an admission that antisemitism does still exist in Germany. The results of his study are quite unequivocal in this regard: antisemitism in postwar Germany is much higher than in France and in England. This can be taken for granted but the question remains still open which kind of antisemitism prevails in postwar Germany, and here I think that Rehbinder's assumption should be taken into consideration for future research.

It is evident that a prejudice that has been widely accepted between 1933 and 1945 cannot disappear in a few years, especially when this prejudice is deeply entrenched in cultural ideas which are closely connected with the identification of the German character. This means that we should make up our minds to the fact that German antisemitism is independent of national socialism. National socialism surely has been one of the most horrible excesses of antisemitism ever seen in the world, but antisemitism can by no means be limited to this kind of wicked discrimination and extermination of the Jewish population in Germany. One could say that the German population would never have been ready to accept national socialist antisemitism if there had not been a much more lasting form of antisemitism deeply entrenched in German cultural tradition.

Under the assumption that at least one part of the malicious and vicious national socialist antisemitism has actually disappeared in postwar Germany, we should ask ourselves about the survival of the other kinds of antisemitism in Germany. Although actual discrimination may be the exception today (as in the events of 1959/60), because public opinion tries either to cut back immediately any kind of antisemitic action of this kind as soon as it appears or to hide it from becoming known, there is still the other question what happens to cultural antisemitism in contemporary Germany. Rehbinder is of the opinion that the prejudice is still alive, although very few discriminating actions can be found.

I am wondering if this problem should not have been taken into consideration when discussing the question of antisemitism in Germany. Again, things are being compared, like French, British, and German antisemitism, which are essentially incomparable.

VI

Finally, the question should be taken up if there are means to measure increase or a decrease in antisemitic prejudices. Among the publications in Germany two conceptions may be differentiated. For one of them antisemitism has been decreasing continuously in postwar Germany, to the other ones there are different waves of antisemitism to be found although, as far as we can see, nearly all of them have limited to a strengthening of prejudices only without discriminating actions. I would like to express my doubts as to whether the first theory mentioned is not too naive; there may also be very strong interests leading to conceptions of that kind in order to wash off the infamy of the past. In other words, we may be very ill informed about what the actual situation is like in Germany. Since Tumin does not differentiate enough between prejudices and discrimination in his questionnaire his study may also not be able to give us a real picture of German antisemitism.

Furthermore, I would also like to mention the approach developed by Morris Janowitz who shows that even when antisemitic prejudices become less strong the hard boiled antisemite who is ready for action may not be affected by this development et al. This again would force us to differentiate within our instrument of measurement between the weaker forms of antisemitic prejudices without discrimination on the one hand and the hard boiled antisemite who is still ready for discriminating actions. Although there may be few when looking over the entire population, their latent influence may be stronger than we actually think. This may be felt under special circumstances which contribute to turn this latent influence into manifest emotions and readiness for action of larger groups. The special circumstances for such a change could be found during an economic depression with increasing unemployment as it has been the case in the late Twenties. Here, too, changing economic conditions have become responsible for the activation of latent antisemitic feelings in large parts of the population, which have never thought before of actual discrimination. On the contrary, this kind of antisemitism was, then, discriminated against by the bourgeois classes in Germany. They called it "Radau-Antisemitismus". But experience has shown that this kind of active discrimination may be strengthened in a very short time if there is a latent antisemitic feeling in the population. This question, too, seems to be an important topic for further discussion.

d) „(Sub)"kulturelle Delikte

Über einige ethno-soziologische Aspekte des Drogenkonsums in der Alten und der Neuen Welt

Ein deutscher Philosoph hat einmal den Satz geprägt: „Leben ist immer Mehr-Leben und Mehr-als-Leben". Er meinte es zunächst im Sinne der Bewegung, der Entwicklung und der kreativen Spontaneität einerseits und im Sinne der Ausbildung von eher beharrenden Formen, Strukturen, Objektivationen wie Kunstwerken, Werkzeugen, Artefakten aller Art andererseits. Aber man kann (und muß wohl) den zweiten Teil des Satzes auch anders interpretieren: Dann ist Leben auch Mehr-als-Leben im Sinne der Erreichung höherer Bewußtseinszustände als die des routinehaften Alltags, also von Ahnungen, Träumen, Gesichten, Visionen, Ekstasen, Entwürfen in ein nie geschautes Jenseits, wie es z. B. die Religionen eröffnen, und die demzufolge schon früh die Ethnologen und Soziologen interessiert haben. Durch Analyse dieser Zustände wurde sogar eine alte und primitive Theorie der Entstehung von Religionen als „Priestertrug" ad absurdum geführt und gleichzeitig eine neue Logik entdeckt, die in gleicher Weise das menschliche Denken bestimmt wie die aristotelische resp. klassische Logik. Diese neue Logik war keine bloße „Abweichung" von der Alltagslogik, sondern eine andere Logik, in der z. B. der „Satz vom ausgeschlossenen Dritten" keine Geltung hat, wie Lucien Levy-Bruhl schon in den zwanziger Jahren klar machte.

In diesem Sinne haben die Religionen in aller Welt jeweils verschiedene Formen „anderer" Wirklichkeiten eröffnet, die nicht immer und nicht unter allen Umständen resp. bedingungslos zugänglich sind, sondern deren Ergreifung besondere Veranstaltungen erfordert. Emile Durkheim und seine Schule drückten das schon seit ca. 1900 in der Weise aus, daß dem „profanen" Lebensbereich ein „sakraler" gegenübersteht, in den der Adept

„übertreten" muß, wenn er der religiösen Erfahrung teilhaftig werden will. Seit jener Zeit ist diese Frage von vielen Seiten aufgenommen und verschieden beantwortet worden, aber eines ist geblieben: die Vorstellung besonderer Bewußtseinszustände, die erst durch eigene Initiationsriten erreicht werden können, verbunden mit der zusätzlichen Vorstellung einer weitgehenden (wenn nicht völligen) Disparatheit beider Ebenen.

Mit der Initiation sind jeweils Komplexe von Riten verbunden, mit deren Hilfe der Übergang „vermittelt" wird. Dieser ist zumeist ein mehrgliedriger und gestufter Vorgang, im Laufe dessen der Übergang aus der einen Dimension in die andere realisiert wird; der „Rückweg" erfolgt in ähnlicher Weise, indem die aufgenommenen neuen Kräfte langsam abgebaut und der Adept wieder profaniert wird. Das Ziel ist „Partizipation" an der neuen Bewußtseinsebene, die sich dem trivialen Alltag gegenüber „exklusiv" verhält. So muß ein „vorsichtiges Verhalten" entwickelt werden, charakterisiert durch vielerlei Formen von „Meldungen" (Tabus), die durch beständige „Orakel", „Opfer" und „Reinigungsriten" gesichert werden. Die Zahl der zu diesem Zweck entwickelten „Techniken" ist unübersehbar, aber es gibt wiederkehrende Stationen in diesem Prozeß, die man als Seklusion (Absonderung des Adepten), Fasten, Askese, sexuelle Enthaltung, Reinigung, Tod und Auferstehung bezeichnen kann. Das Ziel ist also Erreichung der Partizipation am Heiligen, die dem Adepten wie ein „Rausch" (und oft genug auch als „Rausch"), als eine echte Enthebung in einen anderen Bewußtseinszustand erscheint, aus dem dieser auch nicht unmittelbar, sondern wiederum nur unter Einsatz zumeist „spiegelbildlicher" Riten entlassen werden kann, im Verlauf derer der „andere" Bewußtseinszustand langsam wieder abgebaut wird. Langsam, weil jeder „Übergang" Gefahr bedeutet; wer die andere Welt gesehen hat, zerbricht allzu oft an der Rückkehr in die profane Welt.

Hier erhebt sich die legitime Frage, was das alles mit dem Drogenproblem zu tun haben soll? Die Antwort lautet: sehr viel sogar; denn bei vielen Religionen, z. B. schamanistischer Art, wird der Übergang von der Alltagsrealität in die Dimension eines neuen Bewußtseinszustandes durch halluzinogene Drogen vermittelt, die oft genug als Gott verehrt werden. Das bedeutet natürlich keineswegs, daß religiöse Visionen und durch psychoaktive Drogen erzeugte Bewußtseinszustände identisch wären, wohl aber, daß sie sich unter gewissen Umständen mindestens teilweise zu überdecken vermögen. Insbesondere muß man sich aber darüber klar sein, daß es Erreichung anderer Bewußtseinszustände auch ohne Mitwirkung von Drogen gibt. Diese Techniken und Rituale sind dann funktionale Äquivalente der letzteren. Ihre Mittel sind etwa Meditation, Askese, Fasten, wochenlange Isolierung (Anachoretismus) u. ä.; sie spielen in vielen archaischen Hochreligionen seit jeher bis heute eine bedeutende Rolle. Es kann auch eine kulturell sehr besondere Situation des Adepten hier wirksam werden; nach dem Urteil Nietzsches: Jugend ist Trunkenheit ohne Wein, dementsprechend erreicht sie auch veränderte Bewußtseinszustände spontaner, ohne Hilfsmittel und ohne Umwege, vor allem auch unter Anwendung nicht halluzinogener Mittel, wie z. B. Räucherstäbe, Wacholder und Weihrauch, die ebenfalls eine Bewußtseinserweiterung zur Folge haben, ohne daß sie süchtig machten.

Für den Ethno-Soziologen bleibt aber noch die zusätzliche Frage offen, ob Kulturen mit halluzinogenen Drogen eigentlich als spontane Bräuche oder als Ergebnis von Kulturverlust, Ausbeutung, Versklavung zu beurteilen sind; dies betrifft z. B. mindestens teilweise die Native American Church und einen Teil der sogenannten Peyote-Kulte, aber auch die Geistertänze des 19. Jhs. in Nordamerika oder die gleichzeitigen Besessenheits- und Tanzepidemien in Afrika und manche mit halluzinogenen Drogen verbundene afro-brasilianische Kulte. Diese Frage ließe sich erst durch weitreichende historische Forschung klären. Parallel damit könnten studiert werden die Entstehung und Entwicklung gewisser europäischer Suchtbewegungen bei Arbeitern, wie z. B. der Alkoholismus im 19. Jh. Damit verschiebt sich der Betrachtungspunkt: Es geht nicht mehr nur um individuelle Sucht oder kulturell bedingte Zeremoniale, sondern um soziale „Lagen", die größere Menschenmengen zu gleichermaßen abweichendem Verhalten determinieren. Die Schwierigkeit liegt hier in der Unterscheidung zwischen hochkulturellen Verhaltenssystemen oder Reaktionen verfallener oder unterdrückter Gesellschaften (Eric J. Hobsbawm, Vittorio Lanternari).

Angesichts solcher schwerwiegender Probleme und offener Fragen scheint es mir im Zusammenhang mit einer weltweit verbreiteten Drogenwelle ein bemerkenswertes Verdienst, weil einem dringenden Informationsbedürfnis entsprechend, wenn man sich bemüht, die weitere Öffentlichkeit potentiell bedrohter Menschen über die historischen, kulturellen, ökonomischen, ethnologischen, psychologischen, soziologischen und politischen Hintergründe dieses Phänomenbereichs aufzuklären, wie es der vorliegende Band unternimmt. Die daraus resultierenden Erkenntnisse sind vielfältiger Art, so daß jeweils verschiedene Facetten des Hauptproblems sichtbar werden. Vor allem springt das außerordentliche Alter von als Massenbewegungen auftretenden, durch psychoaktive Drogen vermittelten Kulten ins Auge. Es trifft einfach nicht zu, daß es sich dabei um ein wesentlich „modernes" Phänomen handelte, wenn es auch Kulturen ohne allen Drogengebrauch selbst in sonst stark drogenorientierten Regionen gibt. Das bezieht sich unter anderem in besonderem Maße auf Südamerika, wo manche schamanistische Kulturen stärkstens mit verschiedenen halluzinogenen Mitteln arbeiten, während bei anderen dieser Brauch unbekannt war. Hier nimmt man an, daß diese Kulte über das Mesolithikum bis zum Paläolithikum zurückreichen, wobei wahrscheinlich wird, daß die ostasiatischen Jäger- und Sammlerkulturen, die nach Südamerika einwanderten, noch wesentlich älter waren.

Die dionysischen Weinkulte, die wahrscheinlich aus dem Hochland von Afghanistan, wo seit jeher die besten Weinreben wuchsen, nach Griechenland wanderten, gehen zweifellos auf vor-dorische Zeiten zurück. Ähnlich wie ein Bericht von Herodot (5.– 4. Jh. v. Chr.) beweist, stand es mit dem Totenkult der asiatischen Skythen, bei dem die Angehörigen des Toten Haschisch rauchten oder einatmeten. Wie die Archäologie beweist, waren die Rauchinstrumente in vielen kourganen (Siedlungen) erhalten, so darf man wohl sagen, daß der Kult nicht nur beim Totenmahl oder bei Reinigungszeremonien geübt wurde, „sondern auch im allgemeinen Leben", wie der russische Forscher S. I. Rudenko schließt. Jettmar selbst [Autor im eingeleiteten Band] neigt der Meinung zu, daß der kultische Hanfgebrauch auf China zurückgeht. Entscheidend erscheint mir aber die doppelte Übung des Kults als religiöses Ritual und als profaner Drogenkonsum. Das wird darum zum Problem, weil es einen unmittelbaren Bezug zur Sucht hat, indem der große Schamane die Sucht meistert, die in einen Zyklus von Riten eingebunden ist, was beim privaten Konsumenten nicht notwendig der Fall ist. Allerdings kann man annehmen, daß der Traditionszusammenhang als solcher neben gewissen Orgien, die unter Umständen gestattet sind, mit ritueller Übertretung vieler sonst strengstens beachteter Verhaltensregeln, selbst solcher sexueller Natur (Inzest), eine Art von kontrollierendem Einfluß übt.

Unangesehen dessen scheint aber in der Antike im Mittelmeerbecken weder Opium noch Cannabis konsumiert worden zu sein, obwohl wir es seit dem 11. oder 12. Jh. westlich von Indien und Persien bis nach Ägypten finden. Entscheidender aber, daß die Archäologen Spuren des Gebrauchs von Cannabis (meist Pfeifen) den Sambesi hinauf bis Zambia gefunden haben, wohin es durch arabische Händler gelangt war, die sich schon seit Beginn der Zeitenwende am Horn von Afrika niedergelassen hatten und den Handel mit Indien beherrschten. Das europäische Altertum und Mittelalter beschränkte sich in seinem Drogenkonsum auf Wein und Bier. Zahlreiche Dokumente bestätigen, daß das Trinken in der Antike besonders bei den Ober- und Mittelklassen weit verbreitet war. Eine neue Welle des Alkoholismus entwickelte sich in den germanischen Ländern nördlich der Alpen, wo insbesondere Luther gegen die allgemeine Sauflust wetterte. Vorläufig hielt man sich auch hier an Wein und Bier. Dazu kam aber bald der Genuß von destilliertem Alkohol, was den Alkoholgehalt der Getränke um ein Vielfaches erhöhte (von höchstens 14 %, meist aber weniger, da der Wein mit Wasser gemischt wurde, bis auf 50 %). Solche Getränke, die seit dem 13. Jh. aus der islamischen Welt nach Europa eindrangen (das Wort „Alkohol" ist arabischen Ursprungs, das klassische arabische Destillat ist „Arrack"), wurden erst von Mönchen und Apothekern in beschränktem Maße zu medizinischen Zwecken und überdies zu teuren Preisen hergestellt. So erleben wir in Europa ab Ende des 15. und Anfang des 16. Jhs. eine neuerliche Ausbreitung der Droge Alkohol, diesmal auch mit „harten" Getränken; Trinken war eine der wichtigsten Freizeitbeschäftigungen, und keine Ermahnung, kein

Verbot konnte den Konsum ernsthaft vermindern. Damit begegnen wir einer Gesetzmäßigkeit, die für alle Drogen typisch ist, nämlich eine gegenüber anderen Innovationen außerordentlich beschleunigte Diffusion, insbesondere wenn man die damaligen primitiven Verkehrs- und Transportmöglichkeiten bedenkt. Das ist gewissermaßen der klassische Fall für die Diffusionstheorie, während sich andere Kulturprodukte, Artefakte und Techniken nur sehr langsam verbreiten und dann häufig noch unter beträchtlichen Modifikationen, wie etwa in der primitiven archaischen Welt der Bogen als Schießinstrument, als Aderlasser oder als Musikinstrument übernommen wird. Der beträchtlich erhöhten Nachfrage nach hoch alkoholhaltigen Getränken folgt natürlich sofort die mehr und mehr kommerzialisierte Produktion. Dabei kommt es nicht darauf an, ob eine Kultur mehr traditional oder mehr progressiv ist, um solche Innovationen schnell aufzunehmen. Bei Genußgütern, die die Phantasie anregen und die darum leicht einen ausgesprochen modischen Charakter annehmen, erfolgt die Übernahme geradezu blitzartig selbst über große Distanzen, und das trotz aller Verbote und trotz der Notwendigkeit, diese Güter eventuell von weit her zu importieren, was sich als schwere Belastung der internationalen Handelsbilanz auswirkt, und zwar sowohl früher wie heute in der Dritten Welt.

Das bewahrheitete sich insbesondere bei der Verbreitung von Tabak und Kaffee zwischen dem Ende des 16. und der Mitte des 17. Jhs. In der islamischen Welt (Jemen, Äthiopien) wurde der Kaffee zu einem Ersatz für den Alkohol, der durch den Koran verboten war; der Tabak wurde ebenfalls als psychoaktive Substanz übernommen. Hierbei wurde ein anderer Zug des Drogengenusses sichtbar, der bis heute verfolgt werden kann, daß er nämlich – wie übrigens auch der Alkoholgenuß – einen symbolischen Wert annimmt, der bestimmten politischen, künstlerischen, intellektuellen Gruppen als Integrationsmittel dient. Die Kaffeehäuser und Raucherzirkel galten seit jeher als Versammlungslokale für Abweichler und Radikale, wie heute die Haschjünger. Der Kaffee wurde einmal als „das radikalste Getränk der Welt" bezeichnet, und sein Weg war geradezu identisch mit dem Aufstieg von Liberalismus und Demokratie.

Das führt allmählich zu einem Wandel der öffentlichen Reaktion gegenüber bestimmten Drogen, nachdem mehrere Staaten gleichzeitig erkannten, daß man aus der Drogensucht des Menschen ein Geschäft machen kann. Da die Versuche zur Eindämmung der Süchten immer wieder gescheitert sind, versuchten sowohl die Könige Jakob I. und sein Sohn Karl I. von England, die als Tabakgegner berühmt waren, als auch Kardinal Richelieu und König Ludwig XIV. von Frankreich, auf dem Besteuerungswege aus dieser Situation Kapital zu schlagen. Im gleichen Jahr 1604, als er seine Kampfschrift gegen den Tabak veröffentlichte, erhöhte Jakob I. die Importsteuer um 4000 %. Das hinderte das Rauchvergnügen keineswegs; im Gegenteil: Der Import stieg, der illegale Schmuggel auch, und die Zahl der Tabakläden in London nahm ständig zu. Auch die Kaffeeschnüffler Friedrichs des

Großen vermochten den Konsum von Kaffee im alten Preußen nicht einzudämmen. Schließlich wuchs daraus ein einträgliches Monopol der Krone, was wieder einmal bewies, wie der Staat aus den Lastern der Menschen ein Geschäft machen kann. Ganz ähnlich verliefen die Dinge in Frankreich, wo Ludwig XIV., der selber den Tabakgenuß haßte, schließlich seine Kriege unter anderem mit dem Tabakmonopol finanzierte. So wird schließlich, mit einem Wort, der Drogenkonsum stabilisiert durch jene Instanzen, die ihn unter Kontrolle bekommen wollten. Im übrigen war die Diskussion über Alkohol, Kaffee und Tabakgenuß, wenig später über Tee und Kakao, damals in keiner Weise schwächer als heute angesichts anderer psychoaktiver Drogen (wie Opium, Morphium, Heroin, Kokain und LSD).

Der verblüffendste Fall einer solchermaßen verursachten Drogenkrise ist aber Australien, wo der Drogenmißbrauch buchstäblich durch Ärzte und Apotheker gefördert wurde, ohne daß die Behörden jemals eingegriffen hätten, als es noch Zeit war. Da bei den Einwanderern das Vorurteil bestand, daß das australische Klima außerordentlich ungesund sei, fanden seit dem letzten Drittel des 19. Jhs. sogenannte „Patentmedizinen", die zu einem großen Teil aus Alkohol bestanden, reißenden Absatz. So lag in der Kolonie der Konsum an Medikamenten dieser Art statistisch hoch über dem im Mutterland. Der koloniale Medikamentenhandel erwies sich somit als entscheidendes Mittel in der Erzeugung einer drogensüchtigen Bevölkerung, speziell nachdem man allgemein begonnen hatte, aus Opium Morphium zu gewinnen und um 1850 die Injektionsspritze erfunden worden war. Die deutsche Firma E. Merck in Darmstadt begann 1827 mit der Massenproduktion von Morphium, die Firma Bayer von Elberfeld 1898 mit der von Diacetyl Morphium unter dem Namen Heroin. Kokain hatte seine eigene Geschichte, bis wiederum 1862 die Firma Merck mit der Massenproduktion begann. Alle diese Drogen wurden nun in Australien unter den verschiedensten Markennamen und mit Hilfe größter Werbekampagnen zusätzlich mit ärztlichen Empfehlungen als Patentmedizinen angepriesen. So war eine allgemeine Drogensucht in Australien in den Jahren vor dem ersten Weltkriege eine echte Volkskrankheit geworden, die von den oberen über die mittleren zu den unteren Klassen schließlich bis zu den Prostituierten von Sydney und Melbourne absank und auch die Slums ergriff. Zugleich wird als neues Moment hier sichtbar, daß aus der Weiterverarbeitung „natürlicher" Stoffe Drogen von ungleich viel härterer und suchterzeugender Wirkung entstanden, die bald – zusammen mit der Injektionsspritze – eine verhängnisvolle und nachhaltige Diffusion erfahren sollten. Als die australische Regierung schließlich Abhilfe schaffen wollte, ging der Drogenhandel auf die internationalen Verbrechersyndikate über. Das hinderte aber nicht, daß die großen pharmazeutischen Firmen der Welt mit immer neuen suchtverursachenden Präparaten wie Schlafmitteln, Tranquilizern (Librium und Valium) und Aufputschmitteln aller Art auftraten, die später die deutsche Heeresleitung im zweiten Weltkrieg als Weckamine in riesigen Mengen an die kämpfende Truppe verteilte. Leider fehlt im vorliegenden Bande eine Darstellung dieser Problematik, deren Nachwirkung sich seither bei bestimmten Bevölkerungsgruppen wie Lehrlingen, Studenten und Schülern verfolgen läßt.

So kann man sagen, daß zur langen Vorbereitungsgeschichte des Drogenkonsums auch wirtschaftliche, fiskalische und politische Kräfte gehören (letztere insbesondere in den chinesischen Opiumkriegen), ganz abgesehen von den großen internationalen Verbrechersyndikaten. Aber ich muß doch gestehen, daß ich einigermaßen beunruhigt war, als ich 1957 im Libanon auf dem Wege nach Baalbek in der Bekaa und auch in Syrien Quadratkilometer große Felder mit Mohn bepflanzt sah, die vor den Augen der Behörden den Rohstoff für manche dieser neuen Drogen zur Reife brachten. Ein interessanter Aufsatz zeigt die Entwicklung der illegalen Opiumproduktion heute in dem sog. „goldenen Dreieck" des Hochlandes von Burma, Thailand und Laos an der chinesischen Grenze entlang, von dem 1975 Laos in kommunistische Hände fiel. Die Träger dieses Handels sind vorwiegend Chinesen, die sich sogar Privatarmeen leisten können, um ihre Bauern zu „schützen". Das vested interest dieser Gruppen und Syndikate hat bisher allen Versuchen widerstanden, durch Eingriff von außen einen Stillstand der Produktion zu erreichen.

Diese ganz neuartigen Chancen für einen Teil der Dritten Welt, die auch zahlreiche relativ „primitive" Kulturen berühren (z. B. in den an China angrenzenden Teilen Südostasiens), haben heute geradezu einen neuen Zweig der Ethnographie ins Leben gerufen, die „Ethnobotanik", die sich u. a. mit dem Studium der verschiedenen Pflanzen befaßt, die sich zur Gewinnung psychoaktiver Substanzen eignen resp. bereits in Nutzung sind. Bezeichnend für die neuartige Bedeutung dieser Probleme ist die enorme Aufmerksamkeit, die seit 1968 die verschiedenen Publikationen von Carlos Castaneda in der Welt fanden. Bis 1977 brachte er nicht weniger als fünf Bände heraus, die – wohl zum ersten Male in der Geschichte dieser Wissenschaft – zu Bestsellern der Kulturanthropologie wurden, und zwar in der ganzen Welt. Der Erfolg dieser Bücher ist wohl ein deutliches Zeichen für eine allgemein veränderte Bewußtseinslage heute gegenüber dem Drogenproblem, wie selbstverständlich auch die Ausstellung des Rautenstrauch-Joest-Museums über Drogen. Viele sehen natürlich darin nach wie vor nur aufregende und ungeahnte Sensationen versprechende Erfahrungen; man darf auch nicht unterschätzen, daß Drogen aller Art als „Ersatz" für Abenteuer in einer phantasielosen Welt wirken. Mehr und mehr beginnen zu verstehen, daß die alltägliche Bewußtseinslage der Menschen zweifellos eine grenzenlose Verarmung gegenüber dem möglichen Reichtum „veränderter" Bewußtseinszustände bedeutet. Im Grunde ist die Situation ähnlich wie bei dem französischen Dichter Marcel Proust, als er sich auf die Suche nach der „verlorenen Zeit" machte und dabei erfuhr, daß in seinem Alltagsleben ganze Dimensionen seines Daseins dem Gedächtnis einfach entschwunden waren.

Die Wiedererweckung des Gewesenen (revival) erfuhr er in der zufälligen „Analogie" eines gegenwärtigen Moments zu einem vergangenen und begab sich von dieser Stunde ab auf die Suche nach der verlorenen Zeit, die reich belohnt wurde, wie es sein Werk beweist. Damit ist natürlich auch gesagt, daß die Entfaltung veränderter Bewußtseinszustände auch ohne psychoaktive Drogen vermittelt werden kann. Die Kunst produziert immerfort Bilder, Klänge, Formen und Farben, die bisher Ungesehenes oder Vergessenes wieder aufleben lassen. Dementsprechend kommt es auch nicht darauf an zu kontrollieren, ob Castanedas Erzählungen auf „Wahrheit" beruhen; hier muß man vielmehr fragen, um „welche" Wahrheit es sich handelt. Wenn im vorliegenden Bande Ronald K. Siegel feststellt, daß Castanedas „Apotheke" insofern nicht stimmt, als die von ihm beschriebenen Mixturen keine entsprechenden Visionen erzeugen können, wie er sie beschreibt, so trifft er das Problem genau so wenig wie die vielen Fragen von Castanedas Helden an den Yaqui-Indianer Don Juan. Das Problem liegt ganz woanders. Dem veränderten Bewußtseinszustand entspricht insofern eine „eigene Realität" (a separate reality), als man sie in ihrer Logik einzig dann erfahren kann, wenn man diese Logik teilt. Im Anschluß an Hans Peter Duerr läßt sich die Frage „Können Hexen fliegen?" ganz einfach beantworten. Für wen es „Hexen" gibt, für den können sie auch „fliegen", denn das entspricht ihrer „Natur". In diesem Falle handelt es sich im Sinne Kants um ein „synthetisches Urteil a priori". Für alle anderen fliegen dagegen Hexen nicht; und wenn ein Nicht-Initiierter einmal Hexen nachzuahmen versucht, dann droht ihm bestenfalls ein tödlicher Absturz. Der Erfolg von Castanedas Büchern ist also nicht vom Inhalt her zu fassen, sondern nur als „Symptom" für die wachsende Unsicherheit immer größerer Menschenmengen in unserer Welt über die Haltfestigkeit und Echtheit unseres alltäglichen Bewußtseins. In unseren Tagen ist der beispiellose Erfolg des phantastischen Romans von Michael Ende „Die unendliche Geschichte" ein einziges packendes Beispiel für die Wahrheit dieser Bemerkung. Wieder hat große Kunst einen wesentlichen Beitrag zur surrogatfreien Integration des kulturellen Bewußtseins geleistet.

Wenn man nach einer allgemeineren Beurteilung dieser Phänomene fragt, dann gelangt man leicht zu dem Schluß, daß es nicht so sehr darauf ankommt, was konsumiert wird, sondern vielmehr wie das geschieht. Bei Alkohol hat z. B. das soziale Trinken als Stimulans der Geselligkeit eine ganz andere Note als der „stille Suff". In dieser Hinsicht hat sich das Trinken auch mehr oder weniger stabilisiert, und manche Formen der Abweichung (z. B. Betrunkenheit) sind domestiziert. Bei Verlust dieser Barrieren in der nicht-industriellen Welt kommt es leicht zur Entartung rituell und kultisch traditioneller Trinksitten zu „rein karnevalsähnlichen Festen und Vergnügungen" (in diesem Band G. Hartmann), was bei Primitiven nur zu oft die Auflösung der Ethnien zur Folge hatte. Diese in heutigen Industriekulturen praktisch bei vielen Genußgütern Allgemeingut gewordene Einstellung der Domestikation hat durchaus ihre Vorbilder und Analogien im

Grunde in der Alten Welt und in den archaischen und primitiven Kulturen von heute. Neuerdings kommt aber ein unerwarteter Störfaktor hinzu, nämlich der snob-appeal vieler Genußgüter, wie ich es nennen möchte, darunter insbesondere bei psychoaktiven Drogen. Das zeigt sich schon im 19. Jh., wo ein Dichter wie Charles Baudelaire zuerst die Botschaft der Drogen in Kunst übersetzte; im Anschluß an ihn der Brite Aldous Huxley und ein anderer Franzose, Jean Cocteau, die eine ausgesprochene Signalwirkung für bestimmte gesellschaftliche Gruppen hatten, wie teils gleichzeitig, teils später im deutschen Sprachbereich Georg Trakl, Gottfried Benn und Ernst Jünger. Andere Namen erübrigen sich, sie sind Legion. Deren Wirkung ist ähnlich der eines „großen Schamanen", der jedoch in Wahrheit gar keiner ist, und trotzdem als kulturelle Führerfigur angesehen wird. Daß dies nicht nur eine billige Metapher ist, wird auch dadurch bewiesen, daß sich der Maler Joseph Beuys selber als Schamane bezeichnet. In Wahrheit besteht aber hier der Schamanismus nicht in einer religiösen Funktion, sondern genau umgekehrt einzig in einer Unbestimmbarkeit der Funktion aufgrund der Alltagsenthobenheit der betreffenden Person, verbunden mit dem Drang zur autistischen Selbstdarstellung. Bei diesen Figuren gibt es keine Analogie zum „stillen Suff", sondern ihre Botschaft geht an die mehr oder weniger großen Mengen von Adepten einer Dichter- oder Künstlergemeinde.

Dagegen gibt es ernster zu nehmende Gruppenbildungen um den Konsum halluzinogener Drogen, die sich heute zumeist als „subkulturelle Strömungen und Institutionen" darstellen, womit die starre Trennung zwischen Industriegesellschaften und vorindustriellen (d. h. im wesentlichen archaischen und primitiven) Gesellschaften etwas relativiert wird. Und zwar geschieht das gewissermaßen in doppelter Weise: Einerseits gibt es – wie vorher schon erwähnt – in an sich halluzinogenen Drogen gegenüber aufgeschlossenen Kulturarealen auch Enklaven, die den Drogenkonsum strikt ablehnen; das gilt für Süd- und Nordamerika und in anderen Breiten. Andererseits gibt es auch nicht-indianische Peyote-Kulte in den Vereinigten Staaten und sogar in Mitteleuropa verschiedene entsprechende Pilzkulte (vorwiegend mit dem Fliegenpilz, der auch in Sibirien als Droge benutzt wird). Allerdings darf man diesen an sich richtigen Ansatz nicht allzusehr pressen, denn dann erweist er sich als falsch. Die Drogenkulte der Indianer sind in der Regel nicht als „Subkultur", sondern ganz im Gegenteil gesamtkulturell und entsprechend gesamtgesellschaftlich integriert, was in den genannten Gruppen der Industriekulturen typischerweise nicht der Fall ist. Der gegebene theoretische Ansatz entspricht also in Wahrheit nicht analytischem, sondern nur Rechtfertigungsdenken, speziell bei den nichtindianischen Peyotekulten in den USA. Hier haben wir es mit einer Situation ähnlich wie beim geschilderten snob-appeal zu tun, nämlich mit Anthropologen, die sich der Indianerkultur anschlossen im Sinne des Going native (allerdings zumeist nicht, um dabei zu bleiben, sondern – und das macht sie um so unaufrichtiger – unter dem Vorbehalt der Rückkehr). In anderen

Fällen geht es um grundsätzlich als „experimentell" bezeichnete Situationen, die man also ethno-soziologisch als ausgesprochene Randerscheinungen ansprechen muß, strikt limitiert und kontrolliert. Schließlich muß man auch einräumen, daß es sich dabei nicht im strengen Sinne um religiöse Kulte handelt, sondern bestenfalls um para- oder quasireligiöse Kulte, die eben gerade nicht gesamtgesellschaftlich relevant sind, sondern bestenfalls als Symbol für eine sektiererische Subkultur fungieren (wie typisch etwa bei Timothy Leary, dem Apostel von LSD). Bei den Hippie-Kulturen findet der Genuß von halluzinogenen Drogen ebenfalls zumeist in Gruppen statt, was eine gewisse Kontrolle und damit Domestikation erreicht; aber der einsame Doper ist hier in der gleichen Lage wie der nicht-initiierte Hexenmeister, der beim Fliegen einfach abstürzt. Drogenkonsum stellt sich somit zumeist als Umweg zum Suizid dar. Wieder anders liegt die Sache bei einigen von Anglos im Staate New Mexico gegründeten „Kirchen", die von der in diesem Staat mit seiner zahlreichen Indianerbevölkerung gehandhabten Großzügigkeit in der Legalisierung des Kultsakraments, eben dem rituellen Peyote-Genuß (der nicht süchtig macht und auch sonst keine Folgeerscheinungen hat), Gebrauch machen. Das Ganze läuft aber zurück (was nicht bekannt zu sein pflegt) auf eine Künstlergruppe, die sich im Norden New Mexicos in Santa Fé und im Städtchen Taos neben dem unweiten Pueblo de Taos seit den achtziger Jahren des vorigen Jahrhunderts niedergelassen hatte und die sich mehrheitlich aus Zivilisationsflüchtlingen („Aussteigern", wie man heute sagen würde) rekrutierte. Das allein charakterisiert das Ganze als typisch für quasi-religiöse oder para-religiöse Erscheinungen, die die Indianer selber nur mit Lächeln oder Kopfschütteln zur Kenntnis nehmen. Hingegen spielt der Peyote-Kult, der sich noch immer auszubreiten scheint, eine wesentliche Rolle in der kulturellen Identitätssicherung der Indianer, in deren Dienst (wie ich andernorts zu zeigen versucht habe) auch ein neuer Schultyp wirkt, ohne darum gegen die dominante Kultur gerichtet zu sein, wie der beste Kenner dieser Probleme, Weston LaBarre, bemerkt, der einen Beitrag zu diesem Bande geleistet hat. Der Kult hat also eine durchaus positive Funktion, was selbstverständlich gegen seine Kriminalisierung spricht.

Schließlich vermögen auch die von der Volkskunde aus Europa berichteten Fälle von Kulten, die sich um gemeinsamen Drogengenuß (Pilze) gebildet haben, an dieser Relativierung von Quasi-Religionen nichts zu ändern; denn hier handelt es sich ganz eindeutig um Überlebsel (survivals) aus alten Hexenkulten, die man selbstverständlich ernst und zur Kenntnis nehmen muß. Im übrigen spielt der Drogengebrauch in beiden Fällen eine eminente Rolle in der Volksmedizin, für die sich in der Ethnomedizin ein mit Recht wachsendes Interesse zeigt, das sich unter anderem auf psychosomatische Phänomene erstreckt. Ein besonders wichtiges Ritual hat sich gerade in dieser Hinsicht als Antwort auf die Verbreitung „weißer" medizinischer Dienste bei nordamerikanischen Indianern aufgebaut, z. B. bei den Navajo, indem man immer deutlicher erkennt, daß nach Abschluß einer Behandlung im Krankenhaus eine „Rückführung" des Patienten in seine eigene Psycho-Kultur erfolgen muß, um die Effizienz der Behandlung auch dort zu sichern. Das aber vermögen einzig traditionelle Reinigungsriten und auch „psychosomatische" Behandlungen eigener Natur. So darf man abschließend sagen, daß die eingeborenen Rituale religiöser und magischer Natur nicht nur Relikte aus einer fernen Vergangenheit, sondern nach wie vor in Bewegung sind und auf neue Reize auch neue Antworten geben, was ein wesentliches Zeichen für ihre auch unter sich wandelnden Lebensbedingungen anhaltende Funktionalität darstellt.

Alexandre Vexliard: Introduction à la sociologie du vagabondage

Der Verfasser, der in den letzten sechs Jahren nacheinander eine ganze Reihe höchst interessanter Abhandlungen über die Sozialpsychologie des „clochard" veröffentlicht hat, gibt in dem vorliegenden Bande eine ungemein gelungene Untersuchung der Rolle des Vagabundentums durch die westliche Geschichte von der griechisch-römisch-jüdischen Antike bis heute, wobei auch interessante Seitenblicke auf die Lage in den Vereinigten Staaten und bei den Inkas in Peru geworfen werden. Man könnte also zunächst vermuten, daß es sich dabei um eine mehr historisch ausgerichtete Studie handelt. Das würde jedoch an dem wesentlichen Gehalt dieses ungemein dichten Buches vollkommen vorbeigehen, das vielmehr eine eigentliche systematische „Einleitung" in die Soziologie des Vagabundentums geben will. Da der Verfasser jedoch klar unterscheidet zwischen einem „elementaren" und einem „strukturellen" Vagabundentum, das heißt einem solchen, das nur durch „zufällige" Ereignisse wie Naturkatastrophen, Erdbeben, Überschwemmungen, Hungersnöte, Epidemien und Kriege bedingt ist, und einem anderen, das darum zu einem wirklichen Problem wird, weil es notwendig aus der Struktur und den Einrichtungen einer gegebenen Gesellschaft resultiert, sieht er sich zu einer historisch vergleichenden Betrachtung der verschiedenen westlichen Gesellschaften mit Bezug auf dieses Problem verwiesen. In dieser Hinsicht wird das Buch zu einer faszinierenden Analyse des „Lumpenproletariats", wie Marx zu sagen pflegte, also der von der Geschichtsschreibung vergessenen „ehrlosen" Menschen, die jenseits der

---

Rezension des gleichnamigen Buches: Petite bibliothèque sociologique internationale sous la direction d'Armand Cuvillier. Série A: Auteurs contemporains. Paris: Librairie Marcel Rivière & Cie, 1956. 245 Seiten, ffrs. 600.–.

offiziell anerkannten Ordnung leben. Man wird aufmerksam, wenn man hört, daß dieser Bevölkerungsteil über Jahrhunderte rund ein Sechstel der Gesamtbevölkerung ausmachte.

Schematisch betrachtet treten drei Formen von sozialen Zwängen auf, welche für die Entstehung der verschiedenen Wellen von Vagabunden verantwortlich sind: in der Antike sind es bestimmte politisch-rechtliche Vorstellungen, wie sie mit der Institution der Sklaverei verbunden sind; im Mittelalter wirken sich (positiv und negativ) religiöse Ursachen aus, und seit dem 14. Jahrhundert schließlich vorwiegend ökonomische Ursachen. Die Darstellung dieser Entwicklung beansprucht mehrere zentrale Kapitel des Buches. Sie gewinnt aber noch dadurch an Bedeutung, daß der Verfasser das Bild des Vagabundentums sich erst in der Ideologie des Vagabundentums vollenden läßt, wie es auch vor Jahrzehnten schon der Amerikaner Nels Anderson in seinem unvergessenen „Hobo" (zuerst 1923) getan hatte. In der eigentlichen „Theorie" des Vagabundentums sind jene Abschnitte von besonderer Bedeutung, welche die Beziehungen zur Arbeitslosigkeit aufgreifen. Erst in der unmittelbaren Gegenwart ist das strukturelle Vagabundentum im Verschwinden, nachdem die moderne Wertordnung den Anspruch jedes Einzelnen auf ein Leben in einiger Würde anerkannt hat. Das vorliegende Buch ist ein typischer Beweis dafür, daß jedes Teilproblem der Soziologie außerordentlich fruchtbare Perspektiven zu eröffnen vermag, wenn es nur empirische Fundierung (in diesem Falle historische) mit theoretischen Leitideen zu verbinden weiß. Insbesondere dürfte das sentimentale und verlogene Vorurteil von der einheitlich geschlossenen mittelalterlich-ständischen Welt durch dieses Buch eine sehr handgreifliche Einschränkung erfahren.

Alexandre Vexliard: Le Clochard. Etude de psychologie sociale

Vom gleichen Verfasser erschien vor kurzem eine mehr historisch und soziologisch-systematisch orientierte „Soziologie des Vagabundentums" [vgl. den vorhergehenden Text]. Dieser schließt er nun eine umfangreiche sozialpsychologische Analyse des heutigen Vagabunden an, jener liebenswürdigen Gestalt des Pariser Clochard, der im Sommer unter den Brücken schläft. Außer einer allgemeinen großen Erfahrung auf diesem Gebiet stützt sich der Verfasser zusätzlich noch auf 61 Fallanalysen, die er teils ausführlich, teils im Auszuge wiedergibt und kommentiert. Außerdem wird die ganze Untersuchung eingebaut sowohl in ein allgemeines theoretisches Rahmenwerk, wie er auch ein Strukturbild der Existenz des Vagabunden zu gewinnen versucht, das für das Verständnis seiner Reaktionsweise außerordentlich aufschlußreich ist. Vor allem scheint uns der Hinweis wichtig, der eine Einsicht aus dem ersten obenerwähnten Werke fortsetzt, nach der früher das massenhafte Auftreten von Vagabunden gewissermaßen strukturell bedingt war durch das Unehrlicherklären zahlloser Menschen. Dies kommt aber in anderer Form auch noch heute vor, wo z. B. die Landwirtschaft dauernd höchst mobile Saisonarbeiter verlangt, ebenso die Bauindustrie, wobei man sich nicht wundern darf, daß die solchermaßen hin- und hergeworfenen Individuen allmählich zu Vagabunden werden, die höchstens noch Gelegenheitsarbeit leisten. Diesen gegenüber stellen die wahren Originale der Clochards, die mit ihrer Existenz ganz glücklich sind, nur eine verschwindende Minorität dar.

Rezension des gleichnamigen Buches: Paris: Desclée de Brouwer 1957, 317 Seiten.

Von besonderem Interesse scheint uns in diesem Buche die systematische Skizze der Lebensweise des Clochard. Früh beginnt sein Tag mit der Runde durch die Kehrrichteimer vor den Häusern, aus denen er Reste von Lebensmitteln und und brauchbare Textilien, Papier und anderes entnimmt, was er verkaufen kann. Er ist notorisch unterernährt, was auch für die oft so ins Auge fallende Apathie des Vagabunden verantwortlich ist; sein weniges Geld gibt er gern für Alkohol aus, bei dem er seine Vergangenheit vergißt. So geht es von Tag zu Tag, von Woche zu Woche, von Jahr zu Jahr, bis er irgendwo vergessen stirbt, meist eines plötzlichen Todes auf der Straße. Von hier aus zeigt sich, daß der Vagabund nicht einfach „anormal" ist, sondern daß sein Leben eine eigene Struktur entfaltet: Im Hintergrund steht irgendwann einmal ein „Unglück", sei es ein persönlicher Verlust oder Arbeitslosigkeit, Krankheit und ähnliches. Von da an beginnt er, eine „Marginalexistenz" zu führen, in der sich langsam eine neue Person aufbaut. Dies erfordert eine „Lehre" eigener Art, wobei es bezeichnend ist, daß dem physischen Altern keine soziale Reifung entspricht (S. 59 ff.). So geht er durch einen mehr oder weniger weitgespannten Anpassungsprozeß an das neue Leben, entwickelt neue Werte und bezeichnende Einstellungen, wobei ihm wenig gelegen ist an Gruppengratifikationen wie -sanktionen, höchstens daß er sich am Anfang des Winters gern ins Gefängnis einliefern läßt, um dort die schlechte Jahreszeit zu überdauern, bis schließlich alle seine Umweltbeziehungen umgeformt sind.

Da der Vagabund meist ziemlich genau vom Gelegenheitsarbeiter oder vom kleinen Dieb zu unterscheiden ist (trotz gelegentlicher Überschneidungen), ist diese Analyse von ganz besonderem Interesse. Sie zeigt, wie sich auch die Welt der Apathie erst langsam aufbaut und nicht nur etwas Regelloses und aus dem Rahmen Fallendes darstellt. So vermeidet diese eingehende und sorgfältige Untersuchung sowohl die dramatischen wie die romantischen Akzente, die so oft das Bild des Clochard verzerren. Auch dies ist ein Métier wie alle anderen, das gelernt wird. Andererseits zeigen sich am Ursprung teils strukturelle Verfassungen der umgebenden Gesamtgesellschaft, teils ein persönlicher Schock, welche den Eintritt in die Welt des Vagabundentums entscheiden, aus der nur wenige sich wieder befreien, nachdem sie sich einmal diesem Leben angepaßt haben.

Kleine Vagabunden. Begegnungen mit italienischen „sciusciàs"

Zunächst zwei Fragen: wer ist „sciusciàs" und was heißt das Wort? „Sciusciàs" ist der selbstgewählte Name der verwahrlosten Kriegskinder Italiens, der mit Stolz getragen wird und fast schon einer Standesbezeichnung gleichkommt wie der neapolitanische Ausdruck von den „scugnizzi". Während aber dies Wort italienisch ist, spricht aus dem anderen die Erinnerung an den Krieg und die fremde Besatzung. Schon in Nordafrika hatten die amerikanischen Soldaten Gelegenheit gehabt, mit mehr oder weniger vagabundierenden und alleinstehenden Kindern zusammenzustossen, die sich vor allem als Schuhputzer, als „shoeshiner" betätigten. Nach den Landungen in Sizilien und Unteritalien wurde dann dieser Ausdruck auf alle verwahrlosten Kinder und Halbwüchsige, vor allem aber auf die Tausende von Mädchen ausgedehnt, die den Armeen von Süden her bei ihrem Vormarsch folgten und ihr Leben mit einer wesentlich anderen Beschäftigung als mit Schuhputzen fristeten. Bald hatten die Kinder den Ausdruck „shoeshiner" aufgeschnappt und klanglich umgemodelt: so entstand das Wort „sciusciàs".

Verwahrloste Kinder gibt es überall in Italien, der echte „sciuscià" aber stammt aus dem Süden, aus Sizilien, Calabrien und aus dem Gebiet von Neapel und befindet sich meist bereits seit Jahren auf der Wanderschaft. So traf ich in Mailand ein Pärchen aus Salerno, Bruder und Schwester, er sieben, sie etwas mehr als vier Jahre alt. Ich wurde auf sie aufmerksam, als mich das Mädchen im Kaffeehaus anbettelte, während ihr Bruder auf der Strasse Ziehharmonika spielte. Ich gab ihr ein grosses Stück Kuchen. Sofort brach die Musik ab und die beiden teilten den Kuchen, nachdem sie sorgsam ausgemessen hatten, dass auch kein Stück grösser sei als das andere. Irgendwo spürte ich mich eigentümlich berührt von der Szene, sie war sachlich und zärtlich zugleich. So nahm ich noch zwei Stück Kuchen und brachte sie den beiden. Zu Anfang waren sie wohl etwas erstaunt und auch misstrauisch; bis ich mich dann aber neben ihnen aufs Trottoir niedersetzte, begann der Junge sogleich munter zu plaudern und aus sich herauszugehen.

Aus Salerno stammten sie, ihr Vater war in Russland im Kriege, die Mutter war bei einem Bombardement umgekommen. Man hatte sie erst in ein Heim gesperrt, sogar getrennt, aber eines Nachts war er kurzerhand auf die Suche nach seinem Schwesterchen gegangen, das damals anderthalb Jahre alt war. Und seit dieser Zeit waren sie sommers und winters hinter den alliierten Truppen hergezogen, bis sie mit Waffenstillstand in Mailand gelandet waren. Das war eine gute Zeit gewesen. „Wir haben gut gegessen, es gab Fleisch alle Tage!" Aber mit Kriegsende war das gute Leben vorbei. Man musste sich nach einem Beruf umsehen. Dabei kratzte sich Ciccio den Schorf von einer kleinen Wunde am Knie ab. „Siehst du, Signore, der Frieden ist schön. Aber im Kriege lebt unsereins viel besser. Man braucht nicht auf den Feldern oder in den Läden Obst und Salat zu stehlen, überall lassen die Soldaten etwas liegen. Und zu Geld kommt man leicht." Er nickte. „Jetzt ist es viel schwerer."

„Wovon habt ihr denn damals gelebt?" frug ich ihn.

„Oh, wir haben die alten Benzinkannen der Amerikaner auf den Strassen aufgesammelt und in den Dörfern verkauft. Manchmal waren die Benzinkannen auch voll, sie lagen auch nicht auf der Strasse, sondern auf einem Camion. Dann waren sie schwer zu tragen, aber sie wurden gut bezahlt. Und Schuhe haben wir verkauft, Hemden und Hosen. Damals ging es uns gut. Und überall konnte man in verbrannten Tanks schlafen. Das gibt's jetzt nicht mehr. Sie haben alles fortgetragen und in die Fabriken gebracht. Und alte Zigarettenstummel zu sammeln, wie es die anderen tun, das ist doch eine Schweinerei!" Er spuckte aus und hielt die Arme um die angezogenen Knie geschlossen.

„Dann habe ich mir dies Ding hier gemietet; er wies mit dem Kinn auf die Ziehharmonika. „Aber ich hab' es erst lernen müssen. Und dann habe ich vor den Kaffehäusern gestanden, um die Lieder zu lernen. Es war nicht einfach, aber es geht doch. Heute kann ich es gut. Ich mache mir 100 Lire am Tag, wenn gutes Wetter ist. Jetzt wird es neblig und da hören die Leute nicht hin, wenn man spielt; sie laufen eilig nach Hause und die Kleine muss immerzu springen, bis sie einen fasst. Aber das Ding da" – wieder die Bewegung mit den Kinn – „gehört jetzt uns, ich habe es gekauft."

„Ja, hast du denn Geld?" frug ich erstaunt.

„Aber natürlich. Sogar viel. Wir brauchen es jetzt. Wir wollen heim, heim nach Salerno. Ich mag Mailand im Winter nicht. Die Leute sind nicht gut hier und die Polizei auch nicht. Sie greifen einen auf, wenn man nur Zigaretten verkauft. Wir reisen nach Hause. Mit der Bahn."

Ich machte ein zweifelndes Gesicht. „Aber die Bahn ist doch teuer." – „Ich weiss schon", kam die Antwort. Dann ein Griff ins Hemd: „Hier siehst du"; er holte ein Päckchen aus Zeitungspapier hervor. „Lauter gute Scheine, fast tausend Lire. Bald haben wir genug und können heim."

„Hast du denn keine Angst, dass ich dir das Geld nehme?"
Er stutzte und sah mich einen Moment forschend an. „Nein, das tust du nicht. Du bist ein Signore und Signori tun das nicht. Nur vor den „sciusciàs" muss man aufpassen. Aber sonst habe ich immer Vertrauen", dann zögerte er, „peró bisogna stare colle spalic contro il muro" (doch man muss mit den Schultern an der Wand stehen), und schleunigst hatte er das Päckchen wieder an der Brust unter dem Hemd versorgt. Dann sprang er auf. „Wir müssen jetzt vor den Restaurants spielen gehen, da ist unser bestes Geschäft. Aber der Kleinen musst du schon etwas geben, Signore. Sagen wir zehn Lire, und dann ist es gut." Er strich zweimal die Handflächen übereinander, wie es die Händler auf dem Markte tun, wenn sie einen Kauf abschliessen, dann gab er dem Schwesterchen das Geld. „Halt den Schein auf dem Teller, damit die Leute sehen, dass wir keine dreckigen Ein-Lire-Scheine wollen!"

Die „sciuscià" sind verschieden wie die Verhältnisse, unter denen sie leben. In der Pineta del Tombolo, einem ausgedehnten Walde zwischen Livorno und Coltano, von der alliierten Militärpolizei „the forbidden city" genannt, leben Hunderte von sciusciàs. Sie sind die Verbündeten der in diesem Walde verborgenen Deserteure aus den alliierten Armeen, meist Neger, Malaien, Inder und Philippinos, zu denen sich entwichene deutsche Kriegsgefangene gesellt haben. Nacht für Nacht werden Überfälle auf die in der Nähe aufgestapelten Heeresvorräte der Amerikaner ausgeführt, wobei es nur allzu oft zu Schiessereien kommt. Auch die sciusciàs sind bewaffnet. Ihre eigentliche Funktion besteht aber heute darin, tagsüber für die anderen Wache zu stehen.

Als jüngstens die Militärpolizei eine ausgedehnte Razzia auf die Pineta del Tombolo unternahm, fand sie auf jedem Baum einen sciuscià sitzen, der Alarm gab. Sie bewiesen einen grenzenlosen Opfergeist, indem sie sich zu Dutzenden gefangennehmen liessen, um die Aktion zu verlangsamen und den anderen Zeit zu geben, sich und ihr Geld in Sicherheit zu bringen. Im übrigen waren sie ihrer Sache ganz sicher, dass sie bei der nächsten besten Gelegenheit wieder ausbrechen würden.

Eine eigene Gruppe stellen hier die weiblichen sciuscià dar, von den Italienern in amerikanischer Aussprache „segnorine" genannt. Sie sind fast ausnahmslos Mädchen aus dem Süden. Im Durchschnitt sind sie zwölf bis sechzehn Jahre alt. Der Einfachheit halber laufen sie in völliger Nacktheit herum und haben ihre Kleider in irgendeinem Baum versteckt. Sie leben mit den Negern zusammen, von denen sie fürstlich entlohnt werden.

Die alliierte Militärpolizei hat jetzt ein summarisches Verfahren beim Einfangen dieser Mädchen entwickelt. Sie werden einfach nackt, wie sie sind, auf einem Camion verstaut und nach Hause gefahren. Neulich passierte es, dass die Milizisten mit einem Mädchen im Evakostüm eine halbe Stunde in ihrem Heimatstädtchen suchen mussten, bis sie die Eltern fanden. Während das Publikum dies mit Gelächter quittierte, protestierte die Geistlichkeit gegen ein solches Verfahren. Im übrigen pflegen die Mädchen meist sofort wieder auszureissen, sei es, um das bequeme Leben in der Pineta wieder aufzunehmen, sei es auch nur, um ihr Geld aus dem Versteck zu holen. Manche mögen wieder in ein normales Leben zurückfinden, viele aber bleiben bei der Prostitution.

Die grössten Ansammlungen von sciuscià fand ich in dem schwer zerstörten Quartier von Neapel, zwischen dem Hauptbahnhof südlich zum Hafen zu, wo früher die grossen Lagerhäuser standen. Hat man sich erst einmal in den staubigen Strassen verloren, so ist eine Orientierung kaum mehr möglich. Denn eine Strasse erscheint wie die andere, ausgebrannte Häuser, kleine, zerstörte Fabriken, Lagerhäuser, manchmal nur riesenhohe Schutthaufen, die man irgendwie zusammengeschoben hat. Dann kommt wieder ein freier Platz, an dessen Ecke ein kleines Restaurant hergerichtet ist. Aus dem Innern hört man Musik von einem elektrischen Klavier, dazu grölende amerikanische Stimmen. Hier haben eine ganze Reihe von amerikanischen Italienern Unterschlupf gefunden, die sich nun mit allerlei dunklen Geschäften befassen. Welcher Art diese Geschäfte sind, ahnt man leicht, wenn man an der nächsten Ecke einen Laden findet, in dem ausschliesslich amerikanische Uniformstücke feilgeboten werden. Es fehlen nicht einmal Revolver in der Auslage.

An den Strassenecken, auf dem Trottoir hockend, in langen Reihen auf halb umgestürzten Mauern sitzend, fand ich aber immer wieder Gruppen von sciuscià. Sie schwatzen, rauchen und spucken. Meist sitzt in der Mitte der Anführer und gibt seine Meinung zum besten. Ein richtiger kleiner Gangster. Sie arbeiten in der Tat im Gruppenakkord für die anderen erwachsenen lichtscheuen Elemente, die sich in diesem Quartier verbergen, das schon am Eingang die Anschrift trägt: „Out of bonds, out of limits for all allied troops." Sie dienen als Spähtruppe, als Wache und als Nachhut, wenn sich die Militärpolizei oder die italienische „Celere" einmengt.

Hier war es schon schwerer, Anschluss zu finden, obwohl ich mich in Begleitung eines Capresers befand, der den Dialekt beherrschte, während ich mit meinem Hochitalienisch erst Misstrauen und dann schallendes Gelächter erregte. Gerade mit dem Gelächter aber fand ich dann schliesslich doch Zutritt und eine halbe Stunde später sassen wir in einem Riesenkreise in dem schattigen Toreingang zu einem eingestürzten Hause mit einem quadratischen Hofe im Inneren, auf dem durch die Trümmer schon hohe Pflanzen herauswuchsen. Wie ich im Laufe unseres Palavers erfuhr, waren die Kellerräume des Hauses wieder als Wohnräume eingerichtet worden; auf den ersten Blick war überhaupt nicht wahrzunehmen, dass hier irgendwer wohnen könnte.

Ich verteilte amerikanische Zigaretten, die kennerisch beurteilt wurden. „Gut, das sind Marinezigaretten, das Paket ist 300 Lire wert, für die anderen zahlt man nur 270 Lire!" Der Ältere tauschte meine Zigarette mit einer anderen, die er hinterm Ohre trug. „Die rauche ich später. Jetzt rauche ich eine Nazionale." „Wie sind denn die Nazionali?" erkundigte ich mich interessiert. – „Gar nichts sind sie", war die kurze Antwort. „Viel zu schwach!"

Der Bursche war dreizehn Jahre alt, aber er war seines Alters nicht ganz sicher, denn er war schon drei Jahre unterwegs. Er stammte aus Alcamo in Sizilien.

„Willst du denn nicht nach Hause zurück?" frug ich.

„Porco Madonna, was soll ich da? Kennt Ihr Sizilien?" Ich bejahte. „Das sind doch keine Menschen, sono senza civiltà" (sie haben keine Kultur). Ich musste mir ein Lächeln verkneifen. Aber mein Gegenüber war todernst und der Kreis um uns nickte Zustimmung. Vorsichtig frug ich nach dem Warum. „Ach was, dumme Bauern sind sie und schmutzig und abergläubisch. Und sie haben auch nichts gesehen. Ich war schon überall. In Rom, in Livorno, in Bologna, in Benevento, überall. Und bald gehe ich nach Brasilien. Da will ich dann verdienen. Auch Neapel ist nichts mehr. Immer weniger Betrieb. Aber vor einem Jahr noch, da hättet Ihr sehen sollen, da war es schön! Jetzt greifen sie einen auf und zwingen uns, bei der Eisenbahn zu arbeiten, Steine zu schleppen, Wasser zu bringen. Das ist doch eine Drecksarbeit. Ich hab's versucht. Aber am Ende der Woche bin ich auf und davon. Die da", er wies auf den Kreis um uns, „werden ja ohne mich nicht fertig."

„Wovon lebt ihr denn?" erkundigte ich mich weiter. „Oh, wir haben ein gutes Geschäft. Wir suchen Automobilreifen. Habt Ihr gesehen, hinter dem Palazzo Reale auf dem grossen Platz, da stehen jetzt über Nacht die Maschinen. An der einen Seite ist der Stacheldraht eingedrückt, sie haben es noch gar nicht gemerkt. Wir machen uns zwei bis drei Reifen in einer Nacht, wenn es gut geht. Es ist nur schwer, damit über die Strasse zu kommen. Früher war das viel besser: da gab's noch kein Licht in den Strassen. Braucht Ihr einen Reifen? Wir haben viel!"

Wir standen auf und gingen durch den Hof in eine Ecke, wo eine schmale Treppe abwärts führte. Unten sah ich Reifen an Reifen, auf der einen Seite gebrauchte, auf der anderen neue, sauber aufeinandergeschichtet. Zwei kleine Burschen waren damit beschäftigt, alte Schläuche zu reparieren. Im Hintergrunde lagen ganze Haufen von Autozubehör, ein richtiges Warenlager.

„Wie verkauft ihr denn das alles?"

„Da hinten an der Porta Nolana, da ist jede Woche Markt. Aber es ist alles nicht mehr so wie früher, die Preise werden immer schlechter. Nein, ich gehe nach Brasilien."

Nachdenklich ging ich heim. Ein merkwürdiges Wesen ist schon der sciuscià. Selbstbewusst, verwildert, vagabundierend, von einem fanatischen Unabhängigkeitsdrang besessen. Aber jeder arbeitet auf seine Weise, wenn die Art der Arbeit wohl auch manchmal etwas anrüchig ist.

Und plötzlich fiel mir ein, wie mir vor Jahren einmal ein süditalienischer Freund gesagt hatte, dass er mit vier Jahren begonnen hätte, sein Leben zu verdienen. Im Grunde haben die sciuscià ihre kleine Arbeitswelt für sich. Natürlich stehlen sie – aber wie soll man nicht zum Diebstahl verleitet werden, wo eine ungeheure Verschwendung getrieben wird, wie es der Krieg so mit sich bringt? Ausserhalb Neapels, an der Via Appia entlang, sah ich Tausende von verlassenen Kriegsfahrzeugen stehen, die verkauft werden sollen. Die Bewachung war völlig ungenügend und praktisch gar nicht durchführbar. Ein wahres Eldorado für die sciuscià, die auch hier – so sagte man mir – ihre grössten Beutezüge machen, wie die Amerikaner sehr zu ihrem Leidwesen erfahren mussten. An jeder Ecke stehen in Neapel Warnungsschilder: „Look behind you! Guard your kit!" Aber was nutzt das schon?! Sciuscià ist schneller, sciuscià hat die besseren Augen und ist in dreijähriger Erfahrung gewitzigt geworden. Vielleicht, dass sciuscià eines Tages doch noch zu einem ganz ordentlichen Arbeiter wird, wenn die Unordnung verschwunden sein wird, die die Erwachsenen geschaffen haben.

Henner Hess: Mafia. Zentrale Herrschaft und lokale Gegenmacht

Die unentwegte Aktualität des Themas der Mafia wird unter anderem durch den Umstand bekräftigt, daß im vergangenen Jahre ein Film von Giuseppe Ferrara unter Beratung durch Michele Pantaleone, einem ausgezeichneten Kenner der Frage, unter dem Titel „Il sasso in bocca" (auch als Buch im Verlag Cappelli) erschienen ist. Dazu gehören auch aufsehenerregende Verbrechen wie die jüngste Ermordung des Industriellen Enrico Mattei und anderes, von dem die italienischen Tageszeitungen, insbesondere die sozialistischer Observanz, regelmäßig berichten, während es in Sizilien darüber zumeist ruhig ist. Hier herrscht nach wie vor das Gesetz des Schweigens und der „Omertà". Dieser Film, und darum erwähnten wir ihn, gibt eine nachträgliche Rechtfertigung für die Abfassung des vorliegenden Buches, das von dem an sich richtigen Ausgangspunkt der Nichtexistenz einer formell organisierten Mafia die Tendenz hat, ihre Rolle in den letzten Jahren etwas herunterzuspielen, was wohl eher eine Fernwirkung der Verschleierungstaktik der Mafiosen darstellt, als der Wirklichkeit entspricht. Auch besteht sowohl bei Henner Hess als auch bei seinem Lehrer Wilhelm E. Mühlmann, der unmittelbar nach Fertigstellung der Dissertation von Hess (1967) in dieser Zeitschrift eine genau gleich orientierte und eindrucksvolle kurze Einführung in die Problematik der Mafia gab (Zur Sozialpsychologie der Mafia, in: KZfSS XXI, [1969]), eine Tendenz, die vermeintliche Effizienz des Faschismus in der Bekämpfung der Mafia zu überschätzen, so daß das „spontane" Wiederaufstehen der Mafia nach 1943, d. h. nach der Landung

---

Rezension des gleichnamigen Buches: Heidelberger Sociologica 8. Tübingen: J. C. B. Mohr (Paul Siebeck) 1970. VIII und 230 Seiten. Preis: Lw. DM 42,50; Kart. DM 37,50.

der Alliierten in Sizilien, eher als eine Folge der Kriegsereignisse und der dunklen Machenschaften der amerikanischen „Cosa Nostra" erscheint und nicht, was uns richtiger erscheint, als Ausdruck der unabgerissenen Kontinuität der Mafia. Als ich zwischen 1934–1936 insgesamt fast ein Jahr in Sizilien verbrachte, also auf dem Höhepunkt des faschistischen Kampfes gegen die Mafia, zu der schon damals Sozialisten, Kommunisten und Separatisten gestoßen waren, versickerte jede noch so plötzlich entrierte Polizeiaktion gegen eine watteweiche Wand des Schweigens; und ich erinnere mich an den 28. Oktober 1934, den Jahrestag des „Marsches auf Rom", daß in einer sizilischen Bergstadt die männlichen Einwohner auf die Piazza aufgeboten worden waren, um eine Rede Mussolinis anzuhören, und dieser bis zum Ende folgten, um dann schweigend die Piazza zu verlassen. Das war der reinste Ausdruck der von Mühlmann zur Erklärung herangezogenen „Überlagerungsmentalität". Der kontinentale Faschismus wurde einem fremden Eindringling gleichgeachtet. Wenn man die Kontinuität der Mafia minimisiert, wird man zum Opfer der Verschleierungstaktik der Mafiosen, die zwar heute nicht so sehr durch Polizeiaktionen, sondern durch den intensiven sozialen Wandel, den Sizilien durchmacht, vielleicht viel nachhaltiger als jemals in Frage gestellt sind.

Diese Bemerkungen sollten keine Kritik, sondern nur eine Warnung sein; im übrigen ist das Buch von Henner Hess sehr informativ, das aus einer ganzen Gruppe von Untersuchungen über Sizilien, die von Mühlmann veranlasst worden sind, herausgewachsen ist und darum auch im Zusammenhang damit gesehen werden muß. Sein Buch ist weitgehend auf archivierten Polizeiberichten und Polizeiakten von 1880–1890 aufgebaut und bemüht sich, die daraus sichtbar werdenden Zusammenhänge soziologisch zu analysieren und auch mit organisationstheoretischen Begriffen die Intensität des Zusammenhalts auszuloten. Dabei erscheint als entscheidender Hintergrund für die Entstehung des Mafioso die sizilianische Sozialstruktur und – wie Hess sagt – „die Tradition der doppelten Moral"; hierfür hätte man auch die These von Max Weber über die Antinomie von Binnenmoral und Außenmoral bei Pariagruppen heranziehen können, denn angesichts der beschleunigten Entwicklung des Nordens nach der italienischen Einigung erschienen sich die Sizilianer selber nicht nur als die Kinder der „Miseria", dessen klassisches Epos Giovanni Verga mit seinem Roman „I Malavoglia" (1881) geschaffen hat, sondern auch als eigentliche Pariagruppe.

Besonders gelungen sind die Abschnitte, wo die Mafia konfrontiert wird mit Klientelbeziehungen, auch mit der „Cosca", einer Art lockerer Gruppe, die ad hoc für die Ausführung bestimmter Handlungen zusammentrat, wenn auch ihre Rekrutierung aus bestimmten Verwandtschaftsbeziehungen erfolgte. Aber auch diese Gruppen sind recht locker, so daß man besser den Ausdruck „Gruppierung" für sie verwendet. Das gleiche gilt sicher auch für die Mafia, die also nicht das geschlossene Verbrechersyndikat von Palermo bis Chicago darstellt, als das man sie oft zeichnet. Aber selbst wenn sie immer nur fallweise ihre Einheit aktualisiert, so besteht doch eine meist zwar nur latent vorhandene, darum aber um nichts weniger effiziente Voraussetzung, nämlich die Existenz im „Untergrund", die dem sonst nur atmosphärisch relevanten mafiosen Verhalten in gewissen Momenten und unter gewissen Umständen eine erstaunliche Schlagkraft gibt, und zwar bis in die jüngste Gegenwart, wie die Ermordung Enrico Matteis und die Aufstände von Reggio di Calabria beweisen. Das alles ist zu unterscheiden von dem sardinischen Kidnapping, was in den letzten Jahren die italienische Öffentlichkeit so beschäftigt hat.

Das vorliegende Buch zeigt, wie eng Soziologie und Ethnologie zusammenarbeiten können, was zweifellos für alle Beteiligten seine großen Vorteile hat.

Peter O. Chotjewitz: Malavita. Mafia zwischen gestern und morgen

Wenn ich vor einigen Jahren in einer Besprechung des Buches von Henner Hess über die Mafia (Tübingen 1970) schrieb, daß der Verfasser eine verhängnisvolle Neigung habe, die Mafia zu unterschätzen [siehe den vorhergehenden Text], so wird diese Neigung heute durch das angezeigte Buch von Peter O. Chotjewitz schlagend belegt. Denn es zeigt diese Greueltaten der Mafia seit ca. 1943 bis heute (selbst die Verhaftung von Franco Coppola von Ende Juni 1973 wird noch erwähnt). Dies Gemälde ist durchaus geeignet, einem kalte Schauer über den Rücken laufen zu lassen, selbst wenn sich der Verfasser mit Recht fernhält von einer romantischen Glorifizierung der Mafia. Aber es ist im Gegensatz zur Meinung von Henner Hess nicht von der Hand zu weisen, daß die Mafia vielleicht noch nie so virulent war wie heute, da sie gewissermaßen aus den Traditionen des 19. Jahrhunderts eine stürmische Renaissance erlebt hat, die den Verfasser dazu bringt, den Begriff der „Neuen Mafia" zu prägen. Das setzt an Taten an, die wir schon mit der Ermordung des italienischen Ölindustriellen Enrico Mattei im Auge hatten, und die sich nun nicht mehr allein auf Sizilien beschränken, sondern mittlerweile ganz Italien bedrohen. Mit dem Film „Il padrino" hat sich zudem die Mafia die Aufmerksamkeit der Weltöffentlichkeit gesichert, wobei es eine durchaus reizvolle Aufgabe wäre festzustellen, was für Vorstellungen eigentlich heute beim Publikum mit dem Wort Mafia assoziiert sind.

Während das Buch von Henner Hess im Grunde eine Problematik der Mafia analysiert, die ihre Wurzeln im 19. Jahrhundert hat, ist Chotjewitz ausschließlich an der Gegenwart der Mafia interessiert. Das heißt nicht, daß

Rezension des gleichnamigen Buches: Mit einem Nachwort von Peter Kammerer. Köln: Verlag Kiepenheuer & Witsch 1973. 394 Seiten. Preis: DM 28,–, Ln.

bei ihm die Vergangenheit zu kurz käme. Im Gegenteil: er rezipiert durchaus die Ergebnisse von Hess, verfolgt sie aber in ihren Wandlungen nach der Landung der Alliierten in Sizilien im Jahre 1943. Wenn sich Henner Hess in seinen Analysen an die Prozeßakten von 1880 hält, so bringt er damit eine Problemlage in den Blick, die zweifellos zu den Ursachen der Mafia gehört und die er im Untertitel seines Buches bestens zusammenfaßt: *Zentrale Herrschaft und lokale Gegenmacht.* In der frühen Phase des einheitlichen Italiens sperrten sich zahllose Traditionsmächte gegen den modernen Staat, insbesondere die überlebenden Reste des Feudalismus, die sich in Sizilien mit dem Latifundiensystem vereint hatten. Dazu kam das Ausblutungssystem der Groß- und Unterpächter (Gabelotti), welche die Bauern bis zum letzten ausbeuteten und sie damit zu einer leichten Beute des Banditenwesens machten, mit dem sich die Mafia entfaltete. Dazu kommt die Unübersichtlichkeit Siziliens, die es der Ordnungsmacht schwer bis unmöglich machte, sich durchzusetzen. Das galt vor allem für das Land. Zu Beginn war die Mafia ehe rein ländliche Macht, der gegenüber sich auch Mussolini nicht durchsetzen konnte.

Die entscheidende Wende bahnte sich seit 1943 an, als die Cosa Nostra, die amerikanische Mafia, zu ihren Brüdern in der alten Heimat stieß und bei der Vorbereitung der Landung der Alliierten eine nicht zu unterschätzende Rolle spielte, die bei Chotjewitz mit Recht hervorgehoben wird. Es kann niemanden wundern, wenn sich unter den Kriegsbedingungen eine wahrhaft vulkanische Renaissance der Mafia anbahnte, die einerseits alle traditionellen Elemente in sich vereinte, dazu ein paar neue aufgriff. Neu war insbesondere der sizilianische Separatismus, der sich zeitweise politisch sehr stark engagierte, um schließlich in den ebenfalls neuen „Regionalismus" einzulaufen und sich dort zu stabilisieren. Selbst wenn unterdessen die Reste des Feudalismus mehr und mehr verschlissen waren, um mit der Bodenreform und der teilweisen Auflösung des Latifundienwesens in den 50er Jahren noch mehr in den Hintergrund zu treten, so blieben natürlich auf dem Lande noch Probleme genug. Aber sie hätten sicher nicht ausgereicht, um der Mafia mehr als nur ein zeitweises Überleben zu gestatten. Hingegen verband sich der sizilianische Regionalismus zunächst mit einem Einmarsch der Mafia in die Stadt, insbesondere nach Palermo, aber auch nach Agrigent, und danach – zugleich mit der sizilianischen Emigration nach dem Norden – in die großen Industriestädte Norditaliens und auch Nordeuropas, und zwar überall da, wo sich größere Mengen von Wanderarbeitern aufhielten. Das ist die Geburtsstunde der „Neuen Mafia".

Die neue und die alte Mafia sind darin gleich, daß sie eine parasitäre und unproduktive Gruppe des organisierten Verbrechens darstellen; sie sind verschieden in ihren Arbeitsgebieten, wie Chotjewitz bemerkt (S. 169 ff.). Die Mafia ist heute auch keine parastaatliche Macht mehr wie im 19. Jahrhundert, als der offizielle Staat noch den Charakter dessen trug, was wir heute in der Entwicklungssoziologie als „the weak state" bezeichnen. Vielmehr ist sie ein lockerer Club von „pressure groups", Lobbyisten und simplen Verbrechern und organisierten Gangstern, die nicht nur mit den Vertretern von Cosa Nostra in New York und Chicago, sondern dazu noch mit der Unterwelt von Marseille und Corsica im Rauschgifthandel einträchtig zusammenarbeiten. Dazu kommen noch die Bauspekulation und zahllose andere dunkle Geschäfte, welche die Mafia unterdessen „in die Büros der privaten Unternehmen und der öffentlichen Verwaltung" geführt hat (S. 183). Das hat in unseren Tagen eine ganze Reihe von Gegenaktionen des italienischen Staats zur Folge gehabt, als sich die Untaten der Mafia auch in Rom breitzumachen begannen.

Das Buch von Chotjewitz ist darum besonders lehrreich für jeden Soziologen und politischen Wissenschaftler, weil es die Konvergenz zwischen dem organisierten Verbrecherwesen einerseits und der staatlichen Korruption andererseits aufweist, die in jüngster Zeit auch die europäische Öffentlichkeit zunehmend zu verpesten beginnt, nachdem sie seit den zwanziger Jahren die Vereinigten Staaten infiziert hatte. Das Buch ist sehr lebhaft und amüsant geschrieben, beweist eine vorzügliche Kenntnis der italienischen Literatur (insbesondere Michele Pantaleone, aus dem der Verf. mit vollen Händen schöpft, den er aber im Gegensatz zu anderen zitiert), auch der vielen Kommissionsberichte und der Presse, so daß ein ungewöhnlich dichtes Gewebe entsteht. Das einzige Negative, insbesondere für einen Außenstehenden, sind die vielen Namen, wobei allerdings der Laie erstaunen mag, wenn er darunter zahlreiche bekannte Politiker findet, die ausschließlich durch die Mafia zu Rang und Ehren kamen.

Was aber ist Mafia nun wirklich? Ein Verein ist sie nicht, auch keine Partei, sondern nur eine ganz lockere Assoziation von Outlaws, die sich je nachdem bald in diese, bald in jene Spekulation einlassen. „Mafia è aria che cammina", Mafia ist Luft, die wandert (S. 169), man kann sie nicht greifen, aber sie ist allgegenwärtig wie der „große Bruder", nur daß sie vorläufig noch ein Privatunternehmen ist.

Roland Girtler: Der Adler und die drei Punkte

Die gescheiterte kriminelle Karriere des ehemaligen Ganoven Pepi Taschner

Roland Girtler ist nicht nur ein passionierter Bergsteiger, sondern genau so resolut in seinem *Bemühen um qualitative Sozialforschung,* wie schon gelegentlich in einer kritischen Besprechung von ihm in dieser Zeitschrift hervorgetreten ist (KZfSS, Bd. 35 [1983], S. 162–165, speziell S. 164/5). Sein neuestes Buch, die „Autobiographie" eines Berufsverbrechers, mit dem er geradezu an die Chicago-Schule der Soziologie, aber auch an Paul Lazarsfelds und Marie Jahodas „Die Arbeitslosen von Marienthal" wieder anknüpft, ist ein brillanter Beleg dafür; es unterscheidet sich auch insofern von den meisten heutigen recht langweiligen soziologischen Publikationen, die bestenfalls mit einer Fülle von unnötigen Fremdworten glänzen wollen, daß es spannend ist wie ein Kriminalroman, nachdem es nun einmal im kriminellen Milieu spielt. Hat man erst einmal begonnen, wird man mehr und mehr mitgerissen, und die Spannung hält bis zum letzten Moment an.

Man darf das aber keineswegs im Sinne einer rein schriftstellerischen Leistung mißverstehen, vielmehr beweist Girtler dabei ein durchaus waches und methodisches Selbstbewußtsein, wie sein Anknüpfen an Jan Szczepanski und seine biographische Methode resp. an Howard S. Becker mit seinem Begriff der „kriminellen Karriere" beweist. Vielleicht schwebte ihm sogar aus der Chicago-Schule das Buch von Edwin H. Sutherland „The Professional Thief" (1937) vor, der das gleiche Prinzip anwandte, das sich übrigens in der Kultur- und Sozialanthropologie seit jeher als sehr nützlich erwiesen hat, wie zahlreiche Autobiographien von Angehörigen „primitiver" Gesellschaften belegen. In seinem früheren Buch über Kulturanthropologie (1979) hatte er

---

*Rezension des gleichnamigen Buches: Mit einem Anhang über den neuesten Stand der Wiener Gaunersprache. Wien–Köln–Graz. Verlag Hermann Böhlaus Nachfolger 1983. 415 Seiten. Preis: geb. ö. Sch. 296; DM 44.

sich eingehend mit den theoretischen Voraussetzungen dieser Wissenschaft beschäftigt, wobei – wie im vorliegenden Buch – ein besonderes Interesse für sprachliche Probleme hervortritt, die er schon in der Analyse anderer Sonderkulturen in Wien wie der „Sandler" (Heimlose) und an anderen Unterweltgruppen bewährt hatte (1981). Im Laufe dieser vorangegangenen Forschungen muß er wohl auch mit dem „Helden" seiner Geschichte zusammengetroffen sein.

Monatelang ließ sich Girtler von dem Ganoven Pepi Taschner aus seinem Leben erzählen (was alles auf Tonbänder aufgenommen wurde), nach Abschluß dieser Phase erhob sich für ihn das „Problem der Darstellung". Mit seinen Worten. „Soll ich das mir Erzählte in wissenschaftlicher, steriler Weise zusammenschreiben und interpretieren oder soll ich es einfach so, wie es der Sprache Pepi Taschners entspricht, bringen oder soll ich aus dem, was mir erzählt wurde und ich selbst erfahren bzw. beobachtet habe, ein spannendes Buch machen, welches den Leser interessiert?" (S. 10). Er ist sich natürlich völlig klar darüber, daß sich hier ein beachtliches sprachliches Problem verbirgt; denn die „originalen Worte Pepi Taschners zu verwenden und zu ordnen, erschien mir zu problematisch, da Pepi Taschner in einem Wiener Unterschichtdialekt, der ohnehin nur von wenigen Menschen vollständig verstanden wird, redet, dem jedoch jede Farbigkeit genommen ist, wenn man ihn geschrieben liest" (ebda.). So entschied er sich mutig zu einer Lösung, die eigentlich unmöglich ist, nämlich einer „romanhaften" Darstellung in Ich-Form, die aber bei aller Problembelastung doch „einen lebendigen Zugang in die „Kultur" der Kriminalität und in das Leben Pepi Taschners, für den diese „Kultur" eminent wichtig war, möglich macht" (ebda.). Die große Schwierigkeit, die hier entsteht, läßt sich leicht umschreiben: man weiß beim Lesen nicht immer genau, *wann Roland Girtler und wann Pepi Taschner spricht* (so etwa wenn letzterer das Wort „Soziologie" in den Mund nimmt, oder wurde es ihm vom Autor in den Mund gelegt? Er hatte ihn ja schließlich auch in das Soziologische Institut der Universität Wien mitgenommen).

Girtler ist jedoch darin keineswegs naiv, sondern hat die verschiedenen Ebenen seiner Darstellung zu scheiden gesucht, wie die in den Lauf der Geschichte eingestreuten „Exkurse 1–6" beweisen, *in denen ganz eindeutig der Soziologe Girtler argumentiert*. Davon sind dann noch zu unterscheiden die vorgelegten „Rohmaterialien" zu einzelnen sehr konkreten Problemen, etwa zum Thema „Bandenbildung", der kriminalitätsfördernden „Heimerziehung" oder des Strafvollzugs im Gefängnis als Oberschule des Verbrechens, die man als die Wiener Variante der amerikanischen Darstellungen des Gangsterlebens von Frederic M. Thrasher (1922), William F. Whyte (1943), Albert K. Cohen (1955) u.v. a.m. ansehen kann, wie man schon früher seine Studien über Stadtstreicher als Fortführung von Nels Anderson (1923) oder Alexandre Vexliard (1954) u. a. lesen sollte. Besonders aufschlußreich, weil Vergleiche ermöglichend, scheint mir persönlich auch die beschriebene Verschiedenheit der Unterweltkulturen von Wien von der auf der Reeperbahn in Hamburg zu sein, wo Pepi Taschner zeitweilig gelebt hat. Gewalt wird gewiß in beiden Fällen ganz groß geschrieben, daneben gibt es aber auch zeitweilig Kameradschaft zwischen den Deutschen und Wienern auf dem Strich, wenn sich aber die Leute von St. Pauli konkurrenziert glaubten, so rückten sie „schwerbewaffnet mit Revolvern und Schrotflinten aus, um die möglichen Gegner und Konkurrenten einzuschüchtern" (S. 179), was sie den Wienern überlegen macht. Auch das österreichische Gefängnispersonal scheint ihm menschlicher als das deutsche, und er freut sich schließlich, wenn er von der westdeutschen Polizei wieder nach Österreich überstellt wird.

Die tiefsten Einblicke bringt aber die Darstellung des „Scheiterns" von Pepi Taschner, die gelegentlich geradezu ergreifend und dramatisch wirkt, wenn er bekennt, wie er Fehler auf Fehler begeht und seine Funktion als Wachhund und Rausschmeißer in einem illegalen Spielklub derart einseitig als Schläger ausübt, daß er seinen Kumpanen schließlich mehr schadet als nützt. Auch Konflikte der Unterwelt haben also ihre immanenten Begrenzungen, wenn der Nutzeffekt gesichert bleiben soll. Pepi Taschner sieht das sogar selber ein, ist aber nicht imstande, sich vor Unüberlegtheiten zurückzuhalten, und damit beginnt sein unaufhaltsamer Abstieg. Als schließlich ein Versuch scheitert, sich in Wiener Neustadt durch Begründung eines Bordells selbständig zu machen, und er wieder ins Gefängnis muß, unternimmt er mehrfach Versuche zur Selbstverstümmelung (sogar zur Selbstverbrennung), die eigentlich nach einer tieferen Deutung verlangten, als sie gegeben wird. Handelt es sich dabei um Selbstmordversuche, aufkommende Schuldgefühle, Gefühle der Hilflosigkeit oder mehr noch Folgen des erkannten Scheiterns? Schließlich verfällt er mehr und mehr in Wahnideen, daß ihn seine früheren Brotgeber aus dem Wiener Spielklub aus dem Weg räumen wollen. Im Exkurs 6 greift Girtler die entscheidende Frage des „Neubeginnens" auf, was geradezu an Alfred Döblin und seinen Franz Biberkopf erinnert (ohne daß er von Girtler erwähnt würde). Die Schwierigkeit liegt darin, den Verlust jenes Status zu ertragen, der ihm in der Unterwelt zunächst Erfolg brachte, dessen spätere sehr negativen Ergebnisse aber schlechterdings nicht zu leugnen sind. Pepi Taschner wird in seiner eigenen Gesellschaft zur Unperson und das findet seine Quittung in der Bemerkung eines ehemaligen Kumpans, der ihm sagt – und das sind die letzten Worte des „Romans" –: „Pepi, mit dir muß man sich genieren".

Soweit das „Karrierebild" des Pepi Taschner. Das Buch von Girtler bringt aber noch viel mehr, wovon ich hier nur die kulturanthropologische Analyse der Tätowierung erwähne, die gewissermaßen für „Fortgeschrittene" gedacht ist und in der Regel im Gefängnis entwickelt wird. Sie ziemt sich nur für den erfahrenen „Fachmann". Der Titel des Buches bezieht sich direkt darauf und der Deckel gibt ein Photo des Adlers auf der Brust, der für Stärke steht (hier: Entscheidung zur Gewalt), und drei Punkte zwischen Daumen und Zeigefinger, die für die „Omertà" stehen, d. h. das absolute Schweigegebot, nichts sehen, nichts hören. Dazu kommt noch ein anderes Zeichen, das für erlebtes Leiden (im Gefängnis) steht. Interessanterweise paart sich die Tätowierung Pepi Taschners mit einer gepflegten Eleganz der äußeren Erscheinung, nachdem er sich das finanziell leisten kann.

Zur Kultur der Unterwelt gehört aber vor allem *die Sprache*. Girtler hat sich schon lange für diesen Aspekt der Kultur interessiert und gibt im Anhang ein „Vokabular der Wiener Gaunersprache – ein Versuch, sie auf den neuesten Stand zu bringen", womit er auf einer Linie fortfährt, die schon früh Friedrich Ch. B. Avé-Lallemant (1858/1862) und neuerdings Siegmund Wolf (1956) in seinem Wörterbuch des Rotwelschen aufgegriffen hatten, die beide überraschenderweise von Girtler nicht genannt werden, obwohl sie echte Vorbilder für ihn hätten sein können. Dieser Anhang ist äußerst lesenswert, denn er bringt nicht etwa nur ein einfaches, alphabetisch geordnetes Vokabular, sondern gliedert die Worte nach „Lebensbereichen", also in konkreten Zusammenhängen. Die einzelnen Stichworte findet man dagegen im Register. Hierzu möchte ich einen kritischen Einwand machen, daß ich für viele Worte, die im Buch vorkommen, keinen erklärenden Verweis fand. Das liegt natürlich teilweise an mir und meiner relativen Unkenntnis des Wiener Dialektes, aber sicher nicht ausschließlich; denn das Gesagte trifft zu für zahlreiche Worte der Unterweltsprache und nicht nur des Dialekts. Da ich annehme, daß das Buch sehr schnell zu einer zweiten Auflage kommen wird, möchte ich dem Verfasser nahelegen, das grundsätzlich zu ändern, weil es den Wert des Glossars für den interessierten Leser sicher beträchtlich erhöhen würde.

Man darf abschließend sagen, daß dies Buch nicht nur wegen seines greifbaren Inhalts wichtig ist, sondern daß es darüber hinaus zu allgemeinen Überlegungen über Soziologie überhaupt anregt, was sicher nicht das mindeste seiner Verdienste ist.

Editorische Notiz

Bei den hier versammelten Texten von René König handelt sich nicht um einen in sich geschlossenen Textkorpus, sondern um höchst verstreut publizierte, jeweils einzelne Aspekte in den Vordergrund stellende Aufsätze, Vorträge, Lexikonbeiträge, Rezensionen und vereinzelt auch Veröffentlichungen in der Tagespresse, die zeitlich von den Jahren seiner Zürcher Emigration bis in die achtziger Jahre reichen. Diese Vielgestaltigkeit belegt sowohl das andauernde Interesse von René König an solchen Fragen wie auch die Tatsache, dass sie ihm nie Anlass geworden sind, eine in sich geschlossene, um das Thema ‚Abweichung' oder ‚Kriminalität' zentrierte Publikation vorzulegen, die als eigenständiger theoretischer Beitrag zu werten wäre. So nehmen diese Fragen in seinem Werk zwar eine immer wieder aufgegriffene und variierte Bedeutung ein, bleiben insgesamt jedoch eher ein randseitiges Thema. Das schliesst jedoch keineswegs aus, dass König die damit verbundenen Themenkomplexe in einer opulenten Vielfalt angeht – es ließe sich geradezu folgern, dass er eben deswegen, weil er auf eine monographische Darstellung verzichtete, die Freiheit gewann, sich einer Fülle von Einzelfragen zu widmen. Dadurch erhält dieser Band einen unvermutet breiten Zugang, was sich vor allem an den thematisch weit gespannten Rezensionen zeigt. Sie verdeutlichen die Fülle seiner diesbezüglichen Interessen, wie auch ein ganz journalistisch als Reisebericht aufgemachter Zeitungsbeitrag von einer Betrachtungsweise zeugt, deren humanistische Prägung im Wissenschaftsbetrieb ebenso selten wie ansprechend anmutet.

Redaktionell sind Irrtümer stillschweigend berichtigt worden. Im Einzelfall fehlende Literaturangaben konnten jedoch nicht immer nachgetragen werden. Die Orthographie der Originaltexte ist beibehalten worden.

Im Folgenden werden die Druckorte der hier aufgenommenen Beiträge aufgeführt; die Ordnungszahlen der Beiträge dienen der besseren Orientierung.

I. Die Kriminalsoziologie im Schnittpunkt der Disziplinen

(1) Einige Bemerkungen zur Stellung des Problems der Jugendkriminalität in der allgemeinen Soziologie, in: Sonderheft 2 der Kölner Zeitschrift für Soziologie und Sozialpsychologie: Soziologie der Jugendkriminalität, Köln und Opladen: Westdeutscher Verlag 1957, S. 1–11.

(2) Dankrede zur Verleihung der Beccaria-Medaille in Gold, in: Armand Mergen (Hrsg.), Kriminologische Aktualität, Bd. II, Hamburg: Kriminalistik Verlag 1967, S. 41–45.

(3) Vorwort, in: Filippo Gramatica, Grundlagen der Défense Sociale, Band 18 und 19 der Kriminologischen Schriftenreihe aus der Deutschen Kriminologischen Gesellschaft, aus dem Italienischen übersetzt von Armand Mergen et al., Hamburg: 1965.

(4) Einführung: Theorie und Praxis in der Kriminalsoziologie, in: Fritz Sack und René König (Hrsg.), Kriminalsoziologie, Frankfurt a.M.: Akademische Verlagsgesellschaft 1968, S. IX-XV.

(5) Stichwort ‚Recht', in: René König (Hrsg. und Hauptautor), Soziologie (Fischer Lexikon, Bd. 10), Frankfurt a.M.: Fischer Bücherei 1958, 2. umgearbeitete und erweiterte Neuausgabe 1967; 27. Aufl. Frankfurt a.M. 1980, 410. Tsd., S. 253–261.

(6) Zusammen mit Wolfgang Kaupen: Soziologische Anmerkungen zum Thema „Ideologie und Recht", in: Ernst E. Hirsch und Manfred Rehbinder (Hrsg.), Sonderheft 11 der Kölner Zeitschrift für Soziologie und Sozialpsychologie: Studien und Materialien zur Rechtssoziologie, Köln und Opladen: Westdeutscher Verlag 1967, S. 356–372.

(7) General Report on Sociological Aspects and of Sociology on Law: Marginality, Marginalization and De-Marginalization. A Theoretical Reorientation, in: Ninth International Congress of Social Defense: Social Marginality and Justice (Caracas, 3.-7. August 1976), Mailand 1980. Der Text ist Königs Kongressbeitrag innerhalb der Abteilung ‚Aspects sociologiques et de sociologie du droit', der er ebenfalls eine – in diesem Band nicht abgedruckte – Einführung gegeben hat. Die damalige Kongressveröffentlichung enthält sowohl eine englische wie eine französische Version der Texte.

(8) Rezension: Benjamin Fine, 1.000.000 Delinquents, New York 1957, in: Kölner Zeitschrift für Soziologie und Sozialpsychologie, Jg. 10, 1958, S. 149–150.

(9) Rezension: Marshall B. Clinard, Sociology of Deviant Behavior, New York 1957, in: Kölner Zeitschrift für Soziologie und Sozialpsychologie, Jg. 10, 1958, S. 148–149.

(10) Rezension: Wolf Middendorf, Soziologie des Verbrechens. Erscheinungen und Wandlungen des asozialen Verhaltens, Düsseldorf und Köln 1959, in: Kölner Zeitschrift für Soziologie und Sozialpsychologie, Jg. 12, 1960, S. 361–365.

II. Theoretische Konzepte

(11) Das Recht im Zusammenhang der sozialen Normensysteme, in: Niedersächsische Landeszentrale für politische Bildung (Hrsg.), Vom Recht. Hannoversche Beiträge zur politischen Bildung, Bd. 3, Hannover: Jänecke 1963, S. 119–139. Der Text wurde in erweiterter Fassung wieder abgedruckt in: Ernst E. Hirsch und Manfred Rehbinder (Hrsg.), Studien und Materialien zur Rechtssoziologie. Sonderheft 11 der Kölner Zeitschrift für Soziologie und Sozialpsychologie, Köln und Opladen 1967, S. 36–53. Diese Fassung liegt hier zu Grunde.

(12) Stichwort ‚soziale Kontrolle', in: René König (Hrsg. und Hauptautor), Soziologie (Fischer Lexikon, Bd. 10), Frankfurt a.M.: Fischer Bücherei 1958. 2. umgearbeitete und erweiterte Neuausgabe 1967; 27. Aufl. Frankfurt a.M. 1980, 410. Tsd., S. 277–280.

(13) Stichwort ‚Anomie', in: René König (Hrsg. und Hauptautor), Soziologie (Fischer Lexikon, Bd. 10), Frankfurt a.M.: Fischer Bücherei 1958. 2. umgearbeitete und erweiterte Neuausgabe 1967; 27. Aufl. Frankfurt a.M. 1980, 410. Tsd., S. 22–31.

(14) Stichwort ‚Anomie', in: Wilhelm Bernsdorf (Hrsg.; unter Mitarbeit von Horst Knospe), Wörterbuch der Soziologie, Stuttgart: Ferdinand Enke Verlag 1969, S. 27–29. 2., neubearbeitete und erweiterte Aufl.; wieder abgedruckt in: Wilhelm Bernsdorf (Hrsg; unter Mitarbeit von Hubert Knospe), Wörterbuch der Soziologie, Frankfurt a.M. 1972 (neu bearbeitete und aktualisierte Taschenbuchausgabe im Fischer Verlag), S. 31–33.

(15) Stichwort ‚Soziale Normen', in: Wilhelm Bernsdorf (Hrsg; unter Mitarbeit von Hubert Knospe), Wörterbuch der Soziologie, Stuttgart: Ferdinand Enke Verlag 1969, 2., neubearbeitete und erweiterte Aufl., S. 978–983.

(16) Stichwort ‚Normen, soziale', in: Erwin Grochla (Hrsg.), Handwörterbuch der Organisation, Stuttgart: Carl Ernst Poeschel Verlag 1969, Sp. 1039–1046.

III. Theorie und Praxis

(17) Strafrecht oder Gesellschaftsschutz, in: National-Zeitung (Basel), Nr. 575 vom 12. Dezember 1947. Es handelt sich um einen Bericht über den 1. Internationalen Kongreß für Gesellschaftsschutz in San Remo.

(18) Einleitender Bericht zur soziologischen Abteilung des IV. Kongresses für Gesellschaftsschutz über Prävention der Verbrechen gegen Leib und Leben. Der Text (der Durchschlag eines Schreibmaschinenskripts) stammt

aus dem Privatbesitz von Fritz Sack und bildet wahrscheinlich die Originalfassung eines Textes, der im Druck lediglich in einer italienischen Fassung erschienen ist: La prevenzione dei reati contro la vita umana e l'incolumità personale. Aspetti sociologici, in: Atti del congresso internazionale sulla prevenzione. IV Congresso Internazionale di Difesa Sociale (Actes du Congrès international sur la prévention des infractions contre la vie humaine et l'intégrité corporelle. IVe Congrès international de Défense Sociale), Mailand: Dott. A. Giuffrè Editore 1956, 22 Seiten (getr. Seitenzählung). Der italienische Text weist keinen Hinweis auf Übersetzung oder Übersetzer auf.

(19) Rezension: Heinrich Meng, Psychohygiene und Verbrechen. Wissenschaft und Praxis, in: Die Weltwoche, Jg. 16, vom 2. Juli 1948, S. 17.

(20) Die überorganisierte Familie als kriminogenes Feld, in: Schweizerisches Nationalkomitee für Geistige Gesundheit, Arbeitsgruppe Kriminologie (Hrsg.), Neue Perspektiven in der Kriminologie. Sonderband der Reihe „Asozialität und Psyche", mit Beiträgen von J. Gernsheim, N. Christie, M. Gschwind u. a., Zürich: Verlag der Fachvereine an den Schweizerischen Hochschulen und Techniken 1975, S. 85–94.

(21) Die Pioniere der Sozialökologie in Chicago, in: Deutsche UNESCO-Kommission (Hrsg.), Stadtökologie. Bericht über ein Kolloquium der Deutschen UNESCO-Kommission, veranstaltet in Zusammenarbeit mit der Werner-Reimers-Stiftung vom 23. – 26. Februar 1977 in Bad Homburg. München, New York, London und Paris: Verlag Dokumentation Saur 1978, S. 56–68.

IV. Soziologie ausgewählter Delikte

a) Sexualdelikte.

(22) Sexualdelikte und Probleme der Gestaltung des Sexuallebens in der Gegenwartsgesellschaft, in: Soziologische Orientierungen. Vorträge und Aufsätze, Köln und Berlin: Kiepenheuer und Witsch 1965, 575 Seiten, 2. Aufl. Köln und Berlin 1973, S. 147–175. Ursprünglich unter dem Titel „Schwierigkeiten und Probleme der Gestaltung des Sexuallebens in der Gegenwartsgesellschaft" erschienen in: Bundeskriminalamt Wiesbaden (Hrsg.), Sittlichkeitsdelikte. Arbeitstagung im Bundeskriminalamt Wiesbaden vom 20. April bis 25. April 1957 über Bekämpfung der Sittlichkeitsdelikte, Wiesbaden 1959, S. 21–29. In erweiterter Fassung wieder abgedruckt in: Fritz Bauer, Hans Bürger-Prinz, Hans Giese und Herbert Jäger, Sexualität und Verbrechen. Beiträge zur Strafrechtsreform, Frankfurt a.M. 1963, S. 337–362.

(23) Rezension: Harold Greenwald, Das Call Girl. Eine psychoanalytische und sozialpsychologische Studie, Rüschlikon, Zürich, Stuttgart und Wien 1959, in: Kölner Zeitschrift für Soziologie und Sozialpsychologie, Jg. 12, 1960, S. 367–369.

b) White-collar-Delikte.

(24) Zur Frage der Marginalität in der Alltags-Moral der fortgeschrittenen Industriegesellschaften, in: Bundeskriminalamt Wiesbaden (Hrsg.), Grundfragen der Wirtschaftskriminalität. Arbeitstagung im Bundeskriminalamt Wiesbaden vom 27. Mai bis 1. Juni 1963 über „Grundfragen der Wirtschaftskriminalität", Wiesbaden 1963, S. 37–46.

c) ‚Hass'-Delikte.

(25) Zum Geleit: Gibt es noch Antisemitismus in Deutschland?, in: Vorurteile. Ihre Erforschung und ihre Bekämpfung, mit einem Geleitwort von Professor Dr. René König und einer Einführung von Professor Dr. Dr. Helmut von Bracken (Serie Politische Psychologie, hrsg. v. Wana Baeyer-Katte u. a.), Frankfurt a.M.: Europäische Verlagsanstalt 1964, S. 9–12.

(26) Antisemitism and Ethnocentrism in Germany. Vorbemerkungen, in: Melvin M. Tumin, Ethnocentrism and Anti-Semitism in England, France, and Germany, Paris: 1968.

d) „(Sub)"kulturelle Delikte.

(27) Über einige ethno-soziologische Aspekte des Drogenkonsums in der Alten und Neuen Welt, in: Gisela Völger (Hrsg.; unter Mitarbeit von Karin von Welck und Aldo Legnaro), Rausch und Realität. Drogen im Kulturvergleich, Materialienband zu einer Ausstellung des Rautenstrauch-Joest-Museums für Völkerkunde der Stadt Köln vom 7. August bis 11. Oktober 1981, mit einem Vorwort von René König, 2 Bde., Bd. 1, Köln: Rautenstrauch-Joest-Museum 1981, S. 16–21. 2. Aufl. (Taschenbuch, 3 Bde.), Reinbek bei Hamburg: Rowohlt 1982 (rororo Sachbücher 34.006).

(28) Rezension: Alexandre Vexliard, Introduction à la sociologie du vagabondage, Paris 1956, in: Kölner Zeitschrift für Soziologie und Sozialpsychologie, Jg. 9, 1957, S. 160–161.

(29) Rezension: Alexandre Vexliard, Le Clochard. Etude de psychologie sociale, Paris 1957, in: Kölner Zeitschrift für Soziologie und Sozialpsychologie, Jg. 10, 1958, S. 150–151.

(30) Kleine Vagabunden. Begegnungen mit italienischen "sciusciàs", in: Die Weltwoche, Jg. 14, vom 14. Oktober 1946, S. 9.

(31) Rezension: Henner Hess, Mafia. Zentrale Herrschaft und lokale Gegenmacht, Tübingen 1970, in: Kölner Zeitschrift für Soziologie und Sozialpsychologie, Jg. 23, 1971, S. 121–123.

(32) Rezension: Peter O. Chotjewitz, Malavita. Mafia zwischen gestern und morgen, Köln 1973, in: Kölner Zeitschrift für Soziologie und Sozialpsychologie, Jg. 26, 1974, S. 199–201.

(33) Rezension: Roland Girtler, Der Adler und die drei Punkte. Die gescheiterte kriminelle Karriere des ehemaligen Ganoven Pepi Taschner, Wien u. a. 1983, in: Kölner Zeitschrift für Soziologie und Sozialpsychologie, Jg. 35, 1983, S. 802–804.

Nachwort von Fritz Sack

I. Texte und Kontexte

Am Beginn dieses Nachworts möchte ich einen Blick auf die verschiedenen Schichten werfen, die aus meiner Sicht mit der übernommenen Aufgabe abzutragen sind. Es geht um mehr als eine begleitende und kommentierende Rück- und Zusammenschau von Texten sehr unterschiedlichen Typs, Anlasses und Zuschnitts, auch sehr weit streuendem adressierten Publikums, die hier dennoch mit dem Anspruch eines thematischen Zusammenhangs vereint sind. Mag die Heterogenität dieser Texte, deren zeitlicher Horizont immerhin mehr als drei Jahrzehnte misst – von 1946 bis 1983 –, zwar die allererste Herausforderung darstellen, so gesellen sich doch einige weitere hinzu, die ich kurz skizzieren möchte, um dem Leser die „Erzeugungsgrammatik" dieses Nachworts etwas genauer vor Augen zu führen.

Ein erster zum Verständnis und zur Interpretation der hier abgedruckten 33 Einzeltexte erforderlicher Schritt ist der Rückgriff auf das Gesamtwerk von R. König, das immerhin entsprechend literaturwissenschaftlicher Zählung an die Achthundertergrenze reicht[1]. Die in diesen Band aufgenommenen Texte sind in Beziehung zu denen aus den übrigen 19 Bänden dieser Schriften zu setzen. Natürlich kann und soll dies nur nach Gesichtspunkten der thematischen Einschlägigkeit und Relevanz geschehen, aber, wie noch deutlich werden wird, hat die damit gesetzte Selektionsregel keineswegs die limitierende Kraft, die man sich als Autor gerne wünschen würde: der zu besteigende Berg verliert dadurch nicht viel von seiner Höhe.

---

[1] Die „amtliche" Bibliographie der Schriften Königs von Blümel und v. Alemann (1992) gelangt zwar „nur" bis zur Ziffer 730, notiert aber etwa die 31 Artikel im berühmten Fischer-Lexikon „Soziologie" nur unter einer Ziffer.

Der „Input" bzw. das „Rohmaterial" und Reservoir an „Wissen", das für die Erschließung und Erläuterung der hier publizierten Texte verfügbar ist, geht weit über das geschriebene Wort hinaus. In der Auseinandersetzung mit den Texten habe ich persönliche und biographische Ressourcen im Rücken, von denen abzusehen bzw. die zu leugnen mir ebenso wenig möglich ist wie es unredlich wäre, sie als Quelle zu verschweigen, soweit man sich ihrer gewiss ist. Für etliche Jahre war ich ein lebender Beleg für die feine Beobachtung von F. Neidhardt (1992, S. 247) in der letzten der zu Königs Würdigung erschienenen fünf Festschriften, wonach der Geehrte – wie sonst niemand, den Neidhardt kenne – ein Mensch des Entweder/Oder war, „der zu Sachen und zu Personen so restlos wie er ‚Ja' auch ‚Nein' sagen kann"[2] – ohne ein solches „Ja" wäre meine mehrjährige Aufgabe eines Redaktionssekretärs der „Kölner Zeitschrift" nicht zu bewältigen gewesen.

Diese von Neidhardt so bezeichnete „Restlosigkeit" war eine totale, die keineswegs an der Grenze zur Welt der Privatheit halt machte, eine fast totale, wie ich einschränken muss: Bei aller Informalität des Umgangs und der Anrede blieb hier wie dort das „Sie" bis zum Moment der Habilitation die Distanz wahrende Form des Gesprächs und der Unterhaltung. Viele präzisierende und klärende Einsichten auch über die hier zu redende Sache verdanke ich dieser biographischen und lebensweltlichen Nähe zu König, den privaten Besuchen vor allem in Widdersdorf, aus eher formellen und professionellen Anlässen von Gastvorträgen von Kollegen aus dem Inland oder Ausland oder auch manchem anlasslosen, entspannten und genussreichen Abendessen zu (mindestens) viert, einschließlich den (Rotwein-) Stunden danach, ebenso sehr auch den zahlreichen Autofahrten zwischen der Universität und Widdersdorf, oft genug zur Mittagszeit, die König regelmäßig zu Hause verbrachte, nachdem wir auf dem Wege dahin seine beiden Söhne Mario und Oliver an ihrem Gymnasium aufgesammelt hatten (er hat erst im späteren Leben das Autofahren gelernt!) – zuvor vielleicht noch einen Gang zum Feinkostladen im Hof der Zülpicherstraße oder – wenn's lukullischer zu sein hatte – einen Besuch zum Geflügelladen in der Severinstraße.

Ich erinnere wie heute einen solchen Auto-Dialog auf der Inneren Kanalstraße (auf der Höhe etwa des früheren Sitzes des Bundesverfassungsschutzes) über die Verbrechen von Diktaturen und dem Vergleich von Stalinismus und Nationalsozialismus. Zu jener Zeit – es war wohl in der ersten Hälfte der sechziger Jahre – war der „Totalitarismus" die dominante Doktrin in Politik und Öffentlichkeit, als Konzept eine Art negative Variante eines „dritten Weges", der im politischen wie wissenschaftlichen Denken auch Königs eine zentrale Rolle spielte. Diesseits von Hörsaal und Öffentlichkeit

---

[2]Zum Kleingeschriebenen dieses Prinzips – dem wird F. Neidhardt sicherlich zustimmen – gehörte indessen auch der zwar rare, aber nicht ausgeschlossene ziemlich plötzliche Wechsel des Vorzeichens.

und jenseits jeden Zweifels des verbrecherischen Charakters beider Regime offenbarte dieser Dialog eine Dimension der Beurteilung, die ihm eine Unterscheidung zu machen erlaubte, deren inhaltliche Eindeutigkeit sich biographisch unmittelbar erschloss: „die einen sind halt sympathischer als die anderen".

Eine weitere über die bloßen Texte und deren Aufschlüsse hinausgehende Quelle an Erfahrung via Handeln beschert mir meine Rolle als temporäre „rechte Hand" von König. Dies drückte sich nicht nur in diensträumlicher Nähe und buchstäblich „kurzen Wegen" aus, sondern auch im kurzen und ungeschützten Draht von Anweisung und Ratlosigkeit. Aus Berkeley – es war wohl während seiner letzten Gastprofessur an dieser renommierten amerikanischen Universität 1964/65 – erreichte mich in einem seiner beliebten, handgeschriebenen, dünnen, blau-farbenen Luftpostbriefe die Anweisung, was ich im Falle einer damals nicht seltenen Institutsbesetzung durch die revoltierenden Studenten zu tun hätte. Auch hier die schon zuvor erwähnte Haltung des Entweder/Oder und nichts dazwischen: umgehend sei die Polizei auf den Plan zu rufen. Dazu ist es nicht gekommen.

Dass diese Striktheit auch Ergebnis der Ferne war, aus der die Anweisung dazu erging, erhellt aus einer anderen Episode jener Zeit. Eines morgens erhielt ich beim Frühstück einen aufgeregten Anruf von König wegen der studentischen Ankündigung eines sit-ins zur Erzwingung einer Diskussion. Ein wenig hilflos und unschlüssig, ob und wie er sich dieser demütigenden Nötigung aussetzen sollte, kam ihm natürlich ein Telefonat zur Polizei nicht in den Sinn – stattdessen begab ich mich auf dem schnellsten Weg von meiner Wohnung in Bayenthal hin zur Universität nach Lindenthal, begleitete ihn zum Hörsaal im „Dekanatsgang", riet ihm zur Aussparung von 10 min Diskussion am Ende der Vorlesung, die er den Studenten gleich zu Beginn in Aussicht stellen sollte. Artig und unspektakulär wie gewohnt verging die Stunde, ohne dass sämtliche der eingeräumten zehn Minuten für den vorgesehenen Zweck beansprucht wurden. Die fraglose Autorität und Akzeptanz, die König bei den Studenten genoss, war ein Kapital, an dem die unbedachte und kontraproduktive Strategie der opponierenden Studentern, es insbesondere den „Scheißliberalen" unter den Professoren zu zeigen, abprallte, auch wenn sich dies in Königs autobiografischer Erinnerung über ein Jahrzehnt später einen Tick zu selbstgewiss ausnimmt (Schriften 18).

Und ich will einen letzten außerdiskursiven Kontext benennen, der meinen Zugriff auf die hier ausgewählten Texte sowie deren Interpretation mitbestimmt hat. Meine venia legendi, die mir im Jahre 1970 von der Wirtschafts- und Sozialwissenschaftlichen Fakultät der Universität Köln verliehen wurde, erwarb ich für die allgemeine Soziologie, mein erster Lehrstuhl an der Universität Regensburg trug die gleiche Denomination, die thematische Ausrichtung meiner weiteren akademischen und wissenschaftlichen Karriere führte mich bekanntlich mehr und mehr in die Richtung des Problemfeldes von abweichendem Verhalten, Kriminalität, sozialer Kontrolle etc. Alles begann mit einem der berühmten Königschen Hauptseminare, das er in aller Regel in Vorbereitung und Durchführung in die Verantwortung von uns Assistenten legte – dabei jedoch auf seine eigene regelmäßige Anwesenheit sehr penibel achtete. Die materielle Weichenstellung meiner Karriere erfolgte auf genau diese Weise: Ein Hauptseminar zur Kriminalsoziologie Anfang der sechziger Jahre wurde zum prägenden Urereignis meines Weges durch Universität und Wissenschaft.

Damit war aber auch ein Terrain betreten, das den Stoff für die Bestreitung der qualifizierenden Knotenpunkte meiner akademischen Karriere unter und mit R. König bereit stellte. Meine mündliche Doktorprüfung war bestimmt von dem in ihr weder durch König noch durch mich gelösten Dilemma, in das insbesondere der Soziologe „Kölner Schule" Durkheimscher Prägung gerät, wenn er mit der Bestrafung des Täters konfrontiert ist. Ich werde darauf zurückkommen. Meine Habilitation verdanke ich einer unveröffentlicht gebliebenen Schrift mit dem Titel „Strukturen und Prozesse in einem Delinquenzviertel Kölns" – bestückt aus dem Material und den Befunden einer kriminologischen Gemeindeforschung Kölns, bereichert um einen intensiven historischen Kontext und Exkurs: eine Forschung übrigens, die ungewollt zum Lackmustest Königscher Auffassung von Soziologie „comme il faut" werden sollte – mir verhalf sie zum Ritterschlag als Privatdozent, einem damaligen Kollegen und späteren erfolgsverwöhnten Professor bereitete die Verarbeitung gleichen Materials den Fehlversuch einer Dissertation[3].

Als Fußnote ebenso persönlicher wie theoriegeschichtlicher Bedeutung, als Schlaglicht ferner auf Königs Verständnis der Lehrer-Schüler-Beziehung, wenn sie sich denn wissenschaftlich in den gerade markierten Grenzen der Soziologie abspielte, und als Blick auch auf die damals noch obwaltende institutionelle Wirklichkeit der „alma mater" möchte ich hier eine kontroverse Episode um den Prozess meiner Habilitationsschrift einflechten, die mir bis auf den heutigen Tag lebendig geblieben ist. Auf meinem Wege zum Privatdozenten rollte mir ein etwas „schnellerer" und flinkzüngiger Schüler Königs, der als frischer Privatdozent von der Fakultät die Aufgabe des

---

[3] R. Ziegler (1992, S. 286) erinnert die Worte des Verdikts, mit denen König den ihm vorgelegten, aber noch nicht offiziell gewordenen Dissertationstext in jeden Widerspruch verbietender Weise ins qualifikatorische Abseits verwies: „Jüngling, diese Arbeit können Sie in den Papierkorb werfen", in dem er in Köln auch verblieben ist. Das war für ihn kein Beispiel einer „Soziologie, die nichts als Soziologie ist", sondern einer Soziologie auf den Krücken der Psychologie. Ich denke nicht, dass ich den inzwischen vielfach national und international etablierten und gefestigten Ruf dieses damaligen Assistenten-Kollegen beschädige, wenn ich hier seinen Namen preisgebe: Es handelte sich um den zuletzt in Leipzig lehrenden K.-D. Opp. Er hatte – ungewollt und unverstanden – mit seinem frühen Beispiel einer Orientierung am methodologischen Individualismus und am Modell des homo oeconomicus die unüberschreitbaren Grenzen Königscher Soziologie verlassen: freilich, auch das berichtet Ziegler, die Chance der „Reintegration" erschloss ihm König im Augenblick der Zurückweisung. Wir werden noch sehen, wie sehr sich in dieser Episode auch Königs Verständnis von Strafe erschließt.

Zweitgutachtens zu meiner Habilitationsschrift übertragen bekommen hatte, einen heftigen Stolperstein vor die Füße, den er freilich zunächst nur König zu Gesicht brachte. Zwar empfahl auch dieses Gutachten der Fakultät die Annahme meiner Habilitationsschrift, aber die Empfehlung war ein bisschen nach der Art von Marc Antonius Rede auf Brutus aus Shakespeares „Julius Caesar" formuliert: „Und Brutus ist ein ehrenwerter Mann".

König war hierüber sehr verärgert und räumte diesen Stein postwendend beiseite, indem er mit rotem Stift die zu eliminierenden und zu korrigierenden Passagen des Gutachtens per Hand markierte, die dann auch im offiziellen Text für die Fakultät fehlten bzw. umformuliert waren. König tat dies sicherlich ebenso sehr aus dem Gefühl der eigenen Kränkung wie dem der gegen seine Person gerichteten Illoyalität eines seiner Schüler und dem Gefühl auch der Unkollegialität eines jungen Fakultätsmitgliedes. Ich selbst empfand es als einen Akt der Loyalität von König mir gegenüber: Ausdruck ebenso der auch von König – trotz seiner gelebten Praxis der „offenen Türe" – für bewahrenswert erachteten Tugend des Schüler-Lehrer-Verhältnisses und seines Verständnisses von Autonomie der Wissenschaft nach Art der Ordinarien-Universität, wie es Ausdruck jener von ihm gemeinten konkreten „Alltagsmoral" war, die er oft genug im geschriebenen wie gesprochenen Wort mit beißendem Spott gegen das Pathos ebenso elitärer wie hohler Sonntagsmoral in Stellung brachte.

Dass mir diese Episode bis heute präsent geblieben ist, hatte auch mit den spezifischen Aspekten der Arbeit zu tun, die Stein des Anstoßes für diesen jungen Gutachter-Kollegen Königs waren. Ich hatte damals in meine Arbeit erste Bezüge jener kriminologischen Perspektive in meine Argumentation aufgenommen, die später zu meinem wissenschaftlichen „Markenzeichen" in der deutschen Kriminalsoziologie werden sollten – mein „Konversionserlebnis" an der amerikanischen „West Coast" lag hinter mir, der „Labeling-Ansatz" war unterwegs. Diese ersten Versuche, ihn in meine Arbeit zu integrieren, fanden diese Resonanz: „Come off it – Dr. Sack' ist die einzige mir mögliche Reaktion auf diese Vergröberung eines im Ansatz nicht völlig falschen Gedankens" – so das nicht offiziell gewordene und durch Königs Intervention unterdrückte Verdikt in dem gutachtlichen Stolperstein, der sich zudem als Beleg für „diese Absurdität" meiner Position noch auf ein Zitat beruft, das nicht meiner Habilitationschrift, sondern einem zeitgleichen Interview von mir in einer Reportage des Kölner Stadt-Anzeigers über Heime für junge Mädchen entnommen war. Aus der Rückschau war diese gutachterliche Kritik eine Vorwegnahme des „radikalen Ansatzes von Fritz Sack", ein Etikett, mit dem später die von mir vertretene kriminologische Position von außen gerne auf Abstand gehalten wurde. König hatte Einwände dieser Art nicht zu erheben, obwohl auch er seine Probleme mit der zukünftigen von mir eingeschlagenen wissenschaftlichen Richtung hatte, wie weiter unten noch deutlich werden wird.

Schließlich – auch das ist noch eine Quelle, aus der zu schöpfen ist – gab es auch zwei literarische Kooperationsprojekte von König und mir: die einflussreiche Anthologie zur Kriminalsoziologie von Fritz Sack und René König[4] (1968) sowie das Kapitel „Probleme der Kriminalsoziologie" (1969, [2]1978) aus dem berühmten, von König herausgegebenen Handbuch der empirischen Sozialforschung, dessen insbesondere völlig neu verfasste zweite Version aus dem Jahre 1978 das Profil einer Kriminalsoziologie zeichnete, die nunmehr alles andere als die soziologische Handschrift Königs trug.

Ohne daraus ein Pathos narzisstischer Selbstbetroffenheit machen zu wollen, bedeutet für mich der kommentierende Blick auf die hier versammelten Texte von König deshalb auch ein Stück Vergegenwärtigung der eigenen wissenschaftlichen Entwicklung und Bilanzierung.

II. „Soziale Kontrolle" oder „Kriminalsoziologie": die wissenschaftliche Leitidee der Texte und ihre Organisation

Die wissenschaftliche Orientierung, der sich die hier zusammen geführten Texte verdanken, kann sich weder quantitativ noch qualitativ auf einen zentralen monographischen Leittext von König berufen. Das etwa 250 Seiten umfassende Textvolumen verteilt sich auf 33 Einzeltexte, deren längster (Nr. 22)[5] etwa 25 Seiten umfasst und deren kürzeste einige Rezensionen mit weniger als zwei Seiten darstellen. Auch die Tatsache, dass die Texte eine Zeitspanne von mehr als drei Jahrzehnten (1946–1983) umgreifen, widerstrebt dem Versuch, auf einen dieser Texte als den inhaltlichen Kristallisationspunkt dieses Bandes zuzugreifen.

Allerdings ist die hier schließlich gefundene Programmatik, wie sie sich im Titel des Bandes niederschlägt, nicht auf Anhieb zum begrifflichen Focus der Gesamtheit der Texte avanciert, sondern erst nach genauerem und wiederholtem Blick auf deren Inhalt. Tatsächlich hielten wir anfänglich zwei Titelvarianten für gleichermaßen geeignet, die diversen Texte unter ein begriffliches Dach zu stellen: „soziale Kontrolle" und „Kriminalsoziologie" schienen beide angemessene, in der Soziologie geläufige sowie dem von König gelehrten und vertretenen spezifischen soziologischen Profil entsprechende Kandidaten eines alle Texte verbindenden begrifflichen roten Fadens. Dabei fiel die Präferenz anfänglich sogar auf den Begriff der „sozialen Kontrolle", um sich schließlich sehr definitiv für den Titel „Kriminalsoziologie" zu entscheiden. Da die schließlich Ausschlag gebenden Überlegungen

---

[4]Als Fußnote sei hier angefügt, dass – entgegen den editorischen alphabetischen und ordinariaten Gewohnheiten – König selbstverständlich bei der Autorennennung mir den Vortritt ließ, was unter seinen Kölner Kollegen der Wiso-Fakultät die wohl absolute Ausnahme darstellte.

[5]Die Bezugnahme auf die einzelnen Texte folgt ihren laufenden 33 Ordnungsnummern, die denen in der editorischen Notiz entsprechen.

der Titelwahl unmittelbar in die Sache selbst hineinführen, seien sie hier ausdrücklich dargelegt.

Beide Begriffe – „soziale Kontrolle" wie „Kriminalsoziologie" – gehören zum semantischen Reservoir von Königs Soziologie, der erste eher unter analytischer, der zweite eher unter disziplinärer Perspektive. Allerdings sprachen gegen die Verwendung des Begriffs „soziale Kontrolle" als Oberbegriff für diesen Band am Ende mehrere Überlegungen. Zum einen erwies sich die spezifische begriffliche Fassung des Konzepts „soziale Kontrolle" in den Arbeiten von König deutlich anders, vor allem weiter ausgestaltet, als es dem mittlerweile gängigen Gebrauch in der Disziplin entspricht. Mehr noch als in dem hier abgedruckten Stichwort aus dem Fischer-Lexikon aus dem Jahre 1967 (Nr. 12) hat zu diesem Urteil ein uns zugängliches über hundertseitiges Vorlesungsmanuskript von König aus seinen Schweizer Jahren 1947/48 beigetragen. Unter dem Titel „Die soziale Kontrolle und die Idee der sozialen Planung in der Gegenwart" breitet König unter Bezugnahme vor allem auf die erste Generation amerikanischer Soziologen, darunter vor allem E.A. Ross, eine Spannweite des Konzepts aus, die weit über den engen Rahmen heutiger Konzeptualisierung hinausgeht. Kein Soziologe auf dem Feld „sozialer Kontrolle" würde heute das Ziel sozialer Kontrolle – wie König damals – darin sehen, „bestimmte Antriebe für die Menschen und Gruppen bereit zu stellen, die sie zu bestimmten Verhaltensweisen veranlassen sollen". Eine nächste Überlegung gegen die Wahl des Konzepts der „sozialen Kontrolle" ergab sich aus dem theoriehistorischen Wandel, der sich eigentlich erst nach den aktivsten Jahren von König auf diesem soziologischen Teilgebiet vollzogen hat. Zur Popularisierung des Konzepts der „Sozialen Kontrolle" hat bekanntlich insbesondere seit den sechziger Jahren die kritische Kriminologie beigetragen[6], zu der sich König, wie wir noch sehen werden, deutlich auf Distanz gehalten hat.

Ebenso gewichtig wie die Argumente gegen die Wahl des Konzepts der „sozialen Kontrolle" waren jedoch die Überlegungen zugunsten der Alternative „Kriminalsoziologie" als Kristallisationskonzept für diesen Band. Nicht nur entstammen einige der hier abgedruckten Texte Anthologien und Sammelbänden, denen ein ausdrücklich „kriminalsoziologisches" Verständnis zugrunde liegt (Nr. 1, Nr. 4). Auch sahen wir oben am Gemeinschaftsprojekt mit mir wie am Handbuchprojekt schon, dass König selbst direkt und indirekt

---

[6] An dieser Stelle mag ein Hinweis insbesondere auf die Arbeiten von E. M. Lemert angebracht sein, einer der „Gründungsväter" der kritischen Kriminologie. Die Bezugnahme auf ihn liegt deshalb in diesem Kontext nahe, weil er seine Position sehr explizit als „social-control conception of deviation" (1964, S. 58) verstanden hat – zudem in einer von M.B. Clinard herausgegebenen Anthologie, dessen Lehrbuch in einer in diesen Band aufgenommenen Rezension (Nr. 9) eine positive Würdigung von König erfahren hat. Die theoretische Pointe von Lemert war dabei, dass er als Widerpart seiner eigenen Position die Anomietheorie in der Mertonschen Fassung gewählt hatte.

die „Kriminalsoziologie" zum Gegenstand seiner editorischen Disziplinpolitik gemacht hat. Darüber hinaus gehören die meisten der hier erörterten Gegenstände und Fragen zum Lehrbuch-Inventar der Kriminal- und Rechtssoziologie, während sie nur sehr partiell die theoretische und inhaltliche Bandbreite analoger Texte zur sozialen Kontrolle ausfüllen dürften.

Bevor wir einige systematische Überlegungen zu den Texten anstellen werden, wollen wir einige Anmerkungen zu den Anlässen und Arten der Beiträge machen, die wir für die Aufnahme in diesen Band ausgewählt haben. Mehrere der hier präsentierten Texte sind Vorworte und Beiträge zu entweder selbst initiierten oder anderweitigen Sammelbänden. Sie haben für die Erschließung der kriminalsoziologischen Perspektive Königs sicherlich einen herausgehobenen Stellenwert, insonderheit seine Beiträge in von ihm selbst besorgten Publikationen und Werken. An der Spitze steht dabei – zeitlich ebenso wie „performativ" – auch der von uns an den Anfang gestellte Text, mit dem König den zweiten Band der von ihm gleich nach Übernahme der Herausgeberschaft der Kölner Zeitschrift für Soziologie und Sozialpsychologie (1955) kreierten Reihe der Sonderhefte der KZfSS auf den Weg gebracht hatte. Nicht zufällig widmete sich dieses – bis 1974 in sechs Auflagen erschienene – Sonderheft, das er zusammen mit seinem ersten Kölner Assistenten, dem Schweizer Peter Heintz, besorgt hatte, der „Soziologie der Jugendkriminalität" (1957). Es war Ausdruck des Stellenwerts der Kriminalsoziologie in Königs Denken ebenso wie es mit der Teilgruppe der „Jugend" auch einen Ausschnitt „abweichender" gesellschaftlicher Wirklichkeit zum Gegenstand hatte, an dem er in bevorzugter Weise seine soziologischen Analysen erprobte und darstellte.

Zwei weitere, eher „äußere" Merkmale der hier wieder publizierten Texte von König verdienen Hervorhebung zur Charakterisierung von seinem Verständnis und seiner Praxis von Soziologie als Wissenschaft. Das eine ist eine auf den ersten Blick verwunderliche „Fehlanzeige" bei einem der bedeutendsten Neubegründer der deutschen Soziologie nach dem zweiten Weltkrieg: Es findet sich unter den hier präsentierten Texten kein Beitrag, der auf einen Vortrag Königs auf einem genuin wissenschaftlichen Kongress zurück geht. Das hat jedoch wohl nichts mit einer generellen Kongressunlust Königs zu tun, wohl aber mit einer gewissen diesbezüglichen Zurückhaltung in Bezug auf rein wissenschaftliche Veranstaltungen seiner eigenen Disziplin[7]. Stattdessen finden sich unter den hier abgedruckten Texten eine Reihe von Kongressbeiträgen, deren Kontext und Trägerschaft nicht auf das Gebiet der Wissenschaft verweisen, sondern in politische und praktische Zusammenhänge führen. In diesem Sinne fällt Königs schon früher Kontakt

---

[7]Zu dieser Feststellung steht m. E. auch nicht in Widerspruch, dass die International Sociological Assosciation (ISA) bekanntlich nicht zuletzt Königs Aktivitäten ihre Existenz verdankt, darüber hinaus auch ihren ersten „Weltkongress" in Zürich im Jahre 1950, wie auch Königs Präsidentschaft der ISA von 1962–1966 meine Feststellung nicht dementiert.

zur kriminalpolitischen „Bewegung" der „difesa sociale" ins Auge, über deren Ersten Internationalen Kongress in San Remo im Jahre 1947 König in fast euphorischer Weise in der Basler Nationalzeitung berichtet (Nr. 17), auf deren späteren Kongressen König immer mal wieder mit eigenen Beiträgen auftritt, wie auch hier nachzulesen (Nr. 7, Nr. 18), der er im Übrigen auch kollegial und freundschaftlich mit ihrem Nachkriegsbegründer, dem italienischen Grafen Filippo Gramatica, verbunden war – die deutschsprachige Ausgabe von Gramaticas „Die Grundlagen der Défense Sociale" stattet König mit einem Vorwort aus, das ebenfalls in diesem Band nachzulesen (Nr. 3) ist.

Entsprechend dem Motto Durkheims „savoir pour prévoir et prévoir pour prévenir" suchte König immer wieder die Foren von Praxis und Politik, um seine wissenschaftlichen Befunde wirkmächtig werden zu lassen, um Aufklärung dort zu leisten, wo Gesellschaft gestaltet wird und „stattfindet". Neben dem gerade erwähnten kriminalpolitischen Kontext der „Défense sociale"-Bewegung zeugen einige andere Beiträge dieses Bandes von diesem praktischen Akzent des Wissenschaftsverständnisses von König. So gehen weiter zwei der längeren Texte (Nr. 22, Nr. 24) auf Vorträge anlässlich von Veranstaltungen des Bundeskriminalamtes zurück; so hat er weiter die theoretischen Überlegungen zur Stellung des Rechts im normativen Gesamtzusammenhang (Nr. 11) zunächst auf einer Veranstaltung der Niedersächsischen Landeszentrale für politische Bildung entfaltet, ehe diese in erweiterter Fassung in das rechtssoziologische Sonderheft 11 der KZfSS eingegangen sind.

Das zweite „äußere" Merkmal der in diesem Band versammelten Beiträge von König bezieht sich auf die Tatsache, daß alleine 8 der insgesamt 33 Texte aus Rezensionen von Büchern aus dem Bereich der Soziologie des abweichenden Verhaltens und der Kriminalität bestehen. Für König war der Texttypus der Rezension, wie er uns wissenschaftlichem Nachwuchs immer wieder einhämmerte, ein wissenschaftspolitisches und -didaktisches Instrument ersten Ranges, das nicht nur der eigenen Selbstverständigung und wissenschaftlichen Identitätsbildung diente, sondern auch als Medium der Positionierung im jeweiligen wissenschaftlichen Kräftefeld i.S. P. Bourdieus zu nutzen war. Darauf werde ich weiter unten noch kurz zurückkommen. Nicht zuletzt mag diese wissenschaftliche Praktik Königs auch an sein großes französisches Vorbild E. Durkheim und dessen „Année sociologique" erinnern, den König immer wieder als Kronzeugen für dieses wissenschaftsdidaktische Stilmittel zitierte – so auch in einem Text dieses Bandes (Nr. 4, Anm. 5).

Die Systematik, die wir der Organisation der 33 Beiträge zugrunde gelegt haben, lässt sich nicht unmittelbar den Texten selbst entnehmen. Dennoch findet sie eine Begründung und Rechtfertigung in den soziologischen Zielsetzungen, die König mit seinem Identität stiftenden Motto einer „Soziologie, die nichts als Soziologie" ist, angestrebt hat – ein Projekt, das jenseits der gerne und kontrovers diskutierten Frage, ob König eine „Schule" begründet hat oder nicht, anzusiedeln ist. Der Stellenwert seiner drei wichtigsten wissenschaftlich-literarischen Projekte – die Begründung der Sonderhefte der Kölner Zeitschrift, deren 43. Band gerade erschienen ist; das monumentale Handbuch der empirischen Sozialforschung und das Fischer-Lexikon „Soziologie" – liegt nicht so sehr in deren theoretischem und methodischem Gehalt, sondern in ihrer institutionellen Bedeutung zur Schaffung „normalwissenschaftlicher" Rahmenbedingungen im Sinne von Th. S. Kuhn. Wir haben dies dadurch zum Ausdruck gebracht, dass wir an den Anfang des Bandes jene Beiträge gesetzt haben, die sich deutlicher als andere darum bemühen, das Projekt und die Konturen einer „Kriminalsoziologie" im disziplinären Geflecht der Human- und Geisteswissenschaften im weiten Sinne zu positionieren.

Der dann folgende Teil des Bandes nimmt einige wenige analytische bzw. konzeptuelle Beiträge Königs auf, deren Einschlägigkeit für eine Soziologie abweichenden Verhaltens und der Kriminalität schon an deren Oberfläche manifest wird. Bekanntlich war dieses Feld in Königs Augen weitgehend durch die Arbeiten Durkheims vorbestellt, so dass er seine eigene „Mission" vor allem anderen darin sah, – um in dem begonnenen Bild zu bleiben –, die Fruchtbarkeit dieses soziologischen Ackers zu erhalten und an den diversen gesellschaftlichen Gegenständen und Provinzen zu erproben und sichtbar zu machen.

Das dritte Kapitel, etwas blass mit „Theorie und Praxis" überschrieben, elaboriert ein wenig detaillierter und konkreter den zuvor schon geäußerten Gedanken der praktischen Ambitionen, denen sich König in seinem wissenschaftlichen Verständnis verpflichtet fühlte.

Im letzten Kapitel des Bandes – „Zur Soziologie ausgewählter Delikte" – erkennt der informierte Leser sicherlich ein Gliederungsprinzip, das ihm aus Lehrbüchern der traditionellen bzw. „administrativen" Kriminologie geläufig ist – die „Logik" der strafrechtlichen Delikte-Systematik, zugegeben nur in angedeuteter, völlig unvollständiger und soziologisch gebrochener Form. Der damit verbundene Hintergedanke will den Leser dazu anregen, gewissermaßen in Gedanken eine Parallellektüre dieser Beiträge und analoger Texte aus der traditionellen Kriminologie vorzunehmen.

Eine weitere Bemerkung zur Organisation dieses Bandes ergibt sich aus der schon oben getroffenen Feststellung, dass es sich bei ihr um eine „reconstructed logic" und nicht um eine „logic-in-use", um eine Ordnung der Darstellung und nicht der Herstellung handelt. Das aber bedeutet eine Lektüreerfahrung nicht nur der gelegentlichen Redundanz der Texte, sondern auch die der Überlappung. Die einzelnen Beiträge sind häufig umfassend in dem Sinne, dass ihre Einordnung unter je eins der vier Hauptkapitel nicht zwingend, eher beliebig erscheint: Vielfach wünschte man sich beim Lesen ein Ordnungsregime der „Mehrfachnennung". Dieser Eindruck verdankt sich der „Logik der Sache" und sollte nicht als verfehlte „Sache der Logik" genommen werden.

Zu allerletzt haben wir innerhalb der einzelnen Abschnitte eine chronologische Reihung der Beiträge gewählt – mit Ausnahme der Rezensionen, die wir stets ans Ende gesetzt haben –, ohne dass wir allerdings eine „historische" Sichtung und Interpretation der Texte vorgenommen haben.

III. Die Kriminalsoziologie und ihre disziplinären Konkurrenten

Die Kriminalsoziologie verfügt bekanntlich keineswegs über das Monopol wissenschaftlichen Zugriffs auf Probleme der Kriminalität sowie des gesellschaftlichen und staatlichen Umgangs mit ihr. In der politischen, wissenschaftlichen und auch allgemeinen Öffentlichkeit ist die Disziplin der Kompetenz und Wahl in Sachen Kriminalität die Kriminologie, obwohl diese Disziplin bis auf den heutigen Tag, was übrigens weniger bekannt sein dürfte, über keine eigenständige akademische Grundausbildung verfügt[8] und obwohl sie – eingestandenermaßen – über keine autonom bestimmten Theorien, Methoden, Gegenstände usw. verfügt[9]. Aus dieser disziplinären Not macht die Kriminologie seit ihrem Beginn vor mehr als einem Jahrhundert die Tugend der Interdisziplinarität, in der dann auch die „Kriminalsoziologie" ihren Platz eingeräumt erhält – wenn die wissenschaftliche oder politische Konjunktur gerade danach ist. Der Tatsache, dass diese durchaus schwankend ist und Zyklen unterliegt, bin ich in dem mir von König anvertrauten Kapitel „Kriminalsoziologie" im Handwörterbuch der empirischen Sozialforschung etwas detaillierter nachgegangen, was er als Herausgeber mit der Bemerkung kommentiert hat, dass „mit dieser gesamtgesellschaftlichen Ausrichtung ... die Beiträge völlig ihren Charakter als Bindestrich-Soziologien (verlieren) und ... zu einzelnen Kapiteln einer umfassenden Soziologie (werden) ..." (König 1978, VI).

Diese interdisziplinäre Vereinnahmung der Kriminalsoziologie durch die Kriminologie war in der Realität gleichbedeutend mit einer hegemonialen Unterwerfung nicht nur der Soziologie selbst, sondern auch der diversen anderen Einzeldisziplinen, bei denen die Kriminologie sonst noch kostgängerisch wissenschaftliche Anleihen machte. Hegemoniale Drahtzieher und Wahrer dieser Situation waren – mit wenigen Ausnahmen – die Juristen, aus deren Sicht bis in die Gegenwart hinein die Kriminologie als rechtswissenschaftliche Hilfsdisziplin zu betrachten war. So jedenfalls will es ein Großteil der deutschen Juristen und (Straf)rechtswissenschaftler, die es bis heute – entgegen der Situation in den meisten anderen westlichen Gesell-

---

[8]Das seit 1984 an der Hamburger Universität existierende Aufbaustudium Kriminologie ist ein zweijähriges Postgraduierten-Studium, das als Regelfall ein abgeschlossenes Hochschulstudium voraussetzt.

[9]Der frühere „grand old man" der amerikanischen Kriminologie, der aus Norwegen stammende Thorsten Sellin, hat die Kriminologen deshalb als „kings without kingdom" bezeichnet.

schaften – erreicht haben, der Kriminologie den Weg zur akademischen Voll- und Lehrdisziplin zu versperren.
Die soziologiestrategische Bedeutung der Kriminalsoziologie. Diese allgemeine Bemerkung vorausgeschickt, möchte ich nun einen etwas genaueren Blick auf die Texte dieses Bandes werfen, um dem Leser – wie übrigens mir selbst auch – etwas genauer, oder auch wieder, zu vergegenwärtigen, wie König selbst mit der skizzierten Situation umgegangen ist. Muss man, diese rhetorische Frage sei zunächst noch erlaubt, den Leser daran erinnern, dass König von der Normverletzung zunächst nur sagen konnte, dass „abweichendes Verhalten völlig normal ist" (Nr. 1). Seit seinem ja keineswegs geradlinigen Ankommen in der Soziologie brachte König diese Disziplin bekanntlich nicht nur in der Tradition, sondern auch auf den Schultern von Emile Durkheim voran. Die Rolle, die Kriminalität und andere gesellschaftliche Pathologien für Durkheims „Regeln" und für seine anderen Hauptwerke spielen, findet ihre Entsprechung in dem herausgehobenen Gewicht, das König wiederholt der Kriminalsoziologie – neben übrigens der Familiensoziologie – „bei der Konstitution der allgemeinen Soziologie einerseits und als spezifische empirische Teildisziplinen der Soziologie andererseits" attestiert (Nr. 2; vgl. auch Nr. 4). „Das" so fährt er an gleicher Stelle bekräftigend fort, „trifft für keine der anderen Teildisziplinen in auch nur annährend gleichem Ausmaße zu, sodaß man in der Tat sagen darf, daß die Kriminologie[10] eine Schlüsselfunktion im Aufbau der Soziologie hat ..." (Nr. 2). Ans Pathetische grenzend, wenn man die professionelle Wirklichkeit damals und heute dagegen hält, und die gerade zitierte Feststellung rhetorisch noch überbietend, münzt er den Stellenwert der Kriminalsoziologie für die Soziologie allgemein gleichsam zum wissenschaftlich-personalen Lackmustest und professionellen Gütesiegel um, wenn er bei gleicher Gelegenheit schreibt: „Ein Soziologe, der sein Geschäft recht versteht, kann sich also dem Zusammenstoß mit der Kriminalsoziologie nicht entziehen" (Nr. 2).
Legt man diesen von König selbst aufgestellten Maßstab an sein eigenes Werk an, so kann die Antwort auf die Frage nach dem für ihn zutreffenden Testbefund nur in einem „Einerseits-Andererseits" bestehen. Anders als im Falle der Familiensoziologie, der soziologischen Teildisziplin, der er für

---

[10]In der Tat heißt es an dieser Stelle „Kriminologie", obwohl „Kriminalsoziologie" zweifelsfrei gemeint ist: Das verweist zum einen darauf, dass König auf der Ebene der disziplinären Terminologie keine sonderliche Sorgfalt auf die eingangs erwähnten Unterschiede verwendet; zum zweiten haben in diesem spezifischen Verwendungszusammenhang Ort und Anlass seiner Ausführungen auf die Terminologie durchgeschlagen. Das Zitat entstammt der Dankesrede anlässlich der Verleihung der Goldmedaille „Beccaria" im Jahre 1964 durch die Deutsche Kriminologische Gesellschaft, deren damaliger Präsident der Luxemburger Armand Mergen war, Kriminologieprofessor an der Universität Mainz, ein Kollege und Freund Königs; zum dritten war die terminologische Differenz aus der Sicht Königs insofern nachrangig, als er eine wissenschaftliche Krimininologie nur als Kriminalsoziologie denken konnte.

die Soziologie allgemein vor allen anderen „Bindestrich-Soziologien" den gleichen hohen Rang wie der Kriminalsoziologie einräumt, haben seine kriminalsoziologischen Texte, wie der vorliegende Band nachhaltig belegt, nicht die theoretische, methodologische und empirische Detailliertheit und Elaborierung eines monographischen Formats erreicht. Dies heißt nicht, dass König sich nicht der konkreten, handwerklichen „Werkstatt"-Problematik eines solchen Unternehmens bewusst gewesen wäre, wie wir weiter unten noch genauer sehen werden. Wohl aber heißt es, dass so sehr auch die Beschwörung der Kriminalsoziologie als soziologischer „Königsweg" für den Blick auf das, was Gesellschaft konstituiert, zusammen hält oder auseinander treibt, angesichts ihrer theoretischen wie existenziellen Fundierung gegen jeden taktischen, opportunistischen oder auch nur didaktischen Verdacht gefeit ist, so sehr bleibt sie aber auch eine weitgehend programmatische, die ihre Wirkung und Wucht vor allem aus dem Charakter eines iterativen, gleichsam seriellen „ceterum censeo" gewinnt.

Diese Bedeutung der Kriminalsoziologie für die Soziologie in den Augen Königs war denn insgesamt aber auch nicht so mächtig, dass es ihn dazu drängte, Texte zur Kriminalsoziologie aus diesem Band – mit Ausnahme des Beitrags Nr. 22 zu den Sexualdelikten –, soweit sie damals schon vorlagen, in die von ihm selbst besorgte Sammlung von „Vorträgen und Aufsätzen" (König 1965) aufzunehmen. König gab mir ein Exemplar dieses Buches mit der Widmung: „als Auswahl aus meinen Hobbies" – vielleicht geht es zu weit, diese Widmung, zusammen mit den anderen Bemerkungen über den Eingang der Kriminalsoziologie in sein soziologisches Gesamtwerk, als Ausdruck dafür zu nehmen, dass – um mich eines Bildes aus der Welt des Sports zu bedienen – die Kriminalsoziologie in Königs persönlich-wissenschaftlicher Ökonomie zur „Pflicht", nicht jedoch zur „Kür" gehörte. Diesen Eindruck gewinnt man übrigens auch aus der von M. Klein und O. König (1998) besorgten Sammlung „Texte aus vier Jahrzehnten", die sechs Jahre nach seinem Tode erschienen ist. Unter den sieben Abschnitten dieser Sammlung beansprucht „Die Familie" einen – die Kriminalsoziologie ist weder auf dieser Ebene noch auf der der zwei Dutzend Einzelbeiträge vertreten.

Aber es gibt auch dieses Andererseits: der auf die Kriminalsoziologie gerichtete theoretische und disziplinäre Anspruch manifestiert sich in der oben bereits erwähnten Mit-Herausgeberschaft der Aufsatzsammlung zur Kriminalsoziologie aus dem Jahre 1968, in der Widmung bereits des zweiten Sonderhefts der Kölner Zeitschrift dem Feld der Kriminalsoziologie – das erste handelte von der „Gemeinde" –, in dem breiten Raum, den König der Kriminalsoziologie in seinem „Handbuch der empirischen Sozialforschung" einräumte[11], natürlich auch in den von König wahrgenommenen und hier

---

[11]Mit rund 300 Seiten war das Kapitel „Probleme der Kriminalsoziologie" in der mehrbändigen Taschenbuchausgabe das wohl längste Einzelkapitel des Handbuchs.

dokumentierten Gelegenheiten, sein Konzept der Kriminalsoziologie aus dem Raum der Wissenschaft in Gesellschaft und Praxis hineinzutragen.

Die Kriminalsoziologie – das sahen wir eingangs schon – sah sich einem schon beackerten und okkupierten Terrain konfrontiert, dem seine Jungfräulichkeit längst genommen war. Die wissenschaftliche Kolonisierung dieses Bereichs gesellschaftlicher Wirklichkeit fand bekanntlich zeitgleich mit der Begründung der Soziologie durch E. Durkheim in den letzten Jahrzehnten des 19. Jahrhunderts statt, und sie richtete sich – auch dies gehört ins Bild – gegen das Programm von Durkheim, für den Kriminalität ja nicht nur eine „normale" soziale Tatsache darstellte, die eben auch der generellen methodologischen Regel der Soziologie zu unterwerfen war, wonach „Soziales nur durch Soziales" erklärt werden kann. In diesem Territorialstreit um die wisssenschaftliche Hoheit auf dem Felde der Kriminalität haben die italienischen individualistischen „Positivisten" um den Psychiater C. Lombroso – wie wir wissen – damals den Sieg davongetragen und für Jahrzehnte die falsche Fährte auf der Suche nach den Ursachen der Kriminalität gelegt. Ihr direkter Widersacher war zwar nicht Durkheim in Person, sondern die etwas älteren französischen Anthropologen der damaligen Zeit, aber deren Motto von J.A. Lacassagne: „Les sociétés ont les criminelles qu'elles méritent" entsprach genau der Perspektive von Durkheim. Fortan ging es dann erst einmal auf diesem Gebiet um die Vermessung des Kriminellen und nicht um die ihn generierenden sozialen Strukturen, Prozesse und Verhältnisse, um die sich die Soziologie seit Durkheim bemühte[12].

Aber es waren nicht nur die Vertreter der italienischen Schule, die auf dem Feld der Kriminalität das Sagen hatten. Die praktischen Herren des Geländes waren die Hüter von Recht und Ordnung, die die Schaltstellen in den strafrechtlichen Institutionen inne hatten. Zwar sind Juristen zuständig fürs Normative, nicht jedoch fürs Empirische der Welt, aber ohne Annahmen und Vorstellungen darüber, wie die Welt beschaffen ist, kommen auch sie nicht aus, und wenn es nur dem Zwecke dient, ihre Welt der Normen durch die Welt des Faktischen nicht beschädigen zu lassen.

Königs Beziehung zur traditionellen, „ätiologischen" Kriminologie. Natürlich wusste König um die Besetzer des Terrains, zu denen die Kriminalsoziologie in Konkurrenz zu treten hatte. Was er von ihnen hielt und wie er ihnen beggnete, wollen wir kurz beleuchten. Er scheute sich keineswegs, wie wir schon sahen, in deren Kreisen aufzutreten und dort die Kriminalsoziologie zu Gehör zu bringen, auch wenn es nur ausnahmsweise so weit ging wie im Falle der wissenschaftlichen Gesellschaft, die ihn mit der Beccaria-Medaille auszeichnete: Dort traf er mehrheitlich auf Vertreter, die die Kriminalsoziologie

---

[12]Vgl. hierzu meinen Aufsatz über einige Anfänge der „kritischen Kriminologie" (Sack 2002), in dem ich auf einige Ausgangskontroversen zwischen der biologischen italienischen und der soziologischen französischen Richtung in der damaligen Gründerphase der Kriminologie eingehe.

lieber im Elfenbeinturm als im eigenen Hause sahen. Allerdings hat er nicht dort, sondern im Monolog des Schreibens „die ältere Soziologie ... der heutigen öffentlichen Meinung nicht unähnlich" bezeichnet, „indem sie sich speziell an einzelnen dramatischen Aspekten der modernen Industriegesellschaft entzündete: Pauperismus, überfüllte Wohnungen, Alkoholismus und Drogensüchtigkeit ... waren beliebte Themen, die anhand eines mehr oder weniger hilflosen Inventars an soziologischen oder besser: quasi-soziologischen Kategorien variiert wurden. Speziell in Italien, dann aber auch in Deutschland und Frankreich wurden ganze Bibliotheken solcher Literatur produziert, in der einzelne Erklärungsmittel, wie etwa die somatischen ..., von einem kurzen sensationsartigen Aufblühen zu immer eklektischer werdenden Theorien verflachten, ohne daß jemals ein wirklich soziologischer Erklärungsversuch unternommen worden wäre" (Nr. 1).

Als abschreckendes und zugleich symptomatisches Beispiel derartiger kriminogener Erklärungsmuster geradezu genetischen Charakters, an dem König die Differenz ums Ganze nicht nur soziologischer, sondern ich möchte sagen: wissenschaftlicher Analyse von Abweichung und Kriminalität deutlich machte, diente ihm dabei die „Rothaarigkeit" – durch Hans v. Hentig in einem Aufsatz mit dem Titel „Redhead and Outlaw" in der renommierten, damals führenden amerikanischen kriminologischen Fachzeitschrift „Journal of Criminal Law and Criminology" im Jahre 1947 als „kriminogener Faktor" in die kriminologische Debatte geworfen. An diesem Beispiel, hier zitiert aus seiner Einführung in das bereits erwähnte zweite Sonderheft zur Soziologie der Jugendkriminalität aus dem Jahre 1957 (Nr. 1) deklinierte König die ganze Tiefenschärfe einer soziologischen Erklärung im Kontrast zu „Erklärungsversuche(n) durch irgendwelche somatischen Eigentümlichkeiten" durch – „und man wird die ganze Distanz ermessen können, welche die soziologische und die sozialpsychologische Behandlungsweise von solchen Versuchen unterscheidet" (Nr. 1).

Ich selbst habe gerade dieses Beispiel, das ich vermutlich in der von König in seinen Vorlesungen gesprochenen mehr als in der geschriebenen Version erinnere, mit Erfolg in Lehre und bei Vorträgen in meinen Argumentationshaushalt aufgenommen. V. Hentigs Rothaarigkeit benutzte König gelegentlich in der Tat als Prüfstein für die „sociological correctness" in Sachen Kriminologie. Königs Rezensionsdaumen über die „Soziologie des Verbrechens" von W. Middendorf aus dem Jahre 1959 wies u. a. deshalb nach unten, weil in Bibliographie und Namensregister „die wichtigsten Namen der amerikanischen Kriminalsoziologie fehlen, während eine Erscheinung wie Hans von Hentig, der in den Vereinigten Staaten als typischer Vertreter des reaktionären Denkens in der Kriminologie gilt, als wichtiger Kronzeuge immer wieder zitiert wird. Dabei wäre er in vielem als die eigentliche Gegeninstanz anzusehen, vor allem mit seinen starken Neigungen zur längst abgelegten Theorie vom ‚geborenen Verbrecher'" (Nr. 10).

Die Disziplin bzw. die Variante der Kriminologie, die König hier ins Visier seiner Kritik nimmt und die er als Kontrastfolie seines Konzepts einer

Kriminalsoziologie benutzt, ist jenes Unternehmen, das seinen Ausgang bei den Begründern der sog. positiven – italienischen – Schule der Kriminologie um den bereits erwähnten C. Lombroso nahm. Dies wird in Königs Texten allerdings nur selten eindeutig benannt, obwohl es keinerlei Zweifel daran gibt: Die Strategie „multifaktorieller" bzw. „Mehr-Faktoren-Ansätze" in der Kriminologie ist bekanntlich ein Spätprodukt dieser kriminologischen Entwicklungsspur, die sich als ätiologische Kompromissformel verstand. Damit hatte König nichts im Sinn: „die Alternative anlagebedingt-umweltbedingt (fällt) völlig dahin" (Nr. 1). Im Lexikon-Artikel „Recht" nennt er „die naturwissenschaftliche Ausrichtung eines Cesare Lombroso oder eines Enrico Ferri ... in der Tat eine völlig abwegige Vorstellung von der soziologischen Methode als einer Art natürlichen Determinismus" (Nr. 5).

Dennoch gab es zwei Gründe der „Koalition" mit der Schule der positiven Kriminologie. Zum einen knüpft Königs Konzept einer soziologisch orientierten Kriminalpolitik zentral an den Gedanken der „défense sociale" an, deren Ursprung auf die italienische Schule zu Beginn des vorigen Jahrhunderts zurückweist. Zum anderen teilt König – bei aller Schärfe und Kompromisslosigkeit der Kritik im Einzelnen – die Bedeutung der Suche nach den Ursachen kriminellen Verhaltens, bekanntlich das Anliegen der positiven Schule der Kriminologie: einem langen Zitat aus M.B. Clinard's „Sociology of Deviant Behavior" stellt er seine Quintessenz voran: „das ganze Schwergewicht der Forschung (liegt) auf *der Ätiologie des abweichenden Verhaltens*" (Nr. 1). Er warf dieser Kriminologie nicht ihre grundsätzliche Tagesordnung der Erforschung der Ursachen der Kriminalität und des abweichenden Verhaltens vor, sondern dass sie diese Suche theorie- und besinnungslos verfolgte, ohne ihrer Aufgabe ausweisbar näher gekommen zu sein. Was ihr fehlte, war die Kenntnis des Programms von Durkheim und seiner soziologischen Grammatik.

Auf Kriegsfuß mit Strafe und Strafrecht. Bevor wir jedoch darauf einen präzisierenden Blick werfen, möchten wir ganz kurz noch Königs Beziehung zu dem eigentlichen Statthalter des Terrains beleuchten, das zu kultivieren der Kriminalsoziologie oblag: dem Strafrecht. Aus der rückschauenden – und ich muss freimütig gestehen: erstmals nachhaltig interessierten sowie intensiven – Prüfung und Sichtung der Texte von König mit dem Ziel, sein wissenschaftliches Verhältnis zum Recht, insbesondere zum Strafrecht kennen zu lernen, resultiert ein so von mir nicht erwartetes Ergebnis. Es mag erklären, zumindest zu einer solchen Erklärung beitragen, warum die Ausarbeitung eines detaillierteren und differenzierteren kriminalsoziologischen Programms nie auf Königs Tagesordnung der Soziologie obenan gestanden hat. Wie hätte eine solche auch aussehen können aus der Hand eines Soziologen, für den – gemäß etwa des oben bereits erwähnten, hier nicht abgedruckten Vorlesungsmanuskripts aus dem Wintersemester 1947/48 – das Strafrecht als irrationale und auf Gewalt setzende Form der sozialen Kontrolle eine Art Relikt aus der Welt primitiver Gesellschaften, aus der Welt der „Rache" darstellte[13]? Ein Relikt, das zwar auch in den Gesellschaften der Gegenwart zum Zwecke der „Vergeltung", der „Einschüchterung", der „Ausbeutung" noch immer benutzt werde, von dem König jedoch vor einem halben Jahrhundert schon meinte: ich zitiere wörtlich aus dem genannten Manuskript: „Heute Tendenz weg von Idee der Strafe überhaupt; Gesellschaftsschutz. Dies reinster Ausdruck der rat. soz. Kontr." – und in etwas verblasster Handschrift fügt König hinzu: „Schweden: neues Strafrecht, in dem Begriff der Strafe nicht vorkommt".

Wie sollte, um ein paar spätere Stimmen als Beleg für die „Bestandsfestigkeit" dieser frühen wissenschaftlichen Positionierung Königs zum Recht zu Worte kommen zu lassen, eine Kriminalsoziologie aus einer soziologischen Perspektive konzipiert werden, die nichts als Soziologie sein will, die zudem den Anspruch empirischen Zugriffs auf die Wirklichkeit zur disziplinären Tugend erhebt, diese Wirklichkeit jedoch vorweg schon mit dem Postulat konfrontiert: „Unter allen Umständen sollte aber der Begriff der Strafe als Rache der Gesellschaft am Missetäter gebannt werden" (Nr. 3); die zudem dafürhält, dass Strafe zwar gemäß Durkheim auch zur Gesellschaft gehört, aber: „Diese trifft natürlich in keiner Weise einen ‚Schuldigen', sondern sie richtet sich einzig gegen ein Verhalten..."; dass „angesichts der soziologischen Betrachtungsweise die eigentliche Schuldfrage dahin(fällt)". „... sie interessiert den Soziologen in keiner Weise". Sie „mag auch den Moralisten interessieren, der ... dabei allerdings zumeist nur zum Agenten unbewusster Aggressionen wird" (Nr. 1).

Könnte eine Kriminalsoziologie auf Resonanz rechnen, die in Bezug auf den „Strafanspruch des Staates" – diese grundlegende Legitimationsformel des modernen Strafrechts – bekennt, dass „... ich mir absolut nicht vorstellen kann, was das heißen soll außer einer nur dürftig durch Redensarten verbrämten Racheaktion derer, die zufällig die Macht innehaben"? (Nr. 2). Diese Feststellung ist keineswegs ein der Situation anzurechnender Ausrutscher vor einem kongenialen Publikum, vielmehr entstammt sie Königs Dankesrede aus Anlass der Verleihung der Beccaria-Medaille im Jahre 1964, und das wohl in Anwesenheit einer Reihe von Vertretern des Strafrechts. Ein Jahr später stellt er bei anderer Gelegenheit noch grundsätzlicher und dezidierter fest: „Ein Begriff wie der vom ‚Strafanspruch des Staates' erscheint für den Soziologen als Ausdruck einer Geisteshaltung, die charakteristisch ist für die irrationalen

---

[13] Obwohl König selbst den Begriff des „Relikts" nicht benutzt, ist die Parallelität, die sein Denken zum Evolutionsmodell sozialen Wandels, zur „Modernisierungstheorie" der Soziologie in der Tradition Durkheims etc. aufweist, nicht zu übersehen. In der Kriminologie spielt das Konzept des Relikts sowohl im Zusammenhang mit Lombrosos These des „geborenen Verbrechers" als eines atavistischen Relikts einer früheren menschengeschichtlichen Entwicklungsstufe eine prominente Rolle wie in der sozialistischen Auffassung der Kriminalität als Relikt der kapitalistischen Gesellschaftsformation.

Reaktionen primitiver Gesellschaften, für die jede Abweichung von der Norm eine Störung des Gleichgewichts von Natur und Gesellschaft beschwört" (Nr. 3). Und schon zehn Jahre davor hatte er anlässlich eines Vortrags auf dem IV. Internationalen Kongress für Gesellschaftsschutz verwundert vermerkt: „So hörte ich selber noch vor wenigen Monaten bei einer Verhandlung vor einem Jugendgericht den Staatsanwalt von einem ‚Strafanspruch des Staates' sprechen" (Nr. 18).

Selbst vor kanonisierteren Texten wie dem Fischer-Lexikon und vor theoretischen Beiträgen machen Skepsis und als soziologische Überheblichkeit und Herablassung gegenüber dem Recht wahrzunehmende Feststellungen nicht halt. Im Artikel „Recht" des Fischer-Lexikons gibt König zustimmend A. Mengers Urteil wieder, dass „die Rechtswissenschaft ... die zurückgebliebenste aller Kulturwissenschaften (sei)" und zitiert Mengers Vergleich der Rechtswissenschaft mit „einer Provinzstadt ..., wo die abgelegten Moden der Residenz noch immer als Neuheiten getragen werden" (Nr. 5). Und auch in dem analytischen Grundsatzartikel „Recht im Zusammenhang der sozialen Normensysteme" fehlt der Seitenhieb aufs Recht wegen seines „Charakters relativer Irrationalität" (Nr. 11) nicht.

Hierin drücken sich persönliche und theoretische Barrieren und Haltungen gegenüber dem Feld der Kriminalität und des staatlichen und gesellschaftlichen Umgangs mit ihr aus, denen wir hier nicht in aller Breite nachgehen können. In ihnen mögen sich einerseits biographische und existentielle Erfahrungen und Gefährdungen Königs widerspiegeln, die ihm sein „Leben im Widerspruch" und in der Emigration sowie die Begegnung mit so mancher staatlichen Autorität beschert haben. Andererseits: so sehr auch Durkheim den Staat zugunsten der Gesellschaft theoretisch – bis an die Grenze der Ineinssetzung beider Größen – vernachlässigt hatte, so wenig hat auch König den Staat theoretisch und analytisch besonders ernst genommen. Diese analytischen Barrieren gegenüber dem Staat standen indessen dem kognitiven Unternehmen der Ausarbeitung einer Kriminalsoziologie nachhaltig im Wege. D. Matza hat darin ein durchaus paradoxes Erbe des kriminologischen Positivismus gesehen, dem er – ironischerweise – das große „Verdienst" bescheinigte, die Kriminalität von der Existenz des Staates abzukoppeln.

Dabei lassen sich solche negativen Urteile und Einschätzungen des Rechts auch bei vielen anderen Soziologen und Wissenschaftlern ausmachen, anders als bei König sind sie jedoch Ausgangspunkt für Neugier und bohrendes Nachfragen – und theoretische Weiterentwicklung. So sieht etwa N. Luhmann im Strafrecht ebenfalls eine „vorsoziologische Interpretation abweichenden Verhaltens" (1972, S. 119) und im strafrechtlichen Prinzip der „individuellen Schuld" eine „weitgehend fiktive Erklärung" (ebda., S. 58), aber er „hebt sie auf" in einer strukturellen Perspektive, die es erlaubt, deren „Irrationalität" analytisch und nicht nur moralisch zu begegnen. Ohne bewusste Kenntnis- und begriffliche Bezugnahme deckt sich Königs

Haltung – und Prognose – zur Strafe und zum Strafrecht mit der Position des kriminologischen „Abolitionismus", wie er in den sechziger und siebziger Jahren weltweit von sich reden gemacht hat, allerdings in den neunziger Jahren wieder von der kriminologischen und kriminalpolitischen Oberfläche verschwunden ist.

Konturen einer Kriminalsoziologie. Welches nun ist die wissenschaftliche Alternative, die König an die Stelle einer wissenschaftlich abgewirtschafteten kriminologischen Tradition treten lassen will, wie sie von den „italienischen" Kriminologen und deren Nachfahren sowie den damit verbündeten Strafjuristen vertreten worden ist? Einiges dazu ist im Vorstehenden bereits deutlich geworden, weiteren Aufschluss bringen die Beiträge in den späteren Kapiteln. Deshalb wollen wir hier nur einige übergreifende Gesichtspunkte dazu herausgreifen. Ein erster ist ein äußerlicher, allerdings mit weitreichenden Konsequenzen. Neben den einschlägigen theoretischen Teilen von Durkheims Werk, von denen König im Vorwort zur mitherausgegebenen Aufsatzsammlung zur Kriminalsoziologie meinte, dass sie „damals die ersten relevanten Beiträge zur Kriminalsoziologie im modernen Sinne" (Nr. 4) darstellten, hat er vor allem in der empirischen und sozialreformerischen Tradition der amerikanischen Soziologie, namentlich während ihrer Chicagoer Blütezeit, die entscheidenden Entwicklungsimpulse gesehen. So ist es kein Zufall, dass sämtliche Beiträge in der „Kriminalsoziologie" von amerikanischen Autoren stammen und er an gleicher Stelle deutliche Klage über die mangelnde Rezeption dieser Arbeiten in Deutschland führt (Nr. 4).

Eine zweite Bemerkung betrifft die spezifischen Aspekte der Durkheimschen Soziologie, die König als unmittelbare Bausteine für die Kriminalsoziologie ansah. Es waren vor allem zwei grundsätzliche Gedanken, die immer wieder in Königs Überlegungen auftauchen. Der eine betrifft die berühmte „Normalitätsthese" von Durkheim, die ihrerseits mit der (positiven) Integrationsfunktion von Kriminalität bzw. Normverletzung und der Reaktion darauf durch Staat und Gesellschaft begründet wird. Allerdings ist diese These bei aller Faszination und Verblüffung, die sie auslöst, die kryptischste geblieben, gerade auch in der Verwendung durch König. „... darum ist abweichendes Verhalten völlig normal". Dieser mutwilligen, entwaffnenden und für viele ärgerlichen Feststellung folgt indessen gleich die Einschränkung: „von ‚anormalen' Entwicklungen sprechen wir erst dann, wenn der Anteil bestimmter negativer Akte einen gewissen Durchschnitt überschreitet oder unterschreitet". Obwohl König hier den „entscheidenden Einstieg ... in die Kriminalsoziologie" (Nr. 1) ausmacht, hat er diesen Durkheimschen Gedanken über dessen Ausgangsfassung jedoch kaum hinaus zu bringen vermocht – er selbst nicht, aber auch die Kriminalsoziologie dieser Tradition und Herkunft insgesamt nicht.

Das Problem liegt natürlich in dem „gewissen Durchschnitt": Wie sieht dieser aus, wie bestimmt man ihn, welches sind die dazu erforderlichen empirischen Operationen? Und wenn die Implikation dieser These dann noch die Präzisierung erfährt, „daß nicht jedes ‚Verbrechen' als anormal zu kennzeichnen ist, sondern daß jede Gesellschaft die für sie kennzeichnenden Verbrechen besitzt" (ibid.), dann wird nicht nur die Frage unausweichlich, wie man denn die „normalen" von den „anormalen" Verbrechen und Verbrechern unterscheiden kann, sondern viel gravierender noch die Frage, welche Konsequenzen diese Unterscheidung denn für die Art der Reaktion auf die Rechtsverletzungen haben sollte. Mit anderen Worten: Welches analytische Potential und welche kriminalpolitischen Folgerungen im Einzelnen hat die suggestive These von der Normalität der Kriminalität und von ihrem Maßstab für das „pathologische" Ausschlagen der Gesellschaft nach oben und nach unten?

Weniger Aporien verursacht ein zweiter zentraler Aspekt eines kriminalsoziologischen Aspekts, den König unter Berufung auf Durkheim gegen die bisherige Kriminologie in Stellung bringt: die Bedeutung sozialer Prozesse und Verläufe im Gegensatz zu sozialen Eigenschaften und Merkmalen. Kollektive Zwänge und „consciences collectives" im Sinne Durkheims machen die Existenz von Einrichtungen ihrer Vermittlung zu den Mitgliedern dieser kollektiven Gebilde nötig – durch Lernen, Internalisierung, Interiorisierung etc. Diesen Gedanken vor allem hält König den Versuchen entgegen, den geborenen Verbrecher, die kriminelle Persönlichkeit zum Focus wissenschaftlicher Analyse der Kriminalität zu machen. Diese Überlegung liefert auch den Grund dafür, dass König ungleich mehr Fragen und Beispiele der Jugendkriminalität in seine Argumentation einbezogen hat als solche der Erwachsenenkriminalität, wie er es auch einmal ausdrücklich als präferierte Forschungsstrategie postuliert hat (Nr. 1).

Wie hält es König mit der „kritischen" Kriminologie? Eine bis jetzt ausgesparte Frage ist ebenso folgenreich wie brisant. Bei der Frage der Titelgebung für diesen Band habe ich bereits kurz darauf verwiesen, dass das Konzept der sozialen Kontrolle zum Schlüsselbegriff der in den sechziger Jahren aufgekommenen kritischen Kriminologie avancierte. Andere Stichworte waren „Labeling", „Etikettierung" – auf die Analyse von Abweichung und Kriminalität gemünzte Konzepte aus der „Theoriefamilie" interpretativer Ansätze des symbolischen Interaktionismus, der phänomenologischen Soziologie, der Ethnomethodologie etc. Ob dies als paradigmatischer Wechsel i.S. des etwa gleichzeitig aufgekommenen und außerordentlich einflussreichen Konzepts von Th. S. Kuhn zu stilisieren ist, mag dahin stehen – der Wechsel der Fragestellung und der Forschungsinteressen, die mit der Neuorientierung der Kriminologie und der Kriminalsoziologie verbunden waren, konnten gravierender nicht sein. Kriminalität nicht länger als „positiven", gegebenen Gegenstand betrachten, der bestimmten Verhaltensweisen inhärent ist, auf seine Entstehungsbedingungen und gesellschaftlichen Verteilungsmuster, auf seine integrativen Konsequenzen und Implikationen befragen – dazu war schon ein Wechsel der Perspektive und des Bezugsrahmens erforderlich, der sich nicht bloß als Ergebnis von Hypothesenprüfung bzw. –verwerfung oder erfolgreicher Falsifikation darstellen ließ.

Stattdessen den Gegenstand selbst – die Kriminalität in ihrer gesellschaftlichen, statistischen, politischen Gegebenheit – zum Anlass des Zweifels und der wissenschaftlichen Analyse und der Annahme der Variabilität machen; die Kriminalstatistik, wie es in einem berühmten „dissidenten" Aufsatz von damals hieß, zum Teil des Gegenstands und nicht als Mittel seiner Erfassung und Beschreibung betrachten: Das war schon ein Bruch mit der bis dahin dominanten Kriminologie, der nach dem Grad an Intensität, Diskontinuität und Radikalität einer „Konversion" gleich kam und denjenigen, der diesen Schritt tat, zum Häretiker stempelte.

Ich selbst habe diesen wissenschaftlichen Sinneswandel an mir während meines „Amerika-Jahres" von März 1965 bis April 1966 vollzogen – dazu trug die „aversive" Erfahrung der „paper-and-pencil-Kriminologie" an der Universität Columbus/Ohio als push ebenso bei wie die begeisternde Begegnung mit der damaligen „west-coast-sociology" an der Universität von Berkeley als pull[14]. An jener Universität, an der R. König im Laufe eines knappen Jahrzehnts von 1957 bis 1965 dreimal eine Gastprofessur wahrgenommen hat – gleichsam Tür an Tür bzw. auf dem gleichen Korridor in der Barrows Hall, in der das sociology department der Universität untergebracht war, wo sich auch die Büros von dem bereits erwähnten D. Matza, von E. Goffman, von „meinem Freund" H. Blumer befanden, an gleicher Universität auch, an der sich das berühmte „Study Center on Law and Society", damals eine unter US-Soziologen landesweit bekannte Kreativ-Stätte der Ethnomethodologie, befand sowie die später unter dem Gouverneur R. Reagan geschlossene „School of Criminology".

Mit den genannten Namen und Einrichtungen verbanden sich bekanntermaßen einige der „Klassiker" der Neuorientierung der Soziologie des abweichenden Verhaltens – A. Cicourel, den ich gleich nach meiner Ankunft in Berkeley aufsuchte, schrieb gerade sein Buch über die unterschiedliche Jugendkriminalpolitik in zwei ansonsten vergleichbaren Gemeinden –, H. Sacks hatte dort seinen grundlagentheoretischen Text über „methods in use for the production of social order" verfasst, David Matza an die simple Tatsache erinnert, dass es sich bei der Kriminalität nicht um eine „action", sondern um eine „infraction" handle. Etwas weiter nördlich von Berkeley, über das von König so gerne wegen seiner Weinkultur besuchte Napa Valley noch hinaus, auf dem Davis Campus der University of California, lehrte schließlich der ebenfalls bereits erwähnte E. Lemert, der die bis zu den sechziger Jahren in der Kriminalsoziologie dominante Anomietheorie frontal angegangen war.

Königs professionelle Kreise in Berkeley – dem Ort, von dem er in seiner Biographie sagt: „Ich habe mich niemals besser gefühlt als in Berkeley" –

---

[14]Ich habe hierzu an anderer Stelle etwas ausführlicher berichtet (Sack 1998).

waren nicht diese Kollegen, sondern das waren seine Freunde R. Bendix, Leo Löwenthal, W. Eberhard: von ihnen schreibt er in seinen Erinnerungen, nicht von den soziologischen und kriminologischen Neuerern. Die nächste Möglichkeit, ihnen zu begegnen, bot sich bei zwei publizistischen Gelegenheiten, denen er seinen Namen lieh, deren Inhalt und Richtung jedoch nicht mehr in ungebrochener Durkheimscher Tradition, wie König sie verstand und lehrte, standen: Es handelt sich um die mit mir herausgegebene „Kriminalsoziologie" aus dem Jahre 1968 sowie um meinen ein Jahr später erschienenen Artikel im Handbuch der empirischen Sozialforschung. Zur „Kriminalsoziologie" ist allerdings eine eher mich betreffende relativierende Fußnote anzubringen: In ihren mehrjährigen Entstehungsprozess fiel mein einjähriger US-Aufenthalt und damit auch der oben erwähnte vollzogene Bruch mit der traditionellen „ätiologischen" Kriminalsoziologie hin zur „kritischen" Kriminologie. Diese Zäsur bildet sich auch in der Anthologie selbst ab: Die Auswahl der in den Band aufgenommenen amerikanischen Texte ist vor der Abreise nach Columbus und Berkeley erfolgt, die Verfassung des Nachworts „Neue Perspektiven in der Kriminologie" danach.

Auch diese Gelegenheiten der Auseinandersetzung mit dem Eindringen des symbolischen Interaktionismus und den übrigen Ansätzen des „interpretativen Paradigmas" (Th. Wilson) in das Terrain der traditionellen Kriminologie einschließlich der ätiologisch orientierten Kriminalsoziologie ließ König nicht an sich heran. Ein Ausweichen und Entrinnen vor ihnen gab es erst etliche Jahre später nicht mehr, als er, zwei Jahre nach seiner Emeritierung, die Aufgabe übernahm, am „Ninth International Congress of Social Defense" im August 1976 in Caracas/Venezuela teilzunehmen, und zwar in zweifacher aktiver Mission: als Berichterstatter über 31 Kongressbeiträge zu soziologischen Aspekten des Themas und zur Rechtssoziologie und zweitens als Referent zum Kongressthema „Marginalité sociale et justice". Lediglich diesen zweiten Beitrag, dessen Untertitel eine „theoretical reorientation" verspricht, haben wir in diesen Band aufgenommen, obwohl der hier nicht abgedruckte Beitrag erst erschließt, warum König gerade dieses Thema gewählt hat: Unter den 31 von König zu kommentierenden Beiträgen befanden sich eine Reihe von Texten eines „nouvelle approche", als deren Vertreter König ausdrücklich auf „Erving Goffman et Howard S. Becker" hinweist, ohne sich allerdings näher mit den Arbeiten dieser beiden Autoren zu beschäftigen (König 1976, S. 94).

Die Auseinandersetzung mit diesen authentischen Vertretern der Neuorientierung findet indessen auch in dem hier abgedruckten Text nicht statt, was natürlich um so erstaunlicher ist, als insbesondere die Arbeiten von Goffman auch sehr schnell in deutscher Übersetzung – einige bei Suhrkamp – verfügbar waren, das Stigma-Buch etwa bereits 1967. Das Konzept selbst taucht in dem hier abgedruckten Text auch nur als Parallelbegriff zu dem der „marginalization" – „study of processes of stigmatization" (Nr. 7) – auf, gleich zu Beginn und dann nicht wieder, außerdem ohne seinen bekanntesten Autor beim Namen zu nennen.[15]

Als Bezugsautor wählt er vielmehr St. Wheeler, der in dem von ihm bearbeiteten Kapitel „Deviant Behavior" des von N. Smelser, einem jüngeren Anhänger von T. Parsons, herausgegebenen Lehrbuchs zur Soziologie die beiden Theorielager der Kriminalsoziologie – des „normativen" und des „interpretativen" Paradigmas – einander konfrontierte, im Stil eines Chronisten eher als dem eines Parteigängers. König allerdings bewahrt nicht lange Chronisten-Abstand, er nimmt Partei, und das nicht zu knapp. Eine längere Passage mag seine Ausgangsfeststellung notieren: „This second approach has been known as *the labelling approach;* the Preamble (des Kongresses – F.S.) summarizes the meaning of it in a few words: 'A person is different to the extent that he is perceived to be so'. The study of processes of stigmatization then becomes more important than the classification of supposed characteristics of deviancy and marginality" (Nr. 7).

Auf der Ebene der Forschungsstrategie und –praxis trifft diese Charakterisierung sehr wohl die entscheidende theoretische Innovation der kritischen Kriminologie bzw. des interpretativen Paradigmas. Und wie hält es König damit? Gleich im Anschluss an diese Identifizierung des neuen Ansatzes formuliert er eine „Zwar-Aber-Haltung", wie man sie der Sache nach bei vielen anderen Autoren seither auch antreffen kann: „I personally feel", so die Zwar-Komponente seiner Position, „that this change in strategy has been one of the most important events in the development of criminal sociology." Dann folgt auf dem Fuße die Aber-Komponente seiner Stellungnahme: „However, I also feel that in many cases people did definitely overshoot the mark", um noch dies, mit Bezug auf den strategischen Zweck der Wahl seines Themas, anzufügen: „This is also the main motivation for these introductory remarks with the help of which I would like to open a reorientation in this field by a critical consideration of some of the basic terms" (Nr. 7).

In anderen Worten, König ging es um die Reduzierung und Eingrenzung des neuen Ansatzes auf seinen „vertretbaren Kern" – dies sind meine Worte –, den er danach bestimmte, inwieweit der neue Ansatz nicht Positionen

---

[15] Ohne mich zu weit auf die Fährte einer philologischen Textexegese zu begeben, möchte ich doch noch ein interessantes Detail aus dem hier nicht abgedruckten Kommentar- und Überblickstext Königs als „rapporteur" mitteilen. Dort findet sich zwar der Verweis auf Becker und Goffman als Wegbereiter des erwähnten „nouvelle approche": – „Cette voie a été frayée par Erving Goffman et Howard S. Becker et autres" (1976, S. 94) –, aber für eine nähere Diskussion wählt er den französischen Autor M. Henri Souchon, der unabhängig von Goffman und fast zeitgleich und mit der gleichen Intention „sa théorie de la stigmatisation" entwickelt habe (ebd.). In diesem Text verhält sich König gegenüber diesem neuen Ansatz allerdings wesentlich weniger kritisch, wenn auch hier als Interpretationsrahmen der Bezug auf Durkheim und Merton nicht fehlt.

berührte oder gar obsolet machte, die mit den – in diesem Text genannten – Namen von F. Thrasher, R.E. Park, E.V. Stonequist, R.K. Merton und (natürlich!) E. Durkheim[16] verbunden waren. Schaut man genauer hin, geht es um die Verteidigung und Bekräftigung der theoretischen Position gerade dieser Autoren und um die Zurückweisung der neuen und kritischen Ansätze, um das Festhalten an der ätiologischen Fragestellung – im Gewande freilich einer von Durkheim durchtränkten Kriminalsoziologie. Und die ätiologische Fragestellung kann ihr Objekt – die Kriminalität – nicht aus der Hand geben bzw. der dem Zweifel ausgesetzen Definition und Relativierung aussetzen. Insofern beruht die von uns als „Zwar-Aber-Haltung" bezeichnete Einschätzung der neuen Ansätze durch König eher auf der Konzilianz seiner Formulierung, auf der Courtoisie den Veranstaltern und den zu kommentierenden Beiträgen gegenüber als der Akzeptanz in der Sache selbst. Wie weit König in der Tat im Verlaufe seiner Argumentation mehr und mehr in den Habitus des „theoretical containment" gerät, mag an einem Zitat belegt sein: „Therefore, I would conclude that the labelling approach in criminal sociology is much more of a juridical than of a sociological kind ... In fact, the labelling approach sees things much too much in the light of control mechanisms of different kinds" (Nr. 7). Was gerade diese Plazierung der interpretativen Ansätze in die Nähe einer juristischen Perspektive in den Augen Königs bedeutet, dürfte an seiner weiter oben diskutierten Haltung zum Recht abzulesen sein. Wie weit entfernt und entstellt diese Charakterisierung von dem theoretischen und empirischen Programm des interpretativen Paradigmas sich ausnimmt, ist hier auch nicht weiter auszuführen. Nicht aus den hier versammelten Texten zu belegen, wohl aber unter Inanspruchnahme meiner eigenen Rolle als Zeitzeuge dokumentierbar, möchte ich die Grenze markieren, an der König in seiner Kritik und Ablehnung des „nouvelle approche" nicht mehr mit sich spaßen ließ: einer der „produktivsten" Anhänger des neuen Ansatzes, der amerikanische Soziologe J.J. Douglas[17], hatte die Überlegungen des „Definitionsansatzes" u. a. in einer Monographie zum „Selbstmord" zum Sprechen gebracht und zur Diskussion gestellt – bekanntlich der „empirischen" Ikone der Durkheimschen Soziologie. Das war Bilderstürmerei – und da kannte auch König kein Pardon.

Die Verwunderung über diese ambivalente Haltung gegenüber, wenn nicht gar schroffe Ablehnung der kritischen, besser: der theoretischen Wende in Kriminologie und Kriminalsoziologie in der ersten Hälfte der sechziger

---

[16] Neben Wheeler sind es diese Autoren, die in dem Beitrag von König überhaupt genannt werden. Stonequist, ein Autor aus dem Chicago der dreißiger Jahre, ist wohl mit seinen Arbeiten über die „marginale Persönlichkeit" auch der Lieferant des theoretischen Stichworts, unter das König seine Auseinandersetzung mit der Labelingtheorie stellt.

[17] Vgl. J.J. Douglas (1967); die Überlegungen von Douglas haben auch in die Neuauflage der prestigereichen „Encyclopedia of the Social Sciences" aus dem Jahre 1968 Eingang gefunden.

Jahre durch R. König ist um so größer, als Königs Arbeiten und Analysen unterhalb der Schwelle disziplinärer und theoretischer Grundsatzpositionen wie der hier diskutierten eine Fundgrube für die Argumente und Belege sind, die der neuen Theorierichtung den Weg gebahnt haben. Seine Polemik gegen den Anlage-Umwelt-Kompromiss in der Form des Mehrfaktorenansatzes kennen wir schon. In seinem an späterer Stelle abgedruckten Beitrag zum „Sexualleben in der Gegenwartsgesellschaft" findet sich die These des „typischen Homosexuellen ... erst als Geschöpf dieser Gesetzgebung" (Nr. 22) – ein besseres Beispiel ließe sich auch vom eingefleischtesten Labeling-Theoretiker nicht (er)finden. Sodann: wo sich König in die kriminellen und kriminologischen Niederungen der Empirie begibt, hin zu den Bereichen krimineller Wirklichkeit, ob es die Sexualdelikte, die white-collar-Delikte oder die altersbedingten Delikte sind, begegnet man mit einer Regelmäßigkeit den Stichworten „Dunkelziffer", „Kriminalstatistiken", „Sichtbarkeit des Verhaltens" u. a., die einen immer wieder genau an die Schwelle heranführen, die die „interpretativen" Neuerer aus den sechziger Jahren überschritten haben – hin zu der theoretischen Position, der König selbst so vehement in die Arme fällt.

Die Einsicht von der mangelnden Zuverlässigkeit der Kriminalstatistik musste König nicht vermittelt werden – da formulierte er forsch und definitiv: „Im Großen und Ganzen kann man wohl sagen, daß kein Teil der amtlichen Statistiken weniger brauchbar ist als die Kriminalstatistik" (Nr. 18). Sein bereits erwähnter Beitrag über das Sexualleben wäre rundweg ein passender Kandidat für einen Reader der Labeling-Theorie, soweit es um die Differenz der traditionellen und der „kritischen Kriminologie" in der Interpretation der „ungeheuren Schwierigkeiten" geht, „die sich unserer Erkenntnis in den Weg stellen...". „Denn wenn die außerordentlichen Dunkelziffern, die auf diesem Gebiet überall die Regel sind, nur ein Zufall wären, dann wäre die Frage gar nicht der Erörterung wert, und wir könnten einfach auf bessere Zeiten hoffen" (Nr. 22). An gleicher Stelle ist auch in Bezug auf die Abtreibung von „klassenmäßig" „verschiedenen ‚Chancen' der Entdeckung", von „Fälschung unserer Polizeistatistiken in bezug auf die soziale Herkunft der entdeckten Kriminellen" (ibid) die Rede. Weitere Beispiele und Argumente dieser Richtung finden sich bei der Erörterung der white-collar-Delikte (Nr. 24) und an anderen Stellen.

Alle diese Einsichten und empirischen Befunde bringen ihn nicht dazu, eine Position zu beziehen, die der französische Anthropologe L. Manouvrier schon in den neunziger Jahren des 19. Jahrhunderts in dem erbitterten Streit zwischen den italienischen und französischen „Kriminalanthropologen" eingenommen hat: Den Auftrag zurückzuweisen, mittels des Vergleichs von kriminellen mit nicht-kriminellen „Versuchspersonen" die Kontroverse zwischen den italienischen „Biologisten" und den französischen „Soziologisten" empirisch zu schlichten. Die „Experimentiergruppe" der Kriminellen, so das Argument von Manouvrier, mag „rein" sein in Bezug auf das Merkmal Kriminalität, die „Kontrollgruppe" der Nicht-Kriminellen sei es mitnichten – und geradezu genüsslich präsentiert Manouvrier höchst delikate und suggestive Beispiele der „délinquance clandestine" (ein Begriff aus dem Konzeptkasten von König) der Kontrollgruppe. Die Beispiele und Befunde der selektiven Arbeitsweise der Instanzen, die dem ätiologisch arbeitenden Soziologen oder Kriminologen seinen „Gegenstand" zuführen, von denen auch König spricht, lassen ihn die Virtualität und Fiktion der Prämisse des ätiologischen Unternehmens nicht eingestehen. Sieht man einmal von der noch problematischeren „Selektivität" der Opferforschung ab, gibt es zur „Wirklichkeit" der Kriminalität in modernen Gesellschaften keinen anderen Weg als den der „amtlichen" Statistik – ihre soziologische Genese, die König so eindrucksvoll vorführt, verbietet es jedoch, diese so sichtbar gemachte Wirklichkeit als deren „Abbild" zu nehmen.

Was aber hinderte König daran, so möchte ich abschließend hierzu fragen, den gleichen Schluss daraus zu ziehen, den die „kritischen Kriminologen", vor allem diejenigen im Lager der Labeling-Theoretiker, gezogen haben, den gleichen Schluss übrigens auch, so möchte ich hinzufügen, zu dem H. Popitz mit seiner berühmten Metapher von der „Präventivwirkung des Nichtwissens" gekommen ist, dass nämlich die „Sündenregistratur der Kriminologie diesen institutionellen Selektionsprozess reflektiert" und damit „Realitäten …(verdoppelt)", „die zu untersuchen wären" (1968, S. 19 f.)[18]? Ich betrete damit eher den Raum der belegfreien Spekulation als den der belegbaren Vermutung. Dennoch möchte ich eine Überlegung riskieren, zu der ich mich auch deshalb ermutigt fühle, weil sie nicht vollständig ohne Evidenz ist. In Königs Vorlesungen und auch Arbeiten spielten interpretative und „verstehende" Ansätze im weitesten Sinne kaum eine Rolle und hatten wenig Gewicht – dennoch wusste er natürlich um sie, und das nicht nur in abweisender Haltung.

Ich entsinne mich einer kleinen Episode, die mir dies schlagartig deutlich machte. Während der Assistentenzeit, als ich ihm „rechte" Hand war, „begegnete" mir wochenlang ein offen auf einem Nebentisch liegendes Buch, das ich bis dahin nicht kannte – weder Autor noch Titel, weder aus der Literatur noch aus Königs Vorlesungen. Nachdem ich immer wieder mal daran vorbei gegangen war und es mir – scheinbar unberührt – immer aufs Neue in die Augen sprang, fasste ich mir ein Herz und fragte – etwas despektierlich und natürlich ignorant im Ton – etwa: „Was haben Sie denn da für ein komisches Buch liegen?" Seine Antwort machte mich verlegen und ließ mich erröten: „Jüngling, das Buch kennen Sie nicht – es ist das wichtigste Buch über soziales Handeln nach M. Weber". Es handelte sich um die 1960 publizierte Neuausgabe des Werkes von A. Schütz „Der sinnhafte Aufbau der sozialen Welt", das ursprünglich 1932 erschienen war.

---

[18]Dieser Text ist 2003 im Berliner Wissenschaftsverlag als Band 8 in der von Th. Vormbaum hg. Reihe „Juristische Zeitgeschichte" mit einer Einführung von Fritz Sack und Hubert Treiber erschienen.

Ich kann mich an einen längeren Dialog mit König darüber nicht erinnern – meine „Entdeckung" dieses Strangs der Soziologie stand noch aus, später erinnerte ich mich noch öfter dieser Episode. Meine etwas krude „Erklärung" für Königs Distanz zur Phänomenologie von Schütz, zu deren empirischer „Verlängerung" und Fundierung in der Ethnomethodologie, seine Zurückweisung der Labeling-Theorie speiste sich wohl nicht zuletzt aus den intellektuellen und existentiellen Erfahrungen, die er mit seiner Habilitation und seiner „Kritik der historisch-existentialistischen Soziologie" aus dem Jahre 1937 und deren Überwindung durch die Hinwendung zu Durkheim und damit zu einer „objektiven Soziologie" hinter sich gelassen glaubte. Ich greife vielleicht zu hoch, wenn ich das Bild benutze, dass er sich von „Gespenstern" heimgesucht fühlte, die er für Jahrzehnte wähnte, verscheucht zu haben.

IV. Was bleibt?

Bevor ich mich an eine Art Bilanz herantraue, die ein wenig sortiert, was an Königs Ein- und Ansichten an ihn und seine Zeit gebunden bleibt und was ihn überlebt hat, will ich noch ein paar kursorische Bemerkungen zu einigen der Texte nachtragen, die in meiner Rekonstruktion bisher kaum zu Worte kamen. Allerdings wechsle ich Stil und Ausführlichkeit und werde punktueller.

Theoretisches Programm. Die theoretische Orientierung Königs ist zwar nicht mit dem Verweis auf Durkheim und dessen analytisches „Werkzeug" erledigt, selbst wenn es Königs Selbstverständnis treffen würde, wenn man seine professionelle und wissenschaftliche Mission derart charakterisieren würde, dass er Durkheims Werk dafür einsetzte, Gesellschaft aus sich selbst begreifbar und lösbar zu machen. Das bedeutete die immer wieder intonierte Absage an Sozialphilosophie und – was ihn noch ärgerlicher und bissiger machte – an „Kulturkritik" und „Moralpredigt". Gerade was letztere anlangt, da konnte er schon hinlangen – mit aller ihm verfügbaren Sprachwucht und unter Auslassung aller Zwischentöne, auch wenn sich Belege dafür eher an der Peripherie als im Zentrum seines Werks finden. Eine Gelegenheit dazu verschafft er sich mit der Rezension eines amerikanischen 0,50 $-Buches aus dem Jahre 1955 aus der Feder des „Redakteurs für Erziehungsfragen der *New York Times*"[19]. Dort konfrontiert er den amerikanischen und europäischen, speziell aber deutschen Stil gesellschaftlicher „Aufklärung". „Bei uns pflegt solche (‚zeitkritische und zeitanalytische') Literatur geradezu zu triefen von Anklagen und Predigten, von stereotyper Kulturkritik und billigen moralischen Exkursen oder auch Litaneien über die verworfene

---

[19] Die Rezension erschien in der „Kölner Zeitschrift", veranlasst, wie wir vermuten, durch die Beschäftigung mit der Jugendkriminalität im Zusammenhang mit dem oben erwähnten Sonderheft 2 der Kölner Zeitschrift aus dem Jahre 1957 zur Soziologie der Jugendkriminalität.

Gegenwart, wobei man nicht weiß, was man mehr bewundern soll, die Gedankenlosigkeit, die Unbildung und Uninformiertheit oder die pharisäerhafte Verlogenheit" (Nr. 8). Diese Feststellung war keineswegs Ausdruck einer momentanen oder situativen Stimmung, sondern darin reflektiert sich sowohl Königs Auffassung von der Binnenwelt der Soziologie wie von ihrem Bezug zur umgebenden Gesellschaft. Wer König nicht nur aus öffentlichen und professionellen Zusammenhängen kannte, dem vermittelte sich diese Haltung gleichsam auf Schritt und Tritt. Kandidaten seiner Kritik waren dabei auch die Juristen – der „staatliche Strafanspruch" und seine Exekution brachte das Strafrecht in den Augen Königs in die Nähe einer „Predigt".

Was Königs theoretische Grammatik im engeren Sinne angeht, möchte ich zweierlei anmerken. Zum einen radikalisiert er die „normative" Interpretation von Handeln und Gesellschaft über M. Weber und über jeglichen Rest vor- und außersozialer Prägung hinaus. Dies wird an verschiedenen Stellen seiner Texte deutlich, insbesondere an seiner grundlagentheoretischen Abhandlung über das „Recht im Zusammenhang der sozialen Normensysteme". Gerade mit Bezug auf Webers berühmter Grenzziehung zwischen normativem und „rein reizreaktivem" Verhalten (das „Regenschirm"-Beispiel bei Weber) formuliert König sehr dezidiert: „Für Max Weber war die Frage damit erschöpft; für uns ist sie es nicht" (Nr. 11). Sozialpsychologie und Kulturanthropologie sind König vor allem Kronzeugen dafür, „daß im sozialen Verhalten ‚das Erworbene das Ursprüngliche ist' (John Dewey), erweist es sich, daß das reaktive Verhalten weitgehend Ausdruck einer Sedimentierung früherer normativer Gestaltung ist, die zur ‚zweiten Natur' wurde". Er hat damit einen Akzent normativer Analyse gesetzt, der in der König folgenden Theoriegeneration insbesondere von dem vor kurzem verstorbenen P. Bourdieu und dessen „Habitus"-Konzept zu Prominenz und „sophistication" gelangt ist, obwohl Anklänge an dieses Konzept von Bourdieu durchaus geläufig waren – etwa in dem auch von König gebrauchten Begriff der „Habitualisierung" (Nr. 16).

Eine zweite Anmerkung knüpft sich an eine vehemente Kritik Königs an einem der erfolgreichsten soziologischen „Büchleins" aus der Phase soziologischer Erneuerung im westlichen Nachkriegsdeutschland: R. Dahrendorfs in zweistelliger Auflagenhöhe erschienener „Homo sociologicus", zuerst übrigens ein 1958 in zwei Teilen in der „Kölner Zeitschrift" erschienener Aufsatz. Ohne diese Problematik hier in ihrer ganzen Komplexität aufrollen zu können, scheint sich an der Kritik an Dahrendorf, die König übrigens auch auf H. Popitz ausdehnt, die theoretische Differenz und Distanz zur späteren soziologischen Theoriediskussion aufweisen zu lassen. Schon den Titel von Dahrendorfs Erfolgsbüchlein findet König „völlig mißverständlich", „weil der Verfasser ja nicht über den Soziologen, sondern über den *homo socialis* handeln will". Dahrendorf expliziert und kritisiert bekanntlich die „Rollentheorie" in der von Linton, Parsons und der struktur-funktionalistischen

Tradition geprägten Version, König verteidigt sie an der zitierten Stelle (Nr. 15). Mehr noch als der Titel selbst empört König geradezu Dahrendorfs „Gerede" – das ist meine, König nachempfundene Wortwahl – von der „ärgerliche(n) Tatsache der Gesellschaft", „als stünden ‚Person' und ‚Gesellschaft' einander ‚gegenüber', was Gurvitch mit Recht als ein falsch gestelltes Problem bezeichnet hat" (ebda.). Diesem – ich nenne es so – „individualistischen" Missverständnis stellt König einen Begriff der „Person" als „jeweils einzigartige Kombination von Rollen" gegenüber, „in die sie integriert ist". Das aber bedeutet, dass Königs Rollenverständnis diesseits der Kritik der Rollentheorie durch Konzepte wie „Rollendistanz", „Rollenübernahme" u. a., wie sie so unnachahmlich u. a. durch die Arbeiten Goffmans herausgestellt worden ist, verhaftet blieb, insgesamt ein Beispiel eines „oversocialised concept of man" (D. Wrong) darstellte. Daraus resultierte ein „normativer Determinismus" (J. Beckert 1997, S. 406/7), ein Vorwurf, wie er gegen die Soziologie Durkheims ja insgesamt erhoben wird und der sich als kaum mehr anschlussfähig an die post-funktionalistische Diskussion unter dem theoretischen Stichwort der Vermittlung von „structure" und „agency" erwies.

Diese Kritik, das sei ausdrücklich vermerkt und davon kann sich der Leser selbst nachhaltig bei der Lektüre späterer Texte in diesem Band überzeugen, schmälert keineswegs die Fruchtbarkeit und nachgerade intuitive Evidenz, die Königs so verstandener normativer Zugriff auf empirische Probleme und Fragestellungen gegenwärtiger und vergangener Gesellschaften auszeichnet.

Ich breche an dieser Stelle den Blick auf Königs Theoriekosmos ab, wobei ich mir eine gleichsam summarische theoretische Pointe für das Ende meines Nachworts vorbehalte. Ich möchte zuvor noch einen Blick auf das Praxiskonzept der Soziologie, hier speziell das der Kriminalsoziologie werfen und auch noch ein paar Hinweise auf Königs Kriminalsoziologie „in action" geben.

Die Praxis der Kriminalsoziologie. Dass König kein Wissenschaftler und Soziologe war, der „nichts als Wissenschaft" anstrebte und sich von wissenschaftlicher „Neugier pur" angetrieben sah, dafür gibt es Selbst- und Fremdzeugnisse im Überfluss, so dass ich mich damit nicht länger aufzuhalten brauche – es genügt, an die Einleitung im Fischer-Lexikon zu erinnern. Dort hat er eine berühmte einschlägige Formulierung aus Durkheims „Regeln" in den Kanon seiner eigenen Soziologie aufgenommen: „Wir sind der Meinung", so zitiert König Durkheim, „dass unsere Forschungen nicht eine Stunde Arbeit wert wären, wenn sie nur ein spekulatives Interesse haben sollten. Wenn wir die theoretischen Probleme sorgsam von den praktischen trennen, so nicht, um die letzteren zu vernachlässigen, sondern umgekehrt, um uns in die Lage zu versetzen, sie besser lösen zu können" (König 1967, S. 11). Dass ihm die Trennung beider Bereiche wichtig war, unterstreicht er an gleicher Stelle noch mit diesen Worten: „Wohl aber weist sie (die Soziologie – F.S.) es aus wissenschaftlichen Gründen zurück, die Gesichtspunkte und Interessen der Praxis bei der Entwicklung der Forschungsziele zu berücksichtigen, weil diese die Erkenntnis leicht in die Irre leiten können" (ebda., S. 10).

Vor diesem generellen Hintergrund möchte ich noch einmal auf Königs Nähe zur kriminalpolitischen Idee und „Bewegung" des „Gesellschaftsschutzes" bzw. der „sozialen Verteidigung"[20] zu sprechen kommen. Diese war im Wesentlichen italienischer Herkunft und wohl auch Dominanz, jedenfalls in ihren Ursprüngen um die Jahrhundertwende und in ihrer Wiederbelebung im Nachkriegseuropa[21]. König war dieser kriminalpolitischen Richtung in der Tat eng verbunden. Auf drei ihrer internationalen Kongresse im Abstand von drei Jahrzehnten – 1947 in San Remo, 1956 in Mailand und 1976 in Caracas – war er mit eigenen Referaten beteiligt, von denen die beiden letzten in diese Textsammlung aufgenommen sind (Nr. 7 und Nr. 18), vom ersten aus dem Jahre 1947 weiß man nur aus Königs eigener Tagungsrezension in der Basler Nationalzeitung: „Als Soziologe zeigte darauf René König (Zürich) die allgemeine Entwicklung der Strafe vom primitiven, irrationalen Repressivsystem zum modernen, rationalen System des Gesellschaftsschutzes, das sich in den weitesten Rahmen all jener Institutionen einordnet, die sich mit der sozialen Fehlanpassung befassen" (Nr. 17).

An diesem Zitat wird zunächst deutlich, dass die Nähe zu dieser Bewegung zuallererst wohl dadurch veranlasst war, dass er in ihr eine empirische Bestätigung für seine analytische Feststellung der Antiquiertheit und des cultural lag der „bisher geltenden Strafrechtssysteme" sah, die „durch das System des Gesellschaftsschutzes" ersetzt würden (ebda.). Sodann aber – und erst in diesem Moment kann Wissenschaft, wie das obige Zitat nahelegt, praktisch werden – ist ihm die Idee des Gesellschaftsschutzes gewissermaßen das praktische und politische Pendant recht verstandener und betriebener soziologischer Analyse, Sozialpolitik in kriminologischer Absicht, wie er es auf dem Mailänder Kongress 1956 skizziert hat, der sich insbesondere der Frage der Prävention gewidmet hat. „Soziologisch gesehen würde dann der Sieg der indirekten Prävention durch Sozialpolitik in gewisser Weise einem Bankrott der direkten Prävention durch das Rechtssystem und seine Strafandrohungen gleichkommen" (Nr. 18).

---

[20]König spricht immer und bewusst von „Gesellschaftsschutz" und verteidigt diese Übersetzung von „difesa sociale" bzw. „défense sociale" ausdrücklich in seinem Vorwort zur deutschen Ausgabe von F. Gramaticas Monographie (Nr. 3, S. 28), noch nachdrücklicher in seiner Autobiographie gegen die Übersetzung als „gesellschaftliche Verteidigung" oder „Sozialverteidigung", u. a. damit, dass „der deutsche Ausdruck ‚gesellschaftliche Verteidigung' für meinen Geschmack zu aggressiv (ist) und ... damit unseren Absichten (widerspricht)" (Schriften Bd. 18).

[21]Vgl. hierzu Marc Ancel 1970, damaliger Präsident der Internationalen Gesellschaft für Sozialverteidigung.

„Gesellschaftsschutz" ist für König eine Chiffre, die deutlich über Zweck, Inhalt und Selbstverständnis der unmittelbaren Träger dieser kriminalpolitischen Bewegung hinausgehen. Mir will scheinen, dass es den Protagonisten zum einen hauptsächlich um eine bessere Legitimierung des Strafrechts als die durch „Vergeltung" und „Sühne" geht, zum anderen darum, das Strafrecht durch die Ausweitung seines präventiven Anspruchs zeitgerechter zu machen. Königs Idee, die er in pointierter Kürze noch Mitte der sechziger Jahre im Vorwort zur deutschen Ausgabe von Gramaticas „Grundlagen der Défense Sociale" auf den Begriff bringt, nämlich „dass gerade hier eine sehr interessante Verbindung zwischen Rechtswissenschaft und Soziologie gegeben ist", „dass das Problem des Gesellschaftsschutzes einer der nächstliegenden Ausgangspunkte für die Entwicklung einer soziologischen Strafrechtstheorie sein könnte", findet kaum Belege oder Anhaltspunkte in Äußerungen oder Schriften der genuinen Träger dieser Bewegung. Königs Konzept lässt sich schon damals kaum, erst recht heute nicht als Vorgriff einer kommenden Entwicklung lesen, hat fast schon den Charme einer Realitätsverleugnung der guten Sache wegen, wenn nicht gar den Charakter einer weltfernen Geisterbeschwörung.

Oder darf man solche Äußerungen nicht so ernst nehmen, sie nicht auf die wissenschaftliche Goldwaage legen, auch nicht die an gleicher Stelle behauptete „Verbindung zwischen Soziologie und Strafrechtstheorie", die „offen auf der Hand (liege)", wenn man nur einen Blick wirft auf das Hauptwerk von Emile Durkheim über die Arbeitsteilung? Spiegelt sich darin nicht ein verzweifelter Versuch, die buchstäblich restlose Ablehnung der strafrechtlichen Figur der individuellen „Schuld" zu kompensieren? Wir hatten das schon oben gesehen. Auch an dieser Stelle bekräftigt König, dass das Ziel der Sanktionen des Strafrechts „niemals die Strafe selber sein (kann), sondern ausschließlich die soziale Reintegration des Abweichenden" (Nr. 3). Nur wenig ist von dieser Überzeugung und Politik bekanntlich in den avancierten Gesellschaften unserer Zeit übrig geblieben, in denen das Motto „Heilen statt Strafen" zum Teil eine bewusste und mutwillige Umkehr gefunden hat.

Die handlungspraktische Grammatik der Soziologie von Durkheim, das ist in meinen Augen die Pointe von Königs Affinität zur kriminalpolitischen Bewegung der „défense sociale", die übrigens in Deutschland kaum so prominente Figuren wie in den romanischen Ländern hervorgebracht hat, lässt sich nur auf der Ebene des „sozialen Systems" Gesellschaft und seiner Teilsysteme plausibel ausbuchstabieren. Dafür stehen in diesem Kapitel auch die beiden Texte familien- und gemeindesoziologischer Herkunft (Nr. 20, Nr. 21). Über den Gesellschaftsschutz hinaus werden hier politische Handlungsfelder benannt und behandelt, die ausdrücklich und gezielt in kriminalpolitischen präventiven Dienst genommen werden. Ein Praktischwerden der Kriminalsoziologie in der Tradition Durkheims auf der Ebene des Individuums war auch mit König nicht zu machen.

Kriminalsoziologie in action. Obwohl die bisher weitgehend unkommentiert gebliebenen Texte des letzten Kapitels rein quantitativ mehr als ein Drittel des Umfangs der insgesamt abgedruckten Texte ausmachen, werden dem Leser die folgenden Begleitüberlegungen vielleicht etwas zu dürftig erscheinen. Dennoch ist eine erste Anmerkung mehr als eine Ausrede: die unter dem harmlos-traditionellen Titel „Soziologie ausgewählter Delikte" zusammengebrachten Texte offenbaren das volle Sprühen der Königschen Soziologie erst in der unmittelbaren und direkten Lektüre – jeder Versuch einer resumierenden Extraktion der Essentials insbesondere der längeren Texte zu den Sexual–, white-collar- und den Drogendelikten bringt eher zum Verstummen als zur Darstellung, wovon sie vor allem leben: von dem Reichtum anthopologischen Wissens und der virtuosen Fähigkeit Königs, Beobachtungen des Alltags und lebensweltliche Erfahrungen eigener und fremder Herkunft in soziologische Aha-Erlebnisse zu transformieren.

Dennoch möchte ich zwei Gemeinsamkeiten der ansonsten recht heterogenen Texte herausheben. Bei allen Gegenständen aus dem weiten Feld abweichenden und kriminellen Verhaltens handelt es sich nicht um die Alltagswelt der Kriminalität, um die „Wald- und Wiesen-Konflikte", mit denen es die Instanzen des Strafrechts in ihrer meisten Zeit zu tun haben, die in unseren Kriminalstatistiken quantitativ am auffälligsten zu Buche schlagen. Vielmehr geht es um Delikte und Konflikte, die eher vor dem Staat und den Augen der Hüter von Recht und Ordnung von Seiten der Betroffenen und anderer potentieller Anzeigeerstatter im offiziellen Dunklen gehalten werden. Es sind eher „Kontroll- als Anzeigedelikte", „opferlos" im Falle der Drogenkonflikte, Delikte, die die Instanzen dazu nötigen, ihre übliche „reaktive" Rolle zu verlassen und „proaktive" Strategien der Kontrolle zu entwickeln. Es sind durchweg Konflikte, die an den „Grenzen" der Gesellschaft und ihrer Ordnung angesiedelt sind, auch wenn sie sich, wie bei den „white-collar-Delikten" oder den Mafia-Strukturen, „mittendrin" zutragen und ereignen.

Eine zweite Gemeinsamkeit scheint mir darin zu liegen, dass diese Delikte deshalb die Aufmerksamkeit von König und seiner Soziologie verdienen, weil sie geradezu dazu prädestiniert scheinen, die gesellschaftliche Wirklichkeit mittels des theoretischen Handwerkszeugs von König „zum Tanzen zu bringen". Was ich damit meine, erschließt sich bei einer Parallellektüre dieser Texte mit dem grundlagentheoretisch ambitioniertesten Text dieses Bandes, „Das Recht im Zusammenhang sozialer Normensysteme". Die dort theoretisch durchdeklinierte Vielfalt, die Koexistenz sich widersprechender normativer Systeme, die Neutralisierung der Effektivität bestimmter normativer Systeme, die subversive Kraft der einen zu Lasten anderer Systeme, wobei König sein Augenmerk vor allem auf die „Relativierung" des Strafrechts und seine Abhängigkeit von es stützenden sub- und außerrechtlichen Normensystemen wirft – hier wird alles an der Wirklichkeit vorgeführt. Die hier abgedruckten Texte sind für König nachgerade Exerzierfelder für das Aufzeigen und Aufspüren von Beispielen, in welchem Umfang und in welcher Weise die Gesellschaft und Teile von ihr kraft ihrer normativen Sub- und Kontrasysteme dem Strafrecht immer wieder ein Schnippchen zu schlagen in der Lage sind – bis hin zur völligen Aufhebung, Eskamotierung, gar einer Transsubstantiation gleichen Verwandlung des Deliktischen oder Kriminellen ins Normale, wie dies in der Welt der Wirtschaft, aber auch der Drogen und anderer Delikte der Fall ist.

Jenseits Durkheim. Dass Königs soziologische Fantasie an diese Grenzen stieß, vor ihnen auch nicht halt machte, soll die abschließende Bemerkung dieses Nachworts sein. Das ätiologische Herzstück seiner Kriminalsoziologie verweist, wie auch anders, erneut auf Durkheim, und dort auf das Konzept der Anomie. In der Regel allerdings beruft sich König auf die mehr als ein halbes Jahrhundert später erschienene Version durch R. K. Merton. Zu Unrecht, wie ich meine, auch gegen König, ist der Anomiegedanke speziell für die Erklärung einer überproportionalen Vertretung von Angehörigen der unteren Schichten in den Arenen und Verliesen des Strafrechts und seiner Instanzen herangezogen worden: auch ihnen, so das Argument, würden die egalitären Ziele und Attraktionen moderner Gesellschaften eingeimpft, ohne ihnen allerdings die Wege dorthin allzu leicht zu machen.

Die Anomietheorie büßte nur vorübergehend an Anziehung ein, als die Mindervertretung der mittleren und oberen Schichten sich zum größten Teil als Täuschung bzw. Reflex der selektiven Arbeitsweise der Kontrollinstanzen herausstellte. Darüber hinaus war in der Rezeption der Anomietheorie durch Merton und die moderne Soziologie der anomische Grundgedanke von Durkheim schlicht verloren gegangen. Dass die anomischen, Normen erodierenden Kräfte innerhalb der Gesellschaft an einem genau bestimmbaren Ort zu lokalisieren sind: im Bereich der Wirtschaft, deren spezifische Logik keine „Grenzen" kennt, die erst und nur durch die gesellschaftliche „Moral" gezogen würden. Durkheim war im Übrigen der Ansicht, dass solche anomischen Effekte gleichsam automatisch gesellschaftliche Gegenkräfte mobilisieren, die die Gesellschaft wieder ins Lot bzw. Gleichgewicht bringen.

Das war auch der theoretische Horizont von Königs Kriminalsoziologie. Die praktische Schlussfolgerung daraus haben wir schon kennengelernt: Sozialpolitik, Gesellschaftsschutz. Was, wenn diese nicht verfügbar sind? Das Strafrecht, wie wir sahen, schied von vornherein aus. Die hier versammelten Texte geben darauf keine für uns mehr überzeugende Antwort: am nächsten kommt ihr noch der älteste Text dieses Bandes (Nr. 30). „Kleine Vagabunden. Begegnungen mit italienischen ‚sciusciàs', eine ebenso journalistische wie soziologische Reportage aus der Schweizer Weltwoche vom 14. Oktober 1946, in der König die „Lebenswelt" zweier „verwahrloster Kriegskinder Italiens" schildert, eines vier und sieben Jahre alten Geschwisterpaares aus dem sizilianischen Salerno, das er in Mailand traf und das sich im Tross der nach Norden ziehenden amerikanischen Truppen bis in diese Ferne verirrt hatte. „Natürlich stehlen sie – aber wie soll man nicht zum Diebstahl verleitet werden, wo eine ungeheure Verschwendung betrieben wird, wie es der Krieg so mit sich bringt?"

Das war eine anomietheoretisch nicht mehr recht einholbare Situation – dazu fehlte die normative Folie und Basis, auf die die Anomietheorie verwiesen bleibt. Das waren Krieg und seine unmittelbaren Folgen an Desorganisation und Verfall gesellschaftlicher Ordnung. Eine Parallele allerdings kann man in einem Blick finden, den König am Ende seines beruflichen Lebens, in seiner Autobiographie im Jahre 1980 auf die von ihm so intensiv durchpflügte Gesellschaft wirft. Im Kapitel „Akademische Lehrer und unruhige Studenten" findet sich das Bild einer Gesellschaft gezeichnet, das sich kaum mehr mit den Parametern der Soziologie von Durkheim und König erfassen lässt, deren Grenzen sichtlich überschreitet:

> „Dass nun diese vermeintliche Rebellion der Jugend etwas nach „links" verrutscht ist, wen sollte das eigentlich wundern, nachdem die CDU das Programm eines Sozialstaates, den sie nach Kriegsende gefordert hatte, so rasch fallen ließ, genauso wie das Wort „sozial" in der „sozialen Marktwirtschaft", die bald nur noch eine wahrhaft tobsüchtige und höchst unsoziale Marktwirtschaft war mit allen verheerenden Folgen, die man seit langem kennt. So kam es zur Radikalisierung eines völlig schrankenlosen Kapitalismus und einer ebenso unersättlichen Konsumgesellschaft (an der – nebenbei gesagt – die Jungen genauso unkritisch partizipieren wie ihre Eltern), zu einer Verrohung, die alles Maß überschritt, jede Besinnlichkeit und Selbstkritik beiseite wischte, sodaß die Suche der Jugend nach einer eigenen Identität zu einer wirklichen Massenerscheinung werden mußte. In der bundesdeutschen Gesellschaft von heute ... ist ein Zustand weitreichender sozialer Desorganisation erreicht, der den erfahrenen Beobachter schon lange zutiefst erschreckt. Laut und lauter ertönt der Ruf nach „Law and Order", wobei man einzig vergisst, dass Ordnung nicht „verhängt" werden kann, sondern sich einzig und allein im gemeinsamen Wollen der Beteiligten realisiert. Aber wie soll ein solches gemeinsames Wollen entstehen, wenn jeder einzelne nur an sein kleines, kümmerliches Interesse denkt und die *res publica* unter einem genauso himmelhohen Abfall- und Müllhaufen versinken läßt wie die Umwelt?" (Schriften 18).

Ist das die Resignation eines einst so erfolgreichen und charismatischen Lehrers, einer Autorität, die man nicht mehr hören will? Würde König solche Passagen als „Kulturkritik" abtun und denunzieren? Nicht ganz, denke ich. Immerhin ist „Law and Order" heute ein geflügeltes Wort, Ende der siebziger Jahre wurde, wer davon sprach, nicht recht ernst genommen, Begriffe wie „Globalisierung" oder „Neo-Liberalismus" warteten noch auf ihre Erfindung und Verbreitung, was damit gemeint ist, findet sich jedoch im Zitat von König beschrieben.

Sucht man nach Parallelen dieser kassandrischen Töne, hätte man wieder Gelegenheit, auf Königs theoretischen „Ghostwriter" Durkheim zurückzugreifen. Das Krisenszenario, das Durkheim zu seinem theoretischen Gebäude antrieb, klang ebenfalls schrill und „kurz vor zwölf". Das Problem, um das sein ganzes Werk kreiste, war das der gesellschaftlichen Integration, die er durch die Klassengesellschaft des 19. Jahrhunderts in akuter Gefahr sah. Allerdings gibt es einen großen Unterschied zur heutigen Situation: Auf Durkheims „Lösung" des Problems der Integration lässt sich nicht länger setzen.

Was bleibt? Zu allererst vielleicht eine Einsicht, die, hätte sie Durkheim selbst gehabt, ihm sicherlich die Kraft zu seiner theoretischen Leistung geraubt hätte, die auch für König jenseits seiner existenziellen, intellektuellen und professionellen Erfahrung lag. Ich entnehme diese Vermutung einem Essay im Format und Umfang eines Buches eines späten Nachfahren und Landsmann von Durkheim, des politischen Soziologen an der Université Paris X-Nanterre – ein Kristallisationsort der Pariser Studentenunruhen der sechziger Jahre – Jacques Donzelot. Von ihm erschien 1984 eine Abhandlung unter dem Titel: „L'invention du social. Essai sur le déclin des passions politiques". Den dort entwickelten Grundgedanken möchte ich in zwei Zitaten zu Worte kommen lassen: „De la naissance de la sociologie comme discipline constituée avec Durkheim, de la mise en évidence par celui-ci d'un plan de consistance spécifique du social – avec les notions de solidarité et d'anomie –, on parle classiquement comme d'une étape de la science, comme d'une *découverte*" (Donzelot 1994, S. 76). Das ist die Durkheim loyale und authentische Lesart seiner Soziologie – auch die von König vertretene und verteidigte: Durkheim als der „Entdecker" einer Wirklichkeit, die, von Vorurteilen und falschen Vorstellungen verstellt, das Auge des Wissenschaftlers bedurfte, um ans Licht zu treten.

Dieser Auffassung setzt Donzelot eine Lesart entgegen, die er so beschreibt: „Cependant, si l'on veut comprendre les raisons qui ont fait l'opportunité, pour la troisième République, de la notion de solidarité, mieux vaut sans doute l'analyser comme une *invention stratégique* ... A ce titre, il conviendrait plutôt de parler du *social* comme d'une *fiction efficace* dont la portée explicative quant au fonctionnement des sociétés, ne vaut que par relation avec ces deux fictions que sont *l'individu* en tant que principe d'intelligibilité de la réalité sociale, et *la lutte des classes* en tant que moteur de l'histoire" (ebda., S. 77 – Hervorh. i.O.). Durkheims Soziologie als politische Strategie zu entziffern – das kann nur gehen, wenn sie als solche ausgedient hat; um als Strategie zu fungieren, brauchte sie ihr wissenschaftliches Gewand. Kann man soweit gehen, die Soziologie, Durkheim, König, sich selbst als „nützliche Idioten" zynischer politischer Strategie zu sehen? Dieses Gefühl mag hinter den bitteren und fast schon verzweifelten Worten stehen, mit denen König in seiner Autobiographie den Zustand des Landes beschreibt. Vom „death of the social" im Gefolge Foucaultscher Analyse des Neoliberalismus war damals ebenso wenig schon die Rede wie von M. Thatchers Ausruf: „There is no such thing as society". Auch allerdings nicht davon, dass die Soziologie, anders indessen, als König es wollte, sich nicht in der Erfassung des Wirklichen erschöpfen muss, sondern, einer Feststellung des französischen Historikers P. Veyne am Collège de France folgend, dazu beitragen kann, „der Naivität ein Ende zu setzen und zu begreifen, daß das, was ist, nicht zu sein brauchte. Das Wirkliche ist von einer unbestimmten Zone nicht-verwirklichter Möglichkeiten umgeben; die Wahrheit ist nicht der erhabenste Wert der Erkenntnis" (P. Veyne 1988, S. 42).

LITERATUR

Alemann von, Heine, und *Gerhard Kunz,* 1992 (Hrsg.): René König. Gesamtverzeichnis der Schriften in der Spiegelung von Freunden, Schülern, Kollegen, Opladen.

Ancel, Marc, 1970: Die Neue Sozialverteidigung (La défense sociale nouvelle). Eine Bewegung humanistischer Sozialpolitik, Stuttgart (frz. Original 1956, 1966)

Beckert, Jens, 1997: Grenzen des Marktes. Die sozialen Grundlagen wirtschaftlicher Effizienz, Frankfurt a.M./New York.

Blümel, Corinna, 1992: Bibliographie der Schriften René Königs, in: v. Alemann; Kunz 1992, S. 31–115.

Donzelot, Jacques, 1994: L'Invention du social. Essai sur le déclin des passions politiques, Editions du Seuil.

Douglas, Jack J., 1967: The Social Meanings of Suicide, Princeton. N.J.

Klein, Michael, und *Oliver König* (Hrsg.), 1998: René König – Soziologe und Humanist. Texte aus vier Jahrzehnten, Opladen.

König, René, 1965: Soziologische Orientierungen. Vorträge und Aufsätze, Köln und Berlin.

König, René, 1967: Einleitung, in: *Ders.* (Hrsg.), Soziologie. Das Fischer-Lexikon, Neuausgabe, S. 8–14.

König, René, 1976: Introduction sociologique, in: Marginalité sociale et justice. Actes du IXe Congrè Internationale de Défense sociale, hrg. v. Société Internationale de Défense Sociale u. Centro Nazionale di Prevenzione e Difesa Sociale, Caracas, 3–7 août 1976, S. 89–99.

König, René, 1978: Vorbemerkung des Herausgebers, in: Handbuch der empirischen Sozialforschung, Bd. 12, 2. völlig neu bearbeit. Auflage, Suttgart.

Lemert, Edwin M., 1964: Social Structure, Social Control, and Deviation, in: *Marshall B. Clinard* (Hrsg.), Anomie and Deviant Behavior, New York.

Luhmann, Niklas, 1972: Rechtssoziologie, 2 Bde., Reinbek b. Hamburg.

Neidhardt, Friedhelm, 1992: Erfahrungen mit R.K., in: v. Alemann; Kunz 1992, S. 247–248.

Popitz, Heinrich, 1968: Über die Präventivwirkung des Nichtwissens. Dunkelziffer, Norm und Strafe. Recht und Staat Nr. 350, Tübingen. Der Text ist 2003 im Nachdruck erschienen, siehe Fußnote 18.

Sack, Fritz, und *René König* (Hrsg.), 1968: Kriminalsoziologie, Frankfurt a.M.

Sack, Fritz, 1978: Probleme der Kriminalsoziologie, in: *René König* (Hrsg.), Handbuch der empirischen Sozialforschung, Band 2, Stuttgart 1969, S. 961 – 1049; dtv- Neuausgabe, Bd. 12, S. 192–492.

Sack, Fritz, 1998: Vom Wandel in der Kriminologie – und anderes, in: Kriminologisches Journal, 30. Jg., S. 47–64.

Sack, Fritz, 2002: Einführende Anmerkungen zur Kritischen Kriminologie, in: *Roland Anhorn* und *Frank Bettinger* (Hrsg.), Kritische Kriminologie und Soziale Arbeit, Weinheim und München 2002.

Veyne, Paul, 1988: Die Originalität des Unbekannten. Für eine andere Geschichtsschreibung, Frankfurt.

Ziegler, Rolf, 1992: Nachdenken über „K-Faktor 1", in: *v. Alemann; Kunz* 1992, S. 284–287.

Personenregister

A

Alemann, Heine von, 269
Ancel, Marc, 21, 126, 298
Anderson, Nels, 165, 242
Argentine, Beria di, 15, 21
Avé-Lallemant, Friedrich Ch. B., 262

B

Baudelaire, Charles, 237
Bauer, Fritz, 15, 266
Bayet, Albert, 89
Beccaria, Cesare, 15
Becker, Howard S., 259, 290, 291
Beckert, Jens, 297
Bendix, Richard, 290
Benn, Gottfried, 237
Bernard, L. L., 95
Bernsdorf, Wilhelm, 25, 163, 265
Beuys, Joseph, 237
Binder, H., 149
Blümel, Corinna, 269
Blumer, Herbert, 5, 289
Booth, Charles, 27
Bourdieu, Pierre, 296
Buñuel, Luis, 13
Bürger-Prinz, Hans, 266
Burgess, Ernest W., 26, 159, 160, 165, 167

C

Carnegie, Andrew, 209, 211
Castaneda, Carlos, 235
Chazal, Jean, 141
Chotjewitz, Peter O., 255–257, 267
Cicourel, Aaron, 289
Claessens, Dieter, 114, 121
Clayton, Horace R., 157
Clinard, Marshall B., 10, 65, 71, 264, 275, 284
Cloward, Richard A., 101, 104, 105, 107
Cocteau, Jean, 237
Cohen, Albert K., 11, 104, 260
Collignon, Theo, 126
Comte, Auguste, 93, 109, 112
Cooley, Charles H., 28
Coppola, Franco, 255

D

Dahrendorf, Ralf, 42, 44, 49–51, 55, 120, 296
Den Hollander, Arie N.J, 157
Dewey, John, 79, 113, 118, 296
Di Tullio, Benigno, 126
Dilthey, Wilhelm, 216
Döblin, Alfred, 261
Dollard, John, 135

Donzelot, Jacques, 303
Douglas, Jack J., 292
Drake, St. Clair, 157
Dubin, Robert, 100
Dublineau, J., 137
Duerr, Hans Peter, 236
Durkheim, Emile, 8, 10, 11, 16, 19, 22, 25, 26, 28, 29, 33, 34, 57, 62, 71, 82, 88, 89, 94, 97, 98, 101, 105, 106, 110, 111, 121, 150, 168, 174, 229, 277, 280, 282, 284–288, 291, 292, 295, 297, 299, 301–303

E
Eberhard, W., 290
Eckert, Willehad Paul, 49
Elias, Norbert, 182
Elliott, Mabel A., 65
Erasmus von Rotterdamm, 182
Eschenburg, Theodor, 213

F
Fauconnet, Paul, 33, 134
Febvre, Lucien, 168
Fedden, 71
Feest, Johannes, 50
Ferrara, Giuseppe, 251
Ferri, Enrico, 32, 125, 284
Fine, Benjamin, 264
Forsthoff, Ernst, 54
Foucault, Michel, 303
Friedmann, G., 97

G
Garofalo, Raffaele, 125
Geiger, Theodor, 22, 35, 37, 39, 78, 81, 110, 111, 119
George, Henry, 157
Giddings, Franklin H., 93
Girtler, Roland, 259–262, 267
Glass, David, 50
Gobbi, Elio, 127
Goffman, Erving, 289–291
Goode, William J., 193
Göppinger, Horst, 49

Gramatica, Filippo, 15, 21, 125, 264, 277
Graven, Jean, 15, 21, 126, 127
Greenwald, Harold, 177, 197, 198, 266
Gumplowicz, Ludwig, 31
Gurvitch, Georges, 37, 95, 114, 121, 297

H
Haesaert, Jean, 36, 134, 181, 182
Haffter, C., 149
Halbwachs, Maurice, 71, 98, 101, 150, 168
Haseloff, Otto Walter, 40
Hauser, Philipp M., 5
Hawley, Amos, 168
Hegel, Georg Wilhelm Friedrich, 86, 218, 225, 226
Heintz, Peter, 16, 103, 135, 276
Helmholtz, Hermann, 198
Hentig, Hans von, 4, 69, 71, 283
Herodot, 232
Hess, Henner, 251, 252, 255, 267
Hobbes, Thomas, 86
Hobhouse, Leonard T., 28
Hobsbawm, Eric J., 231
Höfer, Gert, 179
Hollander, Arie N. J. Den, 157
Homans, George C., 78, 112, 167
Huxley, Aldous, 237

J
Jahoda, Marie, 259
Jakob I., König von England, 233
Janowitz, Morris, 159
Jellinek, G., 79
Jettmar, Karl, 232
Jünger, Ernst, 237

K
Kalsbach, Werner, 47
Kant, Immanuel, 225
Karl I., König von England, 233
Kaupen, Wolfgang, 49, 264
Kelsen, Hans, 88, 89

Kempe, 137, 139
Kinsey, Alfred C., 177, 178, 188
Kipp, H., 154
Klein, Michael, 281
Klinkenberg, Hans Martin, 49
König, Mario, 270
König, Oliver, 281
König, René, 6, 7, 11, 25, 26, 29, 35, 97, 104, 105, 110, 111, 115, 117, 119, 126, 148, 151, 158, 159, 161–163, 166–168, 174, 177, 263–265, 267, 269–303
Koschorke, M., 155
Krupp, Alfried, 212
Kuhn, Thomas S., 278, 288

L
LaBarre, Weston, 238
Lacassagne, J.A., 282
Lach, 201
Landis, Paul H., 95
Lanternari, Vittorio, 231
Lazarsfeld, Paul, 259
Leary, Timothy, 238
Lebret, Jean, 137
Légal, Alfred, 137
Lemert, Edwin M., 275, 289
Levy, D. M., 152
Levy-Bruhl, Lucien, 229
Ley, Auguste, 127
Linton, Ralph, 114, 120, 296
Litt, Theodor, 111
Lombroso, Cesare, 32, 102, 125, 282, 284
Lorenz, Konrad, 117
Löwenthal, Leo, 290
Ludwig XIV., König von Frankreich, 233
Luhmann, Niklas, 286
Lumley, F.E., 95
Luther, Martin, 232

M
Macaggi, Domenico, 127
Malinowski, Bronislaw, 9, 99, 189
Mannheim, Karl, 182
Manouvrier, L., 293

Martin, Clyde E., 177, 178
Marx, Karl, 31, 36, 37, 40, 41, 84, 86, 92, 98, 225, 226, 241
Mattei, Enrico, 251, 255
Matza, David, 286, 289
Mauss, Marcel, 111, 113
McKenzie, Roderick D., 158, 159
Mead, George Herbert, 28
Meng, Heinrich, 145, 146, 266
Menger, Anton, 32
Mergen, Armand, 15, 16, 25, 264, 280
Merrill, Francis E., 65
Merton, Robert K., 60–62, 65, 99, 101, 103, 105, 106, 114, 291, 292, 301
Michels, Robert, 173
Middendorf, Wolf, 69, 70, 265, 283
Miller, W. B., 104
Morgan, John Pierpont, 209, 212
Moriondo, Ezio, 54
Morselli, 206
Morselli, Henry, 71
Mühlmann, Wilhelm E., 251, 252
Mussolini, Benito, 256

N
Naville, François, 127
Neidhardt, Friedhelm, 270

O
Odum, Howard, 35
Ogburn, William F., 33
Ohlin, Lloyd E., 104, 105, 107
Opp, Karl-Dieter, 272
Oppenheimer, Franz, 32, 93

P
Pantaleone, Michele, 251, 257
Pareto, Vilfredo, 28
Park, Robert Ezra, 26, 27, 29, 59, 158–163, 165, 207, 208, 292
Parsons, Talcott, 28, 46, 61, 97, 113, 114, 120, 291, 296
Paulsen, Friedrich, 215
Peisser, S., 155
Pflanz, Manfred, 174

PERSONENREGISTER

Piprot d'Alleaume, P., 127
Pomeroy, Wardell B., 177, 178
Popitz, Heinz, 121, 294, 296

Q
Quinn, James A., 168

R
Randall Lane, H. G., 126
Ranulf, Svend, 183
Rasch, Philip J., 4
Rasehorn, Theo, 52
Reagan, Ronald, 289
Rehbinder, Manfred, 226, 227, 264, 265
Reiwald, Paul, 140
Rhodes, Cecil, 211
Richard, Gaston, 22, 33
Richelieu, (Armand Jean du Plessis), 233
Richter, Eberhard, 154
Rijksen, 137, 139
Robinson, W.S., 163
Rockefeller, John D., 209–211
Roosevelt, Theodor, 211
Ross, Edward A., 93, 94, 275
Roucek, J. S., 95
Rousseau, Jean Jaques, 86
Rudenko, S. I., 232
Rüschemeyer, Dietrich, 50

S
Sack, Fritz, 158, 162, 166, 264, 266, 269, 273, 274, 282, 289
Sacks, Harvey, 289
Sasserath, Simon, 126
Schelsky, Helmut, 91
Schubnell, 155
Schütz, Alfred, 294, 295
Sellin, Thorsten, 103, 279
Sica, Vittorio de, 192
Siegel, Ronald K., 236
Simeon, 139
Simmel, Georg, 28, 160
Simpson, George Eaton, 226
Smelser, N.J., 291
Smith, Adam, 86

Sorel, Georges, 7, 138
Souchon, M. Henri, 291
Spencer, Herbert, 93, 98
Stag, Ilse, 54
Stammler, Rudolf, 35
Stendenbach, Franz-Josef, 115
Stieglitz, Heinrich, 46
Stonequist, Everett V., 59, 165, 207, 292
Strahl, Ivar, 126
Sumner, William Graham, 35, 36, 80, 84, 94, 112, 120
Sutherland, Edwin H., 27, 207–209, 259
Szczepanski, Jan, 259

T
Thatcher, Margaret, 303
Theodorson, George A., 165
Thierfelder, Hans, 50
Thomas, William I., 27
Thrasher, Frederic M., 6, 11, 28, 58, 104, 166, 260, 292
Thurnwald, Richard, 37, 99
Tocqueville, Alexis de, 109
Toman, W., 154
Tönnesmann, Margret, 174
Tönnies, Ferdinand, 35, 78, 98, 109, 148, 215
Trakl, Georg, 237
Tumin, Melvin M., 221–224, 226, 228, 267

V
Veblen, Thorsten, 208
Verga, Giovanni, 252
Vexliard, Alexandre, 241, 243, 260, 267
Veyne, Paul, 304
Vierkandt, Alfred, 110, 111
Volpe, Gabriele, 126
Voss, Hermann, 52

W
Wagner, Albrecht, 50
Ward, Lester F., 93
Webb, Beatrice, 27
Webb, Sidney, 27

Weber, Max, 28, 35, 37, 79, 83, 86, 111, 119, 120, 175, 252, 294, 296
Wehner, Bernd, 18, 174, 175, 191, 205
Wheeler, Stanton, 57, 291, 292
Whorf, Benjamin Lee, 82
Whyte, William F., 11, 28, 104, 260
Wiese, Leopold von, 110
Willems, Emilio, 4
Wilson, Thomas, 290
Wirth, Louis, 27, 160, 163–167
Wolf, H. E., 223
Wolf, Siegmund, 262
Wrong, D., 297

Y
Yinger, J. Milton, 226

Z
Zapf, Wolfgang, 50
Ziegler, Rolf, 272
Zorbaugh, Harvey D., 166, 167

CPSIA information can be obtained
at www.ICGtesting.com
Printed in the USA
LVHW081255250621
690963LV00015B/102